张亮开讲

讲好廉政警示教育课 检察业务专业课 **10+10** 要诀

张亮／著

中国检察出版社

图书在版编目（CIP）数据

张亮开讲：讲好廉政警示教育课十要诀 讲好检察业务专业课
十要诀/张亮著. —北京：中国检察出版社，2017.9
ISBN 978 - 7 - 5102 - 1906 - 1

Ⅰ.①张… Ⅱ.①张… Ⅲ.①检察机关 - 廉政建设 - 研究 - 中国
Ⅳ.①D926.3②D630.9

中国版本图书馆 CIP 数据核字（2017）第 113805 号

张亮开讲
——讲好廉政警示教育课十要诀
讲好检察业务专业课十要诀
张 亮 著

出版发行：中国检察出版社
社　　址：北京市石景山区香山南路 109 号（100144）
网　　址：中国检察出版社（www.zgjccbs.com）
编辑电话：（010）86423703
发行电话：（010）86423726　86423727　86423728
　　　　　（010）86423730　68650016
经　　销：新华书店
印　　刷：保定市中画美凯印刷有限公司
开　　本：710 mm×960 mm　16 开
印　　张：27.5
字　　数：510 千字
版　　次：2017 年 9 月第一版　2017 年 9 月第一次印刷
书　　号：ISBN 978 - 7 - 5102 - 1906 - 1
定　　价：90.00 元

气吞山河

仙人指路

举重若轻

一锤定音

循循善诱

自　序

　　这本书准备了几乎两年多的时间，一方面我常年应邀在全国各地讲课，非常忙；另一方面这几年我的书出得太频，想着缓一缓，结果这一缓就是两年多！但这个期间我又思考了一些问题，多少又修改完善了一些内容，真可谓好事多磨、精益求精，不是坏事！因为类似这个方面比较实用的书，目前社会上还未曾有见，因此我自以为，此书填补了这方面内容的空白。

　　形势发展出乎预料，根据国家政治体制改革的总体决策部署，检察机关的职务犯罪侦查部门、职务犯罪预防部门将整体转隶，三个省市的试点工作已经紧锣密鼓地开始运行，成为新成立的监察委员会的组成部分，检察机关中的一部分检察官将转变为监察员。即便如此，这些检察官身份变了，但惩治与预防腐败的职责没有变，相反还得到了进一步的加强，体制进一步理顺、责任进一步明确、工作进一步强化，所以我这本书的内容不需要大的改动，无论转隶到监察委员会的昔日检察官，还是继续留在检察机关的检察官，都需要了解这方面的知识、掌握这方面的技能、承担这方面的社会责任和职业责任，因此这本书的价值还是存在的。前不久，国家检察官学院邀请我给全国检察机关职务犯罪预防部门骨干培训班授课，来自全国 31 个省、市、自治区的学员们非常期待我的这本书早日出版，迫不及待的心情着实感动了我，于是我利用一切可以利用的时间做最后的校改，希望能够给新成立的监察委员会承担预防腐败、预防职务犯罪职能的同志们一点启发和帮助，也算是我一个老检察官的心意和贡献。

　　这本书主要是两个方面的内容，第一部分是专门讲如何讲好廉政警示教育的课程；第二部分是专门讲如何讲好检察业务专业课程，虽然两种课程的主旨不同、要求不同、内容不同、受众不同、目的不同，但究其本质内涵而言却是相通的，对于没有讲课经历、讲课经历不够丰富的同仁，拿到这本书，都可以从中得到些许启发和收获，都可以用来参考和借鉴。

　　古人云：学者必有师，师者，所以传道授业解惑也。讲课是一种功德，教师是人类灵魂的工程师。现阶段我们就是传递正能量的使者，岗位光荣而崇高，意义重大而久远，希望同仁们在自己经历、实践、知识积累的基础上，吸取和参考前辈们、老同志们的经验体会，不断取长补短、博采众长，不断进行思考总结，那么我们这支队伍一定会在社会上具有崇高的地位、重大的影响，我们要在党中央的坚强领导下，围绕推进"四个全面"战略布局，围绕实现"两个一百年"奋斗目标，围绕实现中华民族伟大复兴的中国梦的战略高度，围绕把握我国发展新特征确定的治国理政新方略，围绕新的时代条件下推进改革开放和社会主义现代化建设、坚持和发展中国特色社会主义的战略抉择，围绕依法治国、建立中国特色的社会主义法治体系而努力奋斗。

2017 年 7 月 31 日于国家检察官学院大连分院

目　　录

下篇　讲好检察业务专业课十要诀

上　篇

讲好廉政警示教育课十要诀

写在前面的话

作为一个检察官，我在检察机关职务犯罪侦查岗位上打拼了 30 多年，侦查破获职务犯罪案件逾千件，在繁重的侦查工作期间，根据检察官的职责和社会各界的需求，受组织委派及在工作间隙、业余时间被邀请到党政军机关给各级领导干部、企业高管、新任公务员、科教文卫各级、各类管理人员、部队官兵，包括"两新"组织（新社会组织、新经济组织）中的管理人员讲授党课、廉政建设宣传讲座、反腐败警示教育讲座、预防职务犯罪讲座等相关课程，我粗略统计了一下，20 多年来已经讲了两千多场，听众超过 120 万。如今我离开了职务犯罪侦查岗位，实际上成了专职教员，邀请我讲课的信函、邮件、电话每天少则几个、多则十几个，应接不暇，地域遍及 31 个省、市、自治区。

最高人民检察院政治部干部教育培训部多次选拔我进入全国检察教育培训讲师团，赴新疆自治区检察机关、新疆生产建设兵团检察机关、西藏自治区检察机关、贵州省检察机关授课；国家检察官学院多次委派我去国家检察官学院湖南分院（全国检察官培训班）、国家检察官学院江西分院、国家检察官学院大连分院（全国基层检察长培训班）、国家检察官学院贵州省黔西南培训教育基地巡讲和进行专题讲课；本着"输血不如造血"的培训理念，最高人民检察院政治部专门让我给西部地区开设一门培训检察师资队伍的课程，我以自己 20 多年讲课的经验体会给新疆和兵团两个省级检察机关的兼职教师讲了《检察官如何讲好课》，在上海、辽宁、河南、新疆等一些检察机关也讲授过类似的课程，受到这些检察机关兼职教师的热烈欢迎。

全国各地检察机关教育培训部门、职务犯罪预防部门、国家检察官学院各省分院的一些同行也经常问我，如何承担好向社会各界普法讲课的重任、如何讲好廉政建设、预防职务犯罪警示教育课，根据我这些年来讲课的实践和体会，我仔细回顾，并进行深入总结，特把多年来讲课的经验整理出来，给承担讲课职责、热爱讲课岗位的监察委员会和检察同仁们参考。

为什么要讲廉政警示教育课

职务犯罪预防工作是反腐倡廉的重要内容，是检察机关法律监督的重要职责，检察官在行使法律监督、惩治职务犯罪职责的同时还承担着宣传法律、教育大众、预防职务犯罪的责任。

最高人民检察院领导指出：各级检察机关要坚决贯彻落实党中央关于惩防体系建设的重要部署，切实加强预防职务犯罪工作。

最高人民检察院领导要求：一是要开阔视野，从推进惩防腐败体系建设、推进社会管理创新和促进深化改革为根本目标去思考预防工作，立足检察职能，发挥办案优势，深刻剖析和认真分析职务犯罪的发生原因和条件，查找带有源头性、根本性、基础性等深层次问题，研究从机制体制、法律制度上的根本性防治对策。二是要根据党和国家工作大局的需要、人民群众关心关注的热点问题和职务犯罪多发易发的变化趋势，抓住重点，积极开展专项预防工作，用专项工作促进整体工作，用大的动作扩大社会影响。三是要增强预防职务犯罪的专业化、社会化和法治化建设，深入开展预防咨询、预防调查、年度报告、警示教育、廉政文化和法治文化宣传、行贿档案查询和涉检法律服务等工作，探索建立职务犯罪预测预警机制，不断拓展预防职务犯罪的工作领域和方法，动员广大人民群众和社会力量积极参与预防职务犯罪工作，推动党委统一领导、纪委组织协调下的党政齐抓共管、部门各负其责、依靠人民群众广泛参与、检察机关充分发挥作用的预防职务犯罪大格局的形成。

检察官讲授廉政建设和预防职务犯罪警示教育课是时代的要求、是社会的需求，是检察官义不容辞的光荣使命，检察官讲课具有专业的知识、丰富的实践、特定的角度、相当的影响力，具有其他机构、教员不可替代的作用。党的十八大以及十八届三中、四中、五中、六中全会以来，反腐败的力度不断加大，预防腐败和预防职务犯罪的工作越显重要，全国各级检察机关都把宣传法律、教育干部群众作为一项重要的工作，其社会作用和影响力越来越重要。检察官在这个时代大背景情况下，具有不可替代的光荣职责。

值此书付印之际，中共中央办公厅、国务院办公厅印发了《关于实行国家机关"谁执行谁普法"普法责任制的意见》，就进一步落实国家机关普法责任提出要求。根据意见，国家机关须充分利用立法和司法解释的制定过程，围绕热点难点问题向社会开展普法，并建立法官检察官等以案释法制度。

意见明确，国家机关要把普法纳入本部门工作总体布局，与其他业务工作同部署、同检查、同落实。各部门要按照普法责任制的要求，制定本部门普法规划、年度普法规划和普法责任清单。

执法司法机关在处理教育就业、医疗卫生、征地拆迁、食品安全、环境保护、安全生产、社会救助等群众关心的热点问题过程中，要加强对当事人等诉讼参与人、行政相对人、利害关系人以及相关重点人群的政策宣讲和法律法规讲解。对网络热点问题和事件，要组织执法司法人员和专家学者进行权威解读、组织普法讲师团和志愿者开展宣传讲解。

意见指出，要建立法官、检察官、行政执法人员和律师等以案释法制度。意见把国家工作人员的普法学法也摆在了重要位置。意见要求坚持领导干部带头尊法学法守法用法，推进国家工作人员学法经常化。要加强对国家工作人员的法治培训，把宪法法律和党内法规作为重要内容，建立新颁布的国家法律和党内法规学习培训制度，加强对国家工作人员学法用法的考核，完善评估机制。

廉政警示教育课实际上就是普法学法的实践过程，宣传落实中央大政方针的教育过程，我想这本书的出版可以为进一步贯彻落实中办、国办《关于实行国家机关"谁执法谁普法"普法责任制的意见》起一点推波助澜的作用。

附：

《关于实行国家机关"谁执法
谁普法"普法责任制的意见》

国家机关是国家法律的制定和执行主体，同时肩负着普法的重要职责。党的十八届四中全会明确提出实行国家机关"谁执法谁普法"的普法责任制。为健全普法宣传教育机制，落实国家机关普法责任，进一步做好国家机关普法工作，现就实行国家机关"谁执法谁普法"普法责任制提出如下意见。

一、总体要求

（一）指导思想

认真贯彻落实党的十八大和十八届三中、四中、五中、六中全会精神，坚持以邓小平理论、"三个代表"重要思想、科学发展观为指导，深入贯彻落实习近平总书记系列重要讲话精神和治国理政新理念新思想新战略，紧紧围绕统筹推进"五位一体"总体布局和协调推进"四个全面"战略布局，全面贯彻落实党中央关于法治宣传教育的决策部署，按照"谁执法谁普法"的要求，进一步明确国家机关普法职责任务，健全工作制度，加强督促检查，不断推进国家机关普法工作深入开展，努力形成党委统一领导、部门分工负责、各司其职、齐抓共管的工作格局，为全面依法治国作出积极贡献。

（二）基本原则

——坚持普法工作与法治实践相结合。把法治宣传教育融入法治实践全过程，在法治实践中加强法治宣传教育，不断提高国家机关法治宣传教育的实际效果。

——坚持系统内普法与社会普法并重。国家机关在履行好系统内普法责任的同时，积极承担面向社会的普法责任，努力提高国家工作人员法律素质，增强社会公众的法治意识。

——坚持条块结合、密切协作。国家机关普法实行部门管理与属地管理相结合，加强部门与地方的衔接配合，完善分工负责、共同参与的普法工作机制，形成普法工作合力。

——坚持从实际出发、注重实效。立足国家机关实际，结合部门工作特点，创新普法理念、工作机制和方式方法，积极推动各项普法责任的落实，切实增强普法的钊对性和实效性。

二、职责任务

（一）建立普法责任制。国家机关要把普法作为推进法治建设的基础性工作来抓，纳入本部门工作总体布局，做到与其他业务工作同部署、同检查、同落实。按照普法责任制的要求，制定本部门普法规划、年度普法计划和普法责任清单，明确普法任务和工作要求。建立健全普法领导和工作机构，明确具体责任部门和责任人员。

（二）明确普法内容。深入学习宣传习近平总书记关于全面依法治国的重要论述，宣传以习近平同志为核心的党中央关于全面依法治国的重要部署。突出学习宣传宪法，弘扬宪法精神，树立宪法权威。深入学习宣传中国特色社会主义法律体系，深入学习宣传与本部门职责相关的法律法规，增强国家工作人员依法履职能力，特别是领导干部运用法治思维和法治方式开展工作的能力，提高社会公众对相关法律法规的知晓度。深入学习宣传党内法规，增强广大党员党章党规党纪意识。坚持普治并举，积极推进国家机关法治实践活动，不断提高社会治理法治化水平。

（三）切实做好本系统普法。健全完善国家机关党组（党委）理论学习中心组学法制度，坚持领导干部带头尊法学法守法用法。健全完善日常学法制度，推进国家工作人员学法经常化。加强对国家工作人员的法治培训，把宪法法律和党内法规作为重要内容，建立新颁布的国家法律和党内法规学习培训制度，不断提高培训质量。加强对国家工作人员学法用法的考试考核，完善评估机制。大力开展"法律进机关"、机关法治文化建设等活动，营造良好的机关学法氛围。

（四）充分利用法律法规规章和司法解释起草制定过程向社会开展普法。在法律法规规章和司法解释起草制定过程中，对社会关注度高、涉及公众切身利益的重大事项，要广泛听取公众意见。除依法需要保密的外，法律法规规章和司法解释草案要向社会公开征求意见，并说明相关制度设计，动员社会各方面广泛参与。加强与社会公众的沟通，及时向社会通报征求意见的有关情况，增强社会公众对法律的理解和认知。法律法规规章和司法解释出台后，以通俗易懂的语言将公民、法人和其他组织的权利义务、权利救济方式等主要内容，通过政府网站、新闻媒体公布或在公共场所陈列，方便社会公众理解掌握。

（五）围绕热点难点问题向社会开展普法。执法司法机关在处理教育就业、医疗卫生、征地拆迁、食品安全、环境保护、安全生产、社会救助等群众关心的热点难点问题过程中，要加强对当事人等诉讼参与人、行政相对人、利害关系人以及相关重点人群的政策宣讲和法律法规讲解，把矛盾纠纷排查化解与法律法规宣传教育有机结合起来，把普法教育贯穿于事前、事中、事后全过程，让群众在解决问题中学习法律知识，树立法律面前人人平等、权利义务相一致等法治观念。针对网络热点问题和事件，组织执法司法人员和专家学者进行权威的法律解读，组织普法讲师团、普法志愿者广泛开展宣传讲解，弘扬法治精神，正确引导舆论。

（六）建立法官、检察官、行政执法人员、律师等以案释法制度。法官、检察官在司法办案过程中要落实好以案释法制度，利用办案各个环节宣讲法律，及时解疑释惑。判决书、裁定书、抗诉书、决定书等法律文书应当围绕争议焦点充分说理，深入解读法律。要通过公开开庭、巡回法庭、庭审现场直播、生效法律文书统一上网和公开查询等生动直观的形式，开展以案释法。行政执法人员在行政执法过程中，要结合案情进行充分释法说理，并将行政执法相关的法律依据、救济途径等告知行政相对人。各级司法行政机关要加强对律师的教育培训，鼓励和支持律师在刑事辩护、诉讼代理和提供法律咨询、代拟法律文书、担任法律顾问、参与矛盾纠纷调处等活动中，告知当事人相关的法律权利、义务和有关法律程序等，及时解答有关法律问题；在参与涉法涉诉信访案件处理过程中，切实做好释法析理工作，引导当事人依法按程序表达诉求，理性维护合法权益，自觉运用法律手段解决矛盾纠纷。审判机关、检察机关、行政执法机关、司法行政机关要加强典型案例的收集、整理、研究和发布工作，建立以案释法资源库，充分发挥典型案例的引导、规范、预防与教育功能。要以法律进机关、进乡村、进社区、进学校、进企业、进单位等为载体，组织法官、检察官、行政执法人员、律师开展经常性以案释法活动。

（七）创新普法工作方式方法。在巩固国家机关橱窗、板报等基础宣传阵地的同时，积极探索电子显示屏、电子触摸屏等新型载体在普法宣传中的运用，建好用好法治宣传教育基地，切实将法治教育纳入国民教育体系，在中小学设立法治知识课程。充分发挥广播、电视、报刊等传统媒体优势，不断创新普法节目、专栏、频道，开展形式多样、丰富多彩的法治宣传教育。进一步深化司法公开，依托现代信息技术，打造阳光司法工程。注重依托政府网站、专业普法网站和微博、微信、微视频、客户端等新媒体新技术开展普法活动，努力构建多层次、立体化、全方位的法治宣传教育网络。坚持以社会主义核心价值观为引领，大力加强法治文化建设，在做好日常宣传的同时，充分利用国家宪法日、法律颁布实施纪念日等时间节点，积极组织开展集中普法活动，不断增强法治宣传实效。

三、组织领导

各级党委（党组）要高度重视，切实加强对普法工作的领导。各级国家机关要充分认识普法责任制在健全普法宣传教育机制、推进社会主义法治国家建设中的重要作用，把建立普法责任制摆上重要日程，及时研究解决普法工作中的重大问题，加强人员、经费、物质保障，为普法工作开展创造条件。要把普法责任制落实情况作为法治建设的重要内容，纳入国家机关工作目标考核和领导干部政绩考核，推动本部门普法责任制的各项要求落到实处。上级国家机关要加强对下级国家机关普法责任制建立和落实情况的督促检查，强化工作指导，确保普法工作取得实效。对于综合性法律，各有关部门要加强协调配合，增强法治宣传社会整体效果。

各级司法行政机关和普法依法治理领导小组办公室要充分发挥职能作用，加强对国家机关普法工作的指导检查，对涉及多部门的法律法规，要加强组织协调，形成工作合力。要定期召开联席会议，研究解决部门普法工作遇到的困难和问题，推动普法责任制的落实。要健全完善普法工作考核激励机制，建立考核评估体系，对照年度普法计划和普法责任清单，加强对国家机关普法责任制落实情况的检查考核，对责任落实到位、普法工作成效显著的部门，按照国家有关规定予以表彰奖励；对责任不落实、普法工作目标未完成的部门，予以通报。要注重总结落实普法责任制好的做法，积极推广普法工作好的经验，加强宣传，不断提高国家机关普法工作水平。

各地区各部门要按照本意见精神，研究制定具体措施，认真组织实施。

要诀一：讲课要具备"六感"

检察机关预防职务犯罪工作中明确了警示教育、廉政文化和法治文化宣传的工作职责，毫无疑问，全国各级检察机关都应当有一批政治强、业务精、素质好、实践丰富、讲课在行的检察官讲课者，因此，培养检察官讲课人才是刻不容缓的一项重要的任务，应当摆上加强检察队伍建设、提升检察官综合素质能力的议事日程。

检察官讲课者首先应当充分认识廉政建设和预防职务犯罪警示教育的重要性，要具有满腔热情、一丝不苟的职业素养，因此要求从事或者承担讲课任务的检察官要具备"六感"。

一、光荣的使命——使命感

廉政建设和预防职务犯罪警示教育讲课是承担这方面任务检察官的职责和使命，要具有承担这个使命的光荣感、责任感，热爱这项工作，只有热爱才能千方百计去钻研、去学习、去实践、去总结，竭尽全力去干好，否则，仅仅是应付，只求形式不讲质量，只讲过程不讲效果，达不到预定的目的是必然要被淘汰的。

我30多年检察生涯，就是从事职务犯罪侦查工作，由书记员一直到检察委员会委员、反贪局长，在这期间经常有单位邀请检察官去进行法治宣传、廉政教育、预防腐败和预防职务犯罪警示教育，我感到这项工作与检察工作密不可分，属于我们检察官的分内事，于是当作一项光荣的、义不容辞的工作去做，其间难免遇到各种误解、阻力，个别领导也存在着一些不理解、不支持，但我心中有使命感，一切困难、障碍都不在话下。如今，我的课程讲到了全国各地，讲到了中央级党校省部级领导干部班。我的课程曾被评为全国检察机关精品课程，在全国入选的 12 门课程中还位居第一（并列），整个上海检察机关就我获得这个荣誉，其实这是整个上海检察机关的荣誉，体现的是整个上海检察机关综合工作水平、教育能力、课程设计能力水平、讲课能力水平。是金子总会发光的。我把它作为鼓励和鞭策，对更多的大力支持我讲好课、多讲课的领导和同仁表示由衷的感谢。

具有使命感就能迎难而上，战胜一切困难！

二、工作的职责——责任感

承担讲课任务的检察官，要把廉政建设、预防职务犯罪警示教育讲课当作一项重要的工作职责来对待，讲课者必须具有责任感，宣传法律、教育大众、预防腐败、预防职务犯罪就是我们本职工作的重要组成部分，有责任感就有目标、有要求，就有努力去完成这项工作的内在动力，如果把这项工作认为可有可无、多此一举的分外事那毋庸讳言，注定是干不好的。

我始终把讲课当作一项重要工作来完成，我们办案子，往往是在几个人之间展开；而讲课的受众起码是几十个人，甚至是几百个人，我最大范围的课程是国药集团、中国生化集团，全国 31 个省、市、自治区分支机构视频收看；人数最多的视频讲课是四大金融央企之一的中国太平集团，全国设立了 360 多个分会场；称为中国家居巨头的民营企业红星美凯龙集团，我讲课时全国有 265 个分会场收看；现场听课最多的是中原油田，1500 个党员干部到场听讲；贵州省安顺市委、山东省威海市委、上海烟草集团（含北京卷烟厂、天津卷烟厂在当地视频）现场听众均达千人；上海大学利用开学第一天集中几个系的学生两千多人听我讲课；当然我在电台法治节目中讲过数次，收听的人根据国家规定的标准统计，每次在 30 万人之上。

如此这般的社会影响力，我们讲课能够应付、敷衍了事吗？不能！绝对不能！所以我讲课非常强调责任心、责任感，答应的事决不变卦、确定的时间决不失约，听众最少的一次讲课是西安证券上海营业部，只有 7 个人，我照样认真准备，高质量讲解。所以听过我讲课的单位普遍评价：张老师太敬业了！其实，听课无论人数多少，单位不管级别高低，邀请我讲课，均一视同仁，怀着敬畏的心情，充分尊重大家，尊重听众，这就是责任感！

缺乏责任感是不可能高质量做好这项工作的。

三、形象的展示——展示感

检察机关各项工作离不开人民群众的支持、配合和理解，检察院是人民检察院，检察官是人民检察官，因此密切联系群众是检察官的一项重要的工作要求。

那么以什么样的形象在社会上出现、在人民群众中出现？讲课过程就是检察官形象展示的重要途径之一，讲课中阐述的公平、正义、平和、理性、文明、规范就是检察官形象展示的重要内容。

我始终把讲课过程当作检察官形象展示的重要舞台，在讲课过程中绝对不是照本宣科，而是有深刻的剖析、提出独到的见解，如我是全国第一个提出"被告人在法庭上穿囚服""犯罪嫌疑人在笔录上按指纹"是缺乏法律依据的侵权行为；我一针见血地指出，"预防腐败的根本出路是健全和完善监督机制"等，这些观点得到了社会的广泛认同，媒体网络都进行了报道和讨论；在讲课中，我还经常介绍一些检察机关办案过程中文明办案、人性化办案、尊重和保障人权的事例，让更多的人知道检察机关的性质、办案情况，澄清一些误解、消除一些错误的传闻，通过视频、照片展示检察机关、检察官的形象。如一些群众认为检察机关侦查人员讯问犯罪嫌疑人会采取刑讯逼供的方法、会把灯光照射在犯罪嫌疑人脸上等，这些不实之传闻经过讲解都进行澄清，反映和展示了检察机关办案的真实情况和良好形象。

当然，讲课过程中，讲课检察官个人也有一个形象展示的问题，衣冠端正、言语文明、举证规范、观点正确、言之有物都可以得到很好的宣传效果。

具有展示感才能不断提升自己的素质和修养。

四、沟通的渠道——媒介感

检察官要结合检察工作经常性地将党和国家的大政方针、法律规定通过讲课的平台向社会各界的人民群众进行宣传；检察机关通过各种渠道听取人民代表、政协委员及广大人民群众对国家机关执行法律、进行法律监督的意见，承担着联系群众的重要职责，因此，检察官讲课就是起到党和政府与人民群众密切联系桥梁作用的重要途径之一。

针对新出现的贿赂犯罪手法，最高人民法院、最高人民检察院于2007年11月出台了关于新型贿赂犯罪的司法解释，当时社会各界都不太了解，对其内涵一知半解，于是我在讲课过程中深入浅出、以案论法把这个司法解释讲明白了，受到了广泛的欢迎，以至于邀请我去讲课的单位连接不断。同时，通过讲课，也有不少单位的听众向我咨询相关法律问题，向我反映、举报有关腐败问题，这些年来，至少有100多起案件线索是通过讲课这个途径获悉的，其中有几十起具有一定的价值被我们侦查部门立案。

最典型的一次，我在某国有副食品公司讲课，课后竟然有5个管理人员前来检察机关投案自首，均被立案；还有一次在某国有大型汽车运输公司讲课，针对一些员工截留公款的现象讲解了相关法律及后果，结果不到一周，被截留的公款600余万元悉数收回，电视台专门进行了采访报道，起到了相当好的社会效果，江苏省南京市有关企业还专程来上海到该企业来学习取经。

媒介感是检察官群众观念的重要体现。

五、自律的保障——约束感

习近平总书记提出，要求下面不做的，自己首先不做；要求下面做到的，自己首先做到。检察机关作为国家法律的监督机关，其工作人员应当是遵纪守法的楷模，同样道理，要向社会各界讲课，讲授廉政建设教育课，讲课者自己不过硬显然是不能被人民群众所认可的，正人先正己，打铁还须自身硬，讲课者自我约束是必不可少的。

以我自己来讲，20多年来，讲课单位遍布全国各地几千家、听课人员过百万，我不认识听众，可大家都认识我，因此我特别注意自己的言谈举止，严格自律，绝对不做任何不符合讲课者身份的事。如在本地讲课，我从来不在邀请单位吃饭，讲完就走，为了避嫌，我对自己有严格的要求，从不破例。对于在外地讲课的，我坚持吃自助餐，没有自助餐的，到路边小店吃面条，坚决不在宾馆吃豪华餐。那年在陕西省省级机关讲课，我连续几个晚上和邀请单位的陪同人员在路边吃13元一碗带饼子的羊肉汤，我劝说接待单位硬是把宾馆的贵宾餐退掉了。

廉洁自律是检察官讲课者最好、最直观的课程。

六、知识的积累——自豪感

要讲好课，没有别的捷径可走，只有不断地学习，不断地实践，准备讲课的过程就是知识积累的过程，因为各个阶段的形势不同、要求不同、法律规范不同、腐败表现不同，讲课就一定要具有针对性、接地气，就是要与时俱进。因此，千篇一律、一成不变、教条主义是行不通的，一篇稿子、一个套路讲几年是不行的。

我讲课都有充分的准备，根据形势不断充实丰富，不断修订完善，每次讲课前，不论这个课程讲了多少遍，一定根据讲课单位的特点和要求再专门进行备课。因此，这些年来，我的课程具有几十个不同特点的内容，如有针对领导干部的、公务员的、新任公务员的、国有企业的、基建工程的、金融证券的、教育卫生的、政法部门的、军队武警的、民营企业的、乡镇村子的，一段时间后，我把这些讲课稿形成书稿出版，受到普遍欢迎，至今这类预防腐败书已经出版了六部。因此，我可以说，讲课过程就是一个知识积累的过程，看到自己的课程受欢迎、自己的书受欢迎，自豪感油然而生，承担讲课的检察官可以借鉴，享受乐在其中、其乐无穷。

精神财富是人生最好的遗产，是留给世界最好的纪念。

要诀二：讲课者提高自我素养的"四要求"

老师、教员、教书、讲课，看似都是普通的字眼，但恰恰相反，却不是什么人都可以承担和胜任这个普通、专业、光荣而神圣的工作的，检察官讲课者更是具有法律监督的"检察官"和传道授业"讲课者"的双重身份，需要具有更加严格的标准和要求。

一、人品要求

为人师者，首先是要具备人品高尚、道德楷模、为人师表、行为之范的要求，检察官讲课者是文明的传播者、法律的践行者、道德的示范者，其不但需要有老师的基本素质要求，而且还要符合检察官的职业准则，检察官讲课者的言行举止往往比说教更重要。

（一）为人正派

检察官讲课者必须为人师表，自己不正何以正人？一些领导干部作报告为什么下面睡觉、开小差？其中一个重要的原因是其自身不正，为人不正者侃侃而谈，满嘴伦理道德、马列主义，而群众心理明白，他一肚子贪污受贿、男盗女娼，大家一定是抱着鄙视的心态，谁能够耐心听其说教？我们讲廉政建设、警示教育的，一定要具有正气、传递正能量。

讲课者要具有儒雅风度，讲课是知识的传播，是文明的传播，是思想的传播，是道德的传播，是法律的传播，所以讲课者的内在修为、底蕴和外在修养、风度要符合这个身份，举止粗俗、衣着邋遢、粗话连篇难以服众。

要体现人格力量，就是要具有社会主义核心价值观实践楷模的要求，具有

— 15 —

理想信念、负有责任感、言行一致、表里如一、学术精湛、知识渊博，充分体现检察官讲课者的人格魅力。

（二）热爱传道

教师就是"传道授业解惑"者，这是一项高尚的工作，检察官讲课具有更加特定的意义和作用，因此，承担讲课职责的检察官要喜欢这项工作，当成事业来做才能从根本上做好这项工作，如果本身不喜欢讲课，那就钻研不进去，遇到困难一定打退堂鼓，所以，不喜欢其者、不热爱其者、不热衷于其者是不可能很好地承担这个工作的，这个工作不同于别的任务，是不能勉强的，这靠领导硬性规定、安排是行不通的，其结果肯定是适得其反的，我的体会，对讲课这项工作内在喜欢、热爱是非常重要的必备条件。

（三）善于学习

讲课者的能力水平是哪里来的？肯定不会是天生的，世界历史上没有天生的演说家，只有不断提升理论素养、认知水平，想要提高讲课能力没有捷径，就是不断加强学习，勇于实践。对于学习，我是有深刻体会的。我15岁以实际的小学文化程度到北大荒下乡，在那个特殊的年代里，我作为生产队政治队长、大队武装民兵连长从来没有放弃过学习，谁也没想到的是，1977年邓小平复出了、当年恢复高考了，我竟然考上了大学，所以我才有了今天！我要告诉大家，学习不是为了领导、不是为了家长、不是为了老师，一句话，就是为了自己，为了更好地展示自己的能量、为了更好地尽一份社会的责任。

要讲好课，只有不断地学习，不断地思考，不断地修正才能不断提升、不断完善、不断领先，因循守旧，故步自封，自我满足，没有新的东西而被淘汰是必然的。

（四）刻苦钻研

讲课的部署和落实，讲课者所在的各个单位不尽相同。有的单位是统一准备好稿子，让大家分头去讲，其实这不是讲课，这是宣读、读稿子，不可能达到深入、透彻、独到、振聋发聩的效果。我的讲课被邀请越来越多，由上海到全国、由基层到高层、由专业到大众、由教室到礼堂、由面授到视频，关键是我的课程具有独到性、深刻性、针对性、实用性、通俗性、回味性、思考性，平时我是不断进行钻研，例如对一些似是而非的、貌似准确的疑难问题进行思考剖析，然后提出自己独到的见解。比如大家都把腐败犯罪的发生原因称为"学习不够、制度不够、收入不够、打击不够"，而我一针见血地提出，这都属于治标，不是治本，治本就是"内在抑制贪婪心，外部严格权力的监督"，至今没有听到对此的不同意见，讲课者必须不断提升自己，刻苦钻研是必由

— 16 —

之路。

（五）勤奋努力

要把课讲好，不可能是一蹴而就的，讲课能力是一个不断学习、不断实践、不断修正、不断完善的过程，所以每次讲课前，我一定充分准备，复习课件，增加新的内容或者信息；对于不明白的问题，我找资料、翻词典、看专业的书籍；有的找专家学者虚心请教，真正做到不耻下问、能者为师。

尽管我经常讲课，而且普遍受到好评，但我还是不断取长补短，博采众长，只要有机会，我就会去听讲课经验丰富的名师的课程，如中国纪检监察学院李永忠副院长、吉林省人民检察院姜德志副检察长、中国浦东干部学院奚洁人副院长、上海市委党校党史教研室周敬青教授、上海市中共党史学会会长张云教授等名家的课程，把他们的长处吸纳到自己的课程中，自己不就提高了吗！

我还利用参加各种会议、论坛、研讨会结识了一批全国著名的法学教授，如中国人民大学的何家弘教授、时延安教授、李奋飞教授、清华大学的张建伟教授、中国人民公安大学的李玫瑾教授、毕惜茜教授、中国政法大学的姜振宇教授、卞建林教授、顾永忠教授、湖南大学的谢佑民教授、西南政法大学的任惠华教授、罗永红教授，利用应邀去这些大学讲课之机，向这些大学者们请教、交流，虚心请他们审阅我的课题、书稿，每次都是收获巨大、受益匪浅，实践证明这也是不断学习、提高的重要过程。

（六）善接地气

检察官讲课，讲廉政建设、预防职务犯罪警示教育课，必须要"接地气"，所谓"接地气"就是要了解、理解、分解、化解、甚解不同人群、听众关注的问题、模糊的问题、排斥的问题、难以容忍的问题、同仇敌忾的问题，当然也包括一些错误的认识和问题。显然，作为国家司法人员、检察官，我们有这个责任和义务去帮助群众化解和解决对这些问题的疑惑、疑虑，或者为解决这些问题指明正确、合法、有效的途径，这对维护社会稳定、化解矛盾、增强党和政府与群众的感情，以及通过群众发现职务犯罪线索等是具有积极意义的。

某区因为动迁，干群矛盾非常激烈；某医疗卫生单位因为福利分配，举报信满天飞；某居委会对于保护老人妇女儿童合法权益方面在认识上存在误区，我在讲课过程中通过讲法律、讲依法行政、讲正确行使民主权利，均取得了良好的效果，大家听了以后纷纷说，这个检察官的课我们听明白了，我们知道了如何行使手中权力、如何保障自己的合法权利。显然，通过讲课沟通政府与群众的联系、做好群众工作也是我们义不容辞的职责。

（七）平易近人

上课多了，影响大了，我连续多年被评为法治宣传优秀讲师、最受欢迎的教授，课程也被评为全国精品课程，有了教授、专家、理事、导师、研究员、秘书长、作家的头衔，但我深知离开了群众、离开了实践、离开了地气，我可能一文不名、一事无成，没有了讲课的平台，我这个讲课者失去了用武之地，即使具有再大的本事去哪里展示自己？

所以我遵循的是，对邀请单位不摆架子，不居高临下，讲课的题目、内容、要求、课时等充分听取他们的意见。有一个局级单位，讲课前该单位领导一定要我过去先介绍一下讲课的内容，我专门利用午休时间上门去沟通，由此提升了服务社会的质量，也避免了不必要的误解。

讲课过程中，我采取的方式是循循善诱、以理服人、贴近群众，不搬大道理、不唱高调子、不脱离听课者的实际，举的案例都是新近的、身边的、熟悉的、可以借鉴的，大家反映，张老师的课就像"拉家常""讲故事"，道理浅显易懂，案例生动鲜活，就是我们身边的事，能够理解，让人引起思考，回味无穷。

课程结束，我一般还留几分钟，与单位领导交流一下，听听反馈意见，有时候还进行一些咨询，回答他们提出的问题，让他们感到检察官不是高高在上的"官员"而是自家人。我深切体会到，有时候人格力量常常比说教更重要。

二、底蕴要求

老师为"传道授业解惑"者，是知识的集大成者，不善于学习、不刻苦钻研，一知半解、半瓶子水的状态何以承担"传道授业解惑"之职责，检察官讲课者必须是不断学习、不断积累、不断实践的践行者、为人师表的楷模。

（一）知识面广

身为讲课者、教员，要有深厚的文化底蕴，知识要丰富、宽泛、渊博，一知半解、似懂非懂那是讲课者的大忌。当然，讲课者也不是天生能够讲课的，渠道就一条，那就是笨鸟先飞、海绵吸水、举一反三、同类比较，不断扩大自己的知识面，增加自己的知识量，虽然我们的课程属于法律类，但其与政治学、道德学、伦理学、社会学、经济学、心理学、语言学、哲学、文学、科学技术、宗教学等都有密切的联系，长期以来，我自己有几千册藏书、每年订阅十几份报纸杂志、天天上网浏览信息，我不喝酒、不打牌、不应酬、不去夜店，有时间就是看书读报上网，每天夜深人静之时，我坚持在电脑上至少打

（写）5000字书稿，我至今已经出版了30余本书，两千多万字，几乎就是用的这些时间。

（二）阅历丰富

检察官讲课，离不开检察工作实践，这是我们和其他各类学校教员讲课的不同之处，也是我们检察官能够讲课的立足之本。

检察官讲课的特点就是来自实践、丰富实践、指导实践，离开了检察工作实践，我们讲课就失去了根本，因为照本宣科、讲中外古今高深理论不是我们的强项，没法与科班出生的正规院校的教员们相比。我今天能够在全国讲职务犯罪侦查课程、讲预防腐败和预防职务犯罪课程，被十几家高等院校、党校聘为讲座教授、客座教授、研究员，源于我在检察机关职务犯罪侦查岗位干了30多年，侦查破获职务犯罪案件千余件，对这个领域实践得比较长久与丰富、研究得比较扎实和深入，把握得比较全面及透彻，在此基础上具有了深刻而独到的见解，而这恰恰是没有讯问过犯罪嫌疑人、没有做过讯问笔录，没有全面、系统地接触、承办过职务犯罪案件的教员们所不能及的。

在这之前，我还有在黑龙江中苏边境中俄瑷珲条约签订所在地的农村插队落户近十年的经历，这种阅历就是财富，有这十年农村的经历，我对社会的综合了解、对社会底层的了解就比较深刻，对人性、人文、人权把握得就比较透彻，这些对于我们把握当今国内外的形势、理解党和国家的大政方针、剖析社会矛盾、挖掘腐败产生的原因具有非常重要的作用和意义。我深感，我讲课能够达到一定的高度、广度、深度，是与我丰富的生活实践、社会实践、求学实践、检察实践、侦查实践分不开的，这就是底蕴，就是基础，就是资本！

那么，如今一些年轻的检察官们普遍没有了当工农兵的经历，怎么办？其实就是在各种学习的基础上注意弥补自己接触社会实践不足的缺陷，利用一切机会接触社会各界，特别是最基础、最底层的群众，那样才能丰富自己的底蕴，增强自己的底气，才能成熟老练，才能在讲课过程中驾驭局面。

（三）善于提炼

讲廉政建设、预防职务犯罪课程，需要实例说明，用事实证明，而且还不能就事论事搞神秘、搞猎奇，要通过案例由此及彼、由浅入深，要有符合逻辑的引申和演绎，要抓住事物的本质。比如，近年来年轻官员职务犯罪的发展态势不断上升，那就要进行深层次原因的剖析，年轻跟腐败本身没有必然的因果关系，但年轻官员往往经历简单、一帆风顺、事业顺利，生活中也急需各种物质利益，面对房子、车子、票子、娘子、孩子的需求，在缺乏自律和监督的情况下，面临各种诱惑不能自觉抵制、难以自拔，走上了违法犯罪的道路，结果是在人生的道路上、事业上、家庭生活中鸡飞蛋打、身败名裂、家破人亡。这样客观分析就起到了发人深省的警示效果。

再比如，大量案件事实证明，贪官都有交友不慎、丧失底线、贪欲膨胀、最终陷入权钱交易犯罪泥坑的惨痛教训，司法实践证明，95%的贪官都存在道德败坏、腐化堕落的问题，那么，在警示教育的过程中，就可以着重在这两个方面进行深入剖析、重点提醒，进行源头警示、防微杜渐、预防在先的宣传教育。

（四）触类旁通

讲课过程中，以小见大、见树见林是重要的手段，我讲腐败预防，提出了从孩子抓起的理念，邓小平提出足球从娃娃抓起、电脑从娃娃抓起，我斗胆加一句，廉政建设也要从娃娃抓起！习近平总书记在加强惩治和预防腐败的问题上指出："物必先腐，而后虫生"，指的就是抓苗子、抓源头，孩子今天可以捡一块橡皮自用，如果没有引起重视，不久，他就可能牵头牛回家。

廉政建设、预防职务犯罪课程，就是通过讲课者在党的方针政策、法律规范和案件实例中穿针引线，让大家在活生生的案例中得到震撼，在法律规范面前感到敬畏，在党和国家的大政方针面前提高理解力，通过听众的反映，可以不断调整完善相关内容和案例，大家能够引起重视，留下印象，有所思考，得到感悟，那么这个课程的授课目的也就达到了。

（五）引经据典

在廉政建设、预防职务犯罪课程中，必然要对古今中外的廉政建设历史、经典、名言进行引用，这就需要讲课者具有继承弘扬、学习借鉴、丰富内涵的意识，提升廉政建设课程的历史文化内涵。

习近平总书记就非常善于引经据典来提出警示，如他讲到：当前反腐败斗争形势严峻，要以猛药去疴、重典治乱、刮骨疗毒、壮士断腕的勇气坚决消除腐败。其中"猛药去疴、重典治乱、刮骨疗毒、壮士断腕"就是古训；再如，前不久习近平总书记告诫领导干部要学习的古训："得一官不荣，失一官不辱，勿道一官无用，地方全靠一官；穿百姓之衣，吃百姓之饭，莫以百姓可欺，自己也是百姓。"总书记引用的这些话语来自于清康熙年间河南内乡县衙门口的对联，但今天读来令人振聋发聩、发人深省。

我们在讲课过程中也要善于采用这个方法，根据课程主题的需要，可以引经据典来彰显主题。

我在讲课实践中根据需要，适时引入"李自成失败的教训""毛泽东进京赶考的论述""毛泽东与黄炎培有关周期律的对话""革命先烈就义前对党的忠告""共和国第一贪污腐败大案""党的七届二中全会的主旨"等中国历史、中国共产党党史的轶事典故，既有知识性，又有警示性，而且还有可听性，讲课效果就非常好。

（六）坚持真理

讲课要有深度，就必须以正确的理论指导，要尊重事实，以理服人，对错误的理论、思想、认识要揭露、要批驳，如十八届三中全会会前，一些官方的"智库"提出了名为"383方案"的廉政建设改革方案，主要意思是："建立廉洁年金制度，公职人员未犯重大错误或未发现腐败行为的退休后方可领取（不菲的奖金）。"其实这个观点完全是错误的，现在的大大小小贪官没有一个是因为生活所迫而贪污受贿犯罪的！试想，官员都高薪就能养出两袖清风的官员吗？很显然，高薪不能养廉。

通过揭露这些错误的观点，然后引出正确的观点，拨乱反正、以正视听，那样大家的辨别力和认知度就提高了，讲课也不能忽视这种作用和效果。

（七）洞察力强

腐败不断滋长蔓延，究竟是什么原因呢？通常的说法往往就是："学习不够、制度不全、法律意识不强、打击力度不大"，不但我们的一些领导这样讲，而且落马的贪官也这样讲，其实这种说法没有抓住预防腐败和预防职务犯罪的根本。我作为长期从事职务犯罪侦查的检察官深刻感到，具有洞察力、敏锐性就是我们要具备的能力特征，我们就要从根本上来揭示和剖析腐败的根源及预防腐败、预防职务犯罪的根本，也就是寻找规律、抓住本质、围绕中心、把握关键。

在这个问题上，我运用十八届三中全会《决定》中的一段话：必须构建决策科学、执行坚决、监督有力的权力运行体系，健全惩治和预防腐败体系，建设廉洁政治。努力实现干部清正、政府清廉、政治清明。

我就注意抓住这段话中的三个关键词：科学、执行、监督，我通过大量事实的阐述，深刻揭示我们当前惩治和预防腐败的关键就是这三个词。这些年我们预防腐败的措施五花八门、应有尽有，但科学反腐措施较少见；我们制定了大量的制度，但其中一些缺乏执行力；一些曾经非常优秀的好苗子被提拔了，却没有多久腐败犯罪了，监督仅仅是口号！周永康、徐才厚、郭伯雄、薄熙来、令计划、刘志军等大贪官能够畅通无阻腐败几十年，缺失的就是监督！这种一针见血、入木三分，既诠释了三中全会《决定》的重要精神，又抓住本质的内容，效果非常之好，大家听后普遍感到深刻、解气、到位，这就是与一般同类课程的不同之处，有自己的东西、新鲜的东西、令人深思回味的东西。

综上所述，一个好的讲课者、教员，知识面要非常广泛和丰富，思考要非常深刻和理性，要表现一滴水，就必须准备一桶水。

三、态度要求

"态度反映本质、态度决定一切"，检察官讲课，是单纯地完成任务还是满腔热忱地投入其中，不耻下问、博采众长、精益求精、钻研求索，这是决定讲课质量、社会效果的重要因素，态度是检察官职业素养的综合体现。

（一）庄重严肃

检察官讲课者，对待讲课、做学问必须认真踏实，力避夸夸其谈、哗众取宠、华而不实。在检察官讲课的实践中，有的是图新鲜，"过把瘾"，也就三分钟热度，不肯钻研、不肯投入，结果也就不能坚持下去；有的是偏离主题、低级趣味，虽然当场气氛热烈，但事后反映不佳，结果也属于不受欢迎的课程，没有了市场；还有一类是靠社会上流行的"段子"来吸引大家，有心者在下面数段子，结果记录段子多达70多个，一场主题严肃的廉政建设、预防职务犯罪课，竟然类似于"脱口秀"，反馈的效果不好，所以这种形式的课也理所当然地被淘汰了。

（二）遵守师德

教员就要遵守师德，要严于律己、起表率作用、不能应付。如上课不能迟到，上课不能接听电话，上课不能抽烟；对待学员一视同仁，人多人少不偏不倚；对于学员的请教要耐心回答；不能利用讲课的机会谋取个人私利。

上海市委党校一分校位于远郊，路途近70公里，而且道路拥堵严重，该校安排我讲课都在上午，我每次都是清晨6点多出门，保证提前到校，在这里我讲句实话，我的精力付出、车辆通行费、耗费汽油费甚至不够讲课费，但我从来没有计较，而且不在讲课单位吃饭，对这样的老师人家肯定是欢迎的。

我以为这就是师德的表现之一。

（三）善于掌控

能不能体现质量、能不能掌握局面、能不能调动气氛、能不能形成凝聚力，这是课堂上讲课者综合能力的体现。我上课，有时开讲时却看到下面有闭着眼睛睡觉的、有玩手机的、有看报纸杂志的，我不会提出直接的批评，而是用讲课的内容把气氛调动起来，一般三五分钟，睡觉的眼睛睁开了、玩手机的把手机关闭了、看书报的把书报收起来了，我的课程，几乎没有人开小差，普遍感到时间过得飞快，那就是以讲课内容掌控的效果。

2015年夏天我给全国边防部队政委培训班讲课，时间安排在晚上，而且是培训班的最后一堂课，主办方提醒我，他们已经听了一个白天的课了，我的讲课时间不要太长，他们可能会坐不住。结果我晚上一口气讲到10点，中间不休息，两百多个政委全神贯注、目不转睛、认真记录，下课后全体起立长时间鼓掌、敬礼，还有许多学员留下来与我交流，场面热烈、欲罢不能！

有一次我在市委政法党校讲课，那都是政法系统的处级领导干部，我讲廉政建设、预防职务犯罪的内容谁不知道啊！我根据学员的结构特点，认真对待，精心准备，结果3个半小时的课大家聚精会神、无一走神。课后许多学员纷纷要我的名片，邀请我到他们所在单位去讲。这里有一个笑话，我们市检察院监所检察处的肖裕国处长也是这个班的学员，他课后对我讲，"张亮你讲得是好，我喝水多，小便实在是憋不住了，出去了一次，你要知道我是一路小跑来回的"！国家检察官学院教授上官春光多次评价我的讲课：张老师讲课学员们都没有尿点！

我敢点出这些同仁的单位和姓名，就说明这个事是真实的，我告诉各位讲课者，听众思想不集中、看书报玩手机、不时跑进跑出，这不是他们的问题，很大程度是讲课者的问题，讲课者一定要在自己的身上找原因，你的掌握能力是在哪里出了毛病？

（四）见解独到

讲课者讲课需要博采众长，也应当博采众长，但我的经验是，在学习借鉴他人的同时，一定要有自己独特的风格、独树一帜、特征鲜明，不能模仿、照搬、依样画葫芦。比如我的特征就是对热门的、大家关注的问题寻根问底、求其所然、揭示真谛；我的课程就是信息量大、剖析深刻、具有独到的见解；我表达方式就是语言通俗幽默、接地气，比如，领导们及贪官们在分析腐败犯罪的原因时都喜欢说是"学习不够"，对此我予以深刻的批判，陈希同、陈良宇、薄熙来、刘志军等高官在为官的经历中去中央党校学习不少于数十次，怎么一点没有学好？他们的犯罪事实证明，他们腐败犯罪均长达10年、20年！于是我提出什么是学习的问题，强调真正的学习不是指形式，而是"入心入脑"，我还列举沈阳市原常务副市长马向东为例，马向东曾经是中央党校学习标兵，但案发后查明，其去澳门赌博16次，有5次竟然是在中央党校学习期间，其参与豪赌涉及公款千余万元，最终被判处死刑！我进一步提示：可见，什么是真正的学习，什么是伪学习！大家要以马向东为戒，讲学习一定要入心入脑，学以致用，树立终身学习的思想，要按照习近平总书记的要求：学习、学习、再学习；实践、实践、再实践。

学习不能脱离行动得到了诠释，这种活生生的例子震撼力极大，讲课效果也得到了体现。

所以我的课长盛不衰、应接不暇，这一点我不谦虚，大家可以借鉴。

（五）博采众长

讲课者不可能是万宝全书，我们讲课的对象不是在校的学生，大多数情况下听课的往往是领导干部、管理人员，他们在某些领域、某些专业上的能力、学识、水平远比我们讲课者要高，所以我们还要保持不耻下问、取长补短、能者为师的谦虚态度，与高水平的能者多交流，自己也能够得到提高。

为了讲好课，我利用业余时间参加了为期 10 个月的心理知识培训；参加了为期两个月的经贸知识培训；几年中我去各级党校听了数十堂大牌教授、知名教授的课，这些都是讲课者必要的付出，没有付出哪里有收获，这个道理检察官讲课者都是要明白的。

2017 年 5 月，黑龙江省黑河市检察院检察长决定由两级院 7 名预防部门负责人组团来上海，实地观摩我的讲课实践，连续 3 天，他们旁听了我 6 个场合的各类课程，收获匪浅，感触颇深。该院领导和预防部门的同志就是具有博采众长的意识。

（六）不计得失

对社会各界讲课，根据现行的规定，只要不属于职务行为是可以收取讲课费的，这也是对知识、对教师的尊重，我们检察机关邀请有关专家学者来讲课的，也按照规定支付讲课费，上海市检察机关实践中的做法，本系统检察官给自己系统讲课也支付一定的讲课费，这一点我们也不能有其他想法。

但我认为，讲课行为不能与社会责任、检察官职责形成冲突，检察官讲课者还是要讲职业道德、人生追求、社会效应。我的做法，对于西部地区、贫困单位一律不收费；凡是根据规定可以收费的，收费标准按照当地的相关规定，明确缴纳税收的渠道后收取。我的讲课收入主要用于购书补充知识，送书给一些经济困难的边远检察机关，资助教育，搞希望工程，真可谓"取之于民、用之于民"。有一次我应邀在国家检察官学院井冈山分院给江西省检察机关侦查骨干培训班讲课，应一些检察官学员的要求，我开车带了两百本我的专著去，开始是准备以成本价销售的，但到了当地一看，一些革命老区的经济发展还比较困难，检察官还不富裕，于是我当机立断讲课费分文不取，专著全部赠送！

赠人玫瑰、手有余香！奉献、付出，心情会非常愉悦，大家可以根据实际情况不妨试试看！

（七）追求完美

追求完美是我对讲课的要求，也是许多听众的评价，能够更好，我就不会一般好，我对讲课力求精益求精，每次课前，我会根据对象特点和要求专门修改课件，特别是增加最新的信息；每次课后进行回顾，找出哪些地方可以改进，去粗取精；为了保证顺利讲课避免故障，我带的包里电脑、U 盘、硬盘、激光笔、翻页器、数据线一应俱全，任何环节发生问题都不至于影响正常讲课。

我深感，人生经历不同、讲课实践不同、表现风格不同、个人能力不同，但保持良好的态度非常重要，因为态度反映能力，态度弥补不足，态度决定效果。

四、能力要求

（一）掌控能力

讲课者必须具有控制局面的能力，要口齿伶俐，说话清晰、发音标准、排除痼疾；要语言规范，用词准确、言语文明、避免重复；要营造气场，主题鲜明、吸引眼球、调动情绪；要掌控局面，处乱不惊、引导方向、凝聚人气；要临场发挥，贴近实际、更新信息、熟悉生活；要引发思考，提升拔高、提出疑问、引起思考；要注意反馈，听取反映、调整内容、改变方法。讲课没有最好，只有更好；没有天生的教育家、演说家，只有不断追求才能达到理想的境界。

（二）表达能力

讲课就是表达，表达能力是讲课者必须掌握的。要严谨规范，主线严谨、总体规范、正义统领；要突出主题，紧扣中心、放开收拢、逐步深入；要不落俗套，不予照搬、千篇一律、一成不变；要步步深入，由浅入深、言之有物、揭示主题；要起伏有致，不平铺直叙、风平浪静、一种频率；要引人入胜，有说理、有例子、有高潮、有思考；要豹尾收场，凤头、猪肚、豹尾，令人回味无穷。很显然，表达能力是人的一种综合能力。

（三）互动能力

讲课者要主导整个教学活动，互动是其必要手段之一，要备前交流，重要课程事先听取意见要求；课前交流，讲课之前与负责人主持人交流；眼神交流，讲课中善于使用眼神作交流；提问交流，设计提问引起听众们的注意；互动交流，安排专门环节诠释相关问题；小组交流，尝试最新的专门的教学形式；案例交流，下发案例围绕提问进行教学，学会交流是教员必备的一种能力。

（四）主导能力

讲课中可以抛出问题，如提出疑问——容易被误解的问题；引起争论——以似是而非的问题引起不同反应；调动思考——启发听众进行自我思考；归纳提炼——拨乱反正，提出正确观点；总结定论——提纲挈领，领会科学理论；产生回味——欲罢不能，课后自发议论。讲课者能够正确引导，把听众的情绪调动起来是效果的体现。

总而言之，不要就事论事看待讲课这个工作，不能抱着应付的态度来开展廉政建设、预防职务犯罪宣传教育。

（五）整理能力

课讲多了，经验资料积累得也多了，在不断总结，不断提高的基础上，我经过思考、提炼、归纳，优胜劣汰、精益求精，然后形成书稿出版。近年来，我在讲课的基础上，以讲课资料为蓝本，先后出版了廉政建设、预防职务犯罪的书籍十余本，在上海书展上热销，其中《廉政防腐365》系列书籍被评为"世界读书日优秀书目"；党的十八届四中全会以后出版的《反腐倡廉新热点问题解读》一书得到广大读者的高度评价，多次加印，至今供不应求。我的体会是，这就是精神财富，是历史留存，是最珍贵的精神财富，所以，讲课不能就事论事，讲课不是检察官的终极目标，讲课其实就是不断积累、不断提高的过程，是社会责任心的一种体现、是对社会的付出和贡献，也是一种廉洁文化的一种发扬和传承。

要诀三：讲课就是讲政治

讲廉政建设、预防职务犯罪警示教育课，其实质就是讲政治的重要组成部分，讲课者政治上坚定是最基本的要求。政治上坚定是中国共产党的生命和灵魂所在，是把握中国共产党所肩负的历史使命的必然要求。政治上坚定，就是要具有坚定的政治方向、政治立场、政治观点；就是要具有严格的政治纪律和高度的政治敏锐性、政治鉴别力。

习近平总书记最新指出：国事无私，政道去邪，法不容情。全面从严治党、严明党的纪律，决不能回避政治问题，对政治隐患就要从政治高度认识。全党必须讲政治，把政治纪律摆在首位，消弭隐患，杜绝后患。

检察官政治坚定是其职责的使然，因此要全面贯彻党的路线方针政策，自觉在思想上、政治上和行动上与党中央保持高度的一致，在大是大非面前始终保持清醒头脑，大事面前不糊涂，关键时刻不动摇。

一、以科学的理论为指导

检察官讲课要以正确的理论为指导，中国共产党经过 90 多年的发展，坚持把马克思主义基本原理同中国具体实际相结合，在推进马克思主义中国化的历史进程中产生了两大理论成果，其一是毛泽东思想；其二是中国特色社会主义理论。我们讲课，前提就是要在这两大理论指引下，紧密结合社会主义建设的历史经验，紧密结合我国改革开放和社会主义现代化建设实际，紧密结合新的时代条件，诠释和宣传好这个基本理论体系。

检察官讲课，必须做到理论上成熟，理论上成熟是政治上坚定的基础，理论上与时俱进是行动上锐意进取的前提。只有用科学的理论武装头脑，才能有深刻的洞察，善于从宏观上把握事物的发展趋势，善于透过现象看本质，在错误思潮、错误观点、错误倾向刚一露头时，就能见微知著，科学预见，洞察本质，判明利害。

检察官讲课，只有用科学的理论武装头脑，才能有严谨的分析，善于运用马克思主义的立场、观点和方法，对一些外来思潮、流行观点进行认真分析和深入鉴别，划清是与非、对与错的界限，决不被错误的、有害的东西所迷惑。

我们在讲课过程中，只有用科学的理论武装头脑，我们才能有科学的判断，自觉地站在政治和大局的高度来观察和处理思想理论领域出现的错误观点和思潮，作出正确的判断，旗帜鲜明、理直气壮地加以批驳和制止。

做到政治上坚定，离不开深刻的洞察、严谨的分析、科学的判断，而这些都源于扎实的理论修养。这就需要我们承担讲课任务的检察官加强学习，不断提高马克思主义理论水平。如果思想上解除武装、学习上浅尝辄止，那么要做到政治上坚定、高质量的讲好课显然是不可能的了。

二、坚持正确的政治方向

讲廉政建设、预防职务犯罪警示教育课程要求政治思想突出，观点鲜明，要符合检察工作的特点和检察官的身份。当前要重点注意宣传贯彻党的十八大及十八届三中全会、四中全会、五中全会、六中全会的精神，深刻学习领会习近平总书记系列讲话，包括其中有关从严治党、反腐倡廉的一系列政策、方针、部署，保证讲课大方向正确、不偏离主题。

习近平总书记在中央政法工作会议上指出，政法机关要坚守职业的良知、执法为民，教育引导广大干警自觉用职业道德约束自己，做到对群众深恶痛绝的事"零容忍"、对群众急需急盼的事"零懈怠"，树立惩恶扬善、执法如山的浩然正气。

曹建明检察长强调，各级检察机关要深入学习贯彻习近平总书记系列重要讲话精神，把职业良知作为提升检察人员职业道德、职业素养和职业精神的基石，并对新时期检察人员坚守职业良知提出了"坚定理想信念、执法为民、捍卫法治、坚持公平正义、清廉如水"五个基本要求。

检察官向社会各界宣传法治是检察机关的一项重要的职责使命，因此，承担和从事这项工作的检察官必须把检察事业的职业良知内化为执法为民、弘扬正气、维护公平正义的自觉行动，切实履行好宪法和法律赋予检察机关及检察人员的崇高职责。

坚持正确的政治方向，就是要充分体现检察官的忠诚，把信念坚定作为政治灵魂，把法律规范作为坚定信念的基础，展示检察官忠于党、忠于国家、忠于人民、忠于法律的政治本色。

三、学习领会最新政策精神

这个主题不是空洞的大道理，不是泛泛而谈，其要求讲课者学习了解和掌握党的大政方针及各个阶段的重点、要求，保证与时俱进，不过时、不陈旧；同时还要注意本地域、本系统上级党政领导机关有关廉政建设和预防腐败的决策、部署的了解，防止隔靴搔痒、离题万里、脱离实际。

当前在阐述反腐败斗争形势时，应当引用习近平总书记在十八届中纪委二次全会上有关反腐败的重要讲话："腐败是社会毒瘤，如果任凭腐败问题愈演愈烈，最终必然亡党亡国，全党必须警醒起来。""反腐败高压态势必须继续保持，坚持以零容忍态度惩治腐败；坚决把党风廉政建设和反腐败斗争进行到底。"

习近平总书记高瞻远瞩、一语中的，深刻揭示了当前反腐败的严峻态势和反腐败的坚定决心和总体要求，我们在讲课中就是要以这个讲话为基础，结合检察工作实际对腐败问题的严重性、后果及当前的对策进行解读和展开。在这个方面，还要注意以下三点：

一是检察官由于工作关系接触案件多，接触社会负面信息多，剖析一些案件的根源、贪官的教训是必要的，具有积极的现实意义，但讲反腐败，不能过度暴露阴暗面，把社会描写得一团漆黑，不能令人听了丧失信心，现在我们就要以 2017 年初中央政治局作出的判断为主线："反腐败斗争压倒性态势已经形成"。从而通过讲解反腐败阶段性的成果、充分肯定广大人民群众对反腐败的高涨的情绪，鼓励人们要坚定信心、鼓舞斗志。

二是讲课者必须学习了解和掌握党的各个阶段的工作重点、要求，保证与时俱进，不过时、不陈旧，常讲常新，在当前不能脱离党的十八届六中全会的精神，还要重点解读党的几个规定的精神，一门课程的内容长年如一、多年不变必然是不符合听众的要求、脱离现实而滞后落伍的、是不会受到欢迎和取得应有效果的，也是违背检察官讲授廉政建设、预防职务犯罪课程初衷的。

例如，当前要围绕党的十八届六中全会精神这个主线来展开讲课内容，我把这个主要精神浓缩为以下 12 句话，起到提纲挈领、纲举目张的效果。

主题：坚定不移推进全面从严治党。

首要任务：共产主义远大理想和中国特色社会主义共同理想。

根本要求：决不允许在群众面前自以为是、盛气凌人，决不允许当官做老爷、漠视群众疾苦，更不允许欺压百姓。

重要基础：党内民主是党的生命，党员有权向党负责地揭发、检举党的任何组织和任何党员违纪违法的事实，提倡实名举报。

内容载体：党的组织生活是党内政治生活的重要内容和载体，全体党员、干部特别是高级干部必须增强党的意识，时刻牢记自己第一身份是党员。

重要举措：监督是权力正确运行的根本保证。

根本保证：党的社会主义初级阶段的基本路线是党和国家的生命线、人民的幸福线，也是党内政治生活正常开展的根本保证。

重要内容：党内决不允许存在特殊组织和特殊党员。

制度保障：民主集中制、集体领导和个人分工负责。

组织保证：坚持正确选人用人导向，党内不准搞人身依附关系。

重要手段：坚持批评与自我批评，讲党性不讲私情，讲真理不讲面子。

重要任务：建设廉洁政治，坚决反对腐败。

对这些内容我不是简单的罗列标题，而是运用通俗的语言、身边的事物、发人深省的例子进行诠释，听众在轻松有趣而又严肃深刻的课堂氛围中得到启迪、得到感悟、得到收获，毋庸置疑这样的讲课效果就比较完美了。

三是讲课者对本地域、本系统上级领导机关有关党风廉政建设和预防腐败的决策、部署、要求有所了解，结合各领域特点有针对性地增加内容。如我应邀到一些三甲医院上课，我专门增加了最新的国家卫生计生委、国家中医药管理局颁布的《加强医疗卫生行风建设"九不准"》和上海市卫计委颁布的《坚决纠正医药购销和医疗服务中不正之风的"十项不得"规定》等内容；到部队讲课我专门增加了中央军委有关军队反腐败的有关内容；到乡镇机关讲课，我专门准备了近年来乡镇干部职务犯罪的数据、特点，提出加强预防工作的指导性意见。我的体会是，讲这类课程重点讲解如何预防身边的腐败，提出针对性的措施，这种警示教育听众普遍反映可听性强，接地气，其效果也就不言自明了。

要诀四：讲课就是讲法律

法律是国家政治生活和国家权力产生及运行的基本依据和规范。法治通常的理解就是法律之治，即通过法律治理国家。同时，法治又是通过法律使权力和权利得到合理配置的社会状态。

用法律来治理国家作为一种治国理政的方略在中国有着悠久的历史。中国古代法家代表人物韩非子就提出过："治民无常，唯以法治"，管仲认为："威不两错。政不两门，以法治国，则举措而已。"

我们讲法律，就必须把握法治固有的取向：权力来源于法律，权力受制于法律，权力与责任相统一，权力要尊重权利。

党的十八大提出了法治思维的要求，法治思维是权利义务思维。权利和义务是法律关系的关键要素，是判断是非对错的标准。法治思维的实质就是从权利和义务角度观察、分析、处理问题，通过权利和义务的运行，实现法的指引、评价、预测、教育、惩罚功能。

2014年1月7日习近平总书记在中央政法工作会议上明确要求，党委政法委要带头在宪法法律的范围内活动，善于运用法治思维和法治方式领导政法工作，在推进国家治理体系和治理能力现代化中发挥重要作用。这标志着我们党对党的执政规律的认识、对法治的认识、对领导干部素质和能力建设的认识都提高到了新高度，对于建设社会主义法治强国具有重要意义。

习近平总书记明确指出，党的领导和社会主义法治是一致的，党的政策成为国家法律后，实施法律就是贯彻党的意志，依法办事就是执行党的政策。因此，我们讲法治，是社会主义法治。我们讲的法治思维是基于法治的固有特性和对法治的信念，认识事物、判断是非、解决问题的思维方式。

依法治国是社会主义法治的核心内容，是我们党领导人民治理国家的基本方略，它的确立和实践，是我们党治国理念的一次深刻而重大的转变。依法治国，就是广大人民群众在党的领导下，依照宪法和法律规定，通过各种途径和形式管理国家事务，管理经济文化事业，管理社会事务，保证国家各项工作都依法进行，逐步实现社会主义民主的制度化、法律化，使这种制度和法律不因领导人的变化而变化，不因领导人的看法和注意力的改变而改变。它包含着人民民主、树立宪法法律权威、权力制约、法制完备等主要内容。其中，人民民主是依法治国的政治基础，法制完备是依法治国的重要标志，树立宪法法律权威是依法治国的必然要求，权力制约是依法治国的关键环节。

检察官是国家司法机关工作人员，我们的职责和角色就决定了，检察官讲课就是一个宣传法治的过程，主线就是要突出依法治国，执政为民。要宣传社会主义法律的基本特征和建设社会主义法治国家的重要意义，坚持党的事业至上、人民利益至上、宪法法律至上相统一的理念，正确认识和处理权与法的关系，防止和克服权大于法的现象；增强民主平等意识，克服等级观念、特权观念，坚持在法律面前人人平等；增强法律意识，切实遵纪守法，促使更多的人自觉遵纪守法，提高维护法律的权威性、严肃性。

检察官讲课，要帮助干部群众正确理解法律，特别是当前，在各界人群包括领导层面中还不同程度存在一些不了解、不准确的法治意识，如认为法律是"治民"的工具，与自己无关；有的还在把领导意志当成"法律"，信奉封建社会"刑不上大夫"那一套；有的甚至把人民群众的一些合法诉求看成"不稳定因素"等。这些错误观念都是与社会主义法治精神相违背的，我们在讲课中要充分宣传、讲解、阐述法律、法治的真谛，提升各阶层人士的法律意识。

及时宣传和讲解新的法律规范是检察官讲课的重要内容，针对社会生活中新型贿赂犯罪的新情况、新规定，我们结合讲课非常有必要宣传、讲解最高人民法院、最高人民检察院颁布的有关新型贿赂犯罪的司法解释，帮助大家理解这个规范的内涵和具体条文，解决在一些人群中存在的误区。

如"两高"对当前新型受贿犯罪行为定性的规定有最高人民法院、最高人民检察院于 2007 年 7 月 8 日发布的《关于办理受贿刑事案件适用法律若干问题的意见》。

十二届全国人大常委会第十六次会议，表决通过了备受关注的现行刑法第九个修正案。2016 年 4 月 18 日最高人民法院、最高人民检察院联合发布《关于办理贪污贿赂刑事案件适用法律若干问题的解释》。

全国人大常委会通过的《刑法修正案（九）》，最高人民法院、最高人民检察院关于办理贪污贿赂刑事犯罪的司法解释颁布以后，我们还要注意宣传"刑九"及"两高"司法解释的有关内容，特别是其中有关职务犯罪惩处的内容，这样可以保证相关讲课内容与时俱进、不过时、不脱节。

通过对法律规范的宣传和讲解，同时对相对应的案例进行对照剖析，有效提高了听众对法律规范的认知程度，增强了预防贿赂犯罪方面的法律意识，对有效预防职务犯罪是具有积极意义的。

要诀五：讲课就是讲道理

　　检察官讲课的过程是一个讲道理的过程，就是要联系思想、工作和生活实际，在总结和剖析这些年来各类违纪违法、职务犯罪案件教训的基础上，从坚定理想信念、弘扬优良作风、严格遵守党的纪律、国家法律、自觉廉政自律、自觉接受监督、坚持依法办事、坚持从政道德、保持廉洁心理等多个方面，对人们特别是掌握着公权力的领导干部、管理人员普遍关心以及思想认识容易发生偏差的问题，进行深入的分析。

　　讲课者要阐述马克思主义关于思想教育和党性修养的鲜明观点、党关于领导干部廉洁从政的基本要求，展示先辈伟人、党员楷模的崇高风范，彰显中华优秀文化从廉尚洁的思想理念。

　　检察官讲课不是作大报告，不是介绍经验，不能不顾听众的特点、需求、实际而类似"读报纸""念稿子""传达文件"的形式，机械死板、千篇一律，或者泛泛而谈、漫无边际，更不能空洞无物、隔靴搔痒，而是要从检察工作的特点、法律监督的职业角度和预防职务犯罪的职责出发，进行道理的讲解、哲理的阐述、真理的诠释，在注重说理的基础上，力求观点鲜明、资料翔实、论述充分，达到思想性、法律性、知识性、引导性、可听性的统一；在涉及案件实例的剖析中，注重实事求是、有理有据、贴近实际、有血有肉；通过深刻的剖析、充分的阐述，重点解决"怎么看""怎么办""怎么做"，根据党的反腐败总体规划和要求，结合本领域、本单位的实际提出一些切实可行的对策和建议。

　　比如，我们讲"坚决惩治和预防腐败，是中国共产党的一贯立场和坚决态度", 这不能作为机械的口号强词夺理、强行灌输进行说教, 而是从党的历史发展进程有理有据来阐述, 作为无产阶级的先锋队, 它从建党一开始就不容许腐败分子进入党的队伍, 二大就有反腐败的六条规定、四大就颁布了中国共产党第一个反腐败文件、五大建立了党的监察委员会; 然后延安整风、毛泽东要求全党学习郭沫若先生的《甲申三百年祭》; 在西柏坡毛泽东提出"进京赶考不学李自成"的论述, 建国前夕党的七届二中全会上毛泽东提出了"两个务必""防止糖衣裹着的炮弹的进攻"; 新中国成立初期, 我们党公开处决了大贪官刘青山、张子善……这就是讲道理, 用事实说话, 帮助和启发大家对党的十八大这个论述的理解, 实践证明, 这样讲道理的效果非常好。

讲道理的目的是让人能够听得懂、听得进、听得服, 听后记得住、有思考, 甚至有震动; 因此, 这种讲道理的过程就要注意深入浅出、循循善诱、夹叙夹议, 举一反三, 这就要求讲课者通过历史的真实、语言的生动、案例的鲜活、引导的恰当、揭示的深刻等不同寻常的表达方式和技巧来达到信息量大、吸引力强、振聋发聩、有所收获、意犹未尽、回味无穷的效果。

党的十八大以来, 反腐败的形势特点我归纳总结为: "中央高度重视、人民高度关注、贪官高度胆颤。"如此言简意赅, 一针见血, 贴近实际, 非常鲜活, 能够引起大家的共鸣, 在这个基础上, 我进一步解读, 以五个字来引导大家深入思考和理解十八届党中央领导集体的英明决策: "高"——新高度、"硬"——硬手腕、"震"——强震慑、"控"——严监控、"转"——转思路, 辅以具体的讲解、案例和数据, 增强讲道理的客观性、可信度和说服力。

有关"八项规定"的有关内容在十八大以后能够在较短的时间里取得明显的效果, 关键是党中央领导集体以身作则、身先士卒、率先垂范作出了好的榜样, 我用自编的顺口溜进行解读:

迎来送往简单了; 出访不拉横幅了; 酒店豪宴萧条了; 茅台市值蒸发了; 会场不放鲜花了; 景区开会难见了; 领导合影不搞了; 题字作序取消了; 网络威力加大了; 刀鱼不到六百了[①]。

这段顺口溜说罢大家或哄堂大笑或会心一笑, 会场气氛就不一样了, 大家的注意力完全被我吸引住了, 也普遍开始进行思考, 感到就是这么一回事, 非常符合实际, 这样讲课的效果就开始显现了。

我以大家喜闻乐见的形式演绎、揭示了领导人榜样力量的重要意义, 非常具有说服力, 大家不感到是生搬硬套、大道理说教, 取得的效果非常好。后来

---

① 上海长江刀鱼10年以来6000元一斤居高不下, "八项规定"出台后没有到过600元。

这段顺口溜传到社会上后被一些媒体、网络多次引用，其效应不断被发酵。

我以自己的经验体会进行总结提示，现阶段讲课内容上要注意这样几个要点：

一、踩准节拍

检察官讲课要解读党和国家的大政方针，分析新近的形势、列举有示范意义的典型事例，现阶段要宣传党的十八大及三中、四中、五中、六中全会精神、"八项规定"的意义、警惕四种危险、确立四大意识，特别是核心意识和看齐意识；诠释党中央连续颁布出台的六个规定（条例、准则）：《中国共产党巡视条例》《中国共产党廉洁自律准则》《中国共产党纪律处分条例》《中国共产党问责条例》《关于新形势下党内政治生活的若干准则》《中国共产党党内监督条例》的精神实质等。大力宣传总书记、总理等新一届中央领导集体以身作则、身先士卒、率先垂范的生动范例。

二、贴近实际

讲课内容要紧密贴近群众关心的事、群众身边的事、群众熟悉的事、群众期待的事、群众不满意的事，以引起听众的兴趣、解决群众的疑虑、坚定大家的信心，这种引发话题的共鸣性、正确引导的针对性是要把握好的；如一度引起社会关注的"医闹""城管暴力执法""甘肃省康乐县杨改兰自杀"等事件进行正确的讲解，消除群众的疑虑和误解，对其中暴露出来存在的问题进行深刻的剖析。

三、抓住根本

我们实事求是，深刻剖析腐败滋长的原因，强调习近平总书记"把权力关进制度的笼子里"的重要意义，以客观性、真实性、可行性引导听众。

在揭露腐败还在滋长蔓延的同时，我们还要按照习近平总书记的要求树立"两个没有变"和"四个足够自信"的思想：党中央坚定不移反对腐败的决心没有变，坚决遏制腐败现象蔓延势头的目标没有变，全党同志对党中央在反腐败斗争中的决心要有足够自信，对反腐败斗争取得的成绩要有足够自信，对反腐败斗争带来的正能量要有足够自信，对反腐败斗争的光明前景要有足够自信。

四、揭示要害

敢于揭示问题的根源、善于剖析关键的本质，引导听众去伪存真，对

"高薪养廉""廉政信箱""廉政年金""廉政扑克""科技腐败""语言腐败""法官会做饭出去吃饭的现象就少了"等不切合实际的观点进行剖析，帮助听众深度思考、客观对待、正确把握，提升科学的认知度。

五、突出重点

牢牢把握课题的主线，突出中心思想，明晰关键要点，善于归纳、提炼、总结，将重点简明扼要地点出，如对习近平总书记"带电的高压线"的提醒进行通俗的诠释，便于听众记住。"深入推进反腐败斗争，持续保持高压态势，做到零容忍的态度不变、猛药去疴的决心不减、刮骨疗毒的勇气不泄、严厉惩处的尺度不松，发现一起查处一起，发现多少查处多少，不定指标、上不封顶，凡腐必反，除恶务尽。"

六、注意对象

讲课一定不能脱离具体的对象，高高在上、离题万里、不着边际是讲课的大忌，我们讲课主题一个，对象各异，一定要注意不能"一篇讲稿走天下""一个课题讲终生"，要强调分门别类、因人而异，具有针对性。

我们要时刻记住，摆正我们检察官讲课者的位置十分重要，我们讲课者身份首先是检察官，言行举止反映检察机关的形象，我们更是承担着从群众中来，到群众中去；宣传群众、帮助群众、引导群众、教育群众的重任，而不是泛泛而谈的空洞理论家、说教者。

要诀六：灵活运用讲课形式

廉政建设、预防职务犯罪警示教育课程可以有多种形式，应当根据不同的单位、不同的需求、不同的环境、不同的对象采取不同的讲课形式，在我的实践中，大体上采用过以下形式：

一、礼堂大课

这是一种常用的形式，适用于听众比较多的场合，讲课者在台上通过话筒进行课程的讲解，同时以 PPT 手段作辅助，类似于一些公共课题，如"筑牢思想防线加强惩治和预防腐败体系建设""十八大以来反腐败和廉洁从政""新形势下反腐败和廉洁从业""两新组织的廉洁从业"等内容。当然根据对象、领域的不同，还有针对性的课程，如"党政机关领导干部的廉洁从政""司法机关的廉政建设""工程建设领域的腐败预防""金融领域职务犯罪预防""科教文卫系统的廉政建设""民营企业的廉洁从业"等。还有一些特定对象的课程，如"廉内助在廉政建设中的作用""财务人员的遵纪守法""新公务员廉政意识的确立"等。

二、互动交流

适用于 30 个人以下的场合，会场不设讲台，基本上是围成一圈或者两圈，大家距离比较近，方便于提问、交流和互动。如我在给上海市电力行政执法大队讲"规范执法、廉洁行政"的课程时，整个执法大队只有不到 30 个执法人员，于是我采取互动式讲课，通过发问、讲解、回答咨询等进行讲课，讲课者、听课者近在咫尺，面对面，气氛热烈、贴近实际，效果非常好，后来该单位还邀请我去讲过多次。

三、案例教学

主要对于特定的对象，如纪检干部、专门管理人员，通过事先安排的案例，启发大家各抒己见，然后由教员对案例进行深入的剖析，以提高学员的认知能力。

如"如何区分礼尚往来和权钱交易的性质""舅舅与外甥之间权钱交易是否构成犯罪""渎职行为和渎职犯罪的联系与区别""为什么钱没有进自己的口袋还构成职务犯罪"等，对一些大家难以把握的、不易区分的案件进行剖析讲解，以提升大家的法律知识水平。

四、讨论小组

根据人数和环境，把听众分成三到四个讨论小组，教员提出问题，各个小组进行讨论，不同意见可以进行争论，然后教员进行归纳、总结，这是注重实践提高的较好形式。

这种形式主要适用于相对比较专业的学员，教员把事先印好的案例或者讨论题目发给各个小组，然后各抒己见，再进行讨论、争论，如"渎职犯罪的非物质证据标准有哪些情形"，大家投入到了学习中，效果也是非常明显的。

五、专题教学

廉政建设、预防职务犯罪、警示教育是个大概念，一般而言，要从概念、形势、政策、法律、案例、认识、要求等逐步深入；但专题教育往往具有切口小，开掘深的特点，也不失为一种好形式，如我开发的专题课程：规范市场秩序治理商业贿赂、"廉内助"在预防腐败中的作用、正确行使民主权利、新型贿赂犯罪解读、新公务员的廉政意识、渎职与风险防范等，这些课程在特定场合常讲不衰，如"廉内助"这课在松江区委及下属镇党委讲了五六场；渎职与风险防范在上海交通大学讲了几十场，社会有这个需求，教员就要想办法开发并讲好这门课。

六、讲议结合

对一些培训班的讲课，因为时间比较充分，有的是集中培训数天，故重要的课程接待单位可以安排半天讲课、半天讨论及考试的形式，这就要求讲课者结合讲课提出思考的问题帮助进行消化和巩固，旨在帮助特定人员进一步加强思考理解，巩固讲课效果。比如我在针对行政执法人员的课程中提出：如何规范行政执法行为、如何体现执法为民、如何取得"三个有利于"的行政执法效果等，有关单位在课后专门组织进行讨论，反馈过来效果非常好。

七、视频授课

我多次通过视频进行讲课，如2012年我在北京央企国药集团讲"抵制商业贿赂，规范市场秩序"课程，全国31个省、市、自治区分会场同步收看收听，受众达数万人；如2013年我在上海民营企业"红星美凯龙"总部讲"民营企业廉洁从业"课程，全国各地设立了265个分会场同步收看收听，受众过万；2014年我在中国移动重庆分公司讲"筑牢思想防线加强惩防腐败体系建设"课程，中心会场外设立了地市36个分会场同步收看收听；2015年我在上海烟草集团讲"十八大以来反腐败的深度思考和国有企业廉洁从业"课程，该公司下属北京烟草集团、天津烟草集团、上海烟草集团分会场同步收看收听；2016年我在央企中国太平集团（总部设在香港）讲"新形势下国有企业廉洁从业"课程，该集团在全国各地分设了360多个视频分会场同时收看收听，总部领导集中在深圳分会场收看收听，课后得到了太平集团总部领导的高度评价。

视频讲课有听众多、影响大、效率高、费用低等特点优势，但讲课要求也非常高，讲课内容不但要具有听课单位和受众的针对性，更要顾及遍布全国各地相关人员的需求性、承受力、影响面；要顾及少数民族的信仰和习惯，所以政治性、思想性、严谨性都要严格把握和掌控，不能信口开河、随心所欲，是需要充分准备、认真对待的。

八、网络授课

随着网络的不断发展，网络教学也成为了一种崭新的教学模式。上海市干部教育中心在网上开辟了"上海干部在线学习"的干部自学形式，教员通过视频事先录制课程，干部需要学习、听课时，随时进入网络打开就能如在教室里一样听课。2017年我被上海市委组织部邀请在"上海干部在线学习"授课，为全上海干部在线学习作专题课程讲授和辅导。

江苏省徐州市检察院牵头在手机上利用钉钉网络建立了由检察人员组成的学习交流群（不对外，内部专业群），每周三晚上有检察专家讲授专门的课程，我也应邀在钉钉网上授课。这种形式的授课不受时间、人员、环境、经费等限制，灵活、多样、贴近实际，受到了群内1800多人的欢迎和好评。

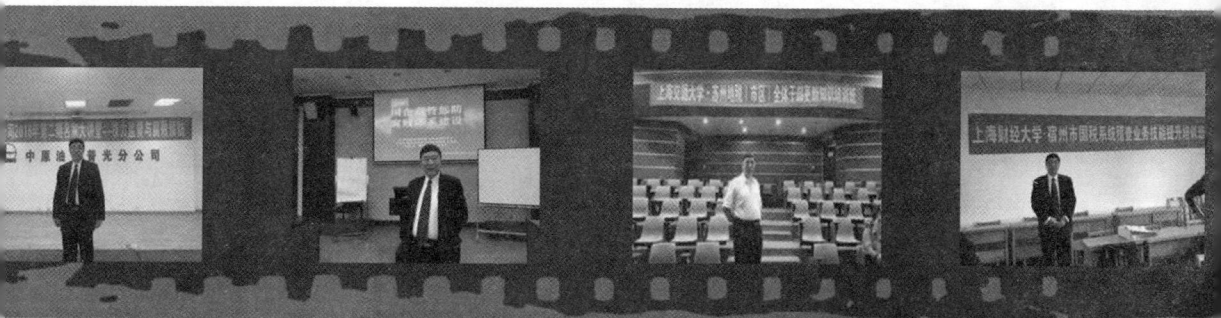

要诀七：讲课要有技巧方法

一个深刻的主题，一个好的内容，由于表达的方式不到位，往往达不到预期的效果。因此，讲好一堂课有方法和技巧的讲究，特别是廉政建设、预防职务犯罪警示教育课程，一定要注意，讲课不是作报告，不是传达文件，讲课者不是"教师爷"，不是说教者，而是党的方针、政策和国家法治理念的宣传者、解读者、传播者，讲课者和听课者的地位是平等的，不能高高在上、居高临下，要让大家能够听我们讲课，听得进我们的讲课，听了以后回味无穷，能够引起思考、付诸实践，那么我们讲课者一定要讲究讲课技巧，要研究讲课艺术。根据我的经验，要注意以下几个方面：

一、突出自己的特点

每个讲课者的特点是不同的，要发挥自己的长处，如在言语、表情、动作、演示等方面扬长避短。如深受欢迎的易中天教授，他的普通话并不标准，但他抑扬顿挫的、以带有湖北口音的语言"讲历史故事"听众津津有味过目不忘："百家讲坛，谈古论今"，许多小品还以模仿他的讲课风格为噱头；还有我的老熟人、已故资深心理学课程的专家、上海师范大学张志刚教授，我们检察机关多次请他来讲过课，他讲课语气平和，没有起伏，甚至还有些"娘娘腔"，但其表情丰富、动作优雅，讲课似乎是将生活中的一个个故事娓娓道来，是一种非常受欢迎的表达方式，学员给予很高的评价。

总而言之，讲课没有固定的模式，关键是要形成自己的特色，表现自己的特点，而这种特色、特点是大家喜闻乐见、乐此不疲的。

二、内容要言之有物

我们现在的一些廉政建设、预防职务犯罪警示教育课程往往是千篇一律、空洞无物，普遍是"三段论"，先是形势，再是问题，最后是对策，而对策不外乎是"加强学习""制定制度""加强预防"，这种"说得不错、听了无用"的泛泛而谈起不到教育警示的作用。

什么叫言之有物？如我解读十八大报告及十八届三中全会的《决定》中的一个新的要求：努力实现干部清正、政府清廉、政治清明。我解读"三清"是中国共产党第一次提出的预防腐败新理念，其中政治清明有深刻的内涵，能够引发大家的思考。

干部清正：是从对干部个体的要求作出的诠释，清，清白度，清廉，廉洁；正，正能量，正气、能力，二者缺一不可，是对干部个人整体综合的要求；干部光清廉是不够的，还要不断学习、实践，具有较强的为人民服务的能力，能够解决问题、化解矛盾、工作卓有成效；反之干部能力突出，但廉洁方面把持不住，出了问题一票否决的现象也是需要避免的。

政府清廉：党的十八届六中全会指出：决不允许在群众面前自以为是、盛气凌人，决不允许当官做老爷、漠视群众疾苦，更不允许欺压百姓。

政府清廉指的是政府层面的问题，深刻指出干群矛盾、党群矛盾主要原因在于个别政府领导层面脱离群众的官僚主义盛行，如与民争利、强占土地、违法动迁、违法行政，为了所谓"政绩""GDP"而不择手段弄虚作假、欺上瞒下，导致社会不稳定因素增加，诸如这些需要严正指出：必须引起重视。

政治清明：一个国度能够政治清明，靠的是最高领导层面的标杆力量，最高层领导能够集体以身作则、率先垂范的重要作用是不可低估的。

显而易见，高层廉洁了，中层不敢不廉洁，下面一定也廉洁，我们把十八届中央领导集体以身作则的言行举止向群众宣传，以事实说明道理，让各级干部行为有榜样、思想得到震撼、能够看到希望、增强内在信心、明确努力方向。

三、创造全新教学模式

讲课，一般是讲课者一个人在台上讲，大家在台下听，但我会根据不同情况选择不同讲课方式，如听众在百人之内，我往往采取站立式、走动式的讲课方式，这样更加能够集中大家的注意力，具有亲和力，方便与听众互动，效果非常好；如果听众在50人之内，我经常采取案例教学方式，把听众分成几个小组，我提出问题以小组为单位进行讨论，然后请小组代表分别发表意见，我再进行分析讲解，这种教学方法也是非常受欢迎的。讲课没有一定之规，可以根据不同听众、环境、场地设计不同的讲课方式，突出最佳效果是根本目的。

四、讲究讲课辅助手段

如今讲课普遍要求讲课者制作 PPT 课件，有的被讲课单位还要求事先提供 PPT 课件，用于制作学习手册，因此制作 PPT 课件也是一门艺术。我的体会是 PPT 视频技巧可以加入电影（用正例、反例加深主题）；加入录像（用实际生活镜头说明问题）；加入照片（体现真实性、亲近感）；加入剪报（以平常所见所闻说明事实）；加入动画（形象化、娱乐化、寓教于乐）；加入图片（加深理解、帮助记忆）；加入数据（以数据反映和深化主题）。总之运用现代科技手段辅助教学是提升教学质量的一种趋势。

要诀八：讲课要有特色创新

讲课的内容哪里来？结构如何组织、材料如何准备、案例如何选择、重点如何把握、气氛如何调整等是一个重要的、关键的问题，有的讲课者在内容的选择上往往是参考专家的书本、高层领导的讲话、别人现成的稿子，没有自己的东西，缺乏自己的特色，这种讲课状态是没有生命力的。这种情况一般是讲课者缺乏经验和自信，期望找到一条捷径；另外一种情况是，有的单位组织人写好、印好统一的讲课稿子，由大家分头去宣讲，照本宣科，就是说没有讲课者自己的东西，原因很简单，就是领导担心让讲课者自由发挥会出问题，不放心，于是画一个框框，不能越雷池一步，这种讲课其实就是机械、死板地去完成任务，不讲究针对性、特色性、有效性，实践证明，现阶段还以这种思路、方式去讲课，毫无疑问，是难以取得良好效果、是难以受到欢迎的。

一、内容要有特色

所谓特色，就是要有与众不同、独树一帜的模式，要有自己的独特性，而且自己的独特性要达到领先的、示范的程度，让大家有耳目一新、豁然开朗之感觉，这就需要讲课者动脑筋、勤思考、常实践、多总结，要有"语不惊人死不休"的好强、必胜的信心，当然，这是指自己不甘平庸、追求卓越的要求，而不是"口出狂言、胡说八道"的哗众取宠、低级趣味、标新立异。

我的讲课主题有："新形势下反腐败的深度思考"其突出"新"和"深度"，不同一般，在党政机关干部中讲效果非常好；"党的纪律与领导干部廉洁从政"其突出"纪律"、"领导干部"和"廉洁从政"，我在中国延安干部学院对 4 个培训班的 500 多个省部级领导干部讲，反映非常热烈；"治理商业贿赂，规范市场秩序"其突出"商业贿赂"和"市场规范"，具有切口小、针对性非常强的特点，在国家级党校中国大连高级经理学院给央企高管讲了数十次，效果空前，这些央企的所属企业纷纷邀请我去讲课；"新经济组织与廉洁从业"是针对民营企业的廉洁教育，与公权力腐败有联系有区别，而专门为民营企业量身定做，非常受民营企业的欢迎，中共上海市委党校邀请我给"两新组织"高管讲了几十次，效果非常好；"全方位筑牢廉洁自律防线"其"全方位"、"自律"和"防线"是亮点，什么是"全方位"？其实这是我专门给领导干部配偶、家属的讲课题目，我根据侦查实践深刻指出：官员腐败，其在家庭里往往是第一时间；其家庭往往是第一现场！家庭是预防腐败的第一道防线！无论领导还是"内助"们大家普遍感到这个观点耳目一新，言之有物，言之有理，因此该课程被邀请讲了几百场。我在上海市松江区委给领导干部讲课后，接下去该区几乎每一个乡镇都邀请我去讲这一个课题，如今发展到金山区、奉贤区、青浦区、宝山区、普陀区、崇明区、虹口区及其下属单位等，甚至外地许多单位也纷纷前来邀请，目前还大有欲罢不能之势。

我的课程完全是独立思考、独到思路、独具匠心，就是强调"特色"，一般不可能与其他讲课者的内容雷同、撞车，所以我的"市场份额占有量"就比较大，大浪淘沙、优胜劣汰是永恒的主题！

二、新的角度解读

习近平总书记在十八届中央纪委二次全会上的讲话中指出："腐败是社会毒瘤，如果任凭腐败问题愈演愈烈，最终必然亡党亡国，全党必须警醒起来。"

"反腐败高压态势必须继续保持，坚持以零容忍态度惩治腐败；坚决把党风廉政建设和反腐败斗争进行到底。"

我的解读就是一语中的，什么是社会的毒瘤？毒瘤就是癌症，怎么办？早发现、早治疗，否则，一命呜呼、亡党亡国！

我用语不多，寥寥数语，但振聋发聩、切中要害，把习近平总书记的话刻进了大家的心里，既说明了我们当前反腐败任务的艰巨，也解读了惩治和预防腐败的坚强决心，促使大家感到自己所处的环境、身上的责任，提高了抵制和预防腐败及职务犯罪的自觉性。

十八大领导集体把党风廉政建设和反腐败斗争提高到新高度。回顾十八大以来的反腐败工作，可以发现反腐败工作有不同以往的几个特点：重拳迭出，成效明显，民心大振，亮点纷呈，标本兼治。

我从自己认识的角度，将当前的反腐败形势高度概括为：中央高度重视、百姓高度关注、贪官高度紧张。并且以大量事例进行诠释，提高大家的认同感。

解读当前反腐败的形势，我进一步提出，可以用五个字来感悟和理解：

（一）高：新高度

习近平为总书记的最高领导层高调反腐，对腐败不回避、不含糊、不妥协，旗帜鲜明，以身作则，率先垂范，廉洁从政从最高层做起，为深化反腐败提供了最重要的、根本性的保障。

提出"八项规定""官邸制""不动产登记制度""减少军队非作战人员""军队反腐""央企反腐""公车改革""央企高管工资改革""军队离退休干部清退多占房产""官员不得用公款支付 EMBA"等措施震慑力极大。这些规定曾经扯皮多少年，但十八大以后一锤定音，真刀真枪，绝不含糊！

抓住了根本：从高层抓起。

（二）硬：硬手腕

新领导集体体现了与腐败势不两立的强硬态度：十八届中央领导集体明确，腐败问题，祸国殃民。坚决惩治和预防腐败，是党中央的一贯立场和坚决态度。

反腐败，只有进行时，没有完成时。在新的复杂条件和形势下，腐败问题依然易发高发。对任何腐败分子都要依法严惩、决不姑息。这绝不是老调重弹，而是全党全国必须形成的共识。

党的十八大以来已经有数百名省部级（及其以上）领导干部被绳之以法，这些举措充分说明十八届中央领导集体对腐败的强硬手段。

解决了疑惑：反腐败绝对不是一阵子。

（三）震：强震慑

本着"当前要以治标为主，为治本赢得时间"的理念，坚持"苍蝇"与"老虎"一起打，一大批腐败分子应声落马，惩治腐败的压倒性态势已经形成。

连续出台几十个党纪国法形成"带电的高压线"，并且对顶风违纪违法的典型进行了公开曝光，其威慑力逐步体现，"不敢为"初见成效。

形成了威慑：贪官开始人人自危。

（四）控：严监控

十八大以来，最高领导层明确强调"把权力关进制度的笼子里"。

习近平总书记指出：没有健全的制度，权力没有关进制度的笼子里，腐败现象就控制不住。建章立制非常重要，要把笼子扎得紧一点，牛栏关猫是管不住的，空隙太大，猫可以来去自如。

十八届中央领导集体强调加强权力制约与监督的顶层设计、系统规划；逐步完善了从腐败苗子、源头治理的规范；提出了"物必先腐而后虫生"的理念；强调建立惩治与预防腐败的体系建设，侧重腐败预防工作。

强化了监督：权力绝对不准谋私。

（五）转：转思路

各级党委和纪检监察机关聚集党风廉政建设和反腐败斗争，转职能、转方式、转作风，反腐败的注意力和力量大大强化，清理腐败存量的进度明显加快。

纪委系统建立了自身廉洁从政的有关规定和部门，强调纪检人员违犯党纪国法一律"指名道姓"公开曝光。

2014 年首位落马的正部级贪官申维辰，系在任中纪委委员；被罢免并被接受调查的山西省委副书记、纪委书记金道铭（曾在中纪委工作了 10 年）、四川省委副书记李春城曾经在中纪委、监察部分别工作 16 年；5 月 9 日宣布对中纪委第四纪检监察室主任魏建进行调查；5 月 19 日对副局级纪检监察员曹立新进行调查。这些事实充分说明，反腐败不设禁区、不看经历、不讲背景、只要是"老虎"，必打无疑。

转变了思路：反腐败没有例外。

三、社会生活举例

我始终认为，预防腐败、预防职务犯罪，既有长期性、复杂性、艰巨性的特征，也有迅速有效的方法，"公开"就是防止腐败和预防职务犯罪的最有效良方。

我举例说明问题，四川省巴中市巴州区白庙乡的启示：2010 年 3 月 12 日白庙乡在乡政府网站上公示了 2010 年 1 月、2 月的公务开支明细表，由此获得了"中国第一全裸乡政府"称号。其公示的开支项目详细、内容翔实，从上级部门考察招待费、在职人员工资收入到 1.5 元的信纸费都一一公布了其发生的时间、消费地点、事由、总经办人、审批人、安排人等具体内容。

乡政府预算由来自全乡 72 位代表组成的民主议事会讨论决定，票决群众急需办的事项。

国务院专门调取了白庙乡的调查报告，有关部门领导指出：是我国政务公开的里程碑。

所以，只要确保公权力阳光、透明、公开行使，只要公权力运用过程始终受到监督，那么权力腐败将得到根本性的遏制。现在的问题是"老虎们"对自己及家族的财产敢不敢公开？"打虎人"对老虎及家族的财产敢不敢让其公开？只要"公开"这一条，各类腐败利益集团立即土崩瓦解，没有安身之地！

四、入木三分剖析

数据往往是说明问题的重要手段，我们在讲课中应当重视数据说明问题的作用，如讲到腐败的严重性，我的总结是：案件多、金额大、级别高、渗透广、手法新、恶性重；其中"案件多"就是用数据说话，每年落马县处级贪官已经大大超过每年矿难的人数数倍[①]：

2012 年处理县处级以上干部 4698 人，矿难事故死亡 1500 人；

2013 年处理县处级以上干部 4843 人，矿难事故死亡 1973 人。

全国检察机关侦查部门查处县处级职务犯罪案件 9 年数据[②]：

2007 年	大要案	12929 人
2008 年	大要案	17504 人
2009 年	大要案	18191 人
2010 年	大要案	18224 人
2011 年	大要案	18464 人
2012 年	大要案	18648 人
2013 年	大要案	21848 人
2014 年	27236 件	36907 人
2015 年	40834 件	54249 人

注意，引用数据可以增强可信度、说服力，但数据必须准确，要有出处，要引用公开报道的数据。

五、一针见血揭露

对公开披露的、具有一定影响力的贪官，可以进行深入剖析，找出根本原因，提出借鉴警示，这种案例众所周知，经过一针见血、入木三分的揭露，具有震撼力、震慑力，可以让更多的人引以为戒，提高防止重蹈覆辙的警惕性、自觉性。

国家食品药品监督管理局司长、曾经是防止"非典"功臣曹文庄（被判处死刑缓期二年执行）；上海市委秘书长、曾经是华东师范大学博士生导师秦

---

① 见中纪委工作报告，新华社报道。

② 最高人民检察院每年年度工作报告，新华社全文转发。

裕（被判处无期徒刑）；上海规划局副局长、曾经是同济大学博士生导师胡俊（被判处有期徒刑15年）；海南洋浦开发区规划局副局长、曾经是清华大学研究生的肖明辉（被判处死刑缓期二年执行）；上海市卫生计划生育委员会副主任、中国最著名的神经外科专家黄峰平（涉案金额巨大，被判处有期徒刑19年）；原铁道部副总工程师、两次申报院士的张曙光（被判处无期徒刑）等高学历专家、学者一旦有权迅速成为大贪官，均被判处重刑。

国家能源局煤炭司副司长魏鹏远（被判处死刑缓期二年执行，终身监禁）、核电司副司长郝卫平、电力司副司长梁波、再生能源司司长王骏、价格司副司长刘振秋、价格司副巡视员郭剑英、医药司副司长周望军等几乎均为中青年领导干部，大好前途毁于一旦，根本上是权力没有受到监督。

中青年领导干部成为当前腐败犯罪的重要组成部分，其中原因值得深思。以大量案件实例说明当前反腐败斗争形势严峻，在新的复杂条件和形势下，腐败问题依然易发高发，引导大家对此的深刻认识。

六、关键要害提示

在归纳总结阶段，我是以大家比较容易接受的喜闻乐见的方式作警示，寓教于乐，大家在会心一笑的过程中受到了教育，这些是我总结的、朗朗上口的语言，许多人都记录、拍照保存下来，可见大家觉得是有教育意义的。

人什么时候最糊涂：

少年得志时；春风得意时；一言九鼎时；前呼后拥时；美色袭来时；来钱容易时；私欲膨胀时；儿女情长时；目光近视时。

人什么时候最清楚：

飞机失联后；天灾降临后；东窗事发后；重病缠身后；有心无力后；遭遇重创后；离开权力后；被人出卖后；众叛亲离后。

这种群众语言简单明了，但从中大家得到了感悟，效果肯定也是非常好的。

七、振聋发聩取效

向不同领域讲课，就要注意用符合这个领域特点的内容来取得效果，不断了解掌握相关的信息、新鲜的信息、重大的信息就能令人振聋发聩，取得极好效果。如我在国有企业讲课，列举近来国企职务犯罪案件查处的相关情况。

国资委纪委领导明确指出，央企腐败案件上升，中央要求，自2015年5月1日起，央企纪委书记专职抓反腐败。

根据报道，十八大以来央企高管被查处的人数急剧上升，呈现出中央对央企腐败的打击力度在不断增强，清理央企腐败存量的效果非常明显，同时也说明这项工作还十分艰巨、任重道远，国有企业要充分认清形势，摆正位置，集中精力把反腐败进行到底。

中石油（多名高管、十几个分公司高管被查处）、原铁道部（部长及下属几十个高管被查处）、中海集团（几十个中高管被查处）、中远集团（几十个高管被查处）、中储粮（基层腐败严重多人被查处）、三峡集团（已经进入巡视审计阶段，高管徇私安排亲属搞工程被曝光）、电力系统（地方高管已有多人，已涉及高层被查处）、通信系统（中国移动等一把手及多地方高管已有多人被查处）、中国出版集团（多名高管被查处）、医疗卫生领域（葛兰素史克牵出一大批政府官员和医院、企业高管涉嫌职务犯罪问题）、中船总公司（高管被查处）、山西煤炭集团系列腐败带出省部级高官（多人被查处）。

同样，在国家机关讲课，可以列举近来国家工作人员职务犯罪案件查处的相关情况：

党的十八大以来，高级领导干部：周永康、徐才厚、郭伯雄、令计划、苏荣、李春城、申维辰、宋林、李东生、刘铁男、蒋洁敏、金道铭、李崇喜、衣俊卿、白恩培、阳宝华、郭永祥、陈柏槐、童名谦、李达球、祝作利、杨刚、令政策、谭力、潘逸阳、王永春、万庆良、王素毅、倪发科、陈川平、任润厚、白云、冀文林、沈培平、姚木根、张田欣、武长顺、聂春玉、陈铁新、陈安众、郭有明、廖少华、季建业、谭栖伟、毛小兵、赵智勇、杜善学、韩先聪等 220 余人被查处或绳之以法。

往年，每年省部级高官落马的人数在 6 至 10 人左右，2014 年为 22 人，而 2015 年达到了 41 人，令人深思、发人深省，令人振聋发聩！

八、行业特征对应

对不同的领域，要有符合这个领域特点的内容，这样就是有备而来，有针对性、亲和力，不会出现"隔着鸿沟在对话"的距离感。

如我在金融机构讲课时，专门剖析金融领域职务犯罪的一般规律，以提高从业人员这方面的警惕性，提高金融领域预防职务犯罪的主动性、自觉性。

1984 年第一次犯罪高峰。

内外勾结、动用信贷资金经商、投机倒把、索贿受贿、非法谋取暴利，外部原因是：经济过热，货币发行过多，国民收入超分配等的影响。案例：银行部门低层次人员监守自盗犯罪。如上海某国有银行被经济警察监守自盗盗取金库储备金千万余元。

1988 年第二次犯罪高峰。

官商勾结、贪污挪用公款、信贷环节谋私受贿、参与经商，外部原因是：宏观调控失控，经济金融秩序混乱。案例：中国银行广东省开平市支行行长余振东勾结他人侵吞公款 4.86 亿元；中国银行哈尔滨某支行行长高峰挪用公款近 10 亿元等就是在这个阶段疯狂作案的。

1993 年第三次犯罪高峰。

利用改革过程的不完善，在双轨制漏洞中大肆作案中饱私囊，外部原因是：金融改革过程中制度监督的不完善所导致。案例：1994 年外汇体制进行改革，一度实行外汇"双轨制"，结果导致了金融系统职务犯罪案件高发，我主持侦查破获的上海外汇调剂中心特大窝串案涉及金融机构 23 家 64 人，追缴赃款 3600 余万元。

1998 年第四次犯罪高峰。

违规经营明显突出、金融犯罪向中高级管理层转移、涉案金额越来越大。外部原因是：经济发展对金融的依赖加剧，金融业务发展迅速，监管制度明显滞后。案例：银行高管贪污、受贿、挪用公款、私分国资等职务犯罪案件激增，全国金融系统高管近百人在这个阶段落马。

进入 21 世纪以来，金融业高管腐败及职务犯罪案件突出。张恩照、刘金宝、朱小华、王雪冰等，中国农业银行副行长杨琨、中国邮政储蓄银行行长陶礼明被绳之于法。

2015 年 11 月，中国证监会副主席、党委委员姚刚涉嫌严重违纪，被组织调查。2017 年 2 月，人保集团党委副书记、副董事长、总裁王银成严重违纪，接受组织调查。2017 年 2 月，交通银行党委委员、首席风险官杨东平因违反政治纪律，对抗组织调查违反廉政纪律，利用职权和职务上的影响为私营企业主获取贷款提供帮助，本人和家属从中谋取私利，被开除党籍和公职。据中央纪委 2017 年 4 月 9 日消息：中国保险监督管理委员会主席、党委书记项俊波涉嫌严重违纪，接受组织调查。2017 年 4 月 18 日中央组织部第一企业金融巡视组副组长、副部级巡视专员张化为涉嫌严重违纪，接受组织调查。2017 年 5 月，中国银监会党委委员兼办公厅主任杨家才涉嫌严重违纪，接受组织调查。

根据这些内容结合 2017 年 7 月召开的全国金融工作会议，习近平总书记在会上的重要讲话，强调金融安全，防控金融风险、深化金融改革等内容就显出了鲜活的特点。

要诀九：讲课要避免的忌讳

讲课不可能是随心所欲，其是有一定之规的，讲课如其他各种工作一样，有规范、有要求、有禁忌，我在长年的讲课实践中，思考总结了以下一些讲课的忌讳，可以供大家参考借鉴。

一、表达方法方面

（一）忌讳空洞说教

廉政建设、预防职务犯罪警示教育讲课不能犹如作大报告，这是讲课之大忌，警示教育讲课是有要求的，是要言之有物、听者有悟，要突出政治性、法律性、客观性、针对性、务实性，讲课要突出主题，内容翔实、联系实际；要分析透彻，要警示有力，要能够解决问题（如思想误区、认识偏差、法律空白），因此讲课忌讳空洞说教，言之无物，泛泛而谈，空谈误国也误事。出现这种情况的主要原因是缺乏讲课的文化底蕴，没有好的讲课内容，缺乏认真准备、组织好的讲课内容的能力。

（二）忌讳照本宣科

实践中一些讲课者离开了稿子不会讲话，更是不善于脱稿讲课，这类讲课就是以书面语言低头读稿子，照本宣科，这种讲课即使是好的讲课稿也无济于事，因为其表现出来的讲课形式往往是机械的、死板的、一成不变的。讲课者、听课者在情感上、氛围上是脱节的，难以引起听课者的共鸣，这反映的是讲课者缺乏讲课的经验和能力，难以驾驭大场面讲课的局面。怎么解决这个问题，我的经验是，准备一个提纲，注明要点，先是看一次脱稿讲几分钟，逐步增加到看一次脱稿讲十几分钟，以后就是看 PPT 上的要点就能自如讲课，讲课时眼睛一定要看着听众，因为眼神、表情、手势、体态都是表达一种信息，是对讲课内容的强化，也是吸引听众的一种有效方法。

（三）忌讳空谈理论

有的廉政教育课程没有吸引力，开讲几分钟大家就表现出不耐烦了，稍长一点时间，睡觉的、看手机的、上厕所的不断出现，这是什么原因呢？很显然，讲课内容枯燥呆板、没有新意，都是人人皆知的"普世真理"，讲课内容往往是复制领导讲话、上级文件、报纸上的文章，大家似曾相识的内容怎么能够吸引人呢？

所以讲课内容是要精心设计、充分准备、反复修改的，廉政建设、预防职务犯罪课程，属于政治课的范畴，但表现的方法一定不能是讲传统政治课的方式，而是要在围绕主题的框架内讲大家关心的、新鲜的、实际的、与听众相关联的内容。我们知道，传统相声有"抖包袱"的技巧，我们的讲课也可以借鉴这类手法，如先抛出专门设计准备的问题，引起大家的注意甚至争论，再将缘由娓娓道来，那讲课就体现出效果来了。

（四）忌讳官方语言

有的人讲课，以为廉政建设、预防职务犯罪警示教育课程是个严肃的问题，故讲课故意表现出"庄重状""官方状""说教状"，如此这般，其一定出现表达方法不恰当，让人心里不舒服，难以接受，所以这种讲课也是达不到好的效果的。其实质就是讲课者没有摆正自己的位置，是以"救世主""教育人""父母官"的面目出现，于是满口官方语言、领导口气，甚至是教训人、指责人，让人的感觉就是高高在上，不接地气，为了表现"官腔"，往往还表现出不断的句子重复、哼哈连连。这种被群众称为"领导感冒群众吃药"的讲课形式是不会受欢迎的。

（五）忌讳外交辞令

有些讲课者有些固有的不好习气，就是讲课内容华而不实，让人感到云里雾里，如为了表现自己的"专业""高端""水平"，往往在讲课的内容中夹杂了许多专业的学术名词、国外名人的论述，还喜欢夹杂一些外语短句，让人感到"故弄玄虚""故作姿态""玩弄辞藻"之虚伪感，人们把这些人称之为"学术油子"，我们讲廉政建设、廉洁自律、预防职务犯罪警示教育课程者一定要力避这种不良的习气。

（六）忌讳庸俗粗劣

检察官身份讲廉政建设、预防职务犯罪警示教育课程是一项严肃的工作，代表的是检察官的形象，讲课的表现方式可以多样，但主题必须保持严肃，但实践中我发现，有的讲课者讲课内容低级趣味、肤浅轻薄，什么"大女人""小男人"等与主题完全不相干的内容都进了课堂，尽管课上大家哄笑不断，但课后大家对这堂课的评分非常低，一些听课者还写了批评的意见，可见群众心里是有标准的。所以，鉴于这种教训，虽然是对其他讲课者的，但我还是记忆犹新，我的讲课绝对远离低级趣味，不迎合不健康的心理。因为你的低级趣味实际上也降低了你自己的身价，显然与检察官、讲课者的身份是不相符的。

（七）忌讳产生歧义

中国的汉语比较复杂，有时因为言语欠准、表达有误而引发歧义，造成不良的效果。我熟悉的一个检察官，也是有一定地位的检察官，在讲课时阐述一个罪名的过程中，讲到某种职务犯罪构成要件时说："如果换一种某某的方式，就不能被追究刑事责任了。"听课者中一些人很有意见，认为检察官在"教唆"规避法律的行为。所以，我们在讲课中对于一些关键的、敏感的、可能出现歧义的，要斟酌，尽量将其消除在萌芽状态。

（八）忌讳哗众取宠

我们某基层检察院有一个领导，也热衷于去讲课，这是好事，但他讲课有相当的内容是网络上流行的"段子""顺口溜"，一次在某重要机关讲课，他"段子"不断，听课者专门在下面数"段子"，结果发现这个领导一堂课竟然讲了72个段子。大家说，知道的，是在讲课；不知道的，是以为在表演"清口"，当然，传出来的效果显然是批评的、嘲笑的、贬义的。道理很简单，廉政建设、廉洁自律、预防职务犯罪课程不是清口、脱口秀，千万不能不讲原则而一味迎合听众的"口味"，哗众取宠、低级庸俗、搞笑全场的路子是走不通的。

讲课，其实是讲文化、讲底蕴、讲层次，我们要牢记"一瓶子水不满，半瓶子水晃荡"的道理，厚积薄发是讲课者的良策。

二、形象表现方面

形象来自于内涵，对听众、学员而言，开会先看题，听课先看人，就是说，讲课者给大家的印象就是讲课的整个过程，这就有一个讲究的问题，看似是形象，实质是内涵。我想，我们检察官讲课者，就要带给大家的是正能量磁场，要具有乐观、积极、向上，充满热情、希望与信念，特别是廉政建设、预防职务犯罪这种比较正统、严肃的话题，人们不会抱着听"脱口秀"的心态来的，但通过接触、听讲，他们却能够感受到讲课者释放的正能量，心灵被磁场所吸引，看到希望、看到力量，这就是我们讲课者所要刻意追求的形象。

社会生活实践中，人们喜欢与正能量的人在一起，一边吸收正能量，一边释放正能量，吸放之间，生命恒新，检察官讲课者就是要成为始终释放正能量的使者。

讲课过程要注意忌讳，应该刻意防止这些影响讲课者形象和讲课效果的忌讳露头出现。

（一）忌讳衣冠不整

衣冠是讲课者的外在形象，是必须要讲究的，人们要尊重知识、尊重老师，首先我们讲课者自己要尊重自己，"师道尊严"还是要自己注意的，你尊重自己就是尊重大家，我认为，讲课必须着正装，不能邋里邋遢、胡子拉碴在大家面前出现，讲课者忌讳衣冠不整，我凡在检察机关、司法机关讲课肯定着制服，显示职业形象；在其他单位讲课，夏天着熨烫过的衬衫，冬天一定是西装领带。我不提倡讲课者穿 T 恤、休闲装、短裤、凉鞋出现在讲课的场合。

（二）忌讳不守时间

上课守时是讲课者的基本要求，也是师德的要求之一。我的做法，提前一天再确认讲课的时间、地点，了解路程，然后一定提前半小时至一小时到达讲课地点，我是"宁可我等人，不能让人等我"，我把路上堵、车抛锚等可能意外的因素都考虑在其中，所以我讲课千余场没有发生过迟到的教学事故。当然，我的毛病是经常要拖堂，看到大家喜欢听我讲的内容，我就"刹不住车"，从好的方面讲是"敬业"，从不好的角度讲是"不守时"，这是个毛病，如今我严格遵守约定的时间，非特别要求坚决不拖堂。

（三）忌讳举止轻浮

我们讲廉政建设、预防职务犯罪课程，这是一个严肃的正能量释放的过程，尤其是我们以检察官的身份出现在听众的面前，言行举止一定要十分讲究，要符合检察官的职业身份。我的意见是，讲课时衣着不能过于夺目，不能佩戴金银首饰，男性不能留胡子，女性不能化浓妆，不能赤脚穿皮鞋、穿凉鞋，不能在课堂上抽烟、嚼口香糖，不能采用"切口""黑话"等不正规的语言，表情、动作要优雅、大方，总之要得体，具有亲和力。

（四）忌讳接听手机

检察官讲课也要遵守教育、教学的相关规定，上课必须关闭手机，教师开着手机，听众也一定会不时接听电话，课堂秩序就不能保证。我曾经听过 EM-BA 课程，讲课者都是外聘的、客串的、临时性的大牌教授、专家，学员都是有身份、有地位的领导、"土豪"，可能是事务繁多，于是大家都不讲规矩，老师在讲课中接听电话，学员也不时接听电话，课堂上打电话此起彼伏，类似大卖场，实在不敢恭维。我的做法，讲课者及听课者进课堂必须先关闭手机，这也是老师、学员互相尊重的表现。

（五）忌讳贬低同行

有些讲课者为了抬高自己的身份地位，任意贬低同行、贬低别的老师，这种做法是要不得的，特别是检察官要维护整个检察机关的形象，要明白你贬低同行就是贬低自己的道理，对于同行的观点、表达方法及其他需要改进的地方，应当个别进行交流。对于明显不准确的内容可以用对事不对人的方式、探讨式的、说理式的、婉转式的方式进行提醒，提出建议纠正的意见，我们说学术无禁忌，允许争论，但不能进行人身攻击和人格侮辱，不能忽视正确的方式方法。

（六）忌讳违反规定

检察官讲课需要讲案例、讲侦查，需要涉及办案的内容从而引出警示、教训，毫无疑问，这是检察官讲课的重要特色和特点，但这里要注意的是，讲课要遵守国家的保密规定，要注意内外有别，对于侦查秘密、侦查手段、正在侦查的案件在没有经过特别许可的情况下，不能在公开的场合透露，对于不切实的信息，对于没有证实的传闻、小道消息不能作为讲课的内容，对各种不准确的信息可以进行批评、纠正，以正视听。

（七）忌讳不着边际

有的讲课者自以为见多识广、经验丰富，上台讲课喜欢"开无轨电车"，内容不成系统，大有"东一榔头，西一棒子"之感，甚至没有制作PPT课件，使人感到准备不足，华而不实，令人反感。其根源是吃老本，不作充分准备，以应付的态度来讲课，这种情况也是我们检察官讲课者要力戒的。

检察官教员和所有老师一样，要发扬"红烛"精神，只求奉献，不讲私利。我的体会是，只要有需求，时间不冲突，无论白天黑夜、路近路远、单位大小、人多人少、有无报酬，始终做到一视同仁、有求必应。

"教师课堂教学规范"是我一直以来上课时都严格遵守的，现附在此处，供讲课者参考学习。

附：

教师课堂教学规范

第一条 教师进入课堂要衣冠整洁、情绪饱满、仪态端庄，应带齐基本的教学文件，如教材、教案、教学进度表及所教教学班级学生名单等。

第二条　教师不得以学生看书或思考为由离开教学场地（教室）或做与本次教学无关的事（接听手机、抽烟、会客等）。

第三条　教师授课应力求文字规范、语言清晰流畅、板书合理，讲普通话。

第四条　教师上课前必须充分备课，熟悉课堂讲授内容，上课过程中应当注意学生的接受情况，根据学生的反映灵活掌握所讲授内容的深度、广度、知识性、趣味性，提高教学效果。

第五条　课堂讲授应当努力做到理论阐述准确，思路清晰，条理分明，论证严密，逻辑性强，富于启发性。讲课重点突出、难点讲解透彻，并注重反映本学科和相邻学科的新成果、新进展。

第六条　教师应灵活采用多种方法授课。应根据课程特点，设计好课堂教学方法，注意学生学习兴趣的调动，理论联系实际、注重学生的能力培养。

第七条　教师要重视讲课效果的信息反馈，恰当分配课堂时间，力求使教与学两个方面协调一致，教师讲课与学生思考相结合；教师不得一节课不上课而全部要学生看书、看录像或思考。

第八条　提倡教师运用多媒体、投影仪等现代教学手段和实验设备，提高课堂讲授的效果。切忌将电子教学提纲或电子教案当作多媒体教学课件。

第九条　教师应认真组织课堂讨论和其它实践环节。课堂讨论前要明确题目、要求，并指定参考书目。课堂讨论中要让学生充分发表意见，激发学习兴趣，同时引导学生正确理解、掌握课程内容。讲座结束时做好讨论总结。

第十条　教师应严格考勤与课堂教学纪律管理，授课时要检查学生到课情况，注意维护课堂秩序，发现问题应当及时处理，并于课后及时向有关学院系和教务处反映。

第十一条　教师因故需要调课、停课的，必须履行调课手续，不得私自调课、停课。

第十二条　教师不得以复习重点、介绍题型等方式在考前透露试题内容。

三、PPT 制作方面

PPT 演示是现今讲课的必要手段，讲课者要掌握 PPT 制作技术，这已经成为讲课者不可缺失的一种能力。掌握了这门技能，讲课者可以随时对 PPT 进行修改，或者重新制作。我的体会是自己熟悉这个技能对讲课有极大的好处，但 PPT 制作要避免几种情况：

（一）忌讳花里胡哨

对于初讲课的检察官而言，喜欢把 PPT 搞得热闹非凡，没有意义的插图和渲染作用的标识太多，几乎在每一页都添加一个形态各异的图案，其实 PPT 一定要清晰、大方，过多的与内容没有联系的插图只能起到适得其反的作用，得不偿失。

（二）忌讳字多字小

有的讲课者制作的 PPT 把大量内容全部置在页面上，听众看上去是满页蝇头小字，难以看清。实践中，PPT 的内容一定要简洁明了，便于看、便于记录，你弄得满页密密麻麻，大家要听你讲，那就来不及看；要想看完内容，那就不能听你讲，处在后面的还不一定看得清，所以这是个要注意的问题。

（三）忌讳颜色杂乱

一些讲课者为了突出各个要点，制作的 PPT 喜欢一句话采用一种颜色，于是出现了各种字体、滥用各种颜色，令人眼花缭乱；有个与我一起参加西部巡讲的老师，课讲得非常好，可其制作的 PPT 则不敢恭维，我数了一下，其一页 PPT 竟然采用了 9 种颜色，大家反映看了后"脑袋发晕"，我的经验，一般就是两种颜色，底板一种颜色，字体一种颜色，最多不能超过三种颜色，第三种颜色是作为强调。

（四）忌讳篇幅过少

有的讲课者不知道讲课过程中 PPT 的重要作用，我听过一个检察官的讲课，两个小时的课程，其总共只有六页 PPT，讲半天才翻一页，非常令人枯燥乏味。我的经验，两个小时的课程，PPT 在 30 页到 45 页之间比较合适，每一页的字不能多于十行，这样看起来方便、舒服。

（五）忌讳底板单调

电脑制作 PPT 是一门技术，电脑中带有几十种底板格式，可以选择采用，我们还可以下载及自己制作具有特色的底板。但在讲课实践中，我发现一些讲课者不懂 PPT 制作技术，用的是白色的底板，那么显示的是死气沉沉，缺乏变化，讲课效果就大打折扣了。PPT 页面上使用的字体也有讲究，我的经验，用楷体字看起来比较柔和、亲切，平时看惯了印刷体宋体字，是规范，但也死板，现在突然看到楷体字，有一种新鲜感，效果比较好。

（六）忌讳一成不变

制作 PPT 要注意形式多样、灵活多变，特别是课件比较多的讲课者，我有五十几门课程，每一门 PPT 的表现形式都是各异的。有的加入了照片，有的加入了录像，有的加入了电影片段，有的加入了影印件，有时我连续讲课，如讲侦查专业课最多是在一个单位连续讲三天（如中国人民公安大学），九门课程，每天上午、下午、晚上三场，但大家感到不枯燥，因为我的每一门课程的 PPT 表现形式都是不一样的，甚至我采取的讲课方式也不一样，有的是互动式，有的是考试式，有的是提问式。讲课者掌握制作 PPT 技巧非常重要，其实也不难。

（七）忌讳表格图例

有的讲课者喜欢采用图例、表格来作为 PPT 表现形式，其实这种情况适合于向领导汇报工作进展，而不适合讲课时使用，因为这种机械的表现手法不适应一般人群的视觉阅读方式，我的体会，尽量不用这种表现形式。

（八）忌讳电脑故障

有备无患是讲课者要牢记的，廉政建设、预防职务犯罪警示教育课程的对象一般是不特定的，大多数是一次性的，就是说，你这次课讲得不好，对同一对象而言，可能永远没有下一次的机会了，因为我们不是专职的、对相对固定的对象讲课的教员，失误了就没有下一次改正的机会，所以，我的经验是事先充分准备，把各种可能的失误都想到，如必须事先检查有备份 U 盘，电脑可能不匹配要准备备用电脑，各种讲课需要的电子用具的备用干电池等，我对自己讲课的要求是必须做到万无一失。

（九）特别提示

我的经验提示，PPT 上的文字建议不要采用一般书籍、报刊上常见的字体，而采用"华文楷体"比较好看，具有亲和力，看起来不累，而使用"宋体""仿宋体""黑体"等似乎显得比较呆板，平时看书看报都是这种字体，讲课的 PPT 还是这种字体，容易产生审美疲劳，换一种字体有特定的效果，大家可以一试。但字体变化不能太多，眼花缭乱不是好事。

PPT 的底板可以在电脑中的模式中选择，也可以自己下载和设计，底板和字体的颜色对比要强烈，否则看不清楚，如在蓝颜色的底板上出现红颜色的字就难以辨别，同样，黄色和白色不能用在一起，难以辨别。

显示每一页 PPT 课件中的每一行字句时，建议使用"自定义动画"方式，点击"飞入"格式，这样 PPT 中的字是一行一行出来的，我喜欢点击出来一行字，再讲一行，保证"讲"和"听"是同步的，同时听众看得明白、记得下来，如果一页数行字一起显示出来，你讲和他看往往不能同步，影响讲课效果。

在 PPT 中加上检徽、在字行下面划线、将照片、影印件粘贴上去、加入视频等都是必须要掌握的制作技术，这个请教行家一次，自己操练几次就能够熟练掌握，我 50 多岁学电脑，现在制作 PPT 技术超过一般 80 后，当然，他们还不到讲课的年龄，平时不用 PPT，没有可比性，我的意思是掌握 PPT 制作技术并不难。我们有了这个技能，有的时候需要马上制作新的 PPT 课件，打开电脑就行，设计、打字、粘贴、选色等不需要临时求人了，总而言之，熟练制作和运用 PPT 教学是讲课者的基本功。

我制作的几个上课 PPT 如下：

要诀十：讲课中常见问题应对

作为具有20多年讲课实践经验的检察官教员，我深感检察官向社会各界讲课这项工作不可能是一帆风顺、一片喝彩声的，难免会遇到各种各样的困难和问题，因此我特别指出以下需要注意的几个方面问题：

一、遭受压力时的应对

检察官外出讲课，无论是组织委派还是自行接受邀请，一定是有支持理解的也必然有反对阻碍的。我的经验是"本职工作不影响，社会责任要承担，宣传教育分内事，吃苦受累我心甘！"我前面已经讲到了，只要自己热爱喜欢、自己热衷于这项事业，那么就坚定不移地走下去，绝不回头，那么，最终迎接你的肯定是阳光明媚的春天！

首先，工作期间出去讲课，要履行报告手续，去外地讲课要有对方单位的邀请函，附上自己的外出报告，得到批准后方可名正言顺地去完成任务。要知道，这个情况下外出讲课，是代表检察机关出去，是组织行为，而不仅仅是个人的自发行为；凡是休息时间、业余时间去讲课的，可以向相关领导报告备案，也可以自行决定，但这种讲课没有组织背景，讲课者必须对自己的各种行为负责。

其次，检察官讲课面对的是不特定的人群，仁者见仁、智者见智，普通讲课、初始讲课很难达到一片叫好声，何况言多必失，有失误、错误、误解在所难免。我的看法，关键问题是能够正确对待，不能遇到批评就打退堂鼓，而是注意不断修正、不断改进、不断提高，否则永远成不了好老师。讲句实在话，我就是在批评中、误解中、阻碍中顶住压力不断成熟提高的，最终我以全国检察机关首届精品课程第一名的成果回报各种支持我和部分反对我的人；我以全国检察机关讲课最多、听课人最多的社会效果来回应各种意见、各类人群，当初那些"羡慕嫉妒恨"不见了踪影，如今是一片叫好声，当然我不能忘记的是始终如一支持我讲课的上海市检察院的院领导。

二、被人误解时的应对

凡经常讲课的检察官，都会不同程度地遇到各种讽刺、嘲笑、背后议论，如"不务正业""又去赚钱了""谁知道去哪里了""他是图名图利"……

当然，我的本职工作曾经是十多年的反贪局长，到市院是专职指导全市反贪部门办案的高级检察官，毫无疑问我的主要职责是要办出案件来、是要指导办好大案要案、突破疑难复杂案件的，这就是硬道理，我坚持一条，我讲课从来没有影响本职工作，所以倒没有人讲我"只卖嘴皮子不干活"之类的话，但别的老师可能就不一样了。怎么办？人正不怕影子斜，这是检察官的职责之一，正大光明、大大方方地去，取得了良好的社会效果、提高了检察机关的声誉、树立了检察机关的形象、扩大了检察机关的影响力、增加了侦查部门的案件线索，大家一定会转变看法，而且我去西部地区、贫困地区讲课分文不取，按照规定收取的讲课费，我变成书籍赠送相关单位、资助希望小学，日久可以见人心，不必计较。

三、意见不同时的应对

讲课效果、对讲课的反应不可能千篇一律，难免有叫好的、有不同意见、甚至批评的，我的态度是宠辱不惊，虚心接受，凡有益的认真吸取。陈良宇被接受调查后，上海一度不能在公开场合提这个事件，甚至在上海市人代会文件上要不要提也有争议（媒体报道过这个情况），当然最后正确意见占了上风，认为应当面对现实正大光明地提。我在一次讲课过程中剖析了陈良宇拉小圈子、傍大款的问题，但有人向检察机关领导反映："张亮竟然在讲课中提陈良宇的事"，一个不了解情况的领导也大惊失色，好像我犯了大忌，给予我严厉批评，甚至大会小会批评。其实陈良宇这些问题在《解放日报》上（记者慎海雄、全国人大代表）已经三次报道，陈良宇手下的个别同党有反对意见不足为奇。一段时间后，市院主要领导专门向我打招呼，"张亮你这么讲没有错，该讲还是大胆去讲"。所以，我的体会是检察官的职责得罪人是难免的，关键是自己能够正确对待，有压力不是坏事，更加促使我不断思索、不断应对、不断调整、不断完善、不断提高，不经风雨哪见彩虹！

四、内外有别时的应对

检察官讲课肯定要联系检察工作，讲廉政建设、预防职务犯罪警示教育课程毫无疑问，一定要联系办案讲案件。但这里面有一个不能忽视的问题，就是讲课要区别情况、内外有别，讲课不能涉及侦查秘密，不能泄露没有确认的事实，不能暴露案件当事人的隐私，不能对证人造成危害，不能超越职责权限表态，讲课要根据不同对象有的放矢，特定范围讲特定课。我的经验是，政法机关的课可以讲得专业一些；领导干部的课可以讲得深刻一些；普通干部的课辩证性及引导内容多一些；一般人群的课则是浅显易懂的道理、普法的内容多一些；特定对象的课重点突出特定的内容，所以，我常备的廉政建设、预防职务犯罪的警示教育课件有五十多种，当一些民营企业、乡村干部、村镇干部家属（廉内助）的课程需要我去讲时，我还特意准备了适合这些专门对象的课件，结果受到极大的欢迎，这些新型的"偏门"课我竟然被邀请讲了百余场。

五、索要课件时的应对

课讲得好，听众往往需要复制老师的课件，有的讲课者认为这是自己的知识产权，所以不愿意被复制，潜台词是，你拿走了我的课件，也去讲课，自己就没有主动权了，缺失了市场的占有率。我的意见是不必神秘，教育为本，有需要就要服务，我的课件一般都允许复制，人家要你课件，是反映你的课件有价值，是一种肯定，你有了我的课件就能够讲我的课了？我不相信，我是几十年的经验积累、不断地修正提高，你拿个课件就能够讲我的课了，那我离被淘汰也不远了！

当然有的课程适合特定的对象，不宜大面积传播，那么我两手准备，一种是讲课用的，我自己控制；另一种是允许被复制的，普世真理，防止一些不能上互联网的内容被扩散。

六、出现意外时的应对

讲课受到挑衅我也遇到过，一次我给市委宣传系统青年干部培训班讲课，不料一个学员在课堂上就在其所在系统的网络上发表了一些漫骂式的言论，甚至还有人身攻击的语言。正好在这个系统工作的一个朋友看到了，估计是我在讲课，于是马上告诉了我，我稳坐泰山，见怪不怪，不露声色，我感到这就是如今社会上一些年轻干部玩世不恭、怀疑一切、缺乏基本的理想信念的表现，说明对他们进行教育、引导的重要性，课后我将情况通报给这个单位的上级去处理，很快这个学员删除了不当言论，表示道歉，受到了相应的处理。

宠辱不惊，心态平和，无私者最无畏！

附一：授课资料全公开

需要说明的是，下面这些资料并不是能够一次讲完的内容，几十万字怎么可能一次讲完！这些资料是讲课者需要掌握和了解的内容，熟悉了这些资料，讲课者可以根据不同的需求随心所欲地选取其精华、主要精神、问题实质，从而丰富讲课内容，所谓"厚积薄发"，讲课者肚子里的东西不多，期望讲好课可能就是一种奢望，"手中有粮，心中不慌"，肚子里装满知识，讲课就不是什么难事！

讲课者要力戒：一瓶子不满，半瓶子晃荡！

讲课内容要时讲时新，这个新，包括新的信息、新的法律、新的要求，我的讲课内容很注意与时俱进，有自己的特色，有自己独到的见解，让听课人感到有新意、有深度、有感悟、有回味、有收获。

同时，这个新，还包括大家不了解的有关党的反腐败的历史史实，典故、轶事和案例，让大家在接受廉政建设、预防职务犯罪警示教育的同时，增加对与此有关的政治、文化、历史等方面知识的了解，接受传统文化的熏陶，下面我节选一些讲课内容资料，给大家以示范、借鉴和参考。这些资料都是我根据史实自己撰写的，讲课时是按照课程需要选择性、提示性、精练地使用。

一、腐败产生、原因、惩治解析资料

（一）如何正确理解腐败概念的内涵

腐败是反腐倡廉理论的一个基本概念，科学地界定腐败概念也是反腐倡廉理论研究的一项基础性工作。目前，国内外学术界对腐败概念的认识、理解和解释还不统一，由此带来一些问题，其中尤其值得重视的是腐败概念的泛化问题。

近年来，大量与腐败有关的词汇出现在众多新闻媒体上，诸如教育腐败、交通腐败、医疗腐败、学术腐败、新闻腐败、出版腐败、竞技腐败、足球腐败、彩票腐败、节日腐败、保姆腐败、低龄腐败等，最近有关学者又提出一个"语言腐败"，说不正规使用语言也是腐败，真是天晓得。但细究起来就会发现，与这些词汇有关的现象、事件大多不属于腐败范畴。例如，把出租车司机绕行、多收费称为交通腐败，把剽窃、抄袭他人学术成果称为学术腐败，把小学生班干部印个名片、接受同学礼物称为低龄腐败，把保姆偷懒、有小偷小摸行为称为保姆腐败等，这些均属于腐败概念的泛化和滥用。

出现这些把腐败概念任意扩大化的根本原因，是在于没有客观、准确、全面把握腐败概念的内涵。

腐败概念的泛化必然产生许多弊端，它混淆腐败与社会大量不公现象之间的区别，也混淆了违反社会公德、违纪、犯罪之间的界限，从而干扰、歪曲反腐败的方向和目标，动摇我们治理腐败的信心。但更重要的是，这种概念上的模糊和混乱会使反腐倡廉工作失去理论基础，长此下去，必将严重影响反腐败斗争的健康开展。因此，为防止和纠正腐败概念泛化现象，必须科学界定腐败概念。

1. 腐败是一个具有特定含义的政治术语

腐败一词在《汉书·食货志上》就已出现："太仓之粟，陈陈相因，充溢露积于外，腐败不可食。"意指（谷物）发霉、腐烂。这是腐败概念的生物学释义。后来，它被引申到政治领域，成为一个政治术语。

晚清时期，小说《女娲石》中就有"腐败官场"的词汇，腐败意指公共权力的滥用；邹容的《革命军》中也有"革命者，去腐败而存良善者也"的语句，腐败亦指社会不良现象。大家可以注意到，在马克思、恩格斯、列宁的经典著作中，除了用"腐败"指公权私用以外，还经常用"腐败"来形容和批判封建主义、资本主义制度的腐朽。这里，"腐败"即"腐朽"，意指某种社会制度衰败没落必将被新的社会制度所代替。

上述例子涉及腐败作为政治术语的三种含义：

一是公共权力的滥用；

二是社会不良的现象；

三是社会制度的腐朽。

但是，腐败作为反腐倡廉理论的一个专有名词，却不能同时具有上述多种含义，必须"择其一而为之"。

腐败是一种社会不良现象，但不能认为所有社会不良现象都是腐败。腐败和社会不良现象不能画等号。腐败概念泛化的一个主要表现，就是把剽窃抄袭、制假售假、偷盗赌博、卖淫嫖娼、偷税漏税等许多不属于腐败范畴的社会不良现象当作腐败来看待，任意扩大腐败范围，夸大腐败的严重程度。

另外，虽然腐败行为的发生与社会制度的不健全、不完善，甚至腐朽没落有密切联系，在一些社会形态中，制度腐朽是产生腐败的重要原因，但我们不能把产生腐败的原因看作腐败本身。近年来，学者们趋向于把制度腐朽当作腐败原因来探讨，而不再把制度腐朽和腐败看作同一概念。

腐败概念在进入政治领域后，随着政治学、社会学、法学等相关学科的发展，越来越远离它的原始含义，而有了特定指向，即指公共权力的滥用。

2. 界定腐败概念应遵从五个原则

国外学者和研究机构从经济学、政治学等多种角度对腐败概念进行了研究和界定。

美国经济学家 F. A. 哈耶克给腐败下的定义是："腐败乃是那种强迫我们的意志服从于其他人的意志的权力，亦即利用我们对抗我们自己的意志以实现其他人的目的的权力。"

美国政治学家塞缪尔·亨廷顿认为："腐败是指国家官员为了谋取个人私利而违反公认准则的行为。"

美国耶鲁大学政治学和法学教授苏珊·罗斯·艾克曼女士认为："腐败是国家管理出现问题的一种症状。这种症状表现为那些原本用来管理公民与国家之间的关系的机制，却被官员用来达到个人发财致富的目的。"

世界货币基金组织将腐败定义为："滥用公共权力以谋取私人的利益（利用公共权力谋取私利或为了谋取私利而滥用权力）。"

国内学者对腐败概念的界定也有诸多观点。

王沪宁教授给腐败下的定义是："公共权力的非公共运用。"

田心铭教授认为，腐败是"为谋取私利而侵犯公众利益，腐蚀、破坏某种现存社会关系的行为"。

杨春洗教授认为："腐败是指执政党组织和国家机关及其工作人员，包括受其委托从事公务的组织和人员，为满足私欲、谋取私利或局部利益而实施的严重违背纪律和法律，侵犯人民利益并造成恶劣政治影响的蜕化变质行为。"

综合上述国内外学者的观点，虽然在概念的内涵与外延上有所差别，但有两方面的内容是共同的：

第一，腐败是利用公共权力谋取私利的行为；

第二，腐败是侵犯公共利益的行为。

有专家认为，科学界定腐败概念应遵从以下原则：

一是必须突出腐败行为主体；

二是必须明确腐败行为方式；

三是必须强调腐败行为目的；

四是必须有后果方面的表述；

五是必须具有理论抽象，不应过多考虑国情的不同。

按照以上原则，可以这样界定腐败概念：

从广义上说，腐败是公共权力行使者利用公共权力谋取私利并严重损害公共利益的行为。

从狭义上说，腐败是国家权力行使者利用国家权力谋取私利并严重损害国家和人民利益的行为。

3. 构成腐败必须具备的要素

无论从广义还是从狭义上来讲，腐败概念须具有四个要素，即腐败行为的主体、腐败行为的方式、腐败行为的目的、腐败行为的后果，缺一不可。

（1）腐败行为的主体

腐败行为的主体是国家权力的行使者。

腐败行为的主体包括国家公职人员和受委托行使国家权力的非国家公职人员，其中：国家公职人员是指个人收入来源于国家财政的所有人员，非国家公职人员是指受委托行使国家权力的人员，包括国有企事业委派到非国有企事业中从事管理的人员及临时受委托从事公务的人员，还包括特定条件下（如在行使救济、移民、计划生育等的权力过程中）的其他人员，如村委会、居委会的组成人员等。

国家权力的行使者掌控着国家权力的运行，因此，只有他们才能利用国家权力谋取私利，才具有腐败行为的主体资格。

一些学者认为，除了国家权力行使者以外，那些利用非法手段间接影响国家权力运行以谋取私利的其他人员也应纳入腐败主体之中。

但也有专家认为，这种看法有失偏颇。这主要是因为，腐败是国家政权自身的腐化变质，非国家权力行使者所发生的行为即使与腐败行为有密切关系，甚至是相伴而生的关系，也不能称其为腐败。

当前，随着政府机构精简和职能转变，随着干部人事制度改革的深入，国家公职人员的数量在减少；同时，国家开始把一些原由政府部门做的事情，诸如资产评估、项目审计和论证等委托给国有企业人员或私营机构人员来做，也就是说，这些人员受委托参与政府事务，因此也成了国家权力的行使者。

上述情况，反映出具备腐败行为主体资格群体的变化。我们在运用腐败概念时一定要掌握这些新情况、新变化。

（2）腐败行为的方式

腐败行为的方式是滥用国家权力。滥用国家权力包括两个方面：

一是利用国家权力实施谋私行为；

二是拥有国家权力却不作为。

例如，土地管理部门人员把土地批给行贿者，警察接受贿赂后对犯罪坐视不管，工商税务等行政执法部门工作人员个人谋取私利后对违规违法行为放任自流等，均属于滥用国家权力。我们应考虑到，国家权力行使者同时具有公民权，这种权利不属于国家权力。因此，国家公职人员发生的谋私行为算不算腐败，取决于他是否利用了国家权力。

（3）腐败行为的目的

腐败行为的目的是谋取私利。即为个人、亲属以及所属群体（小集团、小团体）谋取利益，从根本上说还是为个人谋取利益。所谓利益，是指在一定经济基础和社会关系中人的需要的满足，包括物质利益和精神利益。

另外，值得重视的是，按照马斯洛需求层次理论，除了物质的财富以外，人们还追求政治上的显赫和精神上的满足。近年来，官员涉"色"问题，即所谓的"性贿赂""性交易"已引起人们的广泛关注。有专家认为，那些国家权力行使者观看淫秽表演、接受色情服务以及利用手中权力接受性贿赂的行为均属于腐败。

（4）腐败行为的后果

腐败行为的后果是严重损害国家和人民的利益。

对于腐败行为的后果，学者们都认同"损害国家和人民利益"的提法，但却往往忽视了"严重"两字。

有专家认为，腐败的生物学释义为腐烂、变质，指生物体已败坏到了严重的程度。因此，腐败一词引申到政治领域，也应包含"严重"这个意思。当前，一些学者提出腐败"零"容忍、"一元钱"腐败也不允许等说法，是没有充分的理论依据的。把虽然有损害国家和人民利益但情节轻微的行为当作腐败，在理论上是错误的，在实践上是有害的。

一些学者也注意到了"严重损害国家和人民利益"在界定腐败概念中的重要作用，但却把"严重违反纪律和法律"作为腐败行为后果的具体表述，是不够准确的。这是因为：腐败定义和基于腐败定义的反腐倡廉理论应该是制定反腐倡廉纪律和法律的基础，而不应该是相反。因此，以纪律和法律来定义腐败概念实际上是本末倒置。

有专家认为，纪律和法律不能用来界定腐败概念，但在判断一种行为是否严重损害国家和人民利益方面是有重要参考作用的。

需要注意的是，腐败概念泛化并不是指把腐败概念从狭义扩展到了广义。而恰恰相反，防止和纠正腐败概念泛化现象更应注意腐败广义概念的发展，因为反腐败斗争从关注国家权力滥用到关注更大范围的公共权力的滥用正是今后发展的方向。

（二）当前腐败现象的载体主要有哪些

腐败现象除了在领域、环节、取向等方面有不同的表现之外，就其"载体"来说也很多，也不是很简单的。进行分析、研究，可以从中得到提示，以重点防范、预防在先，提高在一些腐败易发的"载体"方面及诱发因素上的警惕和自觉抵制的能力。

就腐败"载体"而言，主要是以下几个方面必须引起特别的关注：

1. 钱款

"有钱能使鬼推磨"，千百年来这句民间俗语被不断诠释，被世世代代无数人推崇。因为，为了钱款可以出卖一切的社会现象经久不衰。古今中外的贪官污吏所追逐的绝大多数不外乎都是金钱，这是腐败分子腐败行为的主要载体。

2. 资源

资源是社会发展、人民生活的重要物质基础，在资源不够丰富的条件下，什么资源紧俏、供不应求，该资源就可以被用来做谋取私利的载体。基建领域的钢材、水泥、砖瓦等都曾经是紧俏的资源；物流领域的各类运输工具、设备、机械等也都曾经是紧俏的资源；能源领域的水利、电力、煤炭等，直到当前在许多地方仍然是紧俏资源。目前紧俏资源主要集中在土地、粮食、石油等方面。广义上还包括教育资源、科研资源、医疗卫生资源等。资源成为腐败的载体是以权谋私的重要特点。

3. 批文

国家各种许可的批准文件成为腐败分子谋取私利的基本手段。进出口商品、物资、配额的许可；药品批准生产、销售的许可；土地开发、利用、转让的许可等，一些官员或自己，或通过亲属子女及身边的工作人员，或一些人买通权力执掌者，利用将非正常渠道获取的批文进行倒卖谋利。批文一度成为官员腐败的重要载体。

4. 审核

利用手中的权力，在权力运作的各个环节中，设卡刁难，谋私勒索，对符合程序、条件的事项故意节外生枝，人为制造障碍，大权大"卡"、小权小"卡"，不给好处不办事，好处给少拖延事，给足好处乱办事，各种大小权力成为腐败的依附载体。

5. 项目

利用手中权力控制的工程项目、物流资源、接受服务等权力，在进行招投标、决定对外发包、选择采购供应商、确定销售事项等签订合同的过程中，规避法律、违反规定，以个人的目的为公权取向、决定的标准，为个人谋私。

6. 资金

利用管理资金的权力，在投资、拨款、融资、引资、集资、贷款、资金运作、资金管理、资金监督的过程中，人为设立种种障碍，以明示或暗示的方式，迫使被管理者就范，为满足个人的目的，进行钱权交易，为个人谋私。

7. 人事

利用干部管理的权限，在干部任职考察、提名、调动、提拔、任免、奖惩、福利、待遇等过程中，利用被管理人员的迫切心理，私下或幕后操作，泄露内部人事机密，进行非法串联交易，在这过程中受贿、索贿，谋取私利。

8. 处理

利用对人和事处理的权限，在处理事故、违规、纠纷、行政处罚、司法审判等过程中，为达到个人目的，故意违反规定和法律，以人为的因素，左右处理结果，实现个人谋私。

9. 交往

利用各种进行公务交往的权力，在对外接待、考察访问、行政往来、业务交往、内部活动等过程中，"借道搭车"，公款私用、暗中交易，少用多报，谋取个人私利。

10. 机会

利用权力运行的一切机会，千方百计利用管理、监督的空隙和漏洞，采用各种手段进行谋取私利的行为。

（三）当前腐败现象表现为哪些主要类型

腐败现象从根子上来说是一种反社会的丑恶现象，腐败在社会各个领域中滋生和渗透，其对权力的诱惑和腐蚀破坏作用绝不能低估。就腐败的内在动因而言，它有各种不同的诱发起因和各种不同的表现形式，并不是简单的敛钱。

当前，发生在我们社会生活中的腐败主要有以下几种类型：

1. 拜金型

拜金型腐败者其目的在于对金钱的追逐，不断扩大和充填对金钱的占有欲。其主要的手法和途径是利用公权力获取不应当取得的钱款；其内在心理的表现是，对金钱贪婪的欲望，永远没有满足的时候，金钱对其而言，是最终目标、最高利益。

敛取钱财千万元以上的国家级、省部级贪官成克杰、王怀忠、李嘉廷、丛福奎、慕绥新等就是这种类型的典型腐败者。

2. 求物型

求物型腐败者其目的在于对公共利益性质的实物的非法获取、占有。其主要手法是通过各种不正当的手段，将国家的、公共的、他人的财产占为己有，"别人有的，自己必须有；别人没有的，自己也必须有；别人有好的，自己必须要有更好的"。

时任中共中央政治局委员、国务委员、北京市委书记的陈希同，在对外交往中收受贵重物品（名表、名牌照相机等）归个人所有，滥用职权用大量公款营造高档别墅等供其个人吃喝玩乐挥霍享用，就是这种腐败的典型。

3. 聚宝型

聚宝型腐败者其目的在于对各种具有一定价值的文物、古董、珍宝等的追求和占有，其目的是对"价值"的渴求。其主要手法是利用手中的权力，以牺牲国家利益、公共利益来获取自己对"文物、古董、珍品"的收集和占有，他们中有的人为规避法律、掩人耳目，一般不直接收受金钱或贵重生活资料。

浙江省某市区一公安局长王某，利用职权进行权"物"交易，专门敛取文物、古董、珍宝，数年前案发时，其犯罪金额就高达1000余万元，他就是这种腐败的具体阐释。

4. 享乐型

享乐型腐败者其目的在于追求个人或个人小圈子的高消费享受。其主要手法是利用职权用公款或有求于自己手中权力的人的钱款满足个人和小圈子的"高档""顶级""豪华""贵族"式的享受，对不是自己个人钱款的使用表现出一种挥霍、铺张、挥金如土、不计后果的心态。

沈阳市原常务副市长马向东在任职期间，在不长的时间内，先后去澳门17次，在境外吃喝玩乐，并且在赌场用公款进行豪赌，一掷千金、挥金如土；同时，公然利用权力贪污和在为他人谋取利益的同时，大肆收受贿赂。一些腐败高官，一场高尔夫就可以打掉上万元，他们所拥有的价值至少几万元甚至十几万、几十万元的高尔夫贵宾卡都是有求于他们的老板们、大款们送的，这就是这类腐败的典型例子。

5. 徇私型

徇私型腐败者其目的在于为个人或个人小圈子谋取不正当利益。其主要手法是利用手中的权力千方百计为满足、迎合、庇护与自己有裙带关系、个人利益关系的人谋取私利，权权交易、权钱交易、权情交易、权色交易等，最终目的是为自己谋取私利。

时任公安部副部长的李纪周，在兼任全国打击走私犯罪领导小组副组长期间，与走私犯罪集团头目赖昌星打得火热，为赖昌星走私犯罪大开方便之门，其个人从赖昌星处敛取了大量钱财，李纪周就是利用职权徇私舞弊腐败犯罪的极好证明。

6. 徇情型

徇情型腐败者其目的在于为男女私情中的一方谋取利益。其主要手法是利用手中的权力，慷国家利益之慨，以损害公共利益的行为来达到个人情感的增值，在项目、职位、资金、机会等方面徇"情"舞弊，不计后果。

时任北京市副市长的刘志华，为了达到与情妇长期保持"感情"的目的，不惜公然违反国家法律和政府法令，违法批租土地给情妇，以满足情妇的发财要求。以损害公共利益的行为为个人感情增值，为徇男女私情而不计后果、敢于以身试法的，刘志华可谓"佼佼者"。

7. 贪色型

贪色型腐败者其目的在于满足自己的肉欲。其主要手法是利用手中的权力，以权换色、以权弄色、以权悦色，不惜损害国家的、公共的利益，以满足个人的色欲、肉欲、性欲，而希望获取利益的一方则利用色相引诱公职人员，拉他们下水。他们之间不存在感情，而仅仅是实现个人私利和满足个人欲望。

8. 颓废型

颓废型腐败者其目的在于一切围绕个人的私利为人处事。其主要表现手法是自己政治上没有起码的要求，所谓"看破红尘"，在权力的行使过程中，以围绕个人的利益为出发点，不放过一切为个人谋私的机会，所谓"人不为己，天诛地灭"，是一种极端的利己主义，在群众中影响恶劣、口碑极差。

时任河北省常务副省长的丛福奎，完全丧失了共产党员的起码要求，丢弃了理想信念，言必"阿弥陀佛"，行必烧香拜佛，还荒唐地提出"以佛治国"的"理论"，实际上其言行举止表现出的满是蜕化变质、男盗女娼，其巧取豪夺，不择手段敛取钱财到了近似疯狂的地步。丛福奎的颓废可谓是腐败高官中最突出的代表人物。

9. 盲从型

盲从型腐败者其目的在于一切以嫡系上司的意志、好恶为行为准则。其主要表现手法是"唯上是从"，上司要怎么干就怎么干，上司让干什么就干什么，而根本不去考虑法律、规定、原则、良心，结果上司一旦是腐败分子，那么盲从者也逃脱不了腐败分子的干系，轻则成为腐败分子"为虎作伥"的帮凶，重则亦为不折不扣的腐败分子。

时任安徽省阜阳市公安局长的徐某，不学无术，愚昧盲目，他对提拔他当公安局长的市委书记王怀忠表忠心："俺啥也不懂，但俺只知道一条，王书记让俺干什么俺就干什么，王书记让俺怎么干，俺就怎么干。"结果在王怀忠的指使下，对上司和属下干了大量欺压百姓、搜刮民脂民膏、伤天害理的坏事，最终王怀忠因为严重腐败犯罪被处以死刑，该局长也落了个畏罪自杀的可悲下场。

10. 无知型

无知型腐败者其目的在于表面上与世无争、糊里糊涂混日子，"无过便是成功"。其主要表现是不学无术、胸无点墨，对各种利益、诱惑辨不清是非、真伪、对错，直到被追究违纪、违法、涉嫌犯罪的责任时才如梦初醒、后悔莫及，其根本还是个人的无为心理、自私心理、愚昧和贪婪心理交织的极端个人主义作祟。

成克杰在被关押期间向司法机关提出，希望能够在案件结束以后，到农科院去搞科学研究，"给国家和农民作贡献"；胡长清在被关押期间向司法机关提出，希望能发挥他的"一技之长"，以后专门闭门写书法，用其书法作品"给国家换取外汇"。腐败高官的无知状况由此可见一斑。

一些腐败贪官不学习、不思考、不调研，直到身败名裂才恍然大悟，可见无知者之无知的状况和程度。

（四）当前哪些深层次的腐败现象须引起我们的关注和警惕

笔者长期从事反贪案件的侦查，从一些案件中发现一些人们平时不太注意的环节，而恰恰这些环节的确是导致一些官员腐败的"热土"和"生长刺激剂"，对此种现象的危害我们绝对不能低估。

1. 异地学习上门慰问腐败现象

一些领导干部经常有不定期外出参加学习、培训、开会等机会，有的因为时间相对长一些，于是，有少数人便耐不住寂寞，直接或暗示下级或关系人来异地"汇报工作"，没有工作汇报的则来进行"慰问"，来者都是准备了钱款、礼品、土特产的，然后陪吃、陪喝、陪玩，于是"寂寞"一扫而光。就笔者熟悉的一些老板，有的就多次去北京等地，给在外学习的领导送上数万元"零花钱"，陪玩北京附近的景点如白洋淀、太原、大同、云冈石窟、五台山等，回来还拿着和领导们合影的照片炫耀。不知道这些领导干部们知道这些情况后心里有没有担心和不安。

剖析当前一些职务犯罪案件，一些涉案的领导干部就是在异地学习、培训、开会期间大肆受贿的。除马某以外，如时任天津市政协主席宋某（畏罪自杀，被开除党籍）、时任济南市人大主任段某（已被处决）、时任安徽省副省长王某（已被处决）等，都有这些利用在外学习期间敛钱的情况，这一现象应引起人们足够的警惕。

2. 驻京办攻关"进贡"腐败现象

驻京办、驻外办现在成了"进贡办"。为了一些地方或者个别特殊人物的利益，千方百计疏通关系、打通关节。于是，送钱款，送土特产品，送贵重物品成了一种时尚，甚至还有攀比、创新的趋势，结果把政府之间、上下级之间、中央和地方之间的关系变成了行贿、受贿的关系，严重损坏了政府形象，严重败坏了社会风气，危害无穷。

近来，一些反腐人士已经在媒体上提出了"驻京办"腐败的问题。由此引起了大家的重视，有的机关、部门或撤销，或整顿，或改组了这些驻京、驻外机构，这是一种好的现象。只有从具有贪婪心、利用职权中饱私囊的那些"京官"着手，才能从根本上解决"驻京办"的腐败问题。

3. 高尔夫圈子腐败现象

近几年来，一些领导干部突然开始玩起高尔夫来了。2010年8月9日、10日，浙江温州一媒体以整版、半版的篇幅连续刊登了某东方高尔夫协会的成立广告。在广告中，有近30名的温州地方在职高官，以名誉主席、名誉副主席、顾问等职务名列高尔夫协会之中，其中包括温州市人大、政协、纪委等部门的要职官员。

这份"史上最牛高尔夫名单"经媒体曝光后，在国内引起了舆论热议。2010年8月11日，温州市委连夜作出决定，严令20多名官员无条件退出高尔夫协会。

昂贵的高尔夫贵宾卡，少则数万元人民币，多则数万美元，现在最贵的竟然高达八十万美元；昂贵的高尔夫球杆，少则万元人民币，贵则两三万英镑；加上昂贵的专门服装，至少千余元1套；相匹配的进出车辆，最低奔驰、宝马，必须为表示身份而支付的小费，一出手几百元是底线等。常常一场下来，好几个小时后还要聚聚（吃喝）、泡泡（桑拿），这样玩一次没有成千上万元是绝对下不来的。

从已经揭露的一些案件来看，这些开销都是老板、企业家们奉送的，所有开销都是别人支付的。很显然，高尔夫里面隐藏着权钱交易，有的已经因此受到违纪、犯罪的处理了。如京城某部一领导，收受他人送的几张高尔夫贵宾卡，价值好几十万元，受到严肃查处。有这爱好的领导们要警惕啊。

4. 桥牌邀请赛腐败现象

最近揭露的一些案件反映，犯罪的领导怎么认识行贿人的？怎么会搭上关系的？其中有一个途径：就是通过打桥牌。桥牌确实有智慧、有品位，又好玩，但其中有没有"定时炸弹"呢？赞助商们会平白无故白花这个钱款吗？大家都是明白人，要有忧患意识啊！

5. 住医院、过生日敛钱腐败现象

一些案件揭露的事实表明，贪婪的领导干部生一次病，可以因此敛钱！

例如，时任黑龙江省政协主席的韩某（曾任省委常委、组织部长，被判死刑，缓期2年执行），因骨折在上海住院期间多次收受贿赂。其中一次，其属下，时任绥化地委书记的马某（被判有期徒刑16年）专程来上海探望韩某，一次就送上人民币现金46万元。又如，时任辽宁省沈阳市市长的慕某（被判死刑，缓期2年执行），在中纪委对其进行调查期间住院，竟然照样在病床上收受贿赂100余万元。再如，时任上海市房产局某处长朱某，因受贿被逮捕，在其家中搜查出来、由各种请托人员送的冬虫夏草就有好几麻袋。

当然，我们也看到一些清廉的干部，生病住院绝不声张，不接受任何慰问的财物，真正的高风亮节啊！所以，一些干部喜欢生病，并且喜欢到处张扬，原因就在此。而有的干部就是真生病，也是严格要求自己，自觉做到对外"坚决保密"，绝不因此敛财。

最近，上海某区基建管理部门一负责人朱某，借其女儿结婚之机，向一大批在该区开发房产的老板们发出邀请，结果仅收受老板们送的礼金就达数百万元。当然，多行不义必自毙，其未等女儿蜜月度完便因涉嫌受贿罪被检察机关逮捕。

6. 安排提供出境赌博腐败现象

北京市常务副市长刘某，接受一些老板们的安排出境旅游、休假，在境外真是"随心所欲""无所顾忌"，没想到，其在境外的不法行为均被"好事者"用影像记录了下来，影像被送到纪委后，引起了纪委的重视，对其进行了调查。鉴于其问题的严重性，最后被移送司法机关，最终被判处死刑，缓期2年执行。

笔者在历年办理的案件中，就经办有国家工作人员应"朋友之邀"去境外赌博而收受他人钱财，构成犯罪而被判徒刑的国家工作人员数十人。

教训极其深刻，一定要吸取啊！

7. 假收藏真敛财腐败现象

浙江省某市某城区公安局局长王某，就是借收藏等敛财1000多万元，他除了收受现金外，主要是通过收受古董、字画来达到自己敛财的目的，一旦有人出高价，他都出售。凡有人请托他办事，因都知道他有"假收藏、真敛财"的爱好，于是先托人到他家里去高价购买古董、字画，然后由请托人再将该古董、字画送到其府上，真可谓一本万利的买卖。东西没有出去，钱款滚滚而来。当然，该公安局局长最终也被判处死刑。

最近，某省一个领导被检察机关查处，他收受钱财专门购买名人字画，结果查下去发现，他因此受贿上千万元。这些字画经过鉴定，竟然绝大部分是假的。可悲！

这类例子太多了，最近上海市纪委拍的警示教育片《贪欲之害》，其中有几个贪官的赃物中也有不少名人字画。据了解，大多数是假的。

可见，根本不懂古董、字画的人，根本不具有文化品位的人，突然爱上了收藏，其目的是什么，不是很清楚了吗！

8. 攀层次弄文凭腐败现象

现在领导干部重视学识是非常对的，但有少数一些领导干部学识不高，文凭档次却很高。如有真正的本事的倒也不能对其说三道四，问题是他们没有真正的学识，文凭是通过不正当的途径搞来的；一种是用公款给学校作赞助，文凭是换来的；另一种是出二三十万元，读所谓的高级总裁班，文凭是买来的；还有一种是叫秘书去代读书、代考试，文凭是骗来的。

2014 年中央巡视组在上海巡视期间严查了官员参加 EMBA 学习的问题，发现部分官员靠不正当手段支付 60 万至 100 多万元的高额学费参加 EMBA 的学习，其中存在索贿、受贿的嫌疑，结果官员全部退学，这一不正之风得以纠正。

你想想，一些干部连中国字也写不好、普通话也讲不顺，更不要说讲外语了，他们个个是博士，是高级人才，你相信吗?

用大量的公款为个人装门面，以此抬高自己的身价，这又是腐败的一种表现形式。不要小看这些“假大空”“龙头虚”“绣花枕头”们对廉政建设的破坏，因为“假”“假面具”“假公济私”是腐败的一个重要的特征。

9. 傍大款结圈子腐败现象

一部分人富起来以后，也引起了个别一些领导干部的眼红，下海去经商吧，舍不得官位和权力，又没合法赚钱的本事。于是结交一些大款朋友，要开销，全部由大款们来“表现”了。这种社会现象一多，引起了广大群众的不满，人们称其为“傍大款”。

大家可以看到，现在被揭露的一些领导干部职务犯罪的案件，其都有一个共同的特点，贪官身边总有一批“大款”。有几个大款像“众星捧月”，哄着一个官员的；也有几个官员像“鬣狗啃尸”，恶啃一个大款的。于是，一个大款出事，连累一批贪官；一个贪官案发，带出一帮大款。

记住吧，如今大家已经很熟悉的昔日大款们：周某（不法商人，时任江西省副省长胡某受贿案的行贿人，被判无期徒刑）、邱某（不法商人，行贿时任上海某区副区长祝某，祝被判 15 年的受贿案行贿人，现在又因巨额金融诈骗案在押）、蔡某（不法商人，祝某案件行贿人，后来又因诈骗被判无期徒刑)、周某（不法商人，现因行贿罪、单位行贿罪、对企业人员行贿罪、虚开增值税专用发票罪、挪用资金罪，数罪并罚，被判处有期徒刑 16 年）、张某（不法商人，上海社保资金案中的主要行贿人，现在押），有多少领导干部倒在他们的手里啊！

各级领导干部和官员们，千万不要把自己的政治生命押在不法大款们的身上！

10. 避监督搞会所腐败现象

自赖昌星特大走私案件被揭露，其于 1996 年 9 月在厦门建造的"红楼"也被曝光，这个建筑面积 5000 平方米，总投资达 1.4 亿元的会所让国人瞠目结舌、叹为观止！已被绳之以法的公安部副部长李某、厦门市海关关长杨某等一批高官都曾经经常光顾"红楼"，赖昌星将"红楼"打造成了一个隐蔽的权钱交易、权色交易的场所。

会所并没有原罪，其自身的发展无可厚非。但从司法机关近年来查处的一些腐败案件看，在这个富商、政要、名流交际生活的私密空间里，会所在满足权贵阶层物质精神需求的同时，必然更加容易衍生出损害公共利益、挑战社会风尚、权钱交易、滋生腐败的行为。

从笔者接触的一些职务犯罪案件看，会所已经成为一些官员腐败的场所，因为它具有避人耳目、不被监督的隐秘性，容易被一些官员所接受和喜欢。因此，会所腐败应当引起我们的高度警惕。

各级官员，不要为了图一时的痛快，先进"红楼"，乐极生悲，再进"黑楼"（监狱），后悔莫及！

11. 搞福利谋私利腐败现象

少数一些国企领导不顾中央三令五申，漠视法规纪律，肆意违法乱纪，违规搞福利、滥发奖金，是一种"福利腐败"。

这种发生在中央单位的腐败不仅损害了国家的利益，也侵犯了纳税人的利益，进一步扩大了社会分配的差距，导致社会不公，给社会企业带了个坏头。

作为职业检察官的笔者，必须提出一个值得引起警惕的问题：所谓给职工购买商业保险、垫资购买商品房、违规购买企业股票、不出资获取股权和红利、高额支付房屋和汽车维修费、购买可以退保的商业保险等，表面上像是违规，实际上就是标准的腐败，很可能就是某些领导、某些领导层人员的一种掩护、一个幌子，其背后往往隐藏着巨额的贪污！

为了职工群众的利益，甘于冒着违法乱纪被查处、被责任追究的领导是不存在的！

— 77 —

（五）当前腐败犯罪的形态发展

腐败犯罪的形态发展也有不断变化之趋势，其主要表现为：

1. 单一型腐败犯罪向复合型腐败犯罪发展

从腐败犯罪的性质来看，原来单一型的腐败正在向复合型的腐败发展。腐败已不是仅仅贪几个钱的问题，而是出现了政治上拉帮结派、利益勾结；经济上贪婪无度、迫切敛财；工作上扯皮推诿、滥用权力；生活上腐化堕落、道德败坏。

2. 个体型腐败犯罪向群体型腐败犯罪发展

从腐败犯罪的规模来看，原来的个体型腐败正在向群体型发展。原来是尽量不让他人知道自己的腐败行径，现在公然勾结相关人员并分工合作，为谋私而形成利益的共同体，腐败犯罪呈利益的集团化。

3. 生活资料占有型犯罪向资本积累型犯罪发展

从腐败犯罪的目标来看，原来主要是满足个人或者家庭的生活享受的需要，而现在已经发展成了为迅速积聚资本而不择手段、不顾一切、不计后果的拼命敛财。个别一些领导干部腐败犯罪案件的金额从几十万元、几百万元、几千万元发展到目前几个亿，甚至十几个亿、几十个亿。

4. 域内型腐败犯罪向跨国型腐败犯罪发展

从腐败犯罪的危害来看，原来的腐败犯罪都是发生在域内，程度、影响、危害相对有限，而现在境内外勾结、国内外勾结的腐败犯罪明显突出，无论程度、影响、危害都更加严重，少数一些腐败犯罪分子还携巨款潜逃国外，引起了世界的关注。

5. 普通型腐败犯罪向复杂型腐败犯罪发展

从腐败犯罪的表现来看，原来腐败犯罪主要是普通的、常见的表现状态，现在出现了多种情况交织在一起的状态，即违反党纪、政纪、法纪的状态同时存在；涉嫌贪污、贿赂、挪用公款、行贿、巨额财产来源不明等犯罪同时具备，腐败犯罪日趋严重性、复杂化。

（六）贪婪心是导致贪官前赴后继的内因（深刻揭示腐败诱发的内在动因）

贪官为什么喜欢这首江南小令？

这首名为《贪婪之心》的江南小令，令许多贪官对照自己的经历而感慨万分，并且纷纷为之动容，据说还在一些监狱中服刑的昔日贪官们之间流传。他们普遍承认，这就是自己以前生活的写照。

贪婪之心

終日奔忙只为饥，才得有食又思衣。
置下綾罗身上穿，抬头却嫌房室低。
盖了高楼与大厦，床前缺少美貌妻。
娇妻美妾都娶下，忽虑出门没马骑。
买得高头金鞍马，马前马后少跟随。
招了家奴数十个，有钱没势被人欺。
时来运转做知县，抱怨官小职位卑。
做过尚书升阁老，朝思暮想要登基。
一朝南面做天子，东征西讨打蛮夷。
四海万国都降服，想和神仙下象棋。
洞宾陪他把棋下，吩咐快做上天梯。
上天梯子未做好，阎王发牌鬼来催。
若非此人大限到，升到天上还嫌低。
玉皇大帝让他做，定嫌天宫不华丽。

大贪官李某在看守所两年多的关押期间，对这首诗爱不释手，能够背得滚瓜烂熟，还教看守所里的其他在押人员背诵，并用这首诗教育同监室的其他人。李某很有感触地说："这首江南小令比喻我从前的欲望是很贴切的。"

真可谓是：

身后有余忘缩手，

眼前无路想回头。

贪婪是导致腐败犯罪的内在的根本原因，所有腐败犯罪分子，之所以腐败堕落犯罪，最终成为国家和人民的罪人，其内在的贪欲之心的恶性膨胀一定是其根本的动因。因此，每个公职人员，特别是掌握着各种权力的各级领导干部，必须时时处处注意抑制和消除每个人都可能存在的、都可能随着外部条件发展变化的贪婪之念、贪欲之心，因为，抑制贪欲是廉政自律的最根本的内在举措。

（七）缺乏监督是贪官层出不穷的外因（深刻揭示腐败犯罪高发的外部原因）

年轻，不等于有优势，这些上海的中青年领导干部被组织上选拔到重要岗位，但没有几年均因为职务犯罪被绳之以法，平均年龄不到 50 岁，只顾提拔使用，缺乏监督管理就是问题的根本！

秦裕，45 岁，中共上海市委秘书长，判处无期徒刑；

胡俊，44 岁，上海市规划局副局长，判处有期徒刑 15 年；

蔡志强，45 岁，普陀区委副书记、区长，判处有期徒刑 15 年；

黄峰平，49 岁，上海市卫计委副主任，起诉中；

王军，44 岁，上海市松江区副区长，起诉中；

刘金宝，53 岁，中国银行副行长，判处死刑缓期二年执行；

翁利民，45 岁，拟任上海市监狱管理局副局长，判处有期徒刑 15 年；

祝文清，45 岁，卢湾区副区长，判处有期徒刑 15 年；

孙路一、祝均一、王成明、韩国璋、陈超贤都在任期内由工作岗位进监狱。

退休，不等于安全着陆，人们常常把退休、离开领导岗位称为"安全着陆"，可现在不能这么说了，那些退居二线的甚至完全退出领导岗位的，只要存在腐败犯罪问题，仍然有被法律追究的可能，反腐败没有禁区。

退休以后落马的省部级官员：

阳宝华（湖南省政协副主席）

郭永祥（四川省政协副主席）

倪发科（安徽省政协副主席）

陈柏槐（湖北省政协副主席）

赵少麟（江苏省委常委、秘书长）

中青年领导干部前途无量，人们把他们称为"上山虎"；那些离开领导岗位的老干部，人们把他们称为"下山虎"，如今无论"上山虎"还是"下山虎"只要涉及腐败犯罪，一律格打勿论，反腐败不设禁区、没有特区。

（八）反腐败的根本是什么（以独特的思考来挖掘深刻原因）

如何理解"标本兼治，重在治本"的深刻含义？

党的十一届三中全会以来，党中央紧密联系改革开放，以经济建设为中心的实际，坚持一手抓经济建设、一手抓打击犯罪，包括打击发生在经济领域的严重犯罪。中央反腐败的决心和力度越来越大，措施越来越具体和有力，针对性也越来越强。

通过 30 多年来坚持不懈、不断加大反腐败的力度，我们确实取得了明显的成效，但腐败仍然不断滋长蔓延，有些领域还十分严重，甚至还涉及高级领导干部，每年公布的腐败大案惊天动地，出人意料，触目惊心。近年来，中央提出了拓展源头上防止腐败工作领域，铲除腐败滋生的土壤和条件，"标本兼治，重在治本"的反腐败要求，有着非常重要和积极的意义。我们可以从现实中的一些事例来理解其深刻的含义。

1. 学习，形式是标，贯彻落实是本

学习，特别是一些高级别的贪官都到过各级党校学习，为什么仍然成为贪官？

我们知道，学习对人是非常重要和必需的，对各级国家工作人员，特别是各级领导干部来说，更是必不可少。中央领导不断提出讲学习、加强学习、树立终身学习的思想和要求，并且建立了各种学习的方式和制度：专题学习、小组学习、脱产学习、党校学习、中心组学习、学习辅导讲座等，一些领导干部不但是学习的参加者，常常还是学习的组织者、辅导者、引领者。但是，为什么就是在这些官员当中却仍然出现了腐败分子？而且还有级别越来越高、人数越来越多的趋势！令人们百思不得其解，甚为困惑。究竟是什么原因呢？

根本的原因是一些干部，甚至一些领导干部把学习仅仅是当作一种形式、一种装饰、一种门面，把学习当作是别人的事、属下的事、群众的事，自己根本就是与学习无关。他们就是参加一些学习，甚至对参加各级党校的学习也是走过场、镀层金、拿证书，而与自己的思想毫无联系，照样我行我素，没有任何的思考、对照和提高。

例如，2006年受到严肃查处的大贪官陈良宇，他就曾经多次去中央党校学习，甚至每年都在全市党员负责干部廉政大会上作报告，但他自己的腐败却年年照旧、愈发严重；再如，近年来受到严肃查处的高级领导干部成克杰、陈希同、胡长清、程维高、郑筱萸、杜世成、李嘉廷、刘方仁、李纪周、丛福奎、皮黔生、陈同海、张春江、韩桂芝、慕绥新、马向东、王守业、邱晓华、刘志华、徐国健、何闽旭、王昭耀、王怀忠、宋平顺、段义和、李宝金、王武龙、刘志军、薄熙来、王立军、黄胜等，无一不是具有多次在中央党校参加学习的经历，有的累计脱产学习的时间长达数年之多，有的还是中央党校的学习标兵，论文还获得优秀论文奖（如马向东），但是，最终他们却都成为了严重的腐败犯罪分子。尽管这些人是党员干部队伍中的极少数，却足以能说明的是，有的官员确实是：边学习边腐败、越"学习"越腐败，假学习真腐败！

所以，真正的学习必定是把正确的理论形成自己正确的思想，进而指导、规范自己的行为。如果只是形式上做做样子，头脑里、思想中根本没有任何触动，那根本就不是学习。所以，学习，真正的学习一定是理论联系实际、思想指导行为、言行一致、表里如一的，而思想没有任何提高，只是把开个会议、读读文件、写篇文章、听听报告等形式走过场，绝对不是学习。反腐败，坚持理论联系实际、入心入脑、学以致用、树立终身学习的思想是多么重要。

学习，形式是标，贯彻落实是本。

2. 制度，条文是标，贯彻是本

制度，各种制度现在应有尽有，为什么还是不断出现贪污贿赂等职务犯罪现象？

上至党和国家，下到各个单位部门，基本的规章制度应有尽有，各级纪委针对廉政建设的制度、条例、规定更是明确具体。有关禁止大吃大喝的、公款消费的、乱发钱款的、多吃多占的、收受礼金的、以权谋私的、贪污受贿等的规定、制度，几乎年年发、月月谈、天天讲。特别是党的优良传统："密切联系群众""全心全意为人民服务""不拿群众一针一线"等，讲了半个多世纪，可那些贪官为什么还是照贪、照占、照拿呢？甚至现在更是收受金条、房产、汽车、巨额干股，一次就收受1000万元已不属罕见、苏州市副市长姜人杰一次收受贿赂达8600万元，创造了公务员单笔收受贿赂的全国最高记录，如此这般的贿赂都时有发生而愈发严重，如何看呢？

显然，制定出台一些条文、规定、制度等，其实还不能称之为制度，真正的制度应该是一种机制，既有规范，又有执行，更有监督、惩罚。那样，贪官们就无法凌驾于制度、法律之上，就不会、不敢视制度、视法律党纪为一纸空文。同时，他们对制度、法律就会产生敬畏，就会时刻警惕违反制度、触犯法律带来的严重后果。

所以，制度不能仅仅理解为书面的东西，"纸里印着，墙上挂着，柜中放着"，而必定是要与监督、惩罚紧密地联系在一起的，制度与监督是一个整体。预防腐败，必须建立监督机制的重要意义就在这里。

制度，条文是标，贯彻、执行、监督、惩罚是本。

3. 收入，高薪是标，抑制贪婪是本

收入，所有贪官都不是弱势群体，有的还是高收入、高待遇，为什么还要拼命非法敛钱？

有一种说法时至今日还很有市场，2012年两会期间，有一学者代表（全国政协常委）还振振有词地提出"足薪养廉"的意见。认为我们现在腐败严重是因为收入太低，如果实行高薪，就能养廉。

因此，相当一段时间、相当一些单位实现"廉政奖金制"，设定一定的时限，在这个时限内，不出廉政问题的，发给该奖金，如浙江省某市某机关，设定每个干部30万元为廉政奖金，只要这个干部工作到退休而没有发现廉政方面的问题，就可以一次性领取这笔奖金。但是，这些单位并没有因此真正解决杜绝腐败的问题。因为这本身就是个伪命题。我试想，如果有人行贿某个官员大于30万元，如给个35万元、100万元；甚至300万元、500万元，这30万元又能起什么作用呢！

2013 年十八届三中全会召开前的一个月，一份由官方智库研究，被称为"383 方案"的改革方案，"建立廉洁年金制度，公职人员未犯重大错误或未发现腐败行为的退休后方可领取"。

那么老百姓交足高赋税后，就能养出两袖清风的官员吗？很显然，高薪不能养廉。

事实是，现在揭露出来的一些贪官，特别是一些高级别的贪官，他们个个都不缺钱，有的年收入十几万元、几十万元，甚至有的达上百万元，可他们照贪不误、毫不手软、毫不满足。如成克杰身为国家高级干部，照样敛钱 4000 多万元；如上海电气（集团）公司党委书记、总裁王成明，年收入过百万元，可他照样伙同他人贪污敛钱 3 亿元；如河北省国税局长李真，年纪不到 40 岁，却已敛钱 3800 余万元，他在案发后交代，他个人计划，年过 50 岁时，敛钱要过 1 个亿！被判处死刑的杭州市副市长许迈永，其贪污受贿的犯罪金额高达 2.4 亿元。2014 年司法机关在国家能源局副司长魏鹏远家里搜查出现金超过 1 亿元，闹出了 16 台点钞机清点，竟然烧坏了 4 台的笑话！

对贪官而言，你给他再多的钱，他能满足吗？他能有罢手的一日吗？古今中外无数事实证明，这显然是不可能的。

事实证明，所有的贪官都绝不是因为钱少而成为腐败分子的，他们成为腐败分子的根本原因是，极端的贪婪性、极端的私利性、极端的无法性。

收入，高薪是标，抑制贪婪是本。

4. 处理，严惩是标，源头预防是本

严惩，近年来严惩了一批贪官，为什么还是有官员前"腐"后继、以身试法？

新中国成立初期，我们依法严惩了腐败高官刘清山、张子善，结果在相当长的时间里，没有出现类似的腐败案件。进入 21 世纪，针对腐败不断滋长蔓延的趋势，对个别严重腐败的高官予以了严惩，如自 2000 年起，先后处决了省部级及省部级以上的贪官胡长清、成克杰、王怀忠、郑晓萸、段义和，重判（死缓、无期徒刑）了省部级贪官李纪周、慕绥新、刘方仁、李嘉廷、丛福奎、徐柄松、韩桂芝、徐国健、王守业、李宝金、何闽旭等，但是仍然有贪官不断前"腐"后继、以身试法。党的十八大以来，数十个高级领导干部被查处或绳之以法。

个中的原因值得我们深思。为什么在对贪官的严厉惩处下，还是有贪官无动于衷、我行我素、以身试法呢？

究其根本的原因，是贪官低估了正义的力量，而高估了自己的能耐。他们以为自己高明，自己聪敏，自己精明，别人出事是因为笨，手法愚蠢，而自己干事干净利落、天衣无缝，谁也奈何自己不得，于是变本加厉、无所顾忌在腐败犯罪的道路上越走越远，直到走入死胡同、直到身败名裂为止。

所以，在严惩腐败贪官的同时还必须关注源头上预防腐败、预防职务犯罪，铲除腐败滋生的土壤和条件。

处理，严惩是标，源头预防是本。

惩治腐败，标本兼治是十分重要的、必需的，标和本是对立统一的、辩证的。标是必要的形式，本是问题的关键，所以，标本兼治必须重在治本。中央提出反腐败：要标本兼治重在治本，拓展源头上防止腐败工作领域，铲除腐败滋生的土壤和条件，是有其深刻的道理和正确的指导意义的。我们在反腐败的实践中，不能满足于表面上的种种形式，更要注意抓住源头、实质和关键，不搞形式主义花架子，以扎实的作风和强有力的措施坚决把反腐败斗争进行到底。

二、历史史料

（一）党的反腐败方针政策的历史发展与演绎（以历史史料来说明反腐败是党的一贯方针政策）

为什么说反腐败是中国共产党的一贯的方针和政策？

反腐败是解放后的事、是改革开放以后的事。

这个认识是不正确的。

我们党坚决反对腐败早在建党初期就提出来了。

早在中国共产党诞生前夕，早期革命活动家已经有了反对和抵制腐败的思想。

中国共产党早期革命活动家李大钊于 1921 年 3 月撰写的《团体的训练与革新的事业》是中国共产党最早的反腐败的文献。文中指出："旧式的政党已腐败，必须用新式政党代替，否则不能实行改革事业。"1921 年，中国共产党第一次全国代表大会上通过的第一个党纲，明确规定地方委员会的财务、活动和政策，应受中央执行委员会的监督，大会还初步制定了党的纪律。

1922 年 7 月，中国共产党第二次全国代表大会进一步明确：中国共产党是中国无产阶级政党，他的目的是要组织无产阶级，用阶级斗争的手段，建立劳农专政的政治，铲除私有财产制度，渐次达到一个共产主义的社会。这次大会通过的《中国共产党章程》中单设"纪律"章，即"第四章"，对具备六种情形者，必须开除党籍。

1927 年 4 月，中国共产党第五次全国代表大会选举产生了党内维护和执行纪律的专门机关——中央监察委员会。

中华苏维埃共和国成立后，于 1932 年 5 月 9 日下午，处决了第一个贪官——叶坪村苏维埃主席谢步升，在江西瑞金伏法。

时任瑞金县委书记的邓小平指出："此风不刹，何以了得！""我们苏维埃建立才几个月，有的干部就腐化堕落，贪赃枉法，这叫人民怎么相信我们的党、相信我们的政府！"

毛泽东得知此事后指示："腐败不清除，苏维埃旗帜就打不下去，共产党就会失去威望和民心。与贪污腐化作斗争，是我们共产党人的天职，谁也阻挡不了！"

中央执行委员会于 1933 年 12 月 15 日，下发了由主席毛泽东、副主席项英签发的《关于惩治贪污浪费行为》第二十六号训令。

1934 年 1 月，在江西瑞金召开的第二次全国苏维埃代表大会上，中央政府正式发布训令：要在红色革命根据地的区、县及中央苏维埃政权机关内，开展一次"反贪污、反浪费、反官僚主义"的惩腐肃贪运动。毛泽东在这次大会的报告中指出："应该使一切政府工作人员明白：贪污和浪费是极大的犯罪。"

苏维埃大会工程所主任左祥云因贪污公款 246.7 元并盗窃机密、私偷公章、企图逃跑，于 1934 年 2 月 13 日被判处死刑。

中共中央于 1937 年 8 月 25 日，在洛川召开政治局扩大会议，制定并通过了著名的《抗日救国十大纲领》，1939 年 8 月 15 日正式颁布，该纲领第 4 条规定：改革政治机构，实行地方自治，铲除贪官污吏，建立廉洁政府。

1937 年 10 月，抗日军政大学第六队队长黄克功，因为逼婚未遂，在延河河畔枪杀了陕北公学学员刘茜。一部分同志认为，黄克功从小参加红军，经过井冈山斗争和二万五千里长征，对革命作过重大的贡献，在这民族危难之紧要关头，应对他免除死刑。陕甘宁边区高等法院对此案作了认真研究，经中共中央同意，判处黄克功死刑，并且召开公审大会以教育广大干部和群众。

毛泽东就此案专门写给审判长雷经天的信中说："黄克功过去斗争历史是光荣的，今天处以极刑，我及党中央的同志都是为之惋惜的，但他犯了不容赦免的大罪，不得不根据他的罪恶行为、根据党和红军的纪律，处他以极刑。正因为黄克功不同于一个普通人，正因为他是一个多年的共产党员，是一个党内的红军，所以不能不这样办。共产党与红军，对于自己的党员与红军成员不能不执行比较一般平民更加严格的纪律。"

毛泽东并特别强调指出："如果赦免，便无以教育党，无以教育红军，无以教育革命者，并无以教育一个普通的人。"

1939 年 5 月，陈云同志发表《怎样做一个共产党员》。

1939 年 8 月，刘少奇同志作《论共产党员的修养》的演讲。

1939 年 8 月 25 日，中共中央作出《关于巩固党的决定》。

1942 年至 1945 年，中共中央在全党范围内展开了著名的延安整风运动。1944 年 3 月，郭沫若撰写的《甲申三百年祭》在重庆《新华日报》上发表。4 月 12 日，毛泽东在高级干部会议上说："近日我们印发了郭沫若论李自成的文章，也叫同志们引以为戒，不要重犯胜利时骄傲的错误。"

1944 年 9 月，毛泽东发表了著名的《为人民服务》，为全党树立了学习榜样，提高了党员干部的公仆意识。

1945 年 7 月 1 日至 5 日，毛泽东在回答应邀访问延安的国民党参政员黄炎培先生有关周期律的问题时说："我们已经找到了新路，我们能够跳出这个周期律。这条新路，就是让人民来监督政府，政府才不敢松懈，只有人人起来负责，才不会人亡政息。"

1947 年至 1948 年，各解放区农村党组织结合土地改革普遍开展了"三查"：查阶级、查思想、查作风；"三整"：整顿组织、整顿思想、整顿作风。

1948 年 7 月，人民解放军进行了大规模的新式整军运动，包括"三查"：查阶级、查工作、查斗志；"三整"：整顿思想、整顿组织、整顿作风，为夺取全国胜利奠定了基础。

1949 年 3 月 5 日至 13 日，中国共产党在河北省平山县西柏坡村召开七届二中全会。毛泽东向全党发出警告："务必使同志们继续地保持谦虚、谨慎、不骄、不躁的作风，务必使同志们继续地保持艰苦奋斗的作风。"

1949 年 3 月 23 日，毛泽东、朱德、刘少奇、周恩来、任弼时等中央领导从西柏坡出发进驻北平市。临上车时，毛泽东说："走！进京赶考去！我们绝不当李自成，我们都希望考个好成绩。"

中华人民共和国成立以后，中国共产党领导的反腐败斗争更是长抓不懈。中央领导集体始终把反腐败当作头等大事来抓，并且已经取得了显著的成效。党的十八大以来，以习近平为核心的党中央高举反腐败大旗，"苍蝇老虎一起打"，进一步加大了反腐败的力度，各种措施多管齐下，"把权力关进制度的笼子"的反腐败成效进一步体现，标本兼治、治本为主的惩治和预防腐败体系建设进一步完善，成效显著是十八大以来反腐败的全球共识。

（二）李自成失败的根本原因（用历史教训史料进行诠释）

中国共产党如何从李自成功败垂成的事件中吸取教训？

公元 1644 年 3 月 19 日，这在中国历史上是一个不能抹去的、永远值得纪念的日子。

这一天，中国农民起义领袖闯王李自成头戴白毡笠，身着蓝箭衣，骑着乌龙驹，在无数群众的欢呼声中，率领着与朱明王朝浴血奋战、顽强抗争十几年的起义大军，浩浩荡荡开进了北京城，终于坐上了武英殿的宝座，开始真正拥有了大顺王朝的千里江山。

然而，农民起义军在攻入北京城推翻明王朝不久，若干起义首领因为胜利而忘乎所以、骄傲自大起来。因胜利而骄傲，因骄傲而松懈，因松懈而腐化，因腐化而失败，因失败而垮台。好景不长，仅仅过了42天，1644年4月30日，李自成便从英武殿的宝座上撤了下来，仓促率部退出了北京城。以后，便节节败退，才一年的时间便血染九宫山，几乎全军覆灭，胜利果实丧失殆尽。

一代杰出的农民英雄、一支势不可挡的起义大军，何以功败垂成？历史史实证实：除了有重要的外部原因以外，更为主要的是其队伍自身内部的原因。李自成在夺取政权的漫长岁月中，其领导的农民起义队伍纪律严明、英勇善战、不怕牺牲、万众一心，喊出了"杀一人如杀我父，淫一妇如淫我母"这样震撼人心的口号，深得人心。"想闯王、盼闯王，打开大门迎闯王。"可见，当时的农民起义军受到了人民的广泛拥护、欢迎和爱戴。因此，起义大军势如破竹、势不可挡，直至夺取政权。

可是，问题在于起义大军，特别是一些起义军的首领、高级将领、昔日功臣，一旦政权在握、江山到手，他们却迷失了方向。天天陶醉在胜利的喜悦之中，夜夜笙歌燕舞，挥霍无度，尽情享乐，个个贪赃腐化，巧取豪夺，中饱私囊。昔日的政治追求、精神面貌、严明纪律荡然无存。终于，他们以生命和鲜血、以教训和遗憾为中国农民起义史写上了沉重的一笔。

前事不忘，后者之师。中国共产党人把李自成失败的教训深深地印在自己的头脑中。

1944年3月，郭沫若的《甲申三百年祭》在重庆《新华日报》上发表。中国共产党中央委员会把《甲申三百年祭》定为延安整风的重要文件，在全党和全体干部中进行了深入持久的以史为鉴的教育。

1944年4月12日，毛泽东在延安高级干部会议上说："近日，我们印发了郭沫若论李自成的文章，也叫同志们引以为戒，不要重犯胜利时骄傲的错误。"

1944年4月23日，毛泽东在中国共产党第七次全国代表大会上致开幕词时再次强调："我们应该谦虚、谨慎、戒骄、戒躁，全心全意为中国人民服务。在现时，为着团结全国人民战胜日本侵略者，在将来，为着团结全国人民建设新民主主义的国家。"

1944年4月18日、19日，《解放日报》全文刊载《甲申三百年祭》。5月19日至26日，《解放日报》又刊登了苏联科尔内楚克的剧本《前线》。6月7

日，中共中央宣传部、军委总政治部向各级党委和政治部发出联合通知，指出：这两篇作品对我们有重大的意义，就是要我们全党首先是高级领导同志，无论遇到何种有利形势与实际胜利，无论自己如何功在党国、德高望重，必须永远保持清醒的头脑与学习态度，万万不可冲昏头脑，忘乎所以，重蹈李自成与戈尔洛夫（《前线》中的主人公）的覆辙。

1944 年 11 月 21 日，毛泽东又写信给郭沫若，鼓励他再写一些类似《甲申三百年祭》的史书。他说："小胜即小骄傲，大胜更骄傲。一次又一次吃亏，如何避免此种毛病，实在值得注意。倘能经过大手笔写一篇太平军经验，会是很有益的。"

1949 年 3 月 23 日，毛泽东、朱德、刘少奇、周恩来、任弼时等中央领导，率领中共中央机关和人民解放军总部人员，由河北省平山县西柏坡村出发，进驻解放不久的北平市。临行前，毛泽东说："走！进京赶考去！我们绝不当李自成，我们都希望考个好成绩！"

李自成功败垂成的教训告诉我们：外部的暴风骤雨、艰难困苦并不可怕，可怕的是我们的内部自身出问题。一个政党，一个国家，其内部出问题就是自身的腐败，腐败的最终结果就是政权的垮台，就是死亡。我们一定要以史为鉴，决不能让历史的悲剧在中国共产党人身上重演。

（三）"窑中对"的历史意义（以党的反腐败历史史料强调权力监督的现实意义）

有关政权腐败初兴后亡的"周期律"是怎么一回事？

黄炎培先生等 6 位国民党参政会参政员于 1945 年 7 月 1 日至 5 日，应中共中央的邀请，访问了陕甘宁边区首府延安。访问期间，毛泽东特意问黄炎培先生："看了解放区，感想怎样？"

黄炎培先生答："我生 60 余年，耳闻的不说，所亲眼看到的，真所谓'其兴也勃焉'，'其亡也忽焉'，一人，一家，一团体，一地方，乃至一国，不少单位，都没有能跳出这周期率的支配力。大凡初期时聚精会神，没有一时不用心，没有一人不卖力，办事尽心尽力，也许那时艰难困苦，只有从万死中觅取一生。既而环境渐渐好转了，但精神也渐渐放下了。有的因为历史长久，自然的惰性发作，由少数演为多数，到风气养成，虽有大力，无法扭转，并且无法补救。"

"一部历史，'政怠宦成'的也有，'人亡政息'的也有，'求荣取辱'的也有。总之，没有能跳出这个初兴后亡的'周期率'。中共诸君从过去到现在，我略略了解了的，就是希望找出一条新路，来跳出这个周期律的支配。"

黄炎培先生是最早提出"周期率"问题的。纵观中国历史数千年，没有一个朝代不是"初兴后亡"的。黄炎培先生在解放区看到了中国的未来，但他的担心不无道理，反映了全国人民的心愿，这对于将要夺取全国胜利、夺取全国政权的中国共产党来说，无疑是一个非常值得深思和迫切需要解决的历史课题。

当时，毛泽东回答说："我们已经找到了新路，我们能够跳出这个周期率。这条新路就是民主，就是要人民真正当家做主，积极负责地管理国家事务，严格认真地监督政府和公务人员，只有让人民来监督政府，政府才不敢松懈。只有人民当家做主，人人起来负责，才不会人亡政息。"

"周期律"问题是中国历史几千年来的一个几乎难以突破的规律。

毛泽东提出的："让人民来监督政府和公务人员"是突破"周期率"的一个关键的法宝，就是在经过了半个多世纪的今天来看，是多么重要，是多么关键，是多么一针见血啊！

习近平总书记于2012年12月24日在视察延安时说：毛主席和黄炎培在延安窑洞关于历史周期律的一段话，至今对中国共产党是很好的鞭策和警示。

我们每一个公权力掌握者都要深刻领会习近平总书记的这个告诫，时刻牢记"窑中对""周期律"这个鞭策和警示。

监督！监督！监督！

（四）革命先烈"忠告"的现实意义（以革命先烈振聋发聩的临终告诫作警示）

革命先烈对反腐败有什么振聋发聩的告诫？

被国民党反动派关押在重庆渣滓洞、白公馆集中营的共产党员们，他们面对敌人的残酷迫害、严刑拷打，宁死不屈，视死如归，表现了共产党人大无畏的革命精神和不怕牺牲、一往无前的英雄气概。

鲜为人知的是失去自由的革命志士在狱中，在坚持对敌斗争的同时，冷静思考，认真总结经验教训。1948年底，在渣滓洞集中营的禁闭室里，张国维（被捕前是中共重庆沙磁区学运特支委员）见到被捕一同关押在渣滓洞的重庆地下党员罗广斌（1924～1967，重庆地下党员，先后被囚禁于渣滓洞、白公馆集中营，1949年11月27日越狱脱险，小说《红岩》第一作者，"文化大革命"中被迫害致死）。张国维曾经直接领导过罗广斌。张国维给罗广斌交代了一个任务："我们大多数人可能没法活着出去，但你不一样。你有个哥哥，掌10万雄兵，（罗广斌的哥哥罗广文时任国民党第十五兵团司令）你要注意收集情况，征求意见，总结经验，有朝一日向党报告。"

1949年1月17日，是江竹筠的丈夫彭咏梧同志遇难周年纪念日，渣滓洞的难友们纷纷向江姐致敬，江姐当天起草了一份讨论大纲，要求大家对被捕前的情况、被捕时的案情应付以及狱中学习情形进行总结。1949年2月9日，罗广斌被转押到白公馆，白公馆关押着"重犯"（多为中共重庆地下党的重要干部），在生命的最后时刻，他们敞开胸襟，直言无忌，既没有思想束缚，也没有空话套话，他们完全凭着对革命的忠诚，披肝沥胆地道出自己的意见和想法，也托付给罗广斌。

1949年12月25日，重庆解放第25天，罗广斌同志（1949年11月27日越狱脱险的第28天），将这份报告交给了新中国成立后的重庆党组织。这份报告的名称为《关于重庆组织破坏的经过和狱中情形的报告》，总共达两万字。其中的第七部分"狱中意见"共8条：

（1）保持党组织的纯洁性，防止领导成员腐化；

（2）加强党内教育和实际斗争的锻炼；

（3）不要理想主义，对组织也不要迷信；

（4）注意路线问题，不要从右跳到"左"；

（5）切勿轻视敌人；

（6）重视党员特别是领导干部的经济、恋爱和生活作风问题；

（7）严格进行整党整风；

（8）严惩叛徒特务。

人们把这个冒着生命危险从魔窟里带出来的报告称之为"血和泪的嘱托"。这是革命先烈用生命和鲜血凝聚起来的嘱托，每句话都有极其深刻的含义，就是今天读来仍然令人震撼，具有极其重要的教育意义，极具针对性。

"保持党组织的纯洁性，防止领导成员腐化。"这与我们今天加强领导干部，特别是高级领导干部的廉洁自律、防止腐败是多么的一致。重庆地下党组织中一些领导干部（地下党重庆市委书记刘国定、市委副书记冉益智、川东临委副书记、中共七大代表涂孝文、成都川康特委书记蒲华辅等）经不起敌人的软硬兼施，成了叛徒，给党组织和革命事业造成了不可弥补的重大损失，教训极其惨痛。所以，用鲜血和生命总结出的告诫提醒我们，无论是白色恐怖下的对敌斗争还是当前建设社会主义现代化小康社会的过程中，防止腐败犯罪必须从领导干部特别是高级领导干部抓起。

"加强党内教育和实际斗争的锻炼。"这与我们强调的理论联系实际又是多么的相似。老资格的共产党员许建业，在狱中坚贞不屈，没有暴露自己的真实姓名，他牵挂被捕前宿舍的床下还藏着十几份工人申请入党所写的自传及其他一些党的重要文件，担心被敌人发现造成严重后果，于是对一个国民党特务看守陈远德做工作，想争取、策反他，使其能帮助通知地下党的有关人员销毁这些材料。不料，该特务假意应允，信却交给了特务头子徐远举。由此，许建业不但暴露了自己的真实身份和姓名，同时给地下党组织造成了毁灭性的打击。地下党把这一教训记录在案，提醒党组织要深刻吸取。

"不要理想主义，对组织也不要迷信。"这句60年前的告诫，今天来看，多么深刻、多么直率、多么一针见血！20世纪60年代中那场浩劫，如果我们中国共产党内政治生活、民主生活正常，大家有清醒的政治头脑，对领导人、对组织、对上级都不迷信，那么，这样的浩劫能够对党和国家造成这么大的危害吗？

"注意路线问题，不要从右跳到'左'。"我们党所以犯错误，大多同极"左"有关。重庆地下党组织中被囚禁在渣滓洞、白公馆集中营的共产党员们根据地下党斗争的经验和教训向党提出了这个告诫，十分中肯，非常深刻，切中时弊。40年以后，邓小平理论中同样有类似的重要论述，因此充分说明，这一告诫的意义十分重大且深远。

"切勿轻视敌人。"重庆地下党组织不断被破坏，大批共产党员被抓、被关、被杀，特务使用的酷刑令人发指，个别地下党组织的负责人经不起敌人的诱惑和严刑拷打，成为可耻的叛徒，个别党员轻信敌人的花招，致使党组织遭受意外的重大损失。血的事实警告我们，对敌人不能有任何的轻视。

"重视党员特别是领导干部的经济、恋爱和生活作风问题。"先烈们经过深刻反思发现，地下党中的叛徒平时都存在不正常的经济、生活作风等问题，致使革命意志衰退，关键时刻经不起考验，因此，专门提出党组织不能忽视这些问题。同样，这与我们今天要求共产党员，特别是领导干部要有道德、重品行，讲操守，是多么的一致。

"严格进行整党整风。"针对地下党组织的不纯，混入了一些投机分子，受到了一些不正确思想的腐蚀，因此，必须严格进行整党整风。联系今天，近年来我们为保持党组织思想上、组织上的纯洁性，开展的"三讲"教育、"保持共产党员先进性"教育、"党的群众路线教育实践活动"就是具有不断查找自己的问题、自觉改进问题的整党整风的性质和意义。

"严惩叛徒特务。"叛徒特务对地下党组织的破坏，对共产党人和革命志士残酷的迫害，罄竹难书，他们的双手沾满了革命先烈的鲜血，对他们绝对不能宽恕。

这些朴实的话语，没有任何虚假的成分，饱含对党的事业、对革命事业的满腔热血、赤胆忠心与深厚的情感。

这8条意见是革命烈士和先辈们不懈奋斗的经验总结，每一条都发自肺腑；这8条意见是革命烈士和先辈们的深刻思考，字里行间浸润着血和泪；这8条意见是革命烈士和先辈们的衷心希望，活着的人，特别是共产党员、党的各级领导干部都不能忘记。

这些中肯、坦荡的肺腑之言，今天读来，仍然是我们思想教育、廉政教育的鲜活教材，先烈们"血和泪的嘱托"，我们不能无动于衷啊！

（五）新中国成立第一大案的警示（以共产党执政后坚持反腐败的史料作警示）

共和国职务犯罪第一大案是怎么回事？

中国共产党于1952年2月10日宣布，依法公开处决大贪污犯刘青山、张子善。这对成立不久的新中国、对执政不久的中国共产党中的各级领导干部无疑是一次强烈的震动。当时香港的一家报纸惊呼："共产党杀了共产党！"

时任中共中央华北局第一书记的薄一波同志在《若干重大决策与事件的回顾》中写到了刘青山、张子善的问题。

薄一波同志和华北局第三书记刘澜涛同志于1951年11月29日，向中央及中央主席毛泽东报告华北局关于刘青山、张子善大贪污案的调查处理情况，报告说："最近，我们发现了河北省天津地委和专署有严重的贪污浪费和破坏国家政策法令的行为。据初步检查材料证实，现任地委书记兼专员张子善和前任地委书记刘青山，先后动用全专区地方粮折款25亿元（旧币，下同，作者注）、宝坻县救济粮4亿元、干部家属补助粮1.4亿元、从修潮白河的民工供应站中，苛剥获利22亿元，贪污修飞机场节余款和发给群众房地补价款合计45亿元，冒充修建名义，向银行骗取贷款40亿元，总计贪污挪用约200亿元左右投入地委机关生产、作投机倒把的违法活动。为贪图暴利，曾利用蜕化干部从东北盗运木材达4000立方米，勾结私商张文义等以49亿元巨款从汉口贩卖大批马口铁，私商从中贪污中饱，破坏国家政策。张子善、刘青山日常生活铺张浪费、任意挥霍，只有账可查者，二人私用4～5亿元，并向上下级及其亲友送礼，有的达一二千万之巨，达13亿元。张子善为消灭证据，曾亲手焚毁约计15亿元的单据和其他单据178张。由于我们最近派人到天津检查和逮捕了与张、刘勾结的私商，张子善已十分恐慌不安。根据其所犯错误和罪状，经华北局讨论，报周总理批准，决定即将张子善逮捕法办，刘青山归国后亦予逮捕。"

毛泽东收到华北局报告的第二天便将华北局报告加写批示转发各中央局、分局、省市区党委。毛泽东在代表中央作的批示中写道："华北天津地委前书记刘青山及现书记张子善均是大贪污犯，已经华北局发现，并着手处理。我们认为华北局的方针是正确的，这件事给中央、中央局、分局、省市区党委提出了警告，必须严重地注意干部被资产阶级腐蚀发生严重贪污行为这一事实，注意发现、揭露和惩处，并须当作一件大斗争来处理。兹将华北局1951年11月

29 日给中央的报告发给你们研究，望你们注意发现所属的同类事件而及时加以惩处。"

毛泽东在公审刘青山、张子善大会之前说："正因为他们两人地位高、功劳大、影响大，所以才要下决心处决他们，才可挽救二十个、二百个、二千个、二万个犯有各种不同程度错误的干部。"

若干年以后，毛泽东又一次讲道："我们杀了几个有功之臣也是万般无奈。我建议重读一下《资治通鉴》，治国就是治吏，礼义廉耻，国之四维，四维不张，国之不国。如果一个个干部寡廉鲜耻，贪污无度，胡作非为，而国家还没有办法治理他们，那么天下一定大乱，老百姓一定要当李自成、国民党是这样，共产党也是这样。""杀张子善、刘青山时我讲过，杀他们两个就是救两百个、两千个、两万个啊。杀人不是割韭菜，要慎之又慎，但是事出无奈不得已啊。问题若是成了堆，就是积重难返啊。崇祯皇帝是个好皇帝，可他面对这样一个烂摊子，只好哭天抹泪去了哟。我们共产党不是明朝的崇祯，我们决不会腐败到那种程度。不过谁要是搞腐败那一套，我毛泽东就割谁的脑袋。我毛泽东若是搞腐败，人民就割我毛泽东的脑袋。"

1952 年 2 月 10 日，河北省有关机关在保定东关大校场召开公判大会，判处刘青山、张子善死刑。

刑场上，两口紫红色的棺材异常醒目。

行刑前，有关负责人宣布中央指示：

1. 子弹不打脑袋，打后心；

2. 枪决后安葬，棺木公费购置；

3. 亲属不按反革命家属对待；

4. 子女由国家抚养。

中央指示宣读完后，刘青山、张子善嚎啕大哭，无法控制情绪而不能自已。

"拿我做个典型吧，处理我算了，在历史上说也有用。"这是刘青山的遗言。

"伤痛，万分伤痛！现在已经来不及说别的了，只有接受这血的教训一条！"这是张子善的遗言。

这血的教训对每个共产党员、领导干部来说，都要时刻牢记、深刻吸取啊！

（六）中外封建社会为什么重刑之下仍无法杜绝腐败

纵观历史，古今中外不乏有以严厉的酷刑惩治贪官污吏的君主，但无一例外地却没有真正杜绝贪污腐败，腐败反而愈演愈烈。

俄国彼得大帝"用鞭子写成的"严刑峻法无法医治整个俄国官场的贪污贿赂的毒瘤，用当时瑞典公使韦贝尔评述俄国腐败吏治时说的话就可知道："这些贪得无厌的家伙，他们认为，既当了官，就有权吮吸农民的骨髓，有权把自己的幸福建立在农民的破产上。勒索贿赂的方法层出不穷，要弄清他们，像淘干海水一样困难。虽然遵照陛下的圣旨，其中很多手法正在被清除中，但是官吏们却出奇迅速地找到了新的手法，而且更为巧妙。"

俄国彼得大帝、明太祖朱元璋、清朝康熙皇帝都是中外赫赫有名的用严刑峻法治国的堪称雄才大略的君主，尚且不能解决贪污贿赂的社会弊端，其他庸碌、腐败的君主就更不必说了。

朱元璋惩治贪官的刑法不可谓不严酷，其决心不可谓不大，但朝廷内外，贪污贿赂照样盛行，贪官污吏像扑火的灯蛾一样，死了一批，又冒出一批。正如朱元璋自己说的："我欲除贪赃官吏，奈何朝杀而暮犯！"

朱元璋死后，权力腐败更为严重，后来又有宦官得势，他们大权在握，干预朝政，官场腐败，日盛一日，最后竟发展到"高牙大纛""衙门前后皆启窦通贿"，官员出一趟差，便可达"富可敌国"（崇祯语）的程度。直到明末危机总爆发，李自成揭竿起义，崇祯皇帝煤山自尽，明王朝彻底覆灭，这些贪官才被撵下历史舞台。

清朝康熙皇帝惩治贪污腐败也是严刑峻法，砍头、剥皮、灭族不一而足，被处死的著名的贪官污吏就有百人之多，不乏有皇帝身边的重臣、亲信，然而清朝官员的腐败丝毫未见收敛之势。

彼得大帝王朝、明朝、清朝如此，其他各个王朝又何尝不是呢？

著名学者王亚南在他的名著《中国官僚政治研究》中写道："历史学家认为中国一部《二十四史》是相残史，但从另外一个视野去看，则又是一部贪污史。"

虽然历次农民起义、政权更迭都是因为朝廷腐败，但新朝廷又相继陷入腐败不能自拔，因此朝朝相因、代代相传，腐败不能治。其原因在于贪官污吏的涌现是社会腐败的结果，而社会腐败的总根源是专制政体，专制政体的总代表是皇帝，皇帝总认为自己是圣明的，一切讲究天威独断，臣民的本分就是俯首恭顺。

由此而言，纵观古今中外，非但"替天行道"——只反贪官，不反皇帝，解决不了权钱交易的社会弊端，就是"天"——皇帝本人亲自站出来躬行天道，用皇权天威对贪官污吏实施惩罚，甚至是严惩，也扑灭不了贪污贿赂、权钱交易的邪恶烈火。可见，用人治的方法制约权力是解决不了腐败问题的。

贪污贿赂是封建专制政体的必然产物，不瓦解专制政体本身，是绝对解决不了权钱交易的社会弊端的。

中国如此，外国也如此，任何国家和地区均是如此。

（七）明朝朱元璋是如何治理贪官污吏的

朱元璋由农民起义军领袖登上皇帝宝座以后，把治理官风的重点放在惩办贪官污吏上，提出"杀尽贪官"的口号。下令："凡官吏贪赃满60两者，一律处死，决不宽贷。"据《明史·刑法制》载："太祖开国之初，惩元季贪冒，重绳赃吏。揭诸司犯法者于申明亭，以示威。"

朱元璋"重绳赃吏"体现在《明律》里，其规定：凡收受贿赂枉法曲断案者，受一贯钱（1000钱）以下的打70板子，受80贯钱的处以绞刑；即或没有枉断但接受了当事人财物的，一贯以下打60板子，120贯打100板子并充军流放3000里，为官者撤职，永不录用。

对于那些监督法律执行的官吏，如都察院、按察司等，倘若犯贪污受贿罪，加刑二等处置。

《明律》中规定：老百姓不仅可以越级到京都控告地方官的贪赃枉法及其他罪行，而且还可以把有实据的贪官污吏押送到京都处置。

朱元璋曾经说过："往日朕在民间，见州县官吏多不体恤黎民，往往贪色好财，饮酒废事，凡民疾苦，视之漠然，心中异常愤恨。而今要平立法禁，凡遇官吏贪污枉法蠹害百姓者，决不宽恕！"（明太祖实录）

朱元璋对贪官所施刑罚，严酷得令人毛骨悚然。他以挑筋、断指、削膝、斩手等酷刑对贪官进行严惩，甚至推出"剥皮实草"的极刑——官吏贪污受贿60两银子以上的，除了抄没家产和妻子当奴仆外，本人斩首剥皮，这还不算完，皮剥下后还要填上稻草、石灰，做成"臭皮统"，挂在贪官任职衙门的"公座"之旁，以便使在任官员触目惊心，引以为戒。

不仅如此，朱元璋在处理具体案件中，也毫不手软，常常大开杀戒，一件案子往往牵连诛杀的人数以万计。如洪武十五年的"空印案"和洪武十八年的"郭恒案"，就牵连诛杀了80000余人，主要是官吏和大地主。

洪武十八年（1385年），一位御吏揭发户部侍郎（相当于现在的财政部副部长）郭恒有贪赃的行为。朱元璋立即下令调查，结果查出郭恒和户部各司郎中（相当现在的司长）、员外郎（相当现在的副司长）结成贪污团伙，勾结各省派到中央交纳课税的官员，采取多收少纳的手法，一共贪污国库物资折合粮食达2400万担。这一下触怒了龙颜，朱元璋盛怒之下，立即下令将户部侍郎郭恒以下所有贪官全部处以死刑。凡牵连到各省、府、县的官吏，统统处死，前后共杀了几万人。

朱元璋终身治贪，直到临死，他还嘱咐下属："我死以后，内外文武百官要竭尽天智，辅助新君，安抚百姓，切不可再重蹈覆辙，干那贪赃枉法害民又害己的事了。"

（八）清朝康熙惩治贪官有什么警示

在中国甘肃省北部安西县城85公里处，有一个清朝康熙年间开始建造的小城——桥湾城。

因作为政府专家考察团成员，笔者于2003年曾经到过这样一个值得人深思的小城，也专门考察了历史留给我们的告诫和警示。

在这个小城中有一个反腐败博物馆，至今还保存着清朝康熙年间留下来的人皮鼓、人头碗。博物馆中还列出清朝的贪官100多人的名单，历数着他们的罪状。它是我国反贪文化的重要历史见证，足以给人们敲响警钟：做官必须清正，做人必须心正。

据史记载，当年，康熙皇帝做了一个梦，梦见自己在西北某地巡游，在荒无人烟的沙漠中，忽然，出现了一片绿洲，但见清水湾环，向西流去，河旁有两棵大树，树上挂着金光耀眼的皇冠、玉带，旁边有一座金碧辉煌的城池，真似"天上神仙境、人间帝王家"。

梦醒以后，康熙皇帝非常高兴，觉得梦中之境，必是上天赐予自己的边关要隘，即按梦中之境，绘图查访。后来到了茫茫戈壁的桥湾一带，见到这里碧水西流，河旁两棵高大的梧桐树，树上挂着草帽、草腰带，与康熙梦中之景恰成吻合，唯一美中不足的是没有那座金碧辉煌的城池。康熙闻之大喜，立即下诏，拨巨款派程金山父子到此督修一座九里九的军事防御城。因为，当时新疆葛尔丹叛乱，修一座防御城是为团结西部各少数民族，加强西部边疆军事防御、屯军、屯粮，利用古丝绸之路和桥湾城，开辟中原与西方各国的友好往来。

不想，程金山父子领命来此，见这里荒凉偏远，想康熙皇帝日理万机，哪能来此巡游，便见财枉法，贪污巨额建城银两，草草修了一座小城交差。

后来，钦差大臣西巡，想要目睹一下这座耗资巨大的城池，可是他被眼前的情景惊呆了。回京后，将此情况奏圣上。康熙皇帝龙颜大怒，降旨将程金山父子处死，并且用程金山的头盖骨做成一只头骨碗——人头碗，用其两个儿子的头盖骨反扣在一起，中间用白银雕刻的二龙戏珠镶嵌鼓面而形成鼓架，上下鼓面用他们脊背上的皮蒙制而成——人皮鼓。随后，将这个人皮鼓挂在城门上，告诫世人为官不可贪，为人必须正。

后来为了警示后人，康熙皇帝又在离桥湾城西北250米处的地方修建了一座气势恢宏的皇家寺院——永宁寺。在寺院里面供奉着康熙皇帝的龙袍马褂，悬挂着人皮鼓、人头碗，以警示后人。

（九）"革命功臣"被处死的警示

如今的一些年轻人，特别是一些年轻的领导干部几乎不知道"黄克功"这个名字，也没有听说过"黄克功杀人案"这个事件，这不能不说是个遗憾。

在我党我军的历史上，毛泽东亲自批准处死的案件不多，而一个与毛泽东患难与共、出生入死，从井冈山就开始追随他的一个老红军、革命军队中的领导干部，却因杀人犯罪被毛泽东亲自批准公开枪毙，这个昔日的功臣就是时任抗日军政大学六队队长黄克功。

1937年秋天，在延安发生了一起轰动一时的"黄克功杀人事件"，毛泽东"挥泪斩马谡"，一个曾经功勋卓著、勇冠三军的红军将领被公审枪毙了。

1. 源于不正确的恋爱观

红军一、二、四方面军在陕北会师时，黄克功已经是一位身经百战的旅长了。其少年时代参加红军，跟着毛泽东经历了井冈山的斗争、参加了二万五千里长征，是"老井冈山"革命斗争中留下来为数不多的将领。当时，黄克功才26岁，身材高大、英俊潇洒，不但具有丰富的斗争经历，而且战功显赫，是许多人追捧的对象。

在延安的抗日军政大学六队有一个女学员，叫刘茜，才十六岁，与许多热血青年一样，为了革命来到了延安。黄克功、刘茜，一个是队长，一个是学员，刘茜敬仰英雄的经历，黄克功仰慕女孩的容貌，两人在接触中逐步产生了好感，谈起了恋爱。但一个出生于农村，一个来自城市，时间一长，双方都发现了对方的问题，黄克功不太讲卫生，不刷牙，开口闭口就是"老子当年"之类的，刘茜渐渐地产生反感，便移情别恋。

2. 夜幕下延河边上的琴声

1937年10月5日晚饭后，黄克功到已经调到陕北公学的刘茜处，想跟刘茜再谈谈，两人沿着延河边散步。据黄克功事后交代，那天晚上，他要求与刘茜公开宣布结婚，刘茜不同意，并且提出终止恋爱关系。黄克功气急之下拔出勃朗宁手枪恫吓，哪知刘茜并不屈服，气急败坏的黄克功失去理智，不顾一切地开了枪，刘茜当场死亡。

对当时案发的情况，如今有两种说法，一种说法是，事后黄克功没有当一回事，回到宿舍一边擦枪一边对警卫员讲，"他妈的，这个女人侮辱我们革命军人，我把她干掉了！"另一种说法是，黄克功回到住处就擦枪，人在床上辗转反侧、彻夜难眠，早上警卫员发现他的衣服上有血迹，当接到保卫处通报后便向校部作了汇报。

黄克功事件在边区党政军内外引起了强烈的震撼，影响极坏。经过认真调查核实，中共中央、中央军委决定将黄克功交边区高等法院审判，审判长雷经天即将黄克功收监羁押。

3. 案情重大牵动四方

黄克功因情杀人，在延安简直是骇人听闻，在革命队伍的将领中是绝无仅有的，一时人们议论纷纷。

可黄克功自恃有功，无视法纪、军纪，自以为最多受个处分，当毛泽东及中共中央、中央军委决定公审黄克功的消息传出后，不少人纷纷出面讲情，一些"老井冈山"也通过不同的渠道向毛泽东讲情，毛泽东不为所动。

公审那天，来自各部队、机关、学校的万余人按指定地点集合，集体参加公审大会。毛泽东和张闻天也远远地向公审大会处张望，直到公审即将开始时，毛泽东才背着双手，低头离开。

公审大会上陕甘宁边区高等法院的法官、陪审员、起诉人、证人、辩护人和法警都到场后，担任刑庭审判长的雷经天宣布开庭。起诉人与证人先后向法庭陈述了黄克功杀人案的全部细节。随后各单位代表发表了对这一案件的分析、要求，以及结论性的群众意见，然后黄克功被押进了法庭。

4. 边区高等法院宣布死刑的命令

边区高等法院宣布了诉"黄克功案"的公诉书，然后让黄克功发表个人申诉。黄克功交代了杀人犯罪的经过，作了扼要的检讨，他强调："她破坏婚约是侮辱革命军人。"

审判长雷经天特意问他："在哪些战斗中受过伤、挂过彩?"黄克功拉开衣服，人们看到他的臂部到腿部伤疤连着伤疤，犹如打结的老树皮。黄克功历数了参加过的许多战斗的名称。

最后，黄克功用真诚的目光望着审判长，请求让他讲述最后一个愿望："……死刑如果是必须执行的话，我希望我能够死在与敌人作战的战场上，如果允许，给我一挺机关枪，由执法队督阵，我要死在同敌人拼杀中。如果不合刑律，那就算了。"

随后，边区高等法院进行宣判，审判长雷经天庄严地宣布，判处黄克功死刑，立即执行。黄克功拉了拉衣角，平静地看了会场一眼，举起了一只胳膊高喊："中华民族解放万岁!"随后再次向天空望了一眼，便跟着行刑队穿过坐在东北侧的人群，向刑场走去。

5. 毛泽东来信震撼全场

就在黄克功走到会场边时，只见一匹快马在会场外停下，一位战士翻身下马，将一份文件交给了审判长雷经天。不一会儿，主席台传出了声音："信，毛主席的信。"黄克功在会场边也听到了，他停下了脚步，他比任何人都关心这封信。因为在公审前，他专门给毛泽东写了一封信，承认了自己的罪行，请毛主席定夺。

大会主持人招手让黄克功回到原来的位置上，因为信中建议要当着黄克功本人的面，向公审大会宣读。毛泽东信全文：

雷经天同志：

你及黄克功的信均收阅。黄克功过去的斗争历史是光荣的，今天处以极刑，我及党中央的同志都是为之惋惜的。但他犯了不容赦免的大罪，一个共产党员、红军干部而有如此卑鄙的、残忍的、失掉党的立场的，失掉革命立场的，失掉人的立场的行为，如赦免他，便无以教育党，无以教育红军，无以教育革命，根据党与红军的纪律，处他以极刑。正因为黄克功不同于一个普通人，正因为他是一个多年的共产党员，正因为他是一个多年的红军，所以不能不这样办。共产党与红军，对于自己的党员与红军成员不能不执行比一般平民更加严格的纪律。当此国家危急革命紧张之时，黄克功卑鄙无耻残忍自私至如此程度，他之处死，是他自己的行为决定的。一切共产党员，一切红军指战员，一切革命分子，都要以黄克功为前车之鉴。请你在公审会上，当着黄克功及到会群众，除宣布法庭判决外，并宣布我这封信。对刘茜同志之家属，应给以安慰与体恤。

毛泽东
1937 年 10 月 10 日

随着雷经天声音停止，大家再将目光转向黄克功时，他才如梦一般醒来，他又高呼那口号，连呼三遍，随后走出会场。

6. 黄克功案件影响深远

当时的延安正处于不断发展的时期，成了拯救国家和人民命运的希望，像一块巨大的磁铁，吸引着不少热血知识分子、青年和进步人士不远千里、历经艰难，慕名来到延安参加革命。当时涌入延安的人群络绎不绝，成分也相当复杂。黄克功案件的出现，无疑是对革命队伍形象的一种打击。由于黄克功地位、经历特殊，功勋卓著，在此案问题上，共产党的态度如何，直接影响到延安军民的情绪。而毛泽东坚决果断，平息了人们的疑惑，重申了共产党及军队更为严格的纪律要求。此后，延安风气始终井然有序。

黄克功案件的处理，对我们当今的反腐败仍然有极大的教育意义。

打铁就得自身硬！

（十）家风与廉政建设没有关系吗

家风是什么？如今社会生活中在一些家庭，可能想都没有去想过。一段时间以来，有关官员家风的传闻引起了不少人的关注和议论。

为什么官员的家风问题会形成当前社会生活中热议的话题呢？很显然，这些年来，人民群众耳闻目睹一些官员的贪污腐败，往往与家庭有关，真可谓是"发酵于家门之内；败露在屋檐之外"。

从职务犯罪侦查实践有关统计可以看出，官员涉及的贪污贿赂腐败案件，有70%都与官员的老婆、孩子，甚至情妇等有关。

由此，那些好的家风就显得高尚、珍贵，令人怀念和受人称颂。

其实，这种真正的共产党人的家风是非常多的，刘伯承元帅在家里的电话机旁贴了一张纸条：孩子们，电话是国家给爸爸工作上用的，你们绝对不能私用。老红军甘祖昌将军离休以后，主动离开首都北京，与妻子一起回乡当农民，一直干到去世；周恩来总理没有子女，他侄女周秉鉴通过关系，走后门当了兵，周总理知道后，硬是让她脱下了刚刚穿上的军装！

翻看历史，拂去岁月的风尘，我们还可以了解历史上一些清官注重家风建设的不朽故事。清朝曾国藩，这位曾文正公为朝廷建功立业，可谓位高权重，其却深知家风紧系着家庭的兴衰安危，即使家里有奴婢，子弟们也不能够随便差使。他曾经对自己四个为官的弟弟说：从古至今，官宦人家，大多只有一二代就享尽荣华了，主要的原因是子孙后代开始骄横跋扈，紧接着就是荒淫放荡，最后就是落得个抛尸荒野的下场。他再三告诫自己的子孙后代，必须是"半耕半读，勤俭持家，以继承祖先的优良传统"。他在位20年，死的时候留给子孙、家族的只有两万两银子。除了乡间一个老屋外，没有建造别的房子，也不曾买过一亩田地留给子孙。《颜氏家训》里说："父子之严，不可以狎；骨肉之爱，不可以简。简则慈孝不接，狎则怠慢生焉。"说明对于家庭的德行，长辈必须以严肃、正气的态度来关心它的沿袭和传承，一丁点都马虎不得。

封建朝代的官员对家风问题尚且如此清醒，更何况以为人民服务为宗旨的共产党人。然而，不得不严峻地看到，眼下有些官员放松家庭的伦理道德、放弃良好家风的建立，使他们"位尊而无功、奉厚而无劳"，在重大问题上任由亲属子女胡作非为，不但不加以阻止，甚至充当"保护伞"，损害党和人民的利益，造成恶劣的影响。

家风不正，说到底因为"主心骨"软了、斜了、歪了、乱了。由于不良社会风气对党风政风的冲击和侵袭，一些官员自身世界观、人生观、价值观变形，从而淡化了宗旨意识，放弃了理想追求，于是哪还有家风建设和家属教育的理念和心思呢？

古语说"门内不理，无以整外"。一个连自己的家人都带不好的人，怎么能期望他服务百姓、造福一方呢？因此肩负"人民公仆"称号的各级官员，如若有志于"权为民所用、情为民所系、利为民所谋"，就应该铭记唐代诗人罗隐的名句"国计已推肝胆许，家财不为子孙谋"，以及李克强总理对政府官员的忠告，"为官发财，应当两道"。要知取信于民，从建设好家风始。

三、社会现实生活揭示资料

（一）我们身边脱离群众的例子（以鲜活的实例剖析揭示腐败与脱离群众的思想根源）

有一年，北京发生了一起罕见的凶杀大案，8个来京打工的外来妹在住处同时被害，案发现场惨不忍睹，周围的群众心情十分难受，一些老人忍不住老泪纵横。但是，当时的某家报纸在题为《八个生命的警示》一文中，通篇不谈有关职能部门、管理机构的责任，相反，把责任全部推给了已经消失了花季生命的8个外来妹。文章称8个外来妹的死是"疏于没有关好的门窗""睡觉太死""没有到有关部门去办理暂住手续"等。这简直就像外星人在对地球人说话，大有"饱汉不知饿汉饥"之势。

8个外来妹之所以到北京来打工，是朴实地以为首都是她们心目中最向往、最安全的地方，她们是来赚"干净"的钱；她们8个人住在一起是想节省有限的费用以供养老人扶持弟妹；那年北京夏天高温40多度，外来妹没有条件在宿舍装空调、安电扇，这样的房间能够关闭门窗吗？外来妹一天工作10多个小时，筋疲力尽，晚上睡觉能不死吗？外来妹均来自农村，她们知道进北京打工需要办什么手续吗？有关部门去宣传、指导、服务过吗？

一份重要的报纸，其领导、编辑、记者们坐在有空调的办公室里，想当然地造出一篇文章来，任务也算完成了，他们对群众的疾苦以这种思维方式、工作方法来对待、来处理已经太习以为常了。他们也称是"党员""干部""官员"，但他们文章的字里行间流露出的却是对群众的冷漠、鄙视和嘲讽！他们的立场、观念、思考问题的方法离群众、离群众的利益、离群众的切身利益实在太遥远了。这不能不说是我们的一个悲哀。

毛泽东1958年9月在15次最高国务会议上指出：我们跟国民党相反，他们是以一个贵族的姿态、老爷的派头在人民中出现，我们是以一个普通劳动者的姿态在人民中出现。我们一定要警惕，不要滋长官僚主义作风，不要形成一个脱离人民的贵族阶层。

脱离群众现在是中国共产党必须要非常重视的问题，有关国家生死存亡的大问题，如果共产党犹如毛泽东所说的国民党贵族的姿态、老爷的派头那样，那么最终结果也一定是与国民党一样的了。

近日有人发表文章："共产党员不能先富起来""党内不能形成贵族阶层"。

习近平指出：我们一定要始终与人民心心相印，与人民同甘共苦……

民心所向：老百姓崇尚什么、拥护什么、信服什么，由此一目了然。

（二）"八项规定"效果为什么立竿见影（以看得见的效果分析原因建立信息）

党的十八大后出台的"八项规定"取得了世人瞩目的效果，为什么十八大以后能够立竿见影？其中一个重要原因：领导人以身作则、身先士卒、率先垂范，"上梁不正下梁歪，中梁不正倒下来"是腐败久治不愈的根本原因。

需要指出的是，十八届三中全会强调的"执行力"正是"八项规定"效果持续延伸的重要原因，中纪委及各级纪检监察部门对违反"八项规定"的行为已经通报处理了8万人，人民群众自己也成为了"八项规定"执行情况的监督员，中共中央政治局常委、中纪委书记王岐山在全国政协常委会议上明确表示，对"八项规定"至少还要监管5年。这一切都将大大增强广大干部和人民群众对反腐败的信心，让更多的人看到了希望！

（三）四川省巴中市白庙乡是如何开创治理"三公消费"先河的

在2010年全国人代会闭幕前两天的3月12日，社区上的一个帖子《中国第一个全裸的乡政府》，让名不见经传的四川省巴中市白庙乡立即成为全国舆论关注的中心、全国各大媒体争相报道的对象，并惊动了国务院。

这篇名为《四川省巴州区白庙乡政府机关2010年1月公业务费开支公示》的帖子显示，1月份，乡政府支出公业务费44笔，共8240.5元，其中最大的一笔开支是，1月24日招待"财务预算公开民主议事会观摩来客"，花费1269元；最小的一笔开支为"购买信纸"，花费1.5元。在公示的表格中，每笔开支的证明人一栏都填写着乡纪委书记"陈加才"的名字。在乡政府网站上，还公开了包括乡党委书记、乡长等所有公务员的工资单，乡党委书记张映上的工资合计为2929元，乡长欧明清的工资为3136元，基本工资、级别工资、工作补贴等所有工资项目全部列出。

1. 一"裸"惊天下

从四川省会成都到巴中市区一般需要7个多小时的车程。从巴中市区到白庙乡大约50公里，中间还要经过10公里左右的石子路，从巴中市区到白庙乡需要1个小时的车程。

白庙乡位于大巴山深处，海拔1000多米，总人口1.1万，人均年纯收入3300多元，乡财政基本靠国家转移支付。此外，白庙乡还是四川省委党校新农村建设研究中心的实验基地和巴中市委党校的教学联系点。

目前乡政府靠租用的房子办公，房子的背后是裸露的岩石。白庙乡政府门前有一个大型展板，其上贴满了乡政府公示的一些内容，其中就有一、二月份的公业务费支出。

在白庙乡党委办公室里，36 岁的乡党委书记张映上有些紧张和压力，成为网络红人的他要面对那么多的媒体记者显然心理准备还不够，或许还因为公业务费中的招待费受到了网友的质疑。2010 年 1 月，招待费用达到 5425 元，占总开支的 65% 以上。由于公示了招待费的用途带来的压力，有的区级部门领导退还了白庙乡政府支付的接待费，有的单位甚至还打电话给他询问究竟，前来采访的有关部门纷纷自掏腰包解决就餐问题。

"一月份招待费占的比例比较大，一是因为统计人员不专业，把参观的费用、会务人员生活餐、工作人员加班餐也算入了招待费；二是因为一月的总结检查会议多，来客比较多。而我们乡一年的公业务费十来万元，招待费 2 万多元。"张映上解释了网友质疑一月份招待费比例较高的问题，"我们刚搞这样的网上公示，肯定有不完善的地方。通过媒体的报道质疑，我们看到了自己的不足。"

对于网上对公开的内容是否经过了技术处理的质疑，陈加才说，"公业务经费支出，要先申报，得到许可后才能承办。每月上旬乡里召开由 10 多人组成的财务领导小组会议，经办人在会上就开支作出说明，大家认可后，纪委书记签证，然后经乡长审批，最后由乡党委书记审批盖章，才能报销。我们已经试行了两个月了"。

2. 有人顾虑这样"得罪人"

白庙乡全裸晒账本的直接起因是 2010 年 1 月 24 日在专家观摩指导下的预算公开和民主议事活动。

会议在白庙乡中心小学一间教室内进行。参会专家有中国与世界研究所所长李凡、四川省委党校新农村建设研究中心副主任彭大鹏博士以及时任巴中市委副秘书长王国旗等。参加会议人员包括区人大代表、政协委员，各村（居）委会代表，在外工作人员，大学生村官，回乡创业青年，教育工作者，退休老干部，社会知名人士代表等 72 位社会各界代表，来自全乡 11 个村（居）委会、64 个村（居）民小组。巴中市委、巴中市人大以及巴州区委派人旁听。

每个参会人员手中有一份"巴州区白庙乡 2010 年财政预算公开资料"，包括：巴州区白庙乡 2009 年度财政决算情况说明，2010 年财政预算编制原则和口径，2010 年财政支出预算表（预算内），2010 年单位在职人员工资情况表，2010 年单位离退休、长赡人员情况表，2010 年村干部工资预算，四川省巴州区白庙乡财政预算公众参与试行办法等 7 份材料。

正式会议之前，白庙乡党委书记张映上首先阐明会议主题："我们最大的希望，就是让你们对政府的财政预算提意见，听取大家对政府办公益事业的意见，并投票表决出最盼望办的公益事业。"

在讨论中共有 14 名参会代表先后发言并提出问题及建议。针对提出的问题，乡长欧明清这样回答："农网改造确实存在问题，我们在 2010 年要千方百计想办法完成。"张映上作答："没有解决好老百姓的饮水难问题，我感到非常惭愧。我们的财政资金全靠转移支付，我们公开财政预算的目的，就是让老百姓来提建议，把最有限的财力用在刀刃上，解决老百姓最需要解决的问题。"

最后，张映上做小结发言。发言前，他特意走到发言桌前面，面向参会代表深深两鞠躬："财政预算公开是亮政府家底，顺应了民意；代表集中议事道出了百姓心声，集中了民智；我们这样做的目的是保障群众的知情权、监督权，是发挥群众参与全乡社会经济发展的主体作用，也促使我们干部从老百姓最盼的事做起。"

"这可谓开我国中西部省区财政预算公开之先河。"世界与中国研究所研究员孟元新事后评价说。

"活动结束后，王国旗秘书长对我说：'能不能把公业务费在网上公开？'我回答说：'完全可以。'随后我马上和班子成员进行了研究。当时有人有顾虑，认为把招待上级领导的接待费公开了，容易得罪人，百姓看见一次吃了三四百元会对我们有看法。还有人认为，这样会影响上面对我们的项目资金的投入。"张映上告诉记者。

但在王国旗等人的鼓励下，张映上等人最终把《白庙乡 2009 年财政决算情况说明》、《白庙乡 2010 年财政收入项目表》、《白庙乡 2010 年财政预算支出项目表》和一、二月份《乡政府机关公业务费开支表》挂上了白庙乡网站。

3. 并非偶然的"全公开"

网上公示公业务费，尤其是招待费，无疑会触动一些官场潜规则，白庙乡为什么敢于率先吃螃蟹呢？

张映上说："近年来，中央、省、市、区委政府要求政务财务公开，李书记（巴中市委书记李仲彬）要求'让一切权力在阳光下进行'，而要让财政权在阳光下被晒出来，就得公开，锁在柜子里那就不是晒出来。有的老百姓看见一些干部吃吃喝喝，心里很不是滋味，为了消除误会，就要通过公示让数据和事实说话。"

"白庙乡的实践，在巴中不是个例，不是偶然。"在巴中市委宣传部提供给记者的材料中这样写到。

白庙乡成为"第一全裸政府"的背景，不少官员都谈到一个人——巴中市委书记李仲彬，大家认为这和李仲彬在巴中推行的"阳光党务""阳光政务""阳光权力"有密切联系。事实上，李仲彬在听取了王国旗关于白庙乡的做法汇报后对王国旗说："请转告张映上，市委支持他。"

而李仲彬在成都市新都区执政时就提出了"阳光政府""裸体政府"的概念。李仲彬在担任巴中市委书记后，巴中向百姓开放了党委常委会、全委会，人大常委会，政府常务会，乡（镇）党委会。

在这样的大环境和氛围中，巴中市委党校想找一个单位搞财务公开的试点。王国旗征求一些单位意见时，不少单位认为，公开财务是好事，但怕惹非议。巴中是贫困地区，靠自身的力量很难发展，很多项目靠向上争取，其中的一些公关活动不好公开，还有人认为公开财务会束缚自己的手脚，会影响职工的福利，因为有的收费是在打政策的擦边球。因此，顾虑重重。

为此，王国旗把情况向李仲彬做了汇报。这时，白庙乡党委书记张映上进入了王国旗的眼帘。张映上是巴州区大河乡人，曾做过白庙乡纪委书记和大河乡乡长，2007年9月就任白庙乡党委书记，正攻读四川省委党校的公共管理专业研究生。张映上经常到巴中市委党校的教学点上课。在与张映上的接触中，王国旗感觉张映上有政治责任感和忧患意识。而白庙乡的前任领导因为党务、政务、财务不公开，导致干部、群众意见很大，最后下台。张映上认为，"百姓对政府有误解，很多是因为财务没公开，公开便于百姓与政府的关系改善"。

就这样，自称"无整钱贪心"的张映上在1月24日的民主议事会后把乡政府的账本晒上了网。

"没想到网络的力量这么强大，让白庙乡的财务裸晒做法成为全国关注的中心。当初我们到处找影响力比较大的媒体报道，人家都不理睬呢。"一直指导白庙乡政务公开的王国旗不无感慨地说。

无独有偶，社区上的帖子上网时间是3月12日，当时，正值在全国"两会"期间，而此前的3月5日，国务院总理在政府工作报告中提到，"要深入推进政务公开，创造条件让人民批评政府、监督政府，同时充分发挥新闻舆论的监督作用，让权力在阳光下运行"。

据悉，国务院已要求四川省政府把白庙乡的做法写成专报送交国务院。

四、借鉴他山之石资料

古今中外反贪的借鉴（以古今中外的实例加强主题的深化），有关这个方面的资料我准备得很多，有北欧的、新西兰的、加拿大的、美国的，这里以新加坡为例，可以说明问题。

（一）新加坡廉政建设的机制是怎样的

新加坡公务员的高薪和各项完备的经济保障措施是世界各国中十分典型的。但他们认为，仅有这些措施还远远不够。要保证政府的廉洁高效，还必须有严格的对公务员的管理配套措施，使公务员不想去贪、不用去贪、不敢去贪、不必去贪，并尽职尽责地努力工作。

为保持工作效率和廉政，新加坡公共服务委员会制定了《公务员手则和纪律条例》（以下简称《手则》），每个部都设有常任秘书，负责公务员的管理。《手则》有209条，每款之下还有若干条细则，对公务员的外表举止、工作态度和纪律要求都有极为详细、严格的规定。按时上下班、上班时间未经许可不准擅离办公室被列为第一条。对上班时着装和发型的规定是：必须整洁、正派，不许穿时装或奇装异服；男公务员不准留长头发，长发的概念是前额不过眉毛，鬓发不遮过耳根，脑后不盖过衬衣领子。

《手则》规定，上级官员不准向其下属借钱，也不准向与他有工作联系的下属借钱，任何官员借钱与人不准收取利息。作为政府公务员，公职和私利必须截然分开，不准公务员直接或间接利用职权或官方信息为本人或亲友谋取私利，不准直接或间接允许别人利用公务员所属部门名义或职位支持他人或私人团体。

对请客送礼，《手则》规定得更为严格。除了退休者外，任何在职公务员不准接受下属馈赠的礼品和有价证券，不准以政府职务的名义受邀参加私人或团体的宴请活动，如确有必要出席，需得到所属部常任秘书的批准。甚至对最高一级公务员即常任秘书的社交活动也有限制规定，如常任秘书要参加外交应酬，需得到部长或副部长批准，并只有在部长或副部长出席时，常任秘书才允许参加。

新加坡是商业社会，公民有权参与股票、期货、金融交易商业活动。公务员，尤其是高级公务员，处在关键岗位上的公务员手中有权，信息灵通，有利用主管工作之便为个人谋利之条件，因此《手则》在这方面的规定格外严格。《手则》规定，公务员的所有时间为政府支配，在业余时间从事商业或贸易活动，必须得到公共服务委员会和财政部常任秘书的书面批准。公务员允许在公共挂牌的股市购买股票，但严禁以直接或间接手段谋取任何一家在新加坡营业的公司股份。

为了对公务员实行财务监督，实行公务员收入申报制度。每年的7月1日，每个公务员必须如实向所在部的常任秘书申报其本人、配偶和靠其供养家庭人员在私营或国营公司股票投资和所得的具体数目，个人购房（本人居住的除外）和其他财产的详细情况，必须随时向常任秘书报告。

新加坡政府对防止贪污有一整套非常严密的制度，任何岗位都有上下级制约，互为监督，对某些关键岗位，公务员不得在同一岗位上任职时间过长，每3年一次检查反贪污条例和措施，以发现漏洞，及时堵塞。还专门规定公务员严禁接受别人赠送的金钱、礼品、贷款、酬金、赏金、佣金、有价证券、财产和动产或不动产的股份。严禁接受别人的邀请担任兼职、兼工或签订合同。

新加坡公务员严禁利用职权保护别人免受处罚或设法使别人免受处罚等，这些都被视为是违法行为；如有违反者，公共服务委员会纪律检查局将予以查处。为了接受社会和公众的监督，设有投诉举报局。为了严厉打击贪污犯罪，还设有直属总理府的反贪污局。该局铁面无私已是闻名遐迩，不管谁违反规定，一经发现，严惩不贷。

新加坡对公务员的处分有允许辞职、警告、强制退休、特别处罚、降职、停职和开除等，触犯法律的，由司法机关处理。

新加坡实行的公务员制度使廉政建设取得了成效。据有一年的资料，全国65000名公务员，因违纪受到处罚的仅99人，每1000人中占1.5人，其中犯贪污罪的7人，每1000人中仅占0.17人。

（二）中国香港特区廉政公署及其反贪模式的基本情况是怎样的

我因为工作的关系，多次到过香港廉政公署，廉政公署是怎么个情况呢？

香港廉政公署（简称"廉署"，英语缩写ICAC），是中国香港特区一个专门打击贪污的独立执法机构，中国香港特区回归中国前称为"总督特派廉政专员公署"，成立于1974年2月14日，当时由于中国香港特区的政府部门贪污问题严重，警队情况尤为严重，因此才有廉政公署的出现。

1. 廉政公署简介

香港廉政公署是根据《廉政公署条例》于1974年2月14日成立的。它独立于中国香港特区政府的架构，廉政专员则直接向行政长官负责。根据《香港特别行政区基本法》，廉政公署隶属于香港特别行政区，全权独立处理一切反贪污的工作。

廉政公署由三个部门组成：执行处、防止贪污处和社区关系处。这三个部门的工作分别是调查、预防和教育，三管齐下对抗贪污。具体来讲，执行处是廉政公署的调查部门，负责接受、审阅和调查有关贪污的指控。其资料主要源自市民向廉政公署所作的举报。当执行处接到举报后就会把资料分类并立即立案调查。防止贪污处，它的工作性质类似内地检察院的反贪污贿赂局、职务犯罪预防处和研究室的工作。社区关系处同样也是一个很重要的部门，它的工作是深入社区，推动各界人士采取预防贪污的措施，提倡如诚实和公平的正确价值观。它所利用的宣传教育手段是和市民面对面的接触，并且运用大众传媒和印刷传媒的手段广泛推广肃贪倡廉的信息，增加廉政公署工作的透明度。

20世纪六七十年代的中国香港特区，贪污现象比较猖狂，连消防队在救火时都要视接受的财物多少而定如何灭火。今天的中国香港特区已经是高度发达的法制社会，几乎不存在企图以权谋私者得逞的灰色地带。这一切都与廉政公署的反贪力度密不可分，同时还可以说明，廉政公署现有的运作机制是十分有效的，是值得我们认真学习和借鉴的。

2. 廉政公署产生的社会背景

中国香港特区警队早年曾经有一个反贪污小组，鉴于警队贪污严重，如果对某人进行调查，有时会连调查员自己也被揪出来，因此它的效力实际上很弱。而事实上，不少警员亦因为各种原因而被逼对贪污妥协，加入行贿和受贿的行列。

葛柏案为廉政公署成立的导火线。1973年，总警司葛柏被发现拥有的财富多达430多万港元，怀疑是贪污得来。律政司要求葛柏在一星期内解释其财富来源，否则就会拘捕他。然而在这段期间，葛柏竟轻易逃离到英国。这使积聚已久的民怨爆发，连大学生也参与、发起"反贪污、捉葛柏"的大游行，要求政府缉捕葛柏归案。为平息民愤，当时的港督麦理浩爵士委任高级副按察司百里渠爵士成立调查委员会，彻查葛柏逃脱原因及检讨当时的反贪污工作。高级副按察司百里渠爵士在调查葛柏潜逃事件后表示，政府需要一个独立的反贪污部门，才能有能力打击贪污。1973年10月的立法局会议上，政府采纳了委员会的建议，于1974年2月成立廉政公署，廉政公署成立后随即接手调查葛柏案，全力缉捕这名曾红极一时的总警司归案。

廉政公署成立初时，中国香港特区民众本来对廉政公署没有任何期望，事关过去政府有关反贪污的行动都以失败终结。但这次成立廉政公署，由于直接向港督负责，因此在行动上得到不少方便，以致很快就在民间建立声誉及威信。但初期对于警队的调查，由于牵连甚广，使警队内人心惶惶，最终引起警员的不满，因此当时廉政公署人员常与警员发生冲突。中国香港特区政府不得以及后宣布，在1977年以前曾经贪污而未经检控的政府公务员可获得特赦，冲突才得以平息。

多年以来，廉政公署致力打击贪污，使中国香港特区成为全球最廉洁的城市之一。廉政公署亦致力于与其他国家或地区的执法机关共同打击跨境贪污罪案，成绩斐然。一些国家的反贪污部门也以"ICAC"英文简称，如韩国、澳洲、毛里求斯等。中国香港特区回归中国后，廉政专员更成为了香港特别行政区主要官员之一，需要由香港特别行政区行政长官提名，报请中华人民共和国国务院任命。

3. 廉政公署典型案件

(1) 佳宁案；

(2) 海外信托银行事件；

(3) 26座公屋贪污案；

(4) 廉政公署克星林炳昌、艾勤贤；

(5) 2003年冼锦华高级警司案。

于2002年，一名前毒品调查科高级警司冼锦华接受妓女提供免费性服务，涉及贪污成分，遭廉政公署高调拘控，引发警廉冲突，前警务处长曾荫培公开指责廉政公署做法不当。警方对廉政公署发布该案案情的手法公开表示不满，结果惊动特首董建华介入调停，立法会更传召两部门首长出席会议解释。最后冼被裁定公职人员行为失当罪成立，判监两年，锒铛入狱。于2000年9月，前立法会议员程介南以权谋私，涉及贪污罪恶，结果被廉政公署拘控，判监18个月，锒铛入狱。

4. 中国香港特区回归前廉政公署历任专员

总督特派廉政专员公署廉政专员

姬达　　（1974年2月15日～1978年7月3日）

陆鼎堂　（1978年7月4日～1980年11月10日）

卫理钦　（1980年11月11日～1984年12月31日）

班乃信　（1985年1月1日～1988年2月28日）

谢法新　（1988年2月29日～1991年11月30日）

欧亮贤　（1991年12月1日～1992年11月28日）

5. 中国香港特区回归后廉政专员

香港廉政公署廉政专员

任关佩英（1997年7月1日～1999年7月11日）

黎　年　（1999年7月15日～2002年6月30日）

李少光　（2002年7月1日～2003年8月4日）

黄鸿超　（2003年8月25日～2006年10月30日）

罗范椒芬（2006年10月31日～2007年6月30日）

汤显明　（2007年7月1日～2012年6月30日）

白韫六　（2012年7月1日～）

6. 总部大楼

一直以来，廉政公署各部门的办公室分散于不同的楼宇内。为了改善这种情况，中国香港特区政府于2005年通过拨款，在北角兴建廉政公署总部大楼，目前廉政公署所有部门都已经迁往这座大楼内。

7. 义工组织

在 1997 年廉政公署成立了义工组织名为廉政之友。

（三）中国香港特区是如何对待官员腐败的

1998 年，中国香港特区政府印务局局长，一个香港籍英国人，已经是首长级高官，为香港特区政府服务了几十年，月薪有十几万港元。该局长爱好艺术，快退休时，他出版自己的画集，熟识的印刷商资助他一些纸张，价值 3 万港元，结果事情被廉政公署发现，并且对此进行了调查，后来法庭认定他未经许可收受利益，违反香港《防止贿赂条例》，判处罚款。此外，近百万港元的长俸也被取消。

2000 年，中国香港特区政府税务局局长，因为将税务局的一批文件、表格等的印刷业务直接提供给自己的一个做印刷业务的朋友，虽然经查，该局长并没有从中获取任何好处，但其仍然被免职。因为，中国香港特区政府有关条例规定，公务活动不能有任何私利掺杂其中，印刷业务应该有税务局专门的办事机构去落实，局长直接与熟悉的朋友进行业务交往违反了中国香港特区政府规定的政府官员不得触犯"利益冲突原则"。其被免职也就是理所当然的了。

2005 年，香港高级警司冼某，这个专门负责打击有组织犯罪及卖淫行业的警察，因为接受了女商人林某安排多名妓女为其提供的性服务，尽管林某并没有要求冼某为其提供任何利益，但法庭认为，林某在案中获得的利益，是与冼某建立良好关系，方便她日后向冼提出要求，冼某最终被判刑入狱 2 年。

2006 年，香港廉政公署一女官员向负责官员告假，称因身体严重疾病，没有起立行走之力，只能在家卧床休息。在中国香港特区政府机关，病假也能享受较高的薪水。这女官员没有想到的是，廉政公署派出纪律监督人员，每天在其家附近观察，了解其是真病还是装病。结果发现她其实没有病，每天照样出去购物、喝茶、会客等，纪律监督人员把这一切全部摄录了下来。结果，认定该女官员违反了香港政府规定的"诚信原则"，受到了严厉的处理：被逮捕，罪名是"骗取病假工资罪"。

2007 年 7 月 5 日晚上，中国香港特区政府广播处长朱某公然搂着一名冶艳女子（据说是陪酒女）行走在大街上，结果被媒体记者碰见，报纸等作了曝光并进行了大量的抨击。7 月 9 日，朱某面对媒体黯然宣布辞去职务。据报道，朱某可能还要面对香港公务员事务局的纪律聆讯，他已经失去月薪 17 万港元的职位，如受到处理还将失去一次性退休金 900 万港元和退休后每月长俸 5 万多港元的待遇。

（四）中国香港特区廉政公署是怎样对待外逃贪官的

香港特区廉政公署穷追"外逃贪官"韩某达 35 年之久，不久前终于追回其过亿的资产。香港特区廉政公署没有满足于赃款的"如数"追缴，由于资产升值等原因，韩某的家人所交出的总值高达 1.4 亿港元的资产，是韩某当初贪污数额的整整 35 倍！香港特区廉政公署通过法律手段彻底剥夺腐败分子及其家人的既得利益，真正让贪官倾家荡产、身败名裂。

1. 不明财产就是罪

韩某绰号"肥仔 B"、花名"长洲仔"，是地道的香港人。韩某 1940 年加入当时的香港皇家警察部队，1969 年升为总华探长。随着官职不断提升，韩某捞得盆满钵满，买屋又买地，物业遍布何文田豪宅区以及繁华的西洋菜街、通菜街，这些物业全是 1960 年至 1970 年韩某影响力最大的时候买的。部分交易资料显示，韩某购买上述物业多用现金，绝少采用担保贷款的方式。韩某行事谨慎，全部物业均由妻子及母亲的名义买入，还做了信托证明，称部分物业是用子女的钱买的，由长辈代为持用，企图瞒天过海。此外，韩某还有 124 万港元的商业投资，包括名车、名表、珠宝以及约 70 万港元的银行存款。

至 1971 年 8 月退休离港，他拥有的资产与官职收入极不相称。在警队服务长达 31 年，其间，他薪水收入大约仅为 193852 元。但在 1971 年退休时，他的资产总值已超过 415 万元，超出官职收入 20 多倍，差距之大令人震惊。于是廉政公署介入调查。

20 世纪 70 年代后，腐败现象早已令香港民怨沸腾。当时新港督麦理浩履新后，表示要打击腐败，韩某自知不妙，开始为自己铺设后路。1971 年 8 月，只做了几个月总探长的韩某提前退休。1974 年移民加拿大，后潜逃至台湾。

韩某外逃，警方长期追捕，韩某辗转世界一些城市逃匿，多年来无一日不处于惊慌之中，无法安享不义之财，最后客死他乡。

2. 穷追不舍 35 年

1976 年 2 月，港府颁令通缉韩某，廉政公署引用《防止贿赂条例》，起诉韩某的财富与官职不相称。此案理想的结果是将韩某缉拿归案，定罪判监并充公他所有的赃款，法律公义得到完全的伸张，但是由于当时韩某已经移居加拿大，通缉和追逃相当曲折。

1976 年 6 月 22 日，加拿大警方根据香港廉政公署发出的要求引渡的文件，在温哥华的韩某豪宅中将其逮捕。监禁 5 天后，韩某以 25 万加元获得保释，不过法官收走了韩某的英国等 3 本护照。

1977 年 3 月 2 日，引渡聆讯正式开始。香港廉政公署援引《防止贿赂条例》第 10 条，指控韩某财产与担任公职的收入不符，要求将其从加拿大引渡回港。但韩某的律师指出，港府对韩某的指控未能引用加拿大 1970 年修订的《逃犯法例》，加拿大联邦法院最终判韩某上诉获胜，聆讯终止，韩某被释放，

3 本护照也获归还。

1978 年 1 月 24 日，加拿大联邦上诉法院下令再次拘捕韩某，并重新开始有关引渡的聆讯，但此刻韩某已经潜逃至台湾。由于香港和台湾之间并无引渡惯例，廉政公署对于韩某一直束手无策。

3. 贪官死了也不放过

1999 年 8 月，韩某在台湾去世。香港廉政公署无法起诉一个死人，改为通过民事诉讼方式，向韩某的遗产受益人展开追讨，令韩某的资产数目曝光。

2000 年，香港律政司提起诉讼，申请将涉案的物业冻结及充公，并向韩某遗属追讨涉嫌贪污得来的资产。韩某的家属向法庭申请驳回律政司的诉讼，他们援引《时效条例》中"涉及合约、侵权行为或清算账项的诉讼，不可以于诉讼因由产生的 6 年后提出"的条款，指政府早在 1976 年即已知悉韩某贪污行径，却迟于 2000 年 3 月才入禀法院要求追索贪赃，已超过了法定的时限。

但法官在判词中表示，韩某作为政府雇员，对其雇主拥有"受托责任"，"在韩某收取贿赂之时，政府便已即刻成为信托的受益人，其受贿得来的财产从未属于过韩某，而是应该属于香港政府"。

法官指律政司并非基于韩某受贿行为提出诉讼，而是根据《信托法》，向韩某取回他应向政府交付的信托受益。同样，根据《时效条例》规定，如"关乎任何欺诈或欺诈性违反信托，而受托人乃其中一方或参与者"，涉及信托财产的诉讼不受起诉时间的限制，故法院裁决律政司的起诉并不受时间的约束。

经过 30 多年的不懈努力，香港廉政公署最终追讨到已故贪官韩某的过亿资产。香港廉政公署没有满足于赃款的"如数"追缴，由于资产增值等原因，韩某家属于 35 年后交出的资产，是其当初贪污数额的整整 35 倍，达 1.4 亿港元。韩某一案，案情复杂，香港廉政公署调查了众多的相关人员，辗转了世界不少城市，准备了上万页的文件，经过了几代人的不懈努力，成本和付出很大，但它彰显了法律精神，表明了廉政公署不惜代价反贪的决心，这也是香港成为廉政之都的精神所在。

4. 追缉贪官不会停止

锲而不舍，誓要讨还公义的精神，贯穿于香港廉政公署 33 年的历史始终。

香港前总警司葛某是赫赫有名的"大老虎"，1973 年提前退休时，被发现有 430 万港元解释不清。后来逃离香港的葛某被引渡回香港受审，并被判入狱 4 年。葛某案虽然在刑事方面早已宣判，但是在民事上，对葛某所收到的贿赂款的追讨到今天都没有结果。1985 年，政府成功拍卖葛某在英国的房产，冻结其名下当地银行存款，追回了 40 多万港元。1994 年，政府再次入禀法院追讨葛某 640 万港元的贿赂款及利息。尽管葛某的钱早已去了外国银行，追讨非常困难，但廉政公署坚决不罢休，不把葛某的贿赂款全部追回来，他的案卷就一天不会封存。

目前，香港还有 22 名在逃贪污警员和 5 名前公务员尚被廉政公署通缉，吕某、颜某等人都在通缉之列。由于他们人在海外，碍于引渡条例的限制，但廉政公署仍然不放弃努力，冻结了在通缉名单上贪官的资产。

5. 贪官日子绝不好过

香港年长一些的市民，对"四大探长"吕某、蓝某、韩某及颜某不会陌生，他们四人曾经在 20 世纪五六十年代叱咤黑白两道，代表了在那个黑暗的岁月里，执法人员如何滥用权力、中饱私囊。香港廉政公署在 1976 年通缉"四大探长"，四人先后逃往海外，现在韩某、蓝某已客死他乡，吕某、颜某还在通缉中。

吕某，历任港岛、九龙总探长，因传闻他的身家高达 5 亿港元，所以又有"五亿探长"的绰号。其在 1940 年加入警队，1958 年升为探长。20 世纪 60 年代初调往油麻地警署，1962 年 3 月，与蓝某一起升任总探长。1976 年 11 月 4 日，廉政公署冻结他在港约 3000 万港元的资产，并发出通缉令，至今有效。律政司于 2000 年没收其 840 万港元。

蓝某，涉嫌贪污的钱高达 1 亿港元。1974 年，蓝某逃往加拿大，其家人称他于 1989 年在泰国因心脏病逝世。蓝某的资产亦被廉政公署冻结至今。

颜某，20 世纪 60 年代末调职当时被视为"油水地"的油麻地警区当华探长，官阶虽在总探长之下，但其滥用职权、中饱私囊丝毫不在他人之下。1976 年，他决定退休并移居台湾，据称现在泰国隐居。他的资产被冻结，目前仍在被通缉中。

（五）新加坡是如何防贪反贪的

新加坡是"透明国际组织"公布的世界廉政排名为"最廉洁的 10 个国家"中唯一的亚洲国家，排名第 7。新加坡的廉政建设主要是在四个方面可以给人们以借鉴。

1. 严厉法治，使人不敢贪污

新加坡在这方面采取了三项措施：一是轻罪重判。例如，有一个狱吏因收受犯人 15 元钱，为犯人代买香烟而被判刑。还有一个狱吏为一个犯人传话，收了一瓶咖啡就被开除。甚至一个人只有贪污意向，没有实施行为，在新加坡其贪污罪名也可成立。二是赋予反贪部门较大的权力。贪污调查局长或任何特别调查官员，可以在没有逮捕证的情况下，扣押任何涉嫌贪污的人员，调查任何银行账户、股票账户、费用账户或其他账户，以及租用的银行保险箱。三是重点监督高官。李光耀说过："集中力量对付职位比较高的大鱼。"甚至，李光耀本人也不能幸免。

1995 年，媒体报道李光耀在购买两处房产中，获得了开发商的折扣优惠。由于李光耀的弟弟在开发商的公司中担任非执行董事，人们猜测，这里面有不公平交易的猫腻。总理吴作栋立即下令调查，结果发现开发商对其他客户同样给予了折扣优惠，是一种售房惯例。李光耀向社会公开了所购房产的价格和开发商主动给予的折扣，并把 100 万元的折扣上交给政府。吴作栋认定这笔折扣没有什么问题，把钱退给了李光耀。李光耀最后把这 100 万捐给了慈善机构。国家发展部部长郑章远是开国元老，与李光耀有着很深的私交。他被查出贪污受贿 50 万元，便向李光耀求情，但李光耀不徇私情，郑章远害怕法律制裁，选择了自杀。

2. 制度严密，使人不能贪污

新加坡在这方面采取了两项措施：一是制定详细法规，对公务员实施全面约束。控方一旦证明被告人生活阔气，超过收入所能承受的程度，或是拥有同收入不相称的财产，法庭即可以对此作出作为当事人已经受贿的佐证。每年 7 月 1 日，公务员必须向所在单位申报财产详情，出具财产清单，经公证处审查，贪污调查局核实。二是实行双重检查制度。确保一个官员的决定，必须有另外一个官员审查或监督。

3. 以俸养廉，使人不必贪污

新加坡在这方面采取了两项措施：一是建立高级官员的薪金与私人企业界的所报税额相挂钩，自动进行调整的制度。这项制度规定，高级官员的薪金要占到私人企业高级人员在所得税报表上呈报的收入的三分之二。这个公式不等于年年加薪，因为私人企业的收入时高时低，但这项制度确保了政府重要公务人员的收入，在整个社会中居于上等水平。二是建立中央公积金制度。公积金是由职工和雇主向政府交纳的、解决职工购买住房和退休后养老的资金，大体相当于职工每月工资的 40%。资历越长、地位越高的人，公积金越多，一般都是几十万元。公积金制度可以遏制贪污，因为，在那里只要有贪污行为的就要被开除，公积金就会被没收。

4. 加强教育，使人不想贪污

新加坡在这方面主要是设立公务人员记《道德日记》的制度。这本日记是由政府发给的，有编页、日期，第一页是持有人员向主管官员的宣誓书：保证所记内容都是事实。公务人员必须随时携带，把自己的活动全部记录下来，每周一早上交给主管审查。如果发现内容不实，立即送交贪污调查局核查。法律还设立公务人员"说谎罪"。新加坡商务事务局局长格林奈是商业管理的功臣，但因为两起"说谎罪"案件，被判坐牢 3 个月，开除公职，没收全部公积金。

瑞士洛桑国际管理与发展研究院《1997 年世界竞争力报告》，为世界各国的廉洁水平排名，新加坡是最廉洁的亚洲国家；总部设在德国柏林的"世界反腐败国际组织（透明国际）"发表《1998 年世界最廉洁国家排名》，新加坡名列第 7。许多人说：新加坡的官场和它的广场一样，都是清洁的！

（六）美国反腐败的利器是什么

美国是世界上公认的官员贪污腐败较少的国家，制度健全是主要原因。自 1978 年美国实施官员财产申报制度以来，上至总统，下至普通官员，都必须按时如实填写财产申报表格，由联邦道德署负责收存，并接受公众查询和监督。对拒不申报者，轻则处以罚款，重则要判刑、蹲监狱。

1. 财产申报把高官拉下马

2007 年，美国田纳西州的 2 名县专员（相当于县长）和 2 名司法官（相当于县公安局长）因为迟交财产申报表长达 8 个月之久，面临每人 10000 美元的处罚。负责受理该州财产申报事务的州道德委员会执行主任布鲁斯·安德鲁菲说，该州大大小小有 6700 名县一级官员需要向该委员会提交财产申报表，其他人都按时上交，而唯独上述 4 个官员一再拖延，已经到了不能容忍的地步。

因为申报财产不实、违规而下台甚至吃官司的官员，在美国大有人在。

1989 年，美国众议院议长詹姆士·赖特被迫辞职。起因是有关部门发现他曾经 69 次违反国会对议院财产收入的法规，包括曾超规定赚取讲课费，而他的妻子贝蒂曾超额收取别人赠送的礼品等。赖特也是 200 年来美国首位因为财产申报问题被迫辞职的众议院议长。

2. 详细规定申报财产范围

美国的官员财产申报制度，是特殊历史事件下的产物。

1974 年，"水门事件"东窗事发，时任总统尼克松被迫辞职。此后，美国政坛掀起了一股廉政风潮，针对尼克松执政时期出现的大量腐败和滥用权力现象，一系列的制度改革应运而生。从此，凡担任公职的人员（包括候选人）必须接受各种严格审查，包括申报财产状况。1978 年，美国国会颁布了《政府行为道德法》（1989 年修订为《道德改革法》），正式确立了官员财产申报制度。

这项规定，各类官员须在任职前报告并公开自己以及配偶的财产状况，包括收入、个人财产等，以后还须按时申报。对财产申报资料的接收、保管办法、保管期限、公开方式、查阅手续、审查以及对拒绝申报和虚假申报的处罚办法，也都作了详细的规定。

什么样的人需要申报财产呢？在行政机构部门内，工资级别在年薪大约 5 万美元及以上的官员都必须申报。这一规定同样适用于国会议员、联邦法官以及国会和联邦法院的一些雇员。

3. 申报时间也有严格的要求

美国官员不仅在职时要申报财产，在任职前和离职后也同样要申报。任何将担任法定需申报财产职位的人员，在任职后 30 天之内必须申报本人、配偶以及所扶养子女的财产状况；在职官员和雇员每年 5 月 15 日之前，需要申报上一年度个人、配偶和扶养子女的财产状况；离职官员和雇员，则需要在离职 30 天内递交离职财产报告，申报表上的签字和填报日期必须为离职之后。

（七）美国是如何查处腐败官员的

2007 年 7 月，美国曝光了几起政府官员及有关官员腐败的丑闻。就在当年 7 月的一天，美国联邦调查局凌晨出动，从床上将那些贪官们一一捉拿归案，这次行动，总共抓了 11 个官员，包括 2 名州议员、2 名市长、3 名市政会成员，以及几名学校董事会成员。

这些官员到底犯了何等大罪，需要在半夜三更这么大动干戈？

根据美国联邦调查局透露，这些官员都是因为收受贿赂而遭逮捕的。这些官员到底收受了多少贿赂呢？根据透露，其中受贿金额最大的是 17500 美元，最小的为 1500 美元。这些贪官他们每人向联邦调查局交纳的保证金高达 20 万美元，如果罪名成立，这些贪官将面临每人要在联邦监狱里待 20 年。

1500 美元，折合人民币 11200 余元，也就是说，他们收受的贿金不到人民币的 2 万元，却要交纳 20 万美元的保证金，甚至还要获刑 20 年。

有关人员将近年来中国国内被判刑的贪官，按照贪污受贿的金额数排了个"腐败五十强"名单。此"腐败五十强"贪污受贿金额总共为人民币 70.414 亿元，人均 1.4 亿多元，约折合美元 1877.7 万元。那几个被床上抓起来的美国贪官同他们相比，连个零头也不及。但是，就对此贪官的惩处而言，美国人则要比我们严厉得多。

对照目前我国的《刑法》，受贿罪以受贿金额大小和情节轻重基本上分为 4 等，其中以受贿金额 5 千元（刑法规定的起刑点）、5 万元（司法机关确定的大案起始点）、10 万元（司法机关确定的金额巨大的起始点）为 3 条基本界线。由此可见，假设那些美国贪官如果是在我国国内处理时，当在受贿相当人民币 5 千元上下量刑，即使"情节特别严重"，也只是 10 年以下有期徒刑，而目前我们的司法实践中，这类案件多在 5 年以下量刑；此外的绝大多数则均为徒刑缓刑；再轻一点的"由所在单位或上级主管机关酌情予以行政处分"，

— 116 —

而不用刑事处罚。中国与美国在政治、法律、意识形态、价值观念等许多地方存在重大的差异，但显而易见的是，美国对贪官的惩处远比中国严厉得多。

其实，我们国内的"腐败五十强"，无不是从贪图数千元、数万元的小利开始步入犯罪的泥坑的。贪小利而无大风险，贪官们的贪欲、自负、心理价位、侥幸心理便会不断膨胀、不断恶性发展而欲罢不能，等腐败犯罪到了一定的程度、到彻底暴露则为时已晚，追悔莫及了。

美国对区区千元之贪污渎职犯罪，绝不轻描淡写，照样漏夜抓之，照样手铐脚镣伺候，照样 20 年的刑期恭候，那些个贪官还敢或还能走到那种地步吗？

美国贪官极少的重要原因之一可能就在这里。

（八）彼得大帝是如何惩治贪官污吏的

俄国罗曼诺夫王朝的第四代沙皇——彼得大帝是一位著名的专制君主，他在惩治贪官污吏方面颇为强硬。

彼得大帝是位铁腕人物，他亲自制定了国家敕令，并且在敕令的开头语中写道："治国之道莫过于坚决维护各项国家法令，制定法令而不维护它，或者像洗牌时，把各种花色的牌混合在一起那样玩弄它，法令就会形同一纸空文。"敕令强调法令的威严，凡破坏法令者，一律处死。

彼得大帝明确宣布："凡损公肥私的罪犯，一律处于死刑，决不饶恕。"他还在另一道敕令中规定："严禁所有掌握实权的官吏受贿、充当承包商。凡敢冒此大不韪者，处以体刑、没收财产直至死刑。"

公元 1721 年，彼得大帝下令绞死了西伯利亚省督加加林公爵，罪行是敲诈勒索、侵吞公款，甚至将为皇室从中国买来的珠宝据为己有。尽管加加林公爵一再认罪，请求让他进修道院度过余生，但彼得大帝仍坚持当众把加加林绞死在司法院大厦前。

值得一提的是加加林重大贪污舞弊案的坚决揭发者总督察官涅斯捷罗夫，在加加林被处死后不久，也因为贪赃徇私和掩盖犯有收受贿赂、窝藏逃兵等罪行的雅罗斯拉夫尔省的省督察官罪行，而被彼得大帝特设法庭判处死刑。

沙皇的密友库尔巴托夫由于贪污国库款 16000 卢布被关进监狱，没等到判决书下达，库尔巴托夫便死于狱中。

伟大的俄罗斯诗人普希金曾经评价彼得大帝惩治贪官污吏的法令："看来是用鞭子写成的。"

（九）北欧是如何建立廉政建设体系的

北欧五国是世界上最廉政的国家，在"透明国际组织"每年公布的世界各国（地区）政府及公务员廉政排名表上，排在最前列的一直是北欧国家。

北欧，是一个政治地理名词，特指北欧理事会的五个主权国家：丹麦、瑞典、挪威、芬兰、冰岛。这五个国家所形成的区域有一个令人瞩目的特点，就是被誉为世界廉洁之地。

在世界各国政府廉洁自律总排名中，芬兰、丹麦并列第一。"透明国际组织"每年公布的各国"清廉指数"中，在总分是10分的情况下，北欧五国得分几乎都在8分以上，均属于廉洁国家，其中芬兰在近10年内有7年位居榜首，丹麦有7年位居第三，瑞典和冰岛均位列前十。

北欧国家廉洁情况主要体现在三个方面：

1. 较少发生高官腐败丑闻

北欧国家高级官员多数比较清廉，官员腐败丑闻并不多见。冰岛自1918年成为主权国家以来，一共只有4名高官因腐败辞职，最近的一次还是发生在20世纪80年代。1995年，瑞典副首相萨林女士因使用公务信用卡购买个人衣物，被媒体曝光后被迫辞职。2002年，芬兰文化部长苏维·林登利用职务之便批准为其亲属拥有股份的一家公司提供17万欧元的政府赞助费而被调查。这已经算是近些年来北欧国家影响较大的高级官员腐败丑闻。

2. 较低的腐败案件发生率

据芬兰司法部公布的资料，自1990年至2007年的近20年，被法庭判定有腐败犯罪的只有85人，其中2000年到2004年的5年间只有12人。2008年，芬兰中央调查局公布，警方每年登记关于滥用职权和违反政府保密制度的举报只有90例，而关于贿赂的举报每年只有15例左右。丹麦近年来仅发生20多例腐败案件，主要涉及行贿、受贿。瑞典前议会监察部专员克劳兹·埃克伦德甚至表示："我当了16年的议会监察专员，从未遇到一起官员腐败案件。"

3. 腐败案件性质较轻，犯罪金额较低

在丹麦发生的腐败案件中比较典型的是驾驶员为了早一天拿到驾驶执照，给承办警官送了500丹麦克朗（约合人民币6000元）。近年来，芬兰查处的金额最大的受贿案是芬兰海事局案，芬兰海事局局长和两名高级管理人员接受船务公司礼品、信用卡和国外旅游招待，全部涉案金额不足人民币80万元。

体制和环境对北欧廉政建设具有积极影响，主要体现在以下三个方面：

北欧各国没有经历大规模的资本原始积累，第二次世界大战后，各国逐渐认识到资本主义的矛盾与弊端，开始探索新的发展道路，形成了既不同于欧美其他发达国家，又不同于社会主义国家的政治、经济模式，即所谓的"北欧模式"。这种模式，有着资本主义的发达经济，而又没有其他资本主义国家中常见的贫富分化；以生产资料所有制为基础，但又有优于其他欧美国家的公共福利。这种独特的发展道路，加上特有的历史和文化传统，对北欧诸国的廉政建设有着重要的影响和作用。

1. 稳定的政局

北欧长期由社会民主党执政，因此其理念和施政政策得以延续和一以贯之的执行，北欧人排斥暴力，不主张搞激进式的社会变革，使得北欧各国在第二次世界大战后的几十年间，保持了基本制度和体制的稳定。这些都是为廉政建设提供了一个可靠、稳定的外在环境，也在客观上减少了因体制变革、经济转型等产生腐败问题的可能空间。

2. 透明的行政

透明与公开是北欧的一个主要原则。瑞典议会早在1766年就确立了政务公开的原则，是世界上第一个执行政务公开的国家。芬兰政府关于信息公开的立法始于1951年，是经合组织中最早就信息公开立法的国家之一。根据芬兰《公开法》，国家预算以及各部门的预算建议在通过之前必须在互联网上公布，政府档案馆以及公共部门的所有档案不仅对专家和研究人员开放，而且对新闻界和公众开放。公开透明的行政，使公共权力始终置于民众的视线之内，有助于遏制专权和腐败行为的发生。

3. 集体的决策

自17世纪以来，芬兰各级政府都坚持集体决策，并在此基础上实施审查官制度，在行政长官决策过程中，审查官可以对该决策提出质疑，并进行独立调查。如果审查官没有签署意见，该决策没有法律约束力。芬兰人认为，如果决策部门只由一个人说了算，就容易导致腐败。这种传统的集体决策有效遏制了家长制作风和个人独断行为，保证了政府决策的公正性，大大减少了权力型腐败的发生。

北欧各国普遍拥有一套全民参与、他律与自律有机结合、完善有效的廉政措施。这些措施同北欧国家的政治民主、经济民主和社会民主制度一起，有效保证和促进了北欧国家的法治和持续发展。

1. 成熟的反腐败立法

早在20世纪初，北欧国家就开始制定反腐败法律。瑞典于1919年、1962年、1978年先后制定和完善了《反行贿受贿法》，将贿赂犯罪的主体由公务员扩展到企业的职员。芬兰在20世纪20年代就制定了《公务员刑法》，并不断加以修订和完善，后又制定了《审计法》《政府采购法》《工程招投标法》，这4部法典成为反腐败的基本法律依据。丹麦虽然没有专门的反腐败法典，但在刑法典中明确规定了一个贪污、受贿罪的罪刑标准。总体看来，北欧国家反腐败立法有两个特点：

(1) 腐败犯罪起刑点较低

在瑞典，收受价值超过 200 瑞典克朗（约合人民币 200 元）的礼物就可视为腐败。芬兰对收受贿赂的判罚不需要看其对公职是否真正产生影响，只要收受了会影响公务员公职行为的贿赂（或贿赂承诺），将足以构成刑罚的条件，只要公务员的行为会削弱公众对政府行为的公正性的信心，该公务员的受贿罪名就成立。在挪威，公务员接受低利息贷款、免费旅行等都可能被视为受贿，甚至接受荣誉头衔和有关部门的推荐也可能被视为受贿。

(2) 对腐败的处罚较轻

北欧五国是世界上最廉政的地区，但是令人奇怪的是，他们不是靠使用重刑来保持廉政的；相反，他们对腐败的处理是世界上最轻的。

如芬兰对腐败犯罪的最高刑罚为有期徒刑 4 年，丹麦、冰岛等对腐败犯罪的处罚相对其他国家和地区而言，也是很轻微的，瑞典法典规定，受贿罪至多 6 年的监禁，构成行贿罪的一律判处罚款或者 2 年以内的监禁。北欧国家公职人员一旦被定罪，除丧失优厚的经济收入和福利保障外，还被视为缺乏诚信与道德而无法在社会立足，这种打击是致命的。

2. 建立全方位监督体系

北欧国家普遍建立起了议会监督、政党监督、舆论监督、民众监督、专门机构监督五位一体的监督体系。特别是北欧国家的舆论监督和民众监督，形成了一道严密的预防腐败犯罪的法网，做到了见腐败就揭露，不廉政就下台，有犯罪必惩罚，这就从根本上消除了任何有贪欲之心的官员的侥幸心理。全方位的监督体系，是北欧国家廉政建设的重要保证。

3. 公开透明的舆论监督

在北欧，新闻媒体的监督作用是十分重要的。2002 年 5 月，芬兰《晚报》披露，文化部长苏维·林登利用职务之便批准向其拥有股份的一家高尔夫公司提供 17 万欧元的政府赞助，结果引起了专门机构的调查。一周之内，林登便被迫辞职。

在芬兰，政府档案馆以及公共部门的所有档案材料不仅对专家和研究人员开放，而且也对新闻媒体和公众开放。

瑞典是最早开放政府档案记录供民众查询的国家。早在 230 多年前，瑞典公民就有权查看政府官员直至首相的财产及纳税清单，该制度一直延续至今。在芬兰，实行金融实名制度和官员财产信息公开制度，公众和新闻媒体可以查阅到官员的财产、工资、纳税情况。2007 年 8 月，挪威首都奥斯陆市市长因瞒报 150 万瑞典克朗（约合人民币 200 万元）的遗产收入，被媒体揭露后被迫辞职。

在北欧，如果哪个政府官员私人账户上出现了不明进项，或有不正常的消费，那很可能就要面临有关机构的调查。

4. 北欧廉政体系的启示

北欧五国廉政建设非常成功的事例，给我们以积极的借鉴意义和启示。治理、惩处、制约、预防腐败，其根本的出路在于构建国家廉政体系，在加强法律和经济制度建设的同时，构建一套完善的廉政制度监控体系，严格规范权力的运作方式，让所有公权力的执掌者处在严密的监督体系之下，使所有具有贪欲之念的官员无法轻易实现贪污腐败。

北欧的廉政建设成就对我们现阶段加快建立惩治和预防腐败体系建设具有积极的借鉴意义，北欧官员的廉政理念已经深入人心，监督体系已完善成熟，这是值得我们研究和思考的。

笔者的导师，全国政协常委、社会学家邓伟志教授访问北欧，所见所闻感触颇深。他告诉笔者，北欧的几个国家，全国公车只有4辆，一次他在某国访问，住在宾馆，该国首相前来看望他，出人意料的是，该首相竟然是骑着自行车来的，根本没有警车开道、没有前呼后拥、没有跟班成群。

我们从中应该领悟到些什么？

（十）世界反腐败组织是怎么一回事

"世界反腐败国际组织"，又被称为"透明国际""透明国际组织"，它是由德国人彼得·艾根发起，会同两名退休官员及一名义工于1993年成立的，它的总部设在德国柏林。目前它在约100个国家或地区设有分会。它是世界上唯一的一个非营利、非党派、非政府、以反腐败为使命的国际组织。

该组织的主要策略是：激起社会关注，建立反腐联盟，开发反贪工具，设定廉洁标准，监测贪腐活动。

1. 发布腐败指数

从1995年起，该组织每年发布1次评定世界各国清廉程度的"清廉指数"（显示一个国家公务员清廉的程度），这一指数已成为国际金融机构及发展援助机构评估各受援国投资风险的重要指标和参数。该组织又自筹资金，委托"盖洛普调查机构"进行各国行贿情况调查，每两年发布一次"行贿指数"（显示一个国家商人在海外行贿的程度）。这个排名清楚表明，许多发达国家的出口公司在海外大肆行贿，其程度和手段不输给发展中国家。

2. 腐败指数来源

该组织腐败分析数据主要来自民间调查机构"盖洛普调查机构"，其曾经在62个国家进行的近6万次访谈，此外还选取了世界12个权威机构，如世界银行、世界经济论坛、瑞士洛桑管理学院、普华永道会计公司等的18个分项指标，最终得出的腐败洞察指数采用 10 分制：10 分表示最廉洁，8.0～10.0 分之间表示非常廉洁，5.5～8.0 分之间为轻微腐败，得分在 5.5 分以下的国家或地区则被认为存在严重的腐败。

3. 组织结构特点

该组织把自己定位为：公民社会的组织。它不需要讨好和取悦特定的利益集团和国家，它不认为第三世界国家必然比发达国家更腐败，也不认为腐败是一个特定国家的文化，相反它认为发达国家在消除国际腐败方面更负有特别的责任。

为了防止自己组织内部的腐败，它的资金来源为各国发展援助机构、基金会及企业，总部向各分会提供有效的启动资金，鼓励各分会自筹资金，以保障其独立自主。该组织有一套公开、透明的考核制度，不允许任何会员以公谋私、贪污国际援助机构的款项。各分会上报给总部的账目，必须经过当地独立的会计和审计审查。为了奖励那些敢于揭露腐败、坚持真理的人士，该组织每年还颁发一次"清廉奖"，给那些勇于揭露腐败行为的人士以舆论支持和实质奖励。

15 年来，该组织帮助加拿大、韩国、巴西及非洲一些国家制定反腐败规划，赢得了这些国家政府的赞同。

4. 数据说明问题

该组织发布的"2006 年全球腐败指数排行榜"（简称 CPI），涉及世界上 163 个国家或地区，是目前为止规模最大的一次：芬兰、冰岛、新西兰并列为全球最清廉的国家，从近年的数据看，新西兰已经连续七年清廉指数排名第一；海地得分最低，几内亚、伊拉克、缅甸排在海地之前；在总体排名中取得进步的有中国、印度、日本、黎巴嫩、土耳其等国。

在所有 163 个国家或地区中，腐败比较严重的国家占了约 75%，几乎包括所有的低收入国家，这说明世界上的多数国家，依旧面临着严重的国内腐败情况。

中国大陆在 2005 年排名为第 78 位，2006 年跃进至第 70 位，但在近年又下滑至 77 位。国际社会普遍认为，这显示中国政府打击贪官的努力收到了明显的成效，但是高官腐败的问题还很严重。中国香港排名第 12 位，中国澳门排名第 26 位。中国台湾则从 2005 年排名第 32 位退至 2006 年的第 34 位，对这个结果，中国台湾地区的一些民间组织猛烈抨击了陈水扁政府。

5. 反腐需要渐进

该组织东南亚及大中华地区事务专员表示："反腐败没有药到病除的良方，需要一点一滴地改造，在社会结构中不断增加透明和制衡两种精神。"

该组织提供的信息限于其特定的局限性，未必能够完全准确地反映各国的腐败状况，近阶段来看，也不可能完全达到客观公正。一些排名落后的国家，特别是南亚、东南亚的一些国家对其每次排名的抨击十分强烈，称其是"西方殖民主义的工具"。

但其积极的意义还是显而易见的。因为重要的是，它揭开了腐败产生的温床。因此，世界上许多国家都认为，该组织每年公布的这些数据信息，对于国际社会来说，是一笔不小的财富。中国从原来排斥的态度逐步转变为接受，近年也加强了与"透明国际"的联系，邀请其来中国交流访问，其积极作用正在不断扩大。

6. 未来发展设想

在该组织发布"清廉指数"和"行贿指数"后，许多发展中国家都要求该组织在此基础上再制作一个"藏污纳垢指数"，以显示哪个国家窝藏别国贪官藏匿的不义之财最多。这个榜单该组织也一直想做，但现在该组织的资金援助几乎全部来自西方发达国家，而有些发达国家又乐意隐藏和保护别国贪官贪污来藏匿在他们国家里的不义之财，因此几乎不可能指望它们会向"藏污纳垢指数"这种项目捐赠，由于资金无法落实，这个项目至今无法付诸实施。人们期望在未来发展中有合适的解决办法。

全世界最廉洁的 12 个国家和地区

新西兰	9.5 分
丹麦	9.4 分
芬兰	9.4 分
瑞典	9.3 分
新加坡	9.2 分
挪威	9.0 分
荷兰	8.9 分
澳大利亚	8.8 分
瑞士	8.8 分
加拿大	8.7 分
卢森堡	8.5 分
中国香港特区	8.4 分

中国大陆 16 年得分和排名

2001 年　　　3.5 分　　　57 位
2002 年　　　3.5 分　　　59 位
2003 年　　　3.4 分　　　66 位
2004 年　　　3.4 分　　　71 位
2005 年　　　3.2 分　　　78 位
2006 年　　　3.3 分　　　70 位
2007 年　　　3.5 分　　　72 位
2008 年　　　3.6 分　　　72 位
2009 年　　　3.6 分　　　79 位
2010 年　　　3.5 分　　　78 位
2011 年　　　3.6 分　　　75 位
2012 年　　　3.9 分　　　80 位
2013 年　　　4.0 分　　　80 位
2014 年　　　3.6 分　　　100 位（共 175 国家）
2015 年　　　3.7 分
2016 年　　　3.8 分

五、法律规范资料

（一）商业贿赂的法律知识（以法律规范来强化法治意识）

什么是商业贿赂？

商业贿赂是社会主义市场经济发展过程中的一个毒瘤，它的泛滥严重破坏了社会主义经济秩序，严重干扰了社会的正常发展，其危害性不能低估，治理商业贿赂刻不容缓。

1. 商业贿赂的概念

商业贿赂是指在商业活动中，经营者为销售或者购买商品、提供或者接受服务而采取的、给予对方单位或者个人财物或者其他利益的行为。

2. 商业贿赂的特征

作为贿赂的一种表现形态，商业贿赂具有以下 4 个特征：

（1）行贿主体是从事商业活动的经营者。行贿的人员一定是经营企业、从事商业活动，并且从中获取利益的经营者。

（2）目的的明确化。一些经营者贿赂的目的很明确，就是为了占领市场或获取高额利润，甚至非法利润。

— 124 —

（3）手段的多样化。除了向经营活动的对方给回扣外，还有其他的手段，如给对方提供各种不法利益等。

（4）侵犯客体复杂化。除了侵犯国家的经济管理秩序、国家工作人员的廉洁性以外，有的还侵犯集体、个人的利益，侵犯不特定大多数人的生命、健康。

为什么说商业贿赂的危害十分严重？

近年来，商业贿赂在一些地区和行业中不断地滋生蔓延，影响面越来越宽，严重危害我国社会主义市场经济健康发展。

1. 商业贿赂从根本上背离了市场经济公平竞争的要求，破坏了正常的市场交易秩序

在现实中，经营面临"回扣"表现得很无奈，通常无法抗衡这种"潜规则"，只能屈从，以避免在竞争中失去市场机会和份额。"回扣"等"行业惯例"不仅增加了企业运营成本，而且把那些不给回扣的企业排斥在竞争之外，直接扰乱了公平竞争的市场经济秩序。

2. 商业贿赂阻碍了市场机制的有效运行，破坏了市场资源的合理配置

商业贿赂为假冒伪劣产品大开方便之门，它使交易的天平向行贿者一方倾斜，势必影响社会资源的合理配置和技术进步；同时，商业贿赂为不法经营者生产的假冒伪劣商品提供了销售可能，成为现实经济生活中假冒伪劣商品泛滥的一大诱因，最终损害了消费者的合法权益。

3. 商业贿赂加大了交易成本，增加了消费者的负担，造成社会财富的巨大浪费

商业贿赂，特别是医院医疗器械和药品采购中的腐败贿赂行为，对我国社会保障体系造成了巨大冲击。当前，我国医疗费用和药品价格普遍虚高，其中很大一部分是被中间流通环节截留和被用来支付给予医院采购主管人员和医务人员的高额回扣，从而提高了医疗费用的成本，并转嫁到患者身上，大大加重了患者的经济负担。这些现象不仅使患者个人（家庭）不堪承受，对我国的社会保障体系的正常运转也造成冲击。

4. 商业贿赂已成为滋生腐败行为和经济犯罪的温床

相当数量企业的经营、管理、采购、供销人员，教育、卫生、科研单位的管理人员，以及政府官员，利用工作之便收受商业贿赂、损公肥私而陷入违法犯罪深渊，严重败坏社会风气，影响社会安定。商业贿赂已成为滋生腐败的温床。

5. 商业贿赂损害国内投资环境，降低我国对外资的吸引力

商业贿赂引起国际舆论对我国商务环境的不利评论，将直接影响中国的投

资环境，进而影响我国国际形象，成为我国利用外资环境瓶颈。在华工作 3 年的美国人伊桑·葛特曼写了《失去新中国：美国商业、渴望和背叛的故事》，对我国的商业环境进行批判。英国《观察家报》批评中国大多数公司讲究长期以来形成的拉关系、给回扣的做法。

6. 商业贿赂严重败坏社会风气，阻碍社会主义和谐社会的建设和发展

商业贿赂直接导致市场腐败，还有可能使我国经济"拉美化"：经济增长乏力、提升困难。拉美国家曾经创造了经济奇迹，但因其经济秩序混乱、经济领域腐败盛行，导致人均 GDP 在 3000 美元左右时，经济增长停滞，出口、投资和消费都受到抑制。

商业贿赂是生长在经济社会肌体上的一颗毒瘤，如果不能得到有效治理和清除，将会造成经济秩序的严重混乱，导致腐败盛行，经济增长乏力，危及社会稳定，侵蚀党的执政基础。因此，必须下大力气依法进行治理整顿，坚决刹住这股歪风。

（二）如何把握官商交往的界限

2013 年 3 月 8 日，习近平总书记参加十二届全国人大一次会议江苏代表团讨论，在谈到预防职务犯罪时指出：现在的社会，诱惑太多，围绕权力的陷阱太多。面对纷繁的物质利益，要做到君子之交淡如水，"官""商"交往要有道，相敬如宾，而不是勾肩搭背、不分彼此，要划出公私分明的界限。

习近平的话深刻揭示了当前腐败犯罪中官商勾结、权钱交易的本质特征，它犹如一股警醒剂，是对掌握着公权力官员们的一种振聋发聩的提醒，是对已经存在这方面问题的官员"击一猛掌"，是对各级官员的一种诫勉。

笔者作为从事职务犯罪侦查工作几十年的检察官，深感习近平总书记的讲话非常重要，因为在长期的职务犯罪侦查实践中发现，凡是权力谋私型的贪官都有一个共同的特点，就是与商人们交往时不讲原则、交往无道，热衷于与"大款"们打得火热，最终掉落腐败犯罪的深渊。

我们看到，改革开放以来，国家经济发展迅速，人民群众的生活也得到了极大的改善，但值得引起注意的是，一部分人富起来以后，也引起了一些官员们的眼红，弃官经商吧，舍不得官位和权力，还有期望中的升迁，真要下海吧，又没合法赚钱的魄力和本事。

于是那些个别官员便顺理成章地进行权力寻租，他们有的结交一些大款朋友，称兄道弟，利益分成，不分你我；有的对于有求于官员权力的商人吃拿卡要，雁过拔毛，强取豪夺；还有的官员道貌岸然，表面上拒收钱财，但个人的各种开销，全部由大款们支付。这种官场现象一多，引起了广大群众的极大不满，人们称这种官商勾结行为为"傍大款"，在群众眼中，这些个别官员失去

了应有的素质和底线，被人民不齿。

大家可以看到，这些年来被揭露的一些官员权钱交易类的职务犯罪案件，其都有一个共同的特点，贪官身边总有一批"大款"。有的是几个大款像"众星捧月"，哄着一个官员的；也有的是几个官员像"鼍狗啃尸"，恶啃一个大款的。于是，一个大款出事，带出一批贪官；一个贪官案发，连累一帮大款。

个别一些官员热衷于充当公权力的掮客，利用各种因公权力产生的关系为请托人"牵线搭桥"，然后从中谋取私利，如某国家机关某局局长王某，利用职务之便，暗中经常为一些商人拉工程、摊销产品，一些单位如果对其行为稍有怨言，其便利用手中的权力进行威胁，单位往往迫于其淫威敢怒不敢言。王局长这类钱是没有少挣，当然，应验了一句老话"多行不义必自毙"，最终其落得个悲惨的下场。

官员利用自己的地位和影响力谋取私利的现象不可忽视，实际上，官员的地位和影响力依托的仍是公权力的职务地位，其无论是利用自己的职务之便，还是利用本人的职务影响，无论是在台上利用职权，还是暗自利用自己的影响和地位，其危害性都是非常大的，根据法律规定，这种利用地位和影响力谋取私利的，也将受到法律的惩处。

李克强总理在两会记者招待会上指出："既然担任了公职，应当断掉发财的念想。"要把"权力涂上防腐剂，只能为公，不能为私"。各级官员，必须时刻牢记这些话，要作为每个官员的座右铭。

时刻牢记习近平总书记的告诫：面对纷繁的物质利益，要做到君子之交淡如水，"官""商"交往要有道，相敬如宾，而不是勾肩搭背、不分彼此，要划出公私分明的界限。

我们常说领导干部是一个高风险的职业，是因为领导干部手中掌握着一定的权力，最容易成为各种形式权力寻租的主攻目标，多数因腐败犯罪的领导干部都是在一些所谓的朋友输送的各式各样"糖衣炮弹"进攻下倒下的。

因此，作为领导干部，一定要慎重交友，一定要交友有数。每个人都有朋友，但是"近朱者赤，近墨者黑"，现在社会上有一些居心不良的人，挖空心思与领导干部套近乎，把掌有实权的干部当作"资源"来经营，把表现优秀的年轻干部当作"潜力股"来投资。领导干部一定要对那些怀着个人目的来拉拉扯扯的人保持高度警惕，严把"社交圈"，更不能为了贪图享乐而去"傍大款"。

习近平指出：公务人员和领导干部，要守住底线。要像出家人天天念"阿弥陀佛"一样，天天念"我们是人民的勤务员"，你手中的权力来自人民，伸手必被捉。

交友一是要交知心朋友，多交益友、诤友，不交酒友、赌友。二是要交往有度。朋友交往也要把握分寸，不能一味只讲肝胆义气，对于涉及原则的事情，对于涉及公权的问题，对于涉及清廉操守的问题，要有清醒的头脑，不能拿人情代替党性。三是要交情有故。朋友的感情要建立在共同理想、兴趣、爱好上，不能以一时一事论交情。公交以志，私交以义，千万勿以私利害公义，勿拿原则作交情。"贿随权集"，行贿者本质上是把领导干部当作逐利的工具，大量贪污受贿案件都说明这个道理，在这一点上必须保持清醒。

记住习近平总书记的话：心中要有敬畏，知道什么是高压线，想都不要想，一触即跳，才能守得住底线。

（三）什么是职务犯罪

职务犯罪，顾名思义就是利用职务的便利进行犯罪。还应该有一种解释，因为职务与权力密切相关，所以，职务犯罪也是权力犯罪。

职务与权力是外延很大的概念。因为，职务有公职职务，有非公职职务；权力有公权力，有非公权力，有私权力。

什么是公职职务呢？在我国，就是国家工作人员承担的职责，它的性质是为国家服务，对国家负责。国家工作人员的范围主要是：国家机关工作人员，国有企事业当中从事管理的人员，国家机关、国有企事业委派到非国有企事业当中从事管理的人员，其他受委托从事公务的人员。这些人员为此通过国家法定的机关和程序所获取的职级、地位、权力的名称，就是职务。这些职务因为又都具有国家的、公共的性质，故为公职职务。它的主要特征是：受国家机关的委派、委托管理国家事务；或受国有企事业单位的委派、委托经手、经管公共财产。

什么是非公职职务呢？简单地说，除了公职职务之外的职务，都是非公职职务。例如，外资企业、合资企业、集体企业、民营企业、股份制企业等的管理人员，他们也都具有职务，如董事长、总经理、总工程师、总会计师、部长、主任等。但就性质而言，这些人员都不直接接受国家的俸禄，所承担的职务都不属于公职职务（国家机关、国有企事业委派到这些企业中从事管理的人员除外），因而，相对公职职务而言，这些均为非公职职务。

我们现在通常讲的职务犯罪，实际上就是指公权力的犯罪。根据法律的规定，公权力的职务犯罪由国家法律监督机关——检察机关管辖，其侦查职能由检察机关的反贪污贿赂局、反渎职侵权局、监所检察部门等行使。而非公权力的职务犯罪则由公安机关管辖，其侦查职能主要由经济侦查部门行使。

就职务犯罪的形式而言，主要分为两大类：

一类是经济犯罪，即《刑法》中的第八章：贪污贿赂犯罪。包括贪污罪、贿赂罪、挪用公款罪等共 12 种。经济类犯罪的主要特征是化公为私、中饱私囊，就是把不该拿的钱款放进了自己个人或小团体的口袋，它侵犯的客体是国家利益，如国家财产、国家管理秩序、国家公务人员的廉洁性和不可收买性。

一类是渎职犯罪，即《刑法》中的第九章。包括滥用职权罪、玩忽职守罪等 42 种。渎职类犯罪的主要特征是违反国家规定使用权力，并且造成严重后果，即滥用权力或不负责任造成国家财产或人民生命财产严重的损害结果。渎职犯罪构成的主体是国家机关工作人员（公务员）。

职务犯罪，实践中也就是公权力的犯罪，因为其危害的是国家利益和广大人民群众的根本利益，更严重的是它威胁党和国家政权的巩固和国家的长治久安，因而，其社会危害性特别大。所以，惩治职务犯罪是党和国家历来非常重视的一项工作，是宪法和法律赋予检察机关的一项重要的职能，是巩固国家政权的一项重要的措施。

（四）国有企事业单位职务犯罪的预防重点主要有哪些

现阶段国有企事业单位中的职务犯罪同样呈高发多发态势，据上海检察机关的调查，发生在国有企事业单位中的职务犯罪日趋严重，平均每个涉嫌犯罪嫌疑人的犯罪金额高达 280 万元。因此这些单位要强化管理，预防要把握以下重点环节：

1. 转制环节

国有企业的关停并转是适应市场经济发展的必然选择，特别是在国企转制的过程中，涉及国家、企业、职工的多方利益，必须按照国家改革的总体方针、政府有关的具体方案循序渐进地、稳妥而规范地进行。但是一些利欲熏心者竟然借国企改革转制的机会，钻各种空子，千方百计为个人谋取私利。

如时任上海电气集团董事长、党委书记王某（共同贪污 3 亿元、受贿 21 万元，被判死刑，缓期 2 年执行）利用企业改制的机会，通过各种非法手段，最终将某国企转制到自己个人和老婆的名下，伙同他人共同贪污金额高达 3 亿元。还有的是少估多留、暗中截留、养利在外、秋后去收等不一而足。

利用国企改制实施犯罪是当前职务犯罪的一个突出的表现，必须引起重视。

因此，国企转制环节预防重点主要是：加强法律意识，规范转制程序；严格审计评估，回避切身利益；落实监督机制，严禁谋取私利；公开透明阳光，取缔幕后交易。

2. 采购环节

国企采购领域的犯罪一直居高不下，呈高发案率，每年国有资金因此流失的难以估量，每年都有一批国家工作人员在这个环节上落马。实行市场经济体制后，国家放开了绝大多数资源领域的价格。因此，在采购过程中，常常价格是可以协商、可以明暗双重操作，名称可以张冠李戴等，由于一些制约措施还待完善，目前确实还存在不少漏洞，因而一定程度上也诱发了此类犯罪的发生。舍近求远、舍好求劣、舍廉求贵、舍真求假、舍公求私，成为采购领域的表现特征，抓好采购领域的廉政建设刻不容缓。

因此，采购领域的预防重点主要是：分职管理，限制权力；分清责任，透明采购；分开职能，各司其职；分别监督，堵塞漏洞。

3. 基建环节

国企的基建同其他行业的基建一样，都是职务犯罪多发、易发、高发的部位，"楼上去、人下去"的现象频频发生。某商业一条街改造，路两边造了一批高楼，结果楼房还未及验收，一些人却纷纷锒铛入狱。犯罪环节不外乎出在发包、土建、采购、装修、设备、招商、租售等过程中。

据检察机关统计，2007年至2011年，发生在国企领域中基建工程环节的职务犯罪案件与同期相比，仍然存在高发、多发的态势，涉案金额仍然居高不下；据国家审计署2012年6月公布的审计报告，2008年至2010年，中央某石化集团有31个建设项目未按规定进行招标，涉及金额高达16.66亿元。2008年至2010年，中国某电信集团公司所属单位部分大额采购未进行招标，涉及金额6753.75万元。明眼人都可以想象，在近年国家对工程建设领域腐败的治理、管理要求越来越高、规范越来越明确的情况下，故意违反招投标的规定，绕开国家三令五申而我行我素，其中有什么"猫腻""交易"是可想而知的，查下去没有腐败犯罪案件才怪呢！

因此，基建系统的预防重点主要是：公开招标，程序透明；明确责任，严格鉴定；加强监理，不搞交易；环环制约，预防先行。

4. 协作环节

国企的内外协作领域是不可疏忽的预防违法犯罪的重点，许多国企因发展生产的需要，建立了各种形式的协作关系，如设立分厂、联营厂、配套厂，性质也各不相同，有公公合作、公集合作、公私合作、中外合作；投资方式也是多样性，独资、合资、股份制、承包制等。由于实际存在的地位差异，被制约方就要不断采取各种手段来保持同制约方的密切关系。

2012年3月，全国"两会"期间，有人大代表深刻指出，老百姓对这些腐败的容忍度已经到了临界点！

协作环节其实也是抑制"三公消费"的环节，预防重点主要是：牢记自己是人民公仆，手中掌握的是国家的资金，规范协作工作，加强监督制约；不搞打擦边球，不谋取个人私利；不吃、拿、卡、要、玩，不稀里糊涂混；不要让群众戳脊梁骨。

5. 管理环节

国企管理涉及人、财、物各个方面，在管理的一些环节上，有的管理人员不讲原则、不遵守法律规范，结果触犯法律。如侵吞公共财产、挪用公款、收受贿赂，每年发生在国企管理层面上的职务犯罪往往要占全部职务犯罪案件的60%～70%。如时任上海电气集团董事长、党委书记王某（被判死刑，缓期2年执行）、副总经理韩某（被判无期徒刑）、财务总监徐某（被判有期徒刑7年）利用国有企业管理职权大肆贪污受贿等犯罪，被绳之以法，教训深刻。

2012年5月，上海某中级人民法院公布，2009年至2011年，其所辖的10个区县法院共审判侵犯国有资产犯罪91件（不包括非侵犯国有资产的贿赂犯罪案件），涉案123人。犯罪金额共计3.2亿元，人均犯罪金额260万余元。而刑法规定的立案标准是5千元、大案标准是5万元，260万元是5万元的52倍！

这类案件涉及工程建设、房地产、金融业、医疗服务业等。涉及罪名：贪污罪60件，占66%；挪用公款罪20件，占22%；私分国有资产罪10件，占11%；国有公司人员失职罪1件，占1%。

其特点：涉案金额大，危害后果严重；窝案串案多，多个犯罪主体沆瀣一气；犯罪手段多样化复杂化；具有隐蔽性和欺骗性；"小金库"现象严重，成为腐败黑洞。

因此，国企管理层面预防重点主要是：加强自律，接受监督；联系群众，不搞特权；大公无私，抑制贪婪；以身作则，不贪不沾。

6. 处理环节

国企的处理环节也是容易出问题的一个部位，在企业发展、变化的过程中，经常要面临对人、财、物的处理。就人而言，涉及调动、任用、分流、下岗、除名等；就财而言，涉及投资、集资、融资、用资；就物而言，涉及厂房置换、设备出售、物资调整，包括边角料、工业垃圾的处置等。在各类问题的处理中，常常涉及各个方面的利益，也难免出现权钱交易的现象。

如时任上海某进出口公司党委副书记兼纪委书记的纪某，在处理员工调动、辞退、处分的过程中收受当事人的戒指、字画等财物，被判有期徒刑6年；如时任上海某印刷公司负责人的朱某在处理纸张边角料时收受回扣，被追究刑事责任；如时任上海某重型企业负责人李某在处理一批淘汰设备时收受贿赂，被绳之以法。

据统计，近年来在国企改制过程中，因为在处理一些财、物环节缺乏监督、缺乏管理，有相当一部分掌握权力的国企主要领导被绳之以法，而且几乎都是侥幸心理、自以为是，以为"神不知鬼不觉"，可以"瞒天过海"，结果都是犯罪金额巨大、后果相当严重，对国家、对企业、对家庭、对自己都是一种祸害。

因此，在这个环节中预防重点主要是：集体决定，有效监督；规范操作，不徇私情；严格核价，登记复核；权能分离，责任明确；限定权限，不搞破例。

（五）教育卫生领域职务犯罪的预防重点主要有哪些

现阶段教育卫生领域职务犯罪同样呈高发多发态势，预防这类职务犯罪要注意把握以下重点环节：

1. 管理环节

教育卫生领域的管理是具有很强的综合性、科技性、知识性、专业性、社会性特征的专门性工作，涉及社会各个方面，关系社会各个家庭，因此该领域具有相当高的职业标准和专业要求，社会的期望值也非常高。但是，市场经济条件下，一些学校校长、医院院长却因职务犯罪被依法惩处。究其原因，都是利用教学、医疗等管理的职能，在诸如资金运作、附属企业、规划建设、招标投标、招生培训、职称岗位等环节实施权钱交易类的犯罪，教训深刻。

时任上海某国家级重点大学常务副校长吴某某、上海某重点大学副校长周某某、上海某高等专科学校副校长方某某、上海某三等乙级医院院长余某某、上海某三等甲级医院副院长洪某某都是学者、专家、教授，有的还是博士生导师，甚至是院士候选人，但均因经不起诱惑，在履行职责的过程中进行权钱交易，结果成为阶下囚。据统计，教育卫生领域，特别是掌握着主要管理权力的中高层领导，在管理环节因腐败犯罪被绳之以法的占该领域职务犯罪的近10%。

因此，教育卫生领域管理层的犯罪预防也不能掉以轻心。其预防重点主要是：加强法治观念，接受组织监督；正确履行职权，进行民主决策；倾听不同意见，慎重对待请托；时刻牢记身份，坚持为人表率。

2. 采购环节

教育卫生领域的采购系统是职务犯罪的重灾区，历年来在这个部位发生的贪污受贿案件都比较突出，在教材采购、教具采购、电脑采购、药品采购、器械采购、基建采购等环节中不断发生犯罪案件。

如时任上海某三等甲级医院采购部门负责人金某、某重点大学图书采购部门负责人王某等，都是利用采购的职权收受贿赂，被追究刑事责任。治理教育卫生领域采购系统的腐败已刻不容缓。因此，要针对这个领域的特点，积极有效地开展反腐倡廉的教育，建立健全行之有效的监督制约机制，提高有关工作人员自觉抵制腐败的免疫力。据统计，教育卫生领域在采购环节因腐败犯罪被绳之以法的占该领域职务犯罪的25%。

因此，教育卫生采购环节预防重点主要是：加强警示教育，提高法律意识；完善采购机制，实行职能分离；整顿采购队伍，提高人员素质；实行阳光采购，监督审核到位。

3. 协作环节

在市场经济的条件下，教育卫生领域的协作工作也不断发展起来，合作办学、合办医院、设立分校、开办分院，还有的是个人执业医师进驻医院开设专业门诊等，协作模式也各种各样，利益分配也各不相同。在与不同的利益集团、不同的主体性质、不同的资金来源协作处事的情况下，面临的都是新情况、新问题，相应的监督机制往往还跟不上位。因此，防止在对外协作过程出现问题也必须纳入预防犯罪的视线之内。如某国有教卫机构搞了一家半紧密型的协作单位，由于疏于监督管理，该单位成了个别上级领导的"皮夹子""小金库"和行贿的滋生地，结果上下共有4个单位负责人因贪污贿赂犯罪被刑事追究。据统计，教育卫生领域在业务协作环节因腐败犯罪被绳之以法的占该领域职务犯罪的10%。可见教卫系统在选定提供医疗器械、教育用品的协作单位时，要引起特别足够的重视。

因此，协作过程预防重点主要是：集体决策，依法办事；程序透明，制约有效；明确责任，财务规范；不设小金库，不搞账外账；严禁任何个人利益掺杂其中。

4. 监管环节

监督管理是教育卫生领域十分重要的一个环节，实际上起的是把关的作用，学校买哪些教学用品，买谁家的校服，医院怎样建设，采购渠道如何建立等，都需要严格把关，特别是医院药品、医疗器械的进入，必须非常慎重，这不是简单的涉及多少钱的问题，而是涉及人命关天的大事。有个别监督管理人员也为了一些个人利益、局部利益或小团体的利益，对必须监管的事项眼开眼闭、放弃责任、放任自流，全国一度假药盛行，其中一个重要原因就是国家药监部门领导滥用职权、玩忽职守。

国家食品药品监督管理系统从上到下一批官员，如曾任国家食品药品监督管理局局长郑某，被判死刑并已执行外，还有该局药品注册司司长曹某，被判死缓；该局药品注册司助理巡视员卢某，被判处有期徒刑14年；国家药典委员会常务副秘书长王某，被判无期徒刑；中国药学会副秘书长刘某，正在提起公诉中，4个厅局级官员及属下200多名有关人员受到查处，他们大肆受贿、滥用职权、玩忽职守给国家和人民的利益造成了重大的损失。

因此，教育卫生领域监管部门的犯罪预防不单单是本部门廉洁行政、廉洁教学、廉洁行医的问题，而且还是被监管部门和监管人员的廉政建设的问题。监管环节的预防重点主要是：健全制度，监督到位；坚持原则，不讲情面；公开标准，不谋私利；发现苗子，绝不姑息。

5. 基建环节

教育卫生领域在基建过程中发生职务犯罪的情况也比较严重，学校要扩大规模，要改善教学环境；医院要上层次、上等级，要大规模改造和建设新的建设项目，与所有的建设项目相似，一定存在各种利益的诱惑，一些包工头许诺的代价越开越大，交易的手法越来越隐蔽。不少人经不住诱惑，"楼还没造上去，人却先掉下去了"。

上海市卫生计划委员会副主任、上海某电视大学、某师范大学、某大型医院分管基建的主要领导都是在这个环节翻船落水。据统计，教育卫生领域在工程建设环节因腐败犯罪被绳之以法的占该领域职务犯罪的35%。因此，基建方面的犯罪预防要作为重中之重来抓，切不可疏忽。

教育卫生领域基建环节预防重点主要是：公开招标，程序透明；集体决策，内行把关；正门敞开，后门关闭；监督制约，私交回避；不馋不贪，拒绝私利。

6. 资金环节

教育卫生领域的资金运作管理是一项重要的工作。监督防范不力必定出现问题，甚至造成国有资金的重大流失。

时任天津大学校长就是在运作学校资金的过程中，不经过集体研究，不接受任何监督，个人独断专行，结果造成国家教育资金损失1000多万元，最终被罢免全国人大代表，并且受到严肃处理。时任上海某重点大学财务处处长私下挪用学校教育资金1000余万元为个人炒股，最终被追究刑事责任。时任上海某医科大学附属医院一财务人员，挪用医院资金860余万元参加网上赌球，结果输得荡然无存。进入2012年，上海检察机关又发现某大学财务处长挪用公款数百万元，被刑事追究。2013年上海市卫生系统、教育系统仍然有领导干部因为涉嫌职务犯罪而被绳之以法。据统计，教育卫生领域在资金监管环节因腐败犯罪被绳之以法的占该领域职务犯罪的20%。可见，教育卫生系统资金监管千万不可掉以轻心。

因此，在这个环节中要注意的预防重点是：责任明确，环环相扣；制度健全，不留空隙；监督到位，步步把关；及时检查，堵塞漏洞。

（六）农村村官职务犯罪的预防重点主要有哪些

现阶段农村村官职务犯罪同样呈高发多发态势，也是造成农村群体事件、社会不稳定因素的诱因，2007年至2011年上海检察机关共查处"涉农"案件154件、178人，其中村官占了相当大的比例，预防这类职务犯罪要注意把握以下重点环节：

1. 土地环节

农村土地现在也成了一些开发商的关注目标，特别是靠近城市的郊区农村，其土地更是被不断看好。一些村官为了谋取不法利益，不顾国家有关法律和政策，进行各种名目的土地违法交易，某村官在土地出让的过程中竟然收受贿赂达100多万元。因此，土地类的犯罪成为了当前的打击重点之一，在这个环节上加强犯罪预防势在必行。

2014年上海检察机关的农村土地环节查处市和区的有关部门负责人案件11件，涉案金额数千万元，这说明这个方面的腐败问题存量还非常大，绝对不能掉以轻心！

土地环节预防重点主要是：严格依法办事，必须群众同意；程序全部公开，价格依法确定；严禁不法交易，杜绝"暗箱操作"；手续规范清楚，审计复核保障。

2. 动迁环节

城市的扩大和新农村的建设，使农村居民的动迁成为村官的一项日常工作，特别是涉及城市、市政性质的动迁，国家将拨付专项资金进行补偿，于是一些村官便动起了歪脑筋。上海某村几名村官把不属于动迁范围的亲属私下纳入动迁户名单中，结果骗取了国家专项资金，每人都达几十万，被依法追究刑事责任。

因此，农村动迁环节中的预防不可忽视，其重点主要是：明确法律责任，规范操作程序；公开动迁范围，确认补偿名单；监督申报过程，复核补偿结果；对照资金总账，节余部分公示。

3. 资金环节

农村要发展，资金往往成为"瓶颈"，于是，农村集资成为一种解决资金不足的法宝。由于先天不足的原因，农村组织对资金，包括集资的资金、企业的资金、贷款的资金、国家专项下拨的资金等的管理、运用缺乏经验，一些村官便有了可乘之机，把集体的资金当作自己个人的钱袋子。

据报道，广东省东莞市辖某农村一村官（村委会主任），几年中挪用包括集资的资金在内的公款，几百次出入澳门去豪赌，结果输掉公款1亿多元，成为全国挪用公款去境外赌博输额最大的第一人。近年上海检察机关也查处过一个村官，其伪造假发票、假凭证680多份，从村里财务部门套取现金1千余万元，上百次去澳门豪赌，被挥霍一空。

据上海检察机关统计，2007年至2011年，上海检察机关查处的150多件"涉农案件""村官案件"中，其中有40余件发生在资金管理环节，几乎占1/3。

因此，农村资金环节的预防必须加强，其重点主要是：健全资金管理机构，制定资金管理规则；监督资金运作过程，明确资金理财责任；落实资金专业人员，堵塞资金风险漏洞。

4. 规划环节

农村规划是建设新农村的重要组成部分，把农村规划好、建设好、发展好，村官们责无旁贷。但是一些村官却利用农村规划的职权谋取个人私利，乘机大发横财。某农村几个村官在规划中弄虚作假，虚报冒领，既骗取国家的补贴，又侵吞集体的财产。农民们无可奈何地称："一年土、两年富、三年成为大财主！"嘲讽的就是这类村官。这些村官的行为，严重损害了农民群众的切身利益，严重破坏了党与农民群众的感情，不加关注，不加惩治，后患无穷。

2010年发生在广东省的"乌坎"事件，在国内外造成了极其大的影响，其导致严重后果的导火线就是村官在土地规划过程中，"暗箱操作"、中饱私囊，引起了群众的严重不满，后来在省委领导的重视下，推翻了不合法的规划，把土地还给了农民，同时依法查处了腐败的村官，老百姓才心安气顺。

因此，农村规划环节预防重点主要是：村官必须公选，处事必须公道；权力要有限制，监督不可忽视；规划须得公允，账目透明公开；定期审计检查，及时查处贪官。

5. 企业环节

农村办的企业，在国家经济建设中具有不可忽视的地位和作用，不但对农村的发展、对农民生活质量的提高起到了重要的作用，对国家的经济发展也有积极的推动作用。但是，不可否认，一些乡办、村办企业因为机制灵活、管理简单、成本低廉，在业务交往中成了腐败的诱因。企业需要业务、需要设备、需要技术，均有求于他人，以前是送农副产品，如鸡、鸭、鱼、米之类；现在是送金条、干股、别墅、汽车、巨额钱财或提供吃喝玩乐的场所，甚至发展成为提取个人用于挥霍现金的"保险箱"。

改革开放以来，上海最早处决的几个贪污、受贿犯罪人员都是在与农村企业的业务交往中实施的犯罪。可见，这个环节忽视不得。当然，农村企业自身的建设也很重要，发生在农村企业管理人员中的犯罪也要注意和加强防范。

因此，乡镇企业这个环节的预防重点主要是：民主决策，遵章守纪；依法经营，账目公开；过程透明，定期检查；原则坚定，强化监督；诚实守信，杜绝行贿。

6. 救济环节

目前在农村中确实还有一定数量的困难群众、弱势群体，他们因为疾病、伤残、缺少劳动力等，还过着较贫困的生活。党和政府非常重视和关心这些群众，制定了相应的政策，通过各种途径帮助他们改善生活。其中，对困难户给予救济、定期发放救济金就是一种有效的措施。但是，个别的农村干部竟然把目光转移到了救济金上。

2006年，上海某农村（乡镇）一负责发放救济金的干部竟然利用职权，克扣应发的救济金，然后拿着赃款去赌博、去买彩票。然而那些没有按时、足额拿到救济金的都是孤独老人、五保户，他们没有文化，没有自我保护的意识和能力，只能默默忍受贫困。这种伤天害理的犯罪行为不惩治、不防范如何了得！

因此，农村扶贫救济环节中的预防重点主要是：选人一定要严，制度一定要全；过程必须透明，回访不能缺少；送钱两人上门，检查监督周到；堵塞各种漏洞，防腐木鱼常敲。

7. 综合环节

"涉农"案件、村官案件近年来有上升的趋势，在一些领域和环节居高不下，涉及的范围几乎涵盖了所有具有权力的部门和岗位。

据笔者统计，2007年至2014年，上海"涉农"与村官职务犯罪案件涉及的岗位、部门和环节有：村主任、村支部书记、村委、镇工会主席、镇村建办、镇市政管理站、镇动迁办、道路管理、镇渔港监督、镇蔬菜公司、镇事业办、镇经济园区、镇环境规划服务中心拆违队、镇劳务所、镇农机站、农机监理站、镇农业服务中心、镇规划和环境服务中心、镇社保服务中心、镇房管所、镇农业管理中心农业科、镇安监队、区就业促进中心、有线服务、通信管理、水利排灌站、供销社合作联社、镇村企业、动物疾控中心、果蔬园区、金融机构等。

涉及的领域有：村镇管理、资金管理、工程发包、公用事业、民政社保、行政执法、动迁评估、动物检疫、商品采购、淡水养殖、技术推广、银行管理、安全监察、水利排灌、农机管理、规划测绘、园艺种植、农业发展、卫生服务、林业管理、畜牧兽医、土地城建、企业管理、环境绿化、公路交通、蔬菜种植、劳务管理、社会救济、儿童福利、医保专管、社区事务、房地产开发等。

其中涉及村长、村书记的80余人；涉及管理部门的150人；涉及经营服务企业的60余人。

因此，全面加强"涉农"管理机构公职人员的廉政教育、强化监督；全面加强村官的政治素质、思想素质、道德素质，全面加强各种权力的监督制约刻不容缓。

（七）驻外人员职务犯罪的预防重点主要有哪些

随着改革开放力度的不断加大，国家机关和国有企业派驻境外、国外的人员也日趋增多，在远离国家、单位和组织的外部环境里，能不能牢记自己的使命，遵守自己国家和派遣单位组织及被派遣所在国家、地区的法律是一个不容忽视的大问题。笔者曾经到一个在世界五大洲都有派遣机构的央企进行调研，感到我们的国家工作人员在外派期间，遵纪守法、廉洁自律非常重要，在复杂的环境里经受住考验，这个问题必须提到重要的层面来研究和认识。

1. 交往环节

国家机构、国有企事业单位的驻外人员是受委派到境外履行职务的公务人员，其在境外的行为也必须严格遵守国家的法律和有关规定，当然还必须遵守驻在国的法律和有关规定。在远离祖国和组织的环境里，必须自觉加强遵纪守法的意识，特别是在与各类人员、各类单位交往的过程中要保持警惕，有些交往的对象会送礼、送物，直至给回扣、给各种所谓的个人好处，有的公务人员以为人在境外，没人会知道，便心安理得地照单全收。

上海某局一女处长程某，利用职务便利以损害国家利益的行为给外方提供利益，在境外期间收受了外方的巨额钱款，外方还为其在境外设立了银行账户，最终受贿案情暴露，被判无期徒刑；上海某国有企业集团一总经理常某在境外收受贿赂，并把赃款存入境外银行，也被检察机关查获，被判刑。还有境外的某些组织以给工作、请吃喝、供旅行、办移民、发奖金、给经费的方式同你套近乎，目的是从你这里获取国家机密、军事机密、工业机密、商业机密，如你没有足够的警惕，可能在不知不觉中被拖入危害国家安全、泄露国家机密的犯罪泥坑。所以，在外（境外、国外）交往千万不可掉以轻心。

因此，对外交往环节预防的重点主要是：严格遵守外事纪律，规范履行公务职责；对外交往不卑不亢，事无大小勤于汇报；拒绝接受违法利益，保持警惕防入圈套。

2. 开销环节

驻外公务人员在驻在国的各类费用开销同国内是不同的，许多国家没有消费后提供发票或提供消费凭证的做法，驻外人员一般是将公款打入个人的信用卡进行消费，实际上是在没有监督的情况下使用公款，"靠自觉花钱，凭良心消费"，向单位报销、核账时也是凭个人的记录和说明照实入账。因此，一些国有单位的驻外人员钻这个空子，反正没有人检查、监督，在境外任意挥霍公款，进酒吧、赌场、娱乐场所，购买个人贵重物品等均用公款消费，真可谓："一个月傻、三个月土、六个月开始变小富、一年绝对是暴发户！"

上海某国有企业一驻澳门施工机构的管理人员，在短短的半年时间里，个人挥霍公款150多万港币，造成施工人员的工资都发不出，被判11年有期徒刑。最近几年，驻外及外派机构官员腐败犯罪后，为逃避制裁，往往携款潜逃海外，发生在金融领域、国有企业中的较多，党政机关中个别腐败官员，甚至级别较高的领导干部，近几年也开始或明或暗地汇入海外潜逃的逆流。

因此，加强驻外人员的廉政自律意识很重要，预防重点主要是：把好选派关口，加强自律教育；建立规范制度，严格操作程序；上下经常沟通，注意反常变化；定期回国述职，完善境外监督。

3. 接待环节

驻外机构、驻外人员一个主要的任务是接待国内来的各种人员。出国指导的、考察的、检查的、慰问的、路过的、旅游的、探亲的、因私的等，五花八门，应有尽有。其中确实存在一些腐败现象，其主要表现就是接待人员全部用的是公款开销，甚至去赌场、娱乐场所、色情场所都用的是公款，包括分发所谓的"零用钱"、送高档礼品等。一些人以为，在国内不允许的，在境外都是合法的。便肆无忌惮"如鱼得水"起来。现在被查处的一些领导干部职务犯罪案件，其中有不少犯罪事实是在境外实施的。

如2007年，时任国有某大型航空公司党委副书记兼副总经理的吴某（被判处有期徒刑11年），4次去香港、澳门进行公务活动，每次都在境外收受"零用钱"港币10万元，其中有几笔钱是国内某国有企业委托境外的接待人员专门送上的。

因此，对驻外机构和人员的行为规范，职务履行的规范必须引起重视。当然，深层次的问题是，驻外机构的一些上级委派机构的领导，把驻外机构当作自己的"私人港湾""度假胜地""世外桃源"，有意营造这种规避制约的机构和方式。在这种情况下，单独规范驻外机构显然是治标不治本，必须从委派机关这个根子入手。加强这个环节的预防刻不容缓。

因此，驻外接待环节其预防的重点主要是：规范驻外机构，上级自身严谨；勤于驻外教育，领导以身作则；明确驻外职责，及时考核检查；密切驻外联系，掌握实际情况；加强驻外审计，防止出现问题；完善驻外监督，确保廉洁自律。

4. 采购环节

驻外采购是驻外工作的日常事务，所有驻外的日常基本保障都要靠就地采购来实现。一些发达的、法治比较完备的国家或地区，要想通过采购谋取私利几乎没有可能，弄不好还要受到当地法律的制裁。但是，许多发展中国家由于各种监管的措施还不够完善和成熟，存在漏洞，有些驻外人员就会在这个过程中进行谋私的行为。如某大型国企集团有驻外机构近百家、驻外人员上千人，曾经发现一些驻外人员这方面的违规违法情况，个别的还相当严重，给国家造成了重大损失。因此，也要注意在这方面加强防范。

因此，驻外采购环节预防重点主要是：加强教育，严格手续；制度完善，细节明晰；账目规范，监督到位；经常检查，定期复核。

5. 协调环节

进行利益的协调是驻外机构和人员的基本工作任务，在协调过程中代表的是国家的利益、国有企业的利益。但是，曾经发生过境外的一些利益集团以不法手段收买我方人员，以蝇头小利获取巨大的利益，也有某些领导干部因此落马。

如上海某大型国有企业主要负责人在境外洽谈一重大国家项目的过程中，接受了对方的一些利益，结果将重要的工程标的泄露给对方，造成国家利益重大损失。所以，对外协调、谈判、合作也要有廉洁自律的意识。

因此，驻外协调环节预防重点主要是：集体决策，底线预设；互相制约，责任明确；回避私下，杜绝"暗箱"；坚持原则，抵制收买。

（八）股份制企业职务犯罪的预防重点主要有哪些

股份制企业是随着改革开放而不断发展起来的一种符合市场经济发展的新经济组织，其虽然与国有企业的性质具有明显的不同，但在职务犯罪预防、遏制腐败方面应当讲其要求则完全是一样的，在股份制企业中，根据管理人员身份、地位、职责的不同，虽然有"国家工作人员职务犯罪"与"非国家工作人员职务犯罪"之区分，但其职务犯罪客观方面的标准是相同的。

1. 管理环节

受国家机关、国有企业委派到股份制企业中从事管理的人员是国家工作人员。股份制企业同国有企业有不同之处：一是管理决策层有其他投资者利益的代表，受委派者可能处于从属的地位。二是党组织对企业中的其他投资利益代表没有直接的制约作用，党组织的活动大多在业余时间进行。三是受委派人员与其他投资者利益代表的收入可能存在较大的差异，外方委派的人员的收入可能是我方委派人员的数倍、十数倍。四是企业人员结构组成的来源不同、国籍不同、信仰不同、观念不同、习惯不同、收入不同，可能不受我方意识形态的影响（纯国内机构投资的股份制除外）。基于这些不同的因素，受委派人员会产生一些不平衡、不服气、不甘心、不敢干的意识，在一些环节上降低了要求、放弃了责任，有的也发生了贪污、受贿的情况。因此，受委派人员也必须要加强预防意识。

因此，受委派的管理人员其预防重点主要是：牢记代表国家利益的身份，坚持维护国有投资增值的责任，时刻接受党组织的监督，所有行为严格遵守法律规定，不以任何方式谋取不法利益。

2. 资金环节

股份制企业的资金管理与国有企业不完全一样，在股东大会闭会期间基本上由董事长、总经理决策。由于监督的体制、形式、方法不同，董事长、总经理决断的权限比较大，容易产生一个人说了算的情况。特别是在资金的管理、运作的环节上，往往一句话、一支笔就决定了巨额资金的走向。

如时任上海某上市股份公司董事长兼总经理吴某，在企业经营管理的过程中，大肆贪污、受贿、行贿、挪用资金，被判无期徒刑；时任上海某股份制集团董事长郁某，利用其掌管资金的职务便利，以广告费的名义将公款100多万元打入房产公司，以支付其个人的购房款，构成职务侵占罪，被判有期徒刑4年；时任上海某上市股份制企业财务总监叶某，利用职权将公款1000余万元打入股市，为个人炒股营利，被追究刑事责任。所以，股份制企业的高管，特别是受国家或国企委托的管理人员对资金的管理一定要依法规范，谨慎操作。

因此，股份制企业在资金环节的预防重点主要是：严格遵守法律法规，规范运作企业资金；加强资金监督管理，杜绝个人随意决定；重大资金必须论证，程序过程公开透明。

3. 交往环节

股份制企业有其特殊性，在业务交往中可以突破国有企业的惯例或框框，但是必须注意，突破不能以违反法律和规定为前提，特别是股份制企业的高管不能过度强调股份制的特殊而独断专行、为所欲为，应当严格按照董事会的授权，有限制、有依据、有制约地行使权力。要时刻明确，手中权力的使用必须对董事会、股东大会、全体股东负责。

因此，股份制企业交往环节预防重点主要是：规范化，透明化；合法化，程序化；制度化，民主化。

4. 内幕环节

股份制企业，特别是上市公司，企业经营的优劣可以影响股市，也与企业高管的切身利益联系紧密。因此，有些股份制公司的高管采用虚假做账、隐瞒真相、"暗箱操作"、内幕交易、发布虚假信息等手法谋取不法利益。最近一些股份制企业高管被调查处理，有的被刑事立案侦查，其中存在内幕交易、违规操纵等不法行为是主要的原因。

因此，股份制企业内幕控制环节预防重点主要是：依法守法，警惕违法；

公开透明，规范内幕；加强监督，诚信经营。

（九）其他经济成分企业相应犯罪的预防重点主要有哪些

其他经济成分企业一般指非公企业，亦即新经济组织、新社会组织，即非国有集体独资的经济组织，社会团体和民办非企业单位，简称为"两新"组织。

根据中央的统一部署，要加强"两新"组织的反腐倡廉建设。要求加强非公有制企业、市场中介组织、社会团体、民办非企业单位、基金会等"两新"组织的反腐倡廉建设，促进"两新"组织健康发展。

中共上海市纪委、市委组织部、市委统战部、中共上海市社会工作委员会、市监察局于2010年8月18日发出通知（沪纪〔2010〕107号），颁布了《上海市推进"两新"组织反腐倡廉建设的若干意见（试行）》。

"两新"组织在执行这些规定的同时，要根据自己企业、组织的具体情况，重点在以下环节加强腐败的预防。

1. 求助环节

其他经济成分的企业是指非公有制的企业，其中主要以中小企业、民营企业、新型企业等为重点。在市场经济的条件下，这些企业受到制约的因素很多，处在比较弱势的状态，存在不少困难，诸如资金、业务、人才、质量保证等。面对激烈的市场竞争，为了在市场上占据一席之地；为了企业的生存、发展，必定要进行各种途径的努力尝试。有的遇到了冷落、推诿、扯皮、刁难，有的遇到吃、拿、卡、要的暗示或明索。于是，自觉不自觉地实施送钱、送物，甚至采取向有关人员巨额行贿的行为，也有的因为得到了帮助和关照，为了表示感谢，为了继续保持关系，主动实施送礼、行贿等行为。

这些情况虽然事出有因，有不得已而为之的因素在内，但是毕竟是涉嫌违法，甚至犯罪，既破坏了市场经济公平竞争的规则，又助长了腐败分子嚣张的贪婪性，一旦暴露还很可能脱不了受到法律追究的干系。每年都有一定数量的行贿人员受到查处，都是基于这类情况。

2007年，上海某区一民营企业负责人为了获取工程业务，向基建管理部门的公职人员行贿20余万元，被法院以行贿罪判处有期徒刑6年。有人说，"行贿就是花钱买官司啊"！此话不假，行贿真是害人又害己。

因此，这类企业的预防重点主要是：坚持依法经营，切实完善管理；避免家族决策，依靠能人智慧；不搞行贿手段，加强自我保护；建立正常关系，坚持诚实守信；杜绝歪门邪道，承担社会责任。

2. 评定环节

一些企业负责人在企业有了一定的发展以后，很自然地产生一种攀爬的心理，希望快速提高企业的社会地位和层次。如现在针对企业的评奖、评优、上等级、授称号、入许可网络、纳入供应商范围等，对企业今后的发展具有举足轻重的促进作用。这种想法本身并没有错，但是如果通过不正当的手段去获取的话，那么就有点本末倒置了。

但是，由于种种原因，一些企业感到，如通过正常途径可能无法如愿以偿，或者企业本身确实还存在不符合条件的因素，于是，有些企业负责人为了能够实现这个目的，便采用送钱、送物，甚至用行贿的手段来拉关系、搞交易，有的因此陷入了违规、违法的泥坑。

因此，这个方面的预防重点主要是：依法办事，实事求是；不怕习难，不做交易；诚实经营，端正风气。

3. 解困环节

中小企业、新办企业等，可能存在某些主客观条件的不足，在经营业务、发展生产的过程中，难免会出现这样、那样的问题。有的因此会受到职能部门一定的处罚，如违规使用劳动力、超范围经营、税务偷漏、消防不合格、发生安全、质量事故等。有的企业负责人不能正确对待，自以为是关系不硬、路道不粗所致，于是想方设法找门路、通关系，甚至以行贿的方法希望得到免责或减少、减轻处罚。不知道这样一来，旧疤未除又添新痕，既可能把国家履行监督管理职能部门的工作人员拉入违纪、犯罪的泥坑，自己也可能因为涉嫌行贿罪而被追究刑事责任。因此，这类问题也要加强法制意识，不要糊里糊涂地触犯法律。

这个环节预防重点主要是：加强法律意识，规范企业行为；认真改进不足，客观解释原因；绝对拒绝行贿，不搞幕后交易；遭遇不公对待，申诉举报反映。

4. 投资环节

有些企业因为经营情况不佳，结果是病急乱投医，不分原则是非，什么赚钱干什么。于是，有的非法集资，有的非法经营，有的虚开增值税发票，有的甚至干起了欺诈的行为。这些情况，理所当然要受到法律的制裁。其中，有的是故意所为，犯罪的恶性程度严重；有的是不懂法律，法制观念淡薄，属于盲目无知。但是，这都不会影响法律的追究。前一种情况完全是罪有应得，而后一种情况就有点得不偿失了。因此，在这方面强化犯罪预防至关重要！

投资环节预防重点主要是：具备法律意识，保持头脑清醒；规范企业行为，坚持正当经营；不受利益诱惑，黑手必遭报应；诚实守信第一，凡事三思而行。

5. 经营环节

一些不占市场优势的企业在经营过程中，也必须完善企业的管理。这些企业本身的创业就不容易，发展很艰难，如果因为管理不善，又发生企业钱财被侵吞的情况，那更是雪上加霜。之所以发生问题，其根本原因是企业只注重效益而忽视管理。造成企业损失的情况不外乎两种：一是外来的侵害，如产品被骗、被合同欺诈、被非法无限制扣押应收款等；二是内部的侵害，如管理人员吃里爬外、侵占企业财产、损害企业利益等。因而，这也是必须引起重视的。

因此，这个环节预防重点主要是：管理到位、制度健全；加强制约、防范优先；责任明确、授权有限；规范经营、违法不干。

6. 推销环节

一些企业因为缺少市场，为推销产品或服务项目，占领市场份额，便通过建立营销员、业务员队伍四处攻关。如一些药品、医疗器械、保健用品经营企业，一些保险公司、证券咨询公司、房产中介公司等，对这些推销人员实行的是少量基本工资，主要靠拿提成的分配方式，多销售多收益。于是，推销人员便"八仙过海、各显神通"，多通过送回扣、给好处的方法推销产品。

甚至，一些企业专门对推销人员进行"培训"，教授如何行贿及与各类人打交道的方法。其结果是害了一批公职人员，害了一批推销人员，更是破坏了正常的市场经济秩序，败坏了社会风气。如果推销的是伪劣产品的话，还损害了消费者的合法权益，危害极大。从近年来的司法实践来看，不少行贿、受贿案件都是属于这种情况。

如某医疗器械公司推销员向几家医院推销治疗心脏病用的"支架"，然后给医院有关人员回扣，几年下来累计金额巨大。结果，被检察机关查获，行贿方、受贿方均被追究刑事责任。因此，推销行业预防犯罪不可忽视。

推销环节预防重点主要是：依法经营，公平竞争；服务周到，质量取胜；杜绝行贿，不搞歪门；保护自己，长远考虑。

其他经济成分企业或企业人员犯罪的侦查管辖，分别属于检察机关、公安机关。如行贿罪，因行贿罪与受贿罪是对偶犯罪，受贿罪构成人员的主体一定是国家工作人员，那么行贿罪就一并由检察机关管辖处理；如挪用公款罪、贪污罪，如果其他经济成分的企业或企业人员伙同国家工作人员共同作案，而国家工作人员是利用职务犯罪的话，那么作为共同犯罪的同案犯，也由检察机关管辖处理；其他经济成分企业或企业人员实施的侵占、企业人员受贿、挪用资金、虚开增值税发票、合同失职、各类诈骗等犯罪均由公安机关管辖处理。

（十）有关渎职犯罪的最新法律依据

2012 年 12 月 7 日，最高人民法院、最高人民检察院联合发布《关于办理渎职刑事案件适用法律若干问题的解释（一）》，从严惩治渎职犯罪，并首次明确实施渎职行为并收受贿赂的应当数罪并罚，以"集体研究"形式实施渎职犯罪的应依法追究负有责任人员的刑事责任，渎职罪主体涵盖依法或者受委托行使国家行政管理职权的公司、企业、事业单位的工作人员。

六、提领性归纳告诫资料

（一）"三感""三珍惜"的告诫（以朴实、接地气的告诫深化主题）

我们每一个国家工作人员都要有"三感""三珍惜"意识：

"三感"意识

感知（坚持科学发展观，正确认识社会、正确认识组织、正确认识群众、正确认识法律、正确认识自己）；

感恩（理想信念，保持敬畏之心，缺乏理想信念就没有自律、敬畏意识，是胆大妄为、无法无天的思想根源）；

感悟（树立正确的世界观、人生观、价值观，"三观"存在误区是当前职务犯罪高发、多发、贪官层出不穷的重要原因）

特别提示：感知是基础；感恩是过程；感悟是目标。

"三珍惜"意识

珍惜工作岗位（岗位来之不易，不能精神懈怠、得过且过）；

珍惜手中权力（权力来自哪里？权力为谁所用？强化宗旨意识）；

珍惜人生前途（入党为什么？掌权为什么？身后留什么？）

特别提示：能够珍惜才会自律，能够珍惜才会自足、能够珍惜才会自强！

（二）中共党史中的"耿飚之问"（以脱离群众的现实强化警示）

耿飚同志退下来以后，于20世纪90年代到曾经战斗过的甘肃省庆阳市考察休养，遇到当地老百姓为维护合法权益向政府要说法，一时群情激奋……

而当地政府官员麻木不仁、冷若冰霜、无动于衷，干群矛盾十分对立……

当地领导见大领导来了，一定要请耿飚给大家讲几句话，于是耿飚讲了一件往事："1941年，我在129师385旅担任副旅长，那时，部队发生了一起严重侵犯群众利益的违法事件，一个战士强奸了民女……解放军部队出现了国民党反动派军队才干得出的事情，在这个封闭保守的西部地区群情激奋，影响极坏。"

怎么办？严肃军纪，杀无赦！

为了挽回影响，部队召开公开处理大会，当着群众的面进行处理，当时群众到场5000余人，部队战士5000余人，正当准备执行枪决时，被害人的父母出来了，他们表示，我们姑娘的损失不值得拿一个年轻战士的生命来抵罪，要求枪下留人……

耿飚斩钉截铁地表示：绝不可以，人民军队有铁的纪律，谁触犯了就得付出代价，历来如此；不料姑娘的爷爷奶奶颤颤出来了，解放大军啊，让孩子到前线多打敌人吧，我们不要求枪毙这个还是孩子的战士……

耿飚继续表示，不行！谁来说情也不行！

姑娘自己出来了，"我是自愿的，怪不得这个战士，要死我跟他一起死……"

话音未落，祖孙三代全部跪在了耿飚面前，不一会儿只见黑压压的人群齐刷刷全部跪下了，全旅战士一看，父老乡亲跪下，于是也情不自禁跪了下来，一时耿飚面前跪下了近万人……

耿飚流泪了，当场决定收回死刑的命令，责令这个战士上前线多杀敌人、戴罪立功……

这个时候，耿飚问了大家一个问题："同志们，你们现在如果犯了错误，群众能给你请命说情吗！"

大家面面相觑，都低下了头，陷入了深思……

这就是我们党史中著名的"耿飚之问"。

我在讲这段党史的时候，会场上、课堂里的听众几乎都眼噙泪水，思想受到极大的震撼！

（三）照镜子是要能够自己发现问题、正视问题

中共中央政治局常委、中央书记处书记刘云山于 2012 年 12 月 23 日在京主持召开党的建设和组织工作调研座谈会上强调：要把开展以为民、务实、清廉为主要内容的群众路线教育实践活动，作为加强作风建设的重要载体，真正让党员干部在活动中受到教育，达到在思想上作风上"照镜子、正衣冠、洗洗澡、治治病"的目的。

"照镜子"一说，自古有之，唐太宗李世民说："以铜为镜可以正衣冠，以古为镜可以知兴替，以人为镜可以明得失。"几千年来，这条古训一直是中华民族仁人志士的座右铭。

在当前开展以为民、务实、清廉为主要内容的群众路线教育实践活动中，"照镜子"是非常重要、非常必要、是必不可少的一个举措，每个共产党员、每个领导干部都要自己"照镜子"，自觉"照镜子"，学会"照镜子"，认真"照镜子"，通过"照镜子"看到自己的差距、发现自己的不足、找准存在的问题，最终加以改进之。

历史和现实告诉我们，只有自觉地、真诚地、科学地"照镜子"才能正

视自我、正视不足、正视问题，"照镜子"是前提，改进不足是目的。在思想和作风上，我们要"照镜子"，在勤政和廉政上，我们要"照镜子"，在密切联系群众这个问题上，我们要"照镜子"，这镜子是宗旨之镜、党章之镜、为民之镜、务实之镜、责任之镜、廉洁之镜、创新之镜、奋发之镜！常照镜子、敢照镜子、会照镜子才能修身正己，自警自律，警钟长鸣，而鸣响警钟最好的人，不是别人，而是自己！照镜子的主角是我们共产党员、领导干部自己！

在当前开展以为民、务实、清廉为主要内容的群众路线教育实践活动中，我们共产党员、领导干部都要学会"照镜子"，只有自觉地、真诚地、科学地"照镜子"，才能仰首无愧于党。党章是党的根本大法和最高行为规范，是共产党员、领导干部言行的标准尺。每个共产党员、党员领导干部都要以党章为镜，通过"照镜子"以发现问题，找准不足，看到差距。看一看自己的言行举止是否符合党章要求，是党性修养这项"帽子"戴歪了，或是为人民服务这条"领带"忘记打，还是廉洁自律这件"衣服"的纽扣错位了，照一照党章这面"镜子"，便一目了然。

作为新时期的党员干部尤其是各级领导干部，更理应时常"照镜子"，"照镜子"是基础，是前提。通过"照镜子"看到了自己脸上的污垢瑕疵、身上的衣冠不整，所以才能进一步"正衣冠""洗洗澡""治治病"，按照党的要求、党章的标准，扪心自问究竟思想正不正、能力够不够、观念新不新、作风实不实、业绩优不优、廉政好不好，从而知不足而奋进，切实为人民用好权、履好职。

现阶段"照镜子"，就是要通过每个共产党员、领导干部的努力，做到"干部清正、政府清廉、政治清明"。从改进工作作风、密切联系群众的"八项规定"，到新进中央委员会的委员、候补委员学习贯彻党的十八大精神研讨班上的讲话，到政治局集体学习时的讲话、再到在十八届中央纪委二次全会上的讲话，习近平总书记系列重要讲话核心要义在于营造干部清正、政府清廉、政治清明的政务环境，在于建设风清气正的政治文明。

现阶段"照镜子"，就是要认真学习贯彻党的十八大精神，学习落实好习近平总书记重要讲话精神，认真"修身齐家"。首先应当从修身开始，从作风开始。党员干部特别是领导干部，要深入群众，关心群众，帮助解决群众生活中还存在的各种矛盾和问题，同时要严于律己，管好自己的嘴，管好自己的手，管好自己的腿，不该吃的不吃，不该拿的不拿，不该去的地方不去。按照习近平总书记所要求的，少出去应酬，多回家吃饭，省下点时间，多读点书，多思考点问题。要先齐其家，管好自己的子女、亲属和身边的人，不利用手中的权力为他们谋私利，不明里暗里为他们的升官发财而奔走，不因他们而以各种形式侵害公众利益。更要正确地使用手中的权力，自觉地接受群众的监督，要不断健全施政行为公开制度，让手中的权力在"阳光"下运行。

现阶段"照镜子"，就是要带头做到并且积极倡导全民节约意识，从自己做起，认真整改人民群众深恶痛绝的"三公"问题。习近平总书记在十八届中纪委二次全会上的讲话中强调："俭则约，约则百善俱兴，奢则肆，肆则百恶俱纵。"勤俭是我们的传家宝，什么时候都不能丢掉。

现阶段"照镜子"，还要认真查找自己的精神状态正不正、工作能力够不够、密切联系群众方面有没有问题、廉政建设上还有哪些差距，从大处着眼、从小处着手，自找差距，自我完善。

贯彻习总书记的重要讲话精神，还要纠正"自己是普通党员，不是领导干部，与自己关系不大"的片面认识。每个共产党员、每个干部都要"照镜子"，诸如舌尖上的浪费，公款吃喝、商务宴请等固然是众矢之的，但与普通党员、干部身上同样也存在的脱离群众、麻木不仁、得过且过、扯皮推诿、消费观念不当、崇尚奢华的意识也不无关系，从根本上讲，其实就是世界观、人生观、价值观的问题，这是每个共产党员、领导干部绕不开的根本性问题。

所以不管领导干部，还是普通党员，都要始终牢记党的全心全意为人民服务的宗旨，坚持和发扬艰苦奋斗的精神，都要传承中华民族勤俭节约的优良传统，强化节约光荣、浪费可耻的思想观念，在工作、生活中时时处处体现为民、公仆、勤务员的意识。

要从我做起，从工作各个环节入手，大兴俭约之风，营造风清气正的工作生活环境。作为领导干部要率先垂范，严格执行公务接待制度，严格落实各项节约措施，坚决杜绝公款浪费现象。作为普通党员，要在自己的工作职责之内，从日常的工作细节抓起，结合自己的工作、生活，以习近平总书记的重要讲话为指导，"照完镜子、正好衣冠"，勤奋工作，俭朴生活，为整个大环境的改善作出应有的贡献，让党放心，令人民满意。

综上所述之资料，是我随意挑的自己讲课备用资料，是我讲课资料备用库中的 1/10，有这些资料的积累，你可以任意选择、组合，这就是"厚积薄发"！

大家可以发现，我的讲课内容中有如此大量的独特的观点、历史史料的新解、新鲜案例的警示、社会故事的演绎、花絮笑料的调节、出于常态的剖析、振聋发聩的告诫，关键是我的内容具有独到性，不与他人雷同，大家闻所未闻，甚至在笑声中、在泪光中受到教育而回味无穷，如此这般，这种讲课怎么会缺乏可听性呢！

我可以讲，我讲课从来没有做过"广告"，完全是口碑相传，如我在市委党校讲课，听众均是领导干部，不久以后他们几乎都请我到他们所在单位去讲课；如我在上海市社科院讲课，听众均是各个单位的宣传干部，结果均请我到他们所在的各个单位去讲课；如我在浦东新区党工委公务员培训班讲课，课后该区财政局、税务局、工商局、环保局、水务局、电力公司等几十家单位请我去讲课；如我应邀在上海申康医院管理集团讲课，结果是课后被邀请到全市所有三甲医院巡讲了一圈；有的是夫妇双方都是领导，一方听了我的课，回家一讲，另一方专门来邀请；有的是同学间、战友间、朋友间相互介绍。

举一个真实的例子，我下乡黑龙江一起插队落户的"农友"，如今在上海中医药大学某学院担任院长、教授、博士生导师，名字叫褚立希，他有一次乘坐地铁，听到座位边上两位中年妇女在聊天，一个说听了一堂非常好的廉政教育课，能够把枯燥的话题讲到如此地步，难以忘怀！另一个问，是哪里的老师？回答：是市检察院的高级检察官，名字叫张亮……褚立希忍不住插话，张亮曾经是与我一起在黑龙江中苏边境插队落户的……褚立希在我们聚会时讲到这个花絮，我非常之感动，口碑不是靠宣传的，口口相传才是真谛！

大家可以点击互联网，一些听课的单位对我的课程几乎都有很高的评价，还有一些听我课后的体会和感想的文章，当然，我把这些都当作是鞭策。

说明一下，上网的话请搜索"高级检察官张亮"，否则光搜索"张亮"可不行，那不是我，是"爸爸去哪儿"的张亮，他比我火多了，没办法，人家是演艺圈的！当然网上还有"张亮麻辣烫"，那也不是我，张老师不经商咯！

附二：贪官悔悟与检察官寄语

英国大文豪萧伯纳说过："自我控制是最强的本领。人，难在管住自己，贵在战胜自己。"

天堂与地狱只在一念之间，若念天堂，有爱便是天堂；若念地狱，人间处处是地狱。境由心造，一个人总会在善与恶之间徘徊，选择善还是选择恶，只有个人自己才能决定。不同的选择，人的生命轨迹也会随之改变。

忏悔是生命中的又一次新生，是修正人生轨迹的绝好工具。检察官讲廉政警示教育课需要节录一些贪官的忏悔作为开拓和深化主题的重要手段，长期以来，我有心收集了历史上、我办案中及全国各地、各个领域贪官们的忏悔，在每一个忏悔之后还有我作为检察官的分析和提示，现在附在上篇的后面，供各位同仁讲课时选取使用。

一、交友不慎，人情变味

　　魔鬼

魔鬼戴上了假面，

成了仙女，

笼罩住我的双眼；

我还以为是一个好梦，

以为自己在天堂里。

从高高的岩石上坠落深渊，

我才醒来。

人们啊，擦亮你的眼睛，

不要被魔鬼缠住。

● 新疆维吾尔自治区原副主席托某，50 岁，1990 年因严重违纪被开除党籍、撤销职务。

★ 检察官寄语：

少数民族同胞能歌善舞，喜欢诗歌、俗语、民间故事，那是对美好生活的歌颂和向往，可如今托某在孤独的空间里却用诗歌来表示自己的忏悔，那是多么悲哀啊！人被魔鬼缠住了，那人也就变成了"鬼"。

给我拉上关系的，送钱的人大多数都是请我出来吃顿饭而联系上的。时间一长，接触的次数一多，也就无所约束了，违法乱纪的事也就干起来了。明知钱不能收，但又觉得是"朋友"相送，也就收下不感烫手。

吃了、喝了、拿了，你就必然被人家牵着鼻子走，陷入深重的泥潭而不能自拔。

● 江西省原副省长胡某，51 岁，2000 年 2 月 15 日因受贿罪、行贿罪、巨额财产来源不明罪被判处死刑，3 月 8 日被执行死刑。

★检察官寄语：

胡某的覆灭并没有什么新的、特别的原因，他脱不了几乎所有贪官的那个"俗"，就是先有"朋友"请吃饭，笼络感情，然后慢慢地称兄道弟，不分你我。用他的话说，"次数一多，也就无所约束了，违法乱纪的事也就干起来了"，后来"你就必然被人家牵着鼻子走，陷入深重的泥潭而不能自拔"。当党纪国法算总账时一切都来不及了，胡某之类是不是觉悟得太迟了呢？

我与外商、私营企业家接触频繁，这让我开阔了眼界，我羡慕他们那种奢华的生活，自己也逐渐开始追求和仿效，人生价值观开始了严重的扭曲，由为人民服务为宗旨转向追求奢侈享受。

● 沈阳市中级人民法院原院长贾某，55 岁，2001 年 10 月 9 日因贪污罪、受贿罪、挪用公款罪、巨额财产来源不明罪被辽宁省营口市中级人民法院判处无期徒刑。

★检察官寄语：

从表面上看，是外商、私营企业家把我们的贾院长给腐蚀了，其实不然，外商、私营企业家中有的是白手起家、艰苦奋斗、吃苦耐劳、无私奉献的杰出人物，问题是你跟人家怎么比？比什么？根子还是自己的思想作怪，又要把持着大权，又要不劳而获过"奢华的生活"，这完全背离共产党宗旨的行为，不倒台灭亡才怪呢！

作为一名党的干部，特别是领导干部，整天和商人老板特别是那些怀着不可告人目的的不法商人搅在一起，他们总会千方百计、不择手段地向你进攻，一不小心就会掉进泥潭中。像赖某、王某、梁某、周某这些商人，看中的是公安部副部长的职位和权力，他们想方设法地巴结我，给我送钱送物，就是想利用我手中的权力。

接受了他们的钱财，必然会在为他们办事的过程中失去公正、公平，甚至会拿原则和权力做交易。我就是这样做了他们的俘虏。

● 公安部原副部长李某周，55 岁，2001 年 10 月 22 日因受贿罪、玩忽职守罪被北京市第一中级人民法院判处死刑，缓期 2 年执行。

★检察官寄语：

公安部副部长是干什么的，李某周自己好像长期没有搞明白。这个出生在老红军家庭、从最底层的警员一直做到部级领导的干部子弟竟然毫无顾忌地跟那些不法商人、走私分子搞在一起，甚至为走私分子、走私集团大开方便之门。具有讽刺意义的是李某周当时还是"全国打击走私犯罪活动领导小组副组长"，其的所作所为出演了一场"警匪勾结"的丑剧，拥有各种公权力的领导干部们要三思慎行啊！

4 年间的 8 个大节日，到处是送礼、送红包的，我一个人难以撑破这张大网。我为此深深苦恼，与家人一起心惊肉跳过日子。我也曾苦苦思索过，可就是没有为自己找到一条正确的生路。

● 广东省揭阳市委原常委兼普宁市委原书记丁某，44 岁，2002 年 8 月 29 日因受贿罪被判处有期徒刑 6 年。

★检察官寄语：

当红包铺天盖地出现在我们的视野中，当红包演变成一种社交方式，我们的领导干部应当怎么做？这是一个不难回答的问题。可是，一些官员糊涂了、犹豫了、迷失了方向，其实就是检验一个官员心底深处存在不存在贪婪心。

交友不慎也是我犯罪的原因。随着职务的提高和权力的增大，千方百计通过各种渠道想认识我的人越来越多，一开始请你吃饭、送点土特产，以后送贵重物品，最后到送钱。我这个贪欲也是由小到大，由简到繁。这些人送钱的目的是什么呢？大部分人可以说是为了利用你的权力，为他的目的，投一点鱼饵，钓一条大鱼，事实就是这样。有一部分人可能出于正常的感谢，但更多的是为了达到他们的个人目的，他就不惜（大把送钱）害得人家家破人亡，不择手段。你像郭秃子（就是为了他能获取贷款的目的），一再说"我们单位有规定，给你这个钱是合法的"；"这个钱你不要白不要，绝对没有事"。再像张某某这个人，他抓住我的辫子后（在受贿款中不断分取好处），我给他粗略算了一下，他吃回扣、贪污利息，包括骗取我的钱大约有 20 万元。交友不慎是我犯罪的一个原因，实际是一种权钱交易。

● 山东省政协原副主席、九届全国政协原常委潘某，50 岁，2003 年 4 月 23 日因受贿罪被判处无期徒刑。

★ 检察官寄语：

又是一个"三部曲"：请吃、送土特产，再到送贵重物品，最后送钱。曾经是金融部门重要领导干部的潘某在负责贷款过程中就是这样过来的，当行贿人"郭秃子"之类说："我们单位有规定，给你这个钱是合法的"、"这个钱你不要白不要，绝对没有事"，身为省部级领导干部的潘某竟然信以为真，当这是"可能出于正常的感谢"而毫无警觉，可悲！可叹！人家凭什么感谢你？还不是因为你手中的公权力！潘某直到身陷囹圄时才明白，人家是钓自己这条大鱼呢！各级领导干部要警惕啊，千万不要像潘某之类那样，当某些人要钓的"鱼"！

我恨那些给我送礼、送钱的人，是他们用钱买走了我的权力，买走了我的良心，买走了我晚年的幸福生活。他们要你办事时，甜言蜜语，把你捧上了天；等出了事，没有人站出来为你说话。我进来了，他们却在外面偷偷地乐，不知道他们又在给谁送钱。

● 天津市信号厂原科长范某，56 岁，2005 年 1 月因受贿罪被判处有期徒刑 10 年。

★ 检察官寄语：

感谢罪犯的一番大实话。可是，你在他们甜言蜜语、把自己捧上了天的时候怎么不恨送礼、送钱的人呢？那个时候一定是自我陶醉、洋洋得意的，因为从自己的眼里看出去，别人都没有自己活得滋润。多少贪官都曾经沉溺于其中，要不怎么会乐此不疲不收手呢！可他们忘了物极必反这句老话，事情做过头了，灾难也降临了。

我也是法律意识淡薄，才会走到这一步的。只有现在我才深刻感受到，当官的时候，一些人之所以尊重我，并不是出于真心，他们看中的只不过是我手中的权力而已。

我现在才深刻体会到什么叫悔恨万分。

●河南省许昌市安全生产监督管理局原副局长李某，50 岁，2005 年 9 月 30 日因受贿罪被判处有期徒刑 10 年。

★检察官寄语：

贪官忏悔中的所谓"学习不够"、"法律意识淡薄"等都是无稽之谈。许多没有文化的老人都知道"不义之财不可取"的中华古训，当官的、是党员的难道不知道吗？私欲、贪婪，游离监督、藐视法律、侥幸心理是脱不了干系的根本原因！所以，有的忏悔没有找到点子上，是"走过场"。

我与 300 多个老板、开发商结为朋友，利用自己的职权为他们解决问题，他们以不同的方式回报我，送钱送物送房子，这是典型的权钱交易。

●湖南省郴州市原副市长雷某，53 岁，2006 年 9 月 5 日因受贿罪、贪污罪、挪用公款罪被判处死刑，缓期 2 年执行。

★检察官寄语：

一个地市级的副市长，竟然和 300 多个老板、开发商结为朋友，还要为他们解决问题，哪还有时间去顾及国家和老百姓的利益啊？有的官员，交错了一个朋友就遗憾终身，这个"雷副市长"跟 300 多个朋友进行权钱交易，判死缓已是不幸中的大幸。

我之所以犯罪，主要原因是沉溺于不健康的生活情趣之中，特别是沾染上了赌博恶习。随着公司业务的发展，我与公司外船东、客户、货主的交往也越来越多，关系进一步密切，个体老板、私营企业经营者的生活方式对我的人生观、价值观起了潜移默化的作用。听这些朋友介绍，网上赌球可以赢钱，于是我先下点小赌注去试试，果然赢钱了，而且庄家及时把赢钱打到了自己的账上，我欣喜地以为找到了获取钱财的捷径，逐渐沉溺于其中。在以后的一段时期里，我不断加大赌注，期待赢更多的钱。但是"幸运之神"不会总能眷顾我的，不久我就开始输钱了，不但把前期赢的输掉了，而且把应该支付给业务单位的数十万元资金也搭了进去。在翻本欲望的驱动下，我想方设法挪用公款，却一输再输。后来感到网速太慢，竟然直接去澳门赌，钱不够，于是我采用"虚构支付海运费"、"伪造船长借支委托书"等手法，先后从福州、厦门、泉州、漳州公司挪用公款，数额也越来越大，在犯罪的道路上越走越远，最终受到法律的制裁。

— 154 —

● 某航运集团公司福州公司原总经理宫某，39 岁，2007 年 6 月因挪用公款罪被判处有期徒刑 14 年。

★检察官寄语：

吸毒，则家破人亡；赌博，则倾家荡产；腐败，则身败名裂。年纪轻轻的宫某沉溺于不健康的生活情趣之中而不能自拔，可悲啊！39 岁，已经是一个大公司的总经理，有知识、有才能、有前途，可惜，自己没有把握住，如今一切如过眼云烟，一去不复返了。古今中外的官场上多少人由于沉溺于赌博、吸毒，沉溺于声色犬马而销声匿迹，历史的教训值得注意啊！特别是握有公权力的人们，由于染上了这些不健康的生活情趣而诱发权力犯罪的还少吗？

这些年，我参加过不少"朋友"们设的赌局，虽说我的水平不高，但我从来没有输过，"朋友"们不仅会替我买单，而且有时还故意以输钱的方式送钱给我。我爱上赌博的事，单位的党组织成员都知道，上级领导也有人知道，他们也劝告过我，也在民主生活会上批评过我，但我就是听不进去。自己一直错误地认为，只要工作干得好有成绩，自己犯点小错误不是什么问题。

● 浙江省交通厅原副厅长赵某，58 岁，2007 年 7 月 10 日因受贿罪被判处无期徒刑。

★检察官寄语：

赵某受贿 620 余万元，都是在工程建设领域进行的权钱交易，大多数是通过其儿子和情妇汪某以"咨询费"、"业务费"、"借款"等"转个弯"敛取的。各级官员们通过赵某的案例要了解，以赌博形式、咨询形式、借款形式、特定关系人形式为请托人谋取利益而收受财物的，均是受贿罪，千万不要如赵某人那样掩耳盗铃、自欺欺人！

我开始对这些人很反感，后来慢慢地也认可了他们的做法，最后这些原本陌生的人却成了我的"老乡"、"朋友"、"兄弟"。在他们面前，我失去了警惕，交往多了几乎成了自家人，拿点用点也觉得很正常。在别的施工单位打交道过程中不敢干的事情，我在他们这里可以大胆地干了。

● 浙江省交通厅原副厅长赵某，58 岁，2007 年 7 月 10 日因受贿罪被判处无期徒刑。

★检察官寄语：

有些贪官知道贪污受贿的危险性，所以，也不是什么人的钱财都敢拿，往往是经过权力的运作，经过了权钱交易的过程，从中"选拔"了几个他们自认为是可靠的"兄弟"、"哥们"，这样安全系数就大大提高了，"在别的施工单位打交道过程中不敢干的事情，我在他们这里可以大胆地干了"。手握公权力的人们，要重视反面教员的这番话！

毛某原来是一个小包工头，他想尽办法接近我，成了我的"铁哥儿们"，我一有空就往他那儿跑，一起赌博、一起玩。这几年，经过我的帮忙，他原本资质不高的公司顺利承包了萧山机场的工程，从中赚了几千万。事后，他以各种方式送给我的钱物加起来也有近百万元，我认为这是很正常的朋友往来，像毛某这样的朋友我还有很多。现在想想，这些朋友实在交不得，我就是被这些所谓的朋友套牢的。

● 浙江省交通厅原副厅长赵某，58 岁，2007 年 7 月 10 日因受贿罪被判处无期徒刑。

★检察官寄语：

厅局级领导干部，小包工头，本来是"风马牛不相及"的两回事，可是，他们偏偏成了"铁哥儿们"。个中原因很简单，就是：我有权让你赚钱，你拿钱给我回报。这种因为交友不慎而掉进泥潭的案例举不胜举。所以，如何识别"朋友"、"哥们"是有讲究的，滥交朋友的后果"赵副厅长"给我们警示了，可不要大意了。

在上海我的收入应该说还不算低，刚开始年薪有 20 多万元，到后来有 40 多万元。但我还不满足，还想拿。我要趁自己在位时为自己留条后路，找个出路。我把自己的性命押在民营企业主张荣坤的身上。为了张荣坤的一句承诺——让我退下来到他那里去，给我 200 万元年薪，我鞍前马后，到处奔忙，我不遗余力，后来越陷越深，不能自拔。

● 上海某某（集团）总公司原副总裁韩某，60 岁，2007 年 9 月 23 日因受贿罪被判处无期徒刑。

★检察官寄语：

什么叫"人心不足蛇吞象"？这个贪官就是！年收入从 20 万元到 40 万元，这在目前的上海来说，也是绝对的高收入，而且还是国有企业。可是他还在惦记着退休以后那 200 万元的收入。为了钱，把自己的身家性命都押了上去，就像是一个赌红了眼的赌徒，可惜，他赌输了，输得一败涂地，把自己的政治生命、家庭幸福全输光了！

看到别人拥有宽敞舒适的住房，自己同样也想拥有。没有钱却拥有实权，于是，我千方百计地创造条件实现自己的愿望。在"好心人"的帮助下，在"热心人"的操作下，对常人来说不可能想象的事情在我这里轻而易举地实现了。朋友几次拍胸脯说："没问题，都已安排好了，绝对安全。"现在看来，这完全是掩耳盗铃。

● 上海市国资委原副主任吴某，女，53 岁，2007 年 9 月 25 日因受贿罪被判处有期徒刑 11 年。

★检察官寄语：

权力、贪婪，这两个条件结合在一起就必然出问题。有钱，可以买权力；没钱，实权可以敛钱。所谓的权钱交易就是这样来的。有权时，"朋友"帮你把事情都摆平了；出事时，"朋友"很快就把你出卖了，这就是教训，她直到身陷囹圄时才明白，为时已晚。手握公权力的人们绝对不能像她那样糊涂啊！

表面上我廉洁高效，一般其他企业融资我不过问，甚至连饭也不吃，明显的钱物我也不拿，但实际上这并不是我的真实面目。我的真实想法就是要傍上一个靠得住的富商，自己有了未来的，又有眼前的丰厚收入，其他风险目标我就离远点，这就是我所谓的防范风险，提高安全系数的策略。

● 上海市社保局原党组书记、局长祝某，57 岁。2008 年 3 月 22 日因受贿罪、挪用公款罪、滥用职权罪被判处有期徒刑 18 年。

★检察官寄语：

这已经不是简单的"交友不慎"了，这是主动要去傍一个"靠得住的富商"，"自己有了未来"。贪官考虑得是蛮远的！于是，拿公权力作交易，将社保资金挪用给不法商人进行非法使用，然后从不法商人处攫取巨额好处，贪官考虑得太周全了！可还真是应验了一句老话"多行不义必自毙"，如今，鸡飞蛋打了！

1997 年，我担任共青团海南省委书记，成为人们热议的"新星"；2002 年任著名侨乡文昌的市委书记，更是令许多人羡慕，趋之若鹜。

在任团省委书记时，就有许多社会上的人向我靠拢。到文昌当市委书记后，追随者更是蜂拥而来。熟悉也好，不熟悉也好，都想与自己攀上关系。在这复杂的条件下,我理应头脑清醒,可我却昏昏然,留有空子给别人钻,与他们称兄道弟,有了不少所谓的铁哥们。在他们面前,我不讲原则讲感情,钱不分你的我的,拿来就要,导致对党纪国法全然不顾,结果走上了犯罪道路。

● 海南省文昌市委原书记谢某,55岁,2008年8月24日因受贿罪、巨额财产来源不明罪被判处死刑,缓期2年执行。

★检察官寄语:

海南省文昌市昔日的市委书记谢某讲了实话:"到文昌当市委书记后,追随者更是蜂拥而来。熟悉也好,不熟悉也好,都想与自己攀上关系。"这就揭示了一个道理,许多人官是当大了,有一个问题却始终没有弄明白,你在穷乡僻壤做农民的时候、你芝麻小官位卑权轻的时候,那些人在哪里呢?为什么你高升了,他们都出现了呢?实际上你还是你,只是附属在你身上的位子、权力给闹的,看清楚了,头脑应该也清醒了。

随着时间的推移,良好的工作环境,优越的工作条件,使我渐渐地有些自满,而且开始热衷于那些所谓的社交活动,结交了一些不良朋友,迷上了赌博活动。那时候父母经常劝我,要把心思放在工作上,不要将过多的精力放在玩儿上。但是,"朋友"的话我听进去了,可父母的话我却当了耳旁风,交友不慎悔恨终身啊!

● 某金融机构电脑管理员石某,27岁,2008年10月12日因贪污罪被判处有期徒刑15年。

★检察官寄语:

年轻的国家工作人员因为涉世不深,不经意间结交了不良的朋友,因而染上了一些不良的嗜好,进而进行违法犯罪的活动,最终触犯法律被绳之以法的大有人在。据有关部门统计,目前,职位犯罪的人员中,年龄在35岁以下的高达65%,他们犯罪的心态往往表现出"胆大妄为、不计后果"的特点,上述石某的案例就是一个突出的典型,这应该是令年轻的干部们引起警惕的。

我之所以犯罪,一个重要的原因就是交友不慎。我发生错误就是从施某某身上开始的,我和他是同龄人,容易沟通,加之我对他出身贫寒但勤奋努力的精神比较欣赏,在不违规的前提下为他提供了一些帮助。他一次次地送钱给我,我一次次地收下,让我在错误的道路上越走越远。

●云南省个旧市原副市长王某，42岁，2008年10月30日因受贿罪被判处有期徒刑13年。

★检察官寄语：

"喜交朋友"并不是王副市长的专利，从查办的案件中，这一现象带有普遍性。"当官不发财，请我都不来"，这是有些贪官扭曲心理的真实写照。贪官都爱"傍大款"，其目的只有一个，就是希望从"大款"那里捞到更多的"回报"。当然，"大款"也必定通过贪官之手打通各种关节，给自己带来可观的利益。这实质上是赤裸裸的官商勾结、权钱交易。

可悲、可恨的是，正当春风得意之际，自己没有把握住人生航向，最终在金钱的诱惑面前败下阵来。2006年年底一个晚上，某公司副总裁送我2万元人民币。说实话，当时接受"礼物"时我非常纳闷，因为她没有求我办事，回来才知道她是为了得到我对项目的支持才送给我的。这真是应验了"天上不会掉馅饼"这句话。拿到这笔钱后，起初我顾虑重重，担惊受怕，毕竟这是我第一次收受的一笔巨款啊！也曾想过退钱或者上缴相关部门。但是几天过去了，一个月过去了，一切风平浪静。于是自己找了众多的理由来支持自己，这个钱是可以收的。比如"是他人自愿送的"、"是属于人情往来，与违法无关"、"也没有第三者知道"等。其实是自欺欺人！正是在贪欲的驱使下，加上侥幸心理作怪，法治观念淡薄，最终铤而走险，以身试法，后来收受他人第二、第三次钱就见怪不怪了。

●海南省海口市商务局原党组书记、局长王某，38岁，2009年2月因受贿罪被判处有期徒刑11年。

★检察官寄语：

给你钱财不提办事，那是行贿者的高明，相比之下，我们曾经的这个王局长、王书记就弱智了，自以为这个钱与自己手中的权力没有关系！人家无所求！他根本不知道，给人钱财而不图回报的只有无记名的"扶贫帮困"、"希望工程"！"馅饼"、"陷阱"尽管有一音之差，写法也不相同，但在权钱交易中是难分伯仲的，所以一时的"风平浪静"之后便是"暴风骤雨"，王某人被巨浪吞噬也就成为必然了。

我是被这些房地产开发商用金钱做成的轿子抬进了地狱。他们哪是朋友哥们，全都是要我给他们推磨的小鬼。平时他们是屁颠屁颠地围着我转，送的不是金钱，而是纸钱（冥币）。

●贵阳市原市长助理樊某，53 岁，2009 年 7 月 29 日因受贿罪、巨额财产来源不明罪被判处死刑，缓期 2 年执行。

★检察官寄语：

贵阳市的"樊助理"确实是有"水平"的，不仅有 19 个箱子存放不义之财，而且看问题深刻，一语中的。问题是他没有在掌握大权的时候明白这些道理，直到失去了人身自由、进了监狱才感悟，那他付出的代价是不是太大些了呢？这些年来，我们听到的、见到的、接触到的，多少官员都是因为交友不慎而陷入泥潭，我们从中应该吸取些什么教训呢？

我以为自己与送礼人的关系是一种正常的礼尚往来，而非权钱交易。其实，礼尚往来与权钱交易是有本质区别的，虽然我在党政机关工作了近 30 年，可惜我分不清其中的界限。如今我悔恨也无济于事了，还是所谓的"人情"害了自己。

●四川省教育厅原副厅长汪某，54 岁，2009 年 11 月 13 日因受贿罪被判处有期徒刑 11 年。

★检察官寄语：

构成权钱交易有四个要素：一是行为人具有索取或者非法收受他人财物的行为；二是行为人为他人谋取利益；三是收受财物与谋取利益具有关联性；四是行为人是国家工作人员，具有收受财物、为他人谋取利益的主观故意。各级官员要从"汪副厅长"的教训中引起警惕，千万不要分不清界限、迷失了方向。

当一副冰凉的手铐铐住我双手的时候，我才如梦初醒，认识给我送钱的人所谓"啥时候也不会说出去"的承诺是靠不住的。假如我不是县委书记，我手中没有他们所期待的"生杀予夺"的权力，他们还会与我"礼尚往来"吗？他们为什么不把钱送给那些急需用钱的贫困农民、下岗工人呢？

●河南省西平县委原书记（副厅级）王某，51 岁，2009 年 12 月 19 日因受贿罪被判处有期徒刑 14 年。

★检察官寄语：

贪官终于明白了这个真理，给自己送钱的人所谓"啥时候也不会说出去"的承诺是靠不住的。可惜，认识这个真理所付出的代价太大了！然而，对我们还在位子上的各级官员而言，是具有教育和警示意义的。不要相信行贿人的任何承诺，要知道，他们是既得利益者，一旦出现威胁他们自己的切身利益时，首先出卖的肯定是你！

算算五笔账，感觉得不偿失：

一算事业账。2008年我被捕时才51岁，如果按照正常的轨迹发展下去，到我退休，我可能干到正厅级。贪欲，不但断送了我的大好前程，也毁了我的一生。本应是轻松自由、儿孙绕膝的年龄，我却在垂暮之年与高墙电网相伴，与泪水和愧疚相陪。

● 河南省西平县委原书记（副厅级）王某，51岁，2009年12月19日因受贿罪被判处有期徒刑14年。

★检察官寄语：

职务犯罪的第一个结果就是葬送事业，彻底结束了在公权力岗位上为国家、为人民服务的荣誉，所以，官员们必须珍惜自己为国家和人民掌权、服务的荣誉，一旦失去永不再来！

二算经济账。我每月各种收入加起来近5000元，爱人在银行上班，月收入也在5000元上下。我们两口子年收入超过10万元，看病能报销，退休后也有保障。而我却身在福中不知福，手握珍珠而不知珍惜，只剩下一颗破碎的心。

● 河南省西平县委原书记（副厅级）王某，51岁，2009年12月19日因受贿罪被判处有期徒刑14年。

★检察官寄语：

利用职权，以权谋私，看来是暂时满足了自己的欲望，但贪官们往往忽视了"多行不义必自毙"的古训。所有贪官一旦案发，一定是倾家荡产、后患无穷！贪污、受贿到底是"赢"还是"亏"，官员们必须算清楚了！

三算亲情账。那些为了一时之利在我面前极尽奉承献媚的人，在我出事后没有几个能来看我。人情冷暖，世态炎凉，可见一斑。唯有亲情，不论你是富裕还是贫穷，是得意还是落魄，他们都会不离不弃，始终相随。我的舅舅，这个在我失去父亲后对我恩重如山的人，在听到我被"双规"的消息后，误喝农药撒手而去。我那86岁的岳母，整日以泪洗面，哭瞎了双眼。我女儿也因我是贪官而失去了工作。我的小儿子，在我被捕时才6岁，家里瞒着他，长期见不到爸爸，他见人就问："你见我爸爸了吗？"有一次，我爱人和我女儿要来探监，他正在做作业，听到后哭喊着从四楼追到大门口，谁不让他去就咬谁，弄得他们娘仨抱头痛哭一场。现在想来，我欠账最多、最对不起的就是亲人，最牵肠挂肚的是两个孩子，可是我又能为他们做点什么呢？

●河南省西平县委原书记（副厅级）王某，51岁，2009年12月19日因受贿罪被判处有期徒刑14年。

★检察官寄语：

有人说，身陷囹圄，家破人亡。这话虽然有些绝对，但身陷囹圄，家不成家是肯定的，以上这个贪官的切身表述，大家可以设身处地想一想！

四算名誉账。我因为贪婪，落得个身败名裂的可悲下场，成为人们茶余饭后的谈资和笑料。这也罢了，谁让我是罪犯呢！可是，我留给亲人们的却是无尽的痛苦和灾难。从此，我的后辈晚生在选择职业时将受到限制，已从政的人前途将受到很大影响，我的儿女们将背负沉重的思想包袱，饱受失去父爱和因父亲的事遭受的种种折磨。

●河南省西平县委原书记（副厅级）王某，51岁，2009年12月19日因受贿罪被判处有期徒刑14年。

★检察官寄语：

曾经是人民的公仆，如今是人民的罪人，从"主席台"到"阶下囚"，还有什么名誉可言！贪污受贿，身败名裂是必然的结果！

五算健康账。如果说人生最大的痛苦是失去自由，最难克制的是思念亲人，那么最难以承受的就是疾病的折磨。在位时，我到医院去看病找最好的医生，用最先进的仪器，得到的是最好的服务，可是现在呢？监狱再怎么照顾我，能和外面相比吗？

●河南省西平县委原书记（副厅级）王某，51岁，2009年12月19日因受贿罪被判处有期徒刑14年。

★检察官寄语：

监狱绝对不可能是"养老院"、"保健所"，条件、设施再好的监狱不可能使你享有尊严和自由，在思想存在强大压抑的情况下，健康能够保证吗？能够像以往那样地拥有健康保障吗？

大家都是聪明人、明白人、有思想的人，谁人不知饱览山河壮丽是人生之快事？谁人不知事业兴旺发达是人生之目标？谁人不知家庭和美、过平淡日子是人生之至宝？可是，这一切都要用自由来保证，如果没有了自由，一切都将无从谈起。

请大家以我为鉴，珍惜现在拥有的自由。如果你正在冒犯自由，那么请你悬崖勒马；如果你已侵犯了自由，那么请你拿出勇气，立即纠正……因为自由之门向来是为那些清清白白做官、坦坦荡荡做人、兢兢业业做事的人而敞开的。

●河南省西平县委原书记（副厅级）王某，51岁，2009年12月19日因受贿罪被判处有期徒刑14年。

★检察官寄语：

什么是自由？失去自由是怎么一种心情，没有深切体会的官员们，不妨认真体会一下上述的忏悔，将心比心，举一反三。

我给法官送钱有两个动机：一是希望他们能为我的当事人利益考虑；二是希望我能跟他建立密切的关系，保持一种长远良好的关系。腐败是社会的普遍现象，在法官队伍中也不例外，律师只能适应环境，无法改变环境……其实，律师每一次送钱给法官都感觉是一次对心灵的侮辱，是失去人格尊严的表现，但也是一种无奈。

●广东省某律师事务所律师陈某，46岁，2010年5月因行贿罪被法院一审判处有期徒刑10年。

★检察官寄语：

"陈大律师"曾经是个"明星"律师，业务熟、名气大、路道粗，但他懂法却犯法，在代理诉讼过程中，向法官（最高人民法院副院长黄某、广东省高级人民法院执行局局长杨某）两次行贿60万元人民币，导致了受贿的法官徇私枉法，对案件进行了颠倒黑白的判决，造成了极其恶劣的影响。"法网恢恢、疏而不漏"，他们可以得逞一时，却得逞不了一世。最终，法官、律师双双落网。"陈大律师"在看守所的真情告白可以给我们以警示，行贿人在心里也是看不起大肆受贿的这些官员的。

我知道受贿是犯罪的行为，所以我曾经多次拒绝过各种贿赂。但是认识郭某某以后，经不住他的劝说，先去打球，后来又接受宴请，并且为工作对象出主意，拖延外管局对该企业的处罚，然后就收受贿赂。我之所以犯罪，完全是交友不慎。

● 国家外汇管理局管理检查司原副司长许某，44岁，2010年8月因受贿罪被判处有期徒刑12年。

★检察官寄语：

副司长许某收受贿赂300万元。其在羁押期间写了几万字的悔过材料，痛陈自己交友不慎，在法庭上也几次强调交友不慎带来的巨大后果。而他案发就是那个所谓的"朋友"、先被司法机关绳之以法的郭某的检举揭发。

我出问题，完全是害在"朋友"的手里，捧我、哄我、拉我下水的是"朋友"，揭发我、检举我、让我进监狱的也是这个"朋友"。

● 国家工商总局外资企业注册局原副局长刘某，46岁，2010年8月因受贿罪被判处有期徒刑11年。

★检察官寄语：

刘某说的那个"朋友"腐蚀了一批官员下水，那个"朋友"就是臭名昭著的大贪官郭某（国家外汇管理局原司长，被判处死刑，缓期2年执行）。对不正派的朋友、同事必须保持距离和警惕！

几年间，手握实权的我把自己工作、生活全部和钱联系在一起。那些有求于我的老板们，抓住一切机会向我行贿，我也来者不拒，抓住一切机会敛钱。生病、出国、探亲、旅游、逢年过节，就连我女儿去英国上学也是行贿者的机会和借口。

● 内蒙古锡林郭勒盟委原副书记蔚某，54岁，2010年9月29日因受贿罪、巨额财产来源不明罪被判处无期徒刑。

★检察官寄语：

什么是贪婪？什么是谋私？"将自己的生活全部和钱联系在一起"，"抓住一切机会敛钱"。那还怎么为人民服务？如何当人民的公仆？走向了人民的对立面，覆灭是必然的！

通过反思，我认为，所谓"人情往来"，多年来在这里已成为社会生活不正常的变异，成为政治生活中不正常的一种补充，成为重要投资之源或投资渠道。

这种"人情往来"之所以经久不衰，而且愈演愈烈，因为它有三个特点：一是两头保险：都是"一对一"的活动，自然十分安全可靠。二是两头害怕：送钱的怕钱不收，收钱的轻易不能不收。这是由于政治生活不正常，人际关系复杂，有人要通过这种"人情往来"以消除政治危险，如我不收或返回去，就有可能使矛盾明朗化、复杂化。因此，我轻易不能不收。三是几头都好：首先是名义好，过年过节，大事小事来看领导，不送礼而给点钱，无可非议；其次是两厢情愿，改善关系，加深了解，皆大欢喜；最后是用的都是公款。从这次揭露出来的事实看也是如此。这是我长期以来陷入错误道路不能自拔的重要的思想认识上的原因。

● 辽宁省原副省长、沈阳市原市长慕某，56 岁，2001 年 10 月 10 日因受贿罪、巨额财产来源不明罪被大连市中级人民法院一审判处死刑，缓期 2 年执行。

★检察官寄语：

慕某曾经是个大刀阔斧的领导干部，有人称他为"魄力型"的领导。但是他的"魄力"也用到了滥交朋友上，其犯罪的一个主要原因是他身边有一批"朋友"，看中的是他手中的权力，于是不断地给他送钱送物。然而他以为这是"人情往来"、"轻易不能不收"，是"两厢情愿，改善关系，加深了解，皆大欢喜"，如此这般哪有不出问题的，到自己的问题被揭露了才知道这是一条不归路。

那次事后，张某送给我 10 万元表示感谢，这是我第一次收受别人的贿赂，而且数额又如此之大。收钱后，我心里紧张，当晚基本没有合眼，生怕有一天出事后落个身败名裂的下场。但我心存侥幸，心想这是两个人之间的事，我不说、他不说，谁会知道？之后，我又连续 5 次收受张某送来的 50 万元。

● 四川省乐山市委原副书记袁某，48 岁，2010 年 10 月因受贿罪被判处有期徒刑 15 年。

★检察官寄语：

自 1997 年至 2005 年，竟然平均每天"日进千金"，第一次是"心里紧张"，以后便"心安理得"，根本是侥幸心理！以为："我不说、他不说，谁会

— 165 —

知道?"他忘记了陈毅元帅的一句名言:"手莫伸,伸手必被捉!"

我平时喜欢赌博,赌博必须以金钱来支撑,而我缺少这方面的实力,输了钱怎么办?那只有受贿一条路。我追求起与自己收入极不相称的人生生活,与不法人员为伍,这是我在犯罪的道路上越走越远的一大原因。

● 江苏省海门市教育局原副局长王某,47岁,2010年11月因受贿罪被判处有期徒刑6年6个月。

★检察官寄语:

从"王副局长"的堕落经历可以看出其人生变化的轨迹:赌博—不法人员—需要钱—受贿犯罪,其实就是这样简单。这也告诉我们,如何把握住自己,无非是首先不要染上恶习,其次防止交友不慎,再次抑制贪婪心理,最后廉政自律、拒绝贿赂。把握住了这些环节,就不会出现"王副局长"这样的悲剧了。

2008年的项目短时间内剧增,当时托我找关系或直接找我要求帮助承揽工程的人很快多了起来,这就是诱惑,又是极大的陷阱。我当时没有意识到陷阱的极端的危险性,走上了以权谋私的犯罪道路。

● 甘肃省宕昌县委原书记王某,43岁,2010年11月因受贿罪、巨额财产来源不明罪被判死刑,缓期2年执行。

★检察官寄语:

官员面对各式各样的人,没有区别,来者不拒,那必定出现交友不慎的情况,那就非常容易出现官商勾结、权钱交易的情况。多少官员在这个环节上出问题、栽跟斗,必须引起高度的重视!

因为交友不慎,我认识了自己办公司的董某某,他一定要给我其公司20%的干股,因为我们是相识20多年的老友,董某某把分红的钱扔到了我车上,我实在做不出把钱上交纪委的事,这样对老朋友太不够意思了。于是,我想到了变相退钱的方法,送一堆礼物给他。

● 国土资源部地籍司原副司长温某,47岁,2011年2月25日因受贿罪被判有期徒刑12年。

★检察官寄语：

温某一直以为自己没有为行贿人董某某谋取过什么利益，但董某某在证言中反复证明："在北京成立公司就是朝着温某来的。2006 年公司刚成立时，在温某的帮助下开始有了业务，赚了一些钱，如果想让公司在北京有大发展，离不开温某的关照和帮助，这就需要搞好和他的关系。"可见，谁为谁谋利益不是你自己认为的！

二、小洞不补，倾覆必然

我在单位负责基建工程，工程队老板来我家给了我五千元。当时以为拿国家的、企业的是犯法，可我们是多年的朋友了，平时来往密切，在不损害企业利益的前提下，这样做又有什么关系呢？退后一步讲，即使有什么问题，我们两个人的事情，一对一，难以追究。在这种思想指导下，自己伸出了罪恶的双手，自己的良知被金钱吞没，在拿与不拿的抉择下自己选择了走向犯罪深渊。

此后，一发不可救治，贪欲不断膨胀，胃口也越来越大。多行不义必自毙，呼啸的警车碾碎了自己的发财美梦，一副冰凉的手铐铐住了自己那双肮脏的手，正义的宣判使自己这个昔日的区邮电局局长成了阶下囚。贪婪、私欲把自己的政治生命画上了句号，从此自己步入了 7 年的劳改生涯。

● 上海某区邮政局原局长徐某，50 岁，2000 年 5 月 13 日因受贿罪被判处有期徒刑 7 年。

★检察官寄语：

工程建设、基建领域的职务犯罪一直是比较突出的，所谓"楼上去、人下去"讲的就是随着工程的进展，一些高楼造上去了，但一些管理人员却从岗位上掉下来了。掉到哪里去了？掉进监狱了呗！承包商、包工头为了种种合法的、非法的利益，千方百计要和工程管理人员搞好关系，你脑子可一定要清醒，反贪局在行动，检察官绝对不允许这种犯罪行为的存在，拒绝各种不法利益是唯一的"护身符"。

这时，我对学习理论已经不入脑，政治学习能不学就不学，"三讲"也是动嘴不动心。心想，我已经 50 多岁了，职务已经这样了，何必自己为难自己，何不趁在职享受几年。这种想法一出现，我就彻底放开了，我的思想开始急速下滑，由过去被动地接受别人请吃，到主动地出入高档酒店，酒足饭饱之后，还要洗桑拿、游泳、打保龄球、泡舞厅；由羞羞答答地受礼变成明显地以权谋私；贪污受贿，由开始的一两万到一次收十万元也是脸不变色心不跳；由过去搞不正当男女关系到主动找小姐嫖娼。这时候我已经没有一点共产党人的气味，成了不折不扣的腐败分子，党和国家、人民的罪人。

• 沈阳市中级人民法院原院长贾某，55 岁，2001 年 10 月 9 日因贪污罪、受贿罪、挪用公款罪、巨额财产来源不明罪被辽宁省营口市中级人民法院判处无期徒刑。

★检察官寄语：

这段忏悔是比较深刻的，它揭示了自己逐步走上犯罪道路的过程。其实许许多多贪官都是这样渐变的，但在挖思想根源时普遍又"犹抱琵琶半遮面"，羞羞答答、躲躲闪闪的比较多，还是死要面子。"贾院长"到底是管过司法机关的，能够剖析得比较客观和深刻，对目前还在权力位子上的官员而言，不失为一剂苦口的良药。

对改革开放、经济转型时期社会上出现的一些现象缺少敏锐的判断力，甚至产生不平衡的心理。对不正之风、腐败现象越来越缺乏警惕，以致麻木不仁，慢慢地，自己思想上防腐拒变的防线开始崩溃。吃吃喝喝、拉拉扯扯，甚至接受钱财没有什么事，觉得自己接受朋友表面没有什么明显企图的一些钱财也不算什么，受这个"一念之差"左右出现的偏差，变得一发而不可收，最终陷入了犯罪的泥潭。

• 公安部原副部长李某，55 岁，2001 年 10 月 22 日因受贿罪、玩忽职守罪被北京市第一中级人民法院判处死刑，缓期 2 年执行。

★检察官寄语：

吃吃喝喝、拉拉扯扯只是个过门，真正的重头戏是在后面，那就是权钱交易，就是灵魂和财色的融合。所谓"一念之差"绝对不是"一念"，而是一个漫长的过程，是一个渐进的过程，是一个潜移默化的过程。"腐败夺命"就是所谓的"温水煮青蛙"，舒舒服服地要你的性命。面对改革开放、经济转型时期的社会现状，各级官员都要有十二万分的警惕。

做了十几年官，收了十几年礼，整个儿麻木了。我不是管他们要钱，收这十几年礼也不是咔嚓一下整万儿八千，一年年送，礼钱数水涨船高——觉得没啥了不起。

昨日"没啥了不起"，今天再了不起的人，也只好成了"阶下囚"。

● 吉林省白山市政协原副主席李某，48 岁，2003 年 1 月 28 日因受贿罪被判处有期徒刑 15 年。

★检察官寄语：

当官收礼，名正言顺。如今许多官员都是这么干的。所以，跑官、买官、卖官的多了起来，所以"李主席"当了十年的官，收了十年的礼。他的忏悔中好像感到没有什么了不起的，一是自己没有管人家要，是人家主动送的；二是每次也不是"整万儿八千"的，都是小数字。他根本是忘记了共产党干部的本质，忘记了为人民服务的宗旨，他吃官司一点也不冤。为了发财去当官的，或者当了官再企图谋求发财者，当为戒！

我第一笔受贿就是在担任商业信贷处处长不久，就是李某某的一万港元。此后随着权力的增大，随着接触面的开阔和心理的放松，我受贿的笔数越来越多，金额也越来越大。作为受贿者来讲，我也知道是犯罪，也有畏惧心理，但是相对来讲还有侥幸心理。这么多人受贿，能查到我吗？又不是我一个。另外，我受贿都是很秘密的，只是两个人交易，怎么会查到我呢？我有种侥幸心理，侥幸心理实质就是贪欲。

● 山东省政协原副主席、九届全国政协原常委潘某，50 岁，2003 年 4 月 23 日因受贿罪、巨额财产来源不明罪被判处无期徒刑。

★检察官寄语：

贪官的堕落、贪污受贿犯罪都有第一次，而第一次往往都存在不安、矛盾、畏惧的心理，但时间久了、次数多了也就踏实了，因为没有发现存在威胁和危险。从想拒绝，到半推半就，再到明示暗要，直到强取豪夺，如此这般贪官就走完了之所以成为贪官的全过程，无数事例告诉人们，第一次绝对不可小觑。

在监狱这一特殊的环境里，在失去自由和渴望自由的时空中，我完成了从恐惧彷徨到清醒适应的人生转化，体会到灵与肉的重新结合。刚入狱时，我对监狱的生活充满恐惧。面对十年的刑期，我时常默诵的是苏东坡的《江城子》："十年生死两茫茫，不思量，自难忘。千里孤坟，无处话凄凉。纵使相逢应不识，尘满面，鬓如霜……"

● 四川省成都市高新区建设用地统一征用开发办公室原主任任某，45 岁，2003 年 11 月 29 日因受贿罪被判处有期徒刑 10 年。

★检察官寄语：

一失足成千古恨，在狱中任某意识到了自己需要为犯罪感受耻辱与痛苦，外加失去自由的代价。只可惜，他醒悟得有点晚。俗话说，"若要人不知，除非己莫为"，更何况法网恢恢，国法无情。

我中专财会专业毕业在一国有企业任财务，出于本能的职业敏感，我认为玩股票有利可图。在暴富心理的驱使下，自己竟将手伸向了单位的公款，数十次挪用公款一百五十余万元。开始我还感到有些紧张，但第一次成功后，我就失去了控制，接二连三地实施违法犯罪行为。此时，我已经完全陷入了犯罪的泥潭中，不能自拔。

●上海某国有企业财务魏某，31 岁，2004 年 4 月 30 日因挪用公款罪被判处有期徒刑 12 年。

★检察官寄语：

沉溺于炒股的根本是想发财致富，如果自己有闲钱，拿出一些炒炒，这本无可厚非，但一旦沉溺其中，问题就出来了。炒股思路不正确，那就犹如赌博，输了想赢回来，赢了更想赢大的，于是不管什么钱都敢动。私下将公款投入股市，即使赢钱了，也是犯罪；至于炒亏了，造成了国家、企业的损失，那罪就更大了。钱没赢到，人却进了班房，这种例子可太多了啊！

我刚开始收钱时，虽然也担惊受怕，但收了一些后看看没事，也就心安理得了。我错误地认为这是人情往来，就是没有想到别人是在拉拢自己，也没有想到他们送钱是冲着书记这个职位来的，而不是冲着我这个人来的，是想利用我手中的权力为他们谋取利益。

●四川省雅安市原副市长汤某，48 岁，2005 年 9 月因受贿罪被判处无期徒刑。

★检察官寄语：

"政在去私，私不去则公道亡。"权力是一把"双刃剑"，既可以用来干好事、干实事，为老百姓谋福利，也可以用来为个人谋取私利，损害群众利益。权力是发挥正效应还是负效应，关键在于为政者是出于公心还是私心。但愿汤某这面镜子能警示手握权力的人，在其位、谋其政、尽其责。

在收受贿赂和贪污犯罪的过程中，第一次是害怕的。比如第一次收到 1.5

万元的贿赂时，开始也推说不要，对方说没事，此事天知、地知、你知、我知，是我们的一点心意，因而就拿了。但很长一段时间吃不好、睡不好，后来没事才平静下来。

我深深感谢检察院反贪局及早发现了问题，及时挽救了我，否则后果不堪设想。

● 北京某国有企业原负责人黄某，51 岁，2005 年 11 月 30 日因受贿罪、贪污罪被判处有期徒刑 10 年。

★检察官寄语：

侥幸心理是那些职务犯罪人员的共性毛病。知道自己搞贪污受贿是在犯罪，但自信"天知、地知、你知、我知"而一意孤行，自认为反贪局查不到自己头上，于是乎，一步一步陷入泥坑而不能自拔。黄某最后的那句话是真正的感悟，笔者遇到不少被绳之以法的贪官都有类似的感悟，及时被检察官发现，还可挽救，一旦罪孽深重，那可是死路一条了，所以人们将我们的工作也称为"治病救人"，这是不无道理的。

我的犯罪是从世界观蜕变、革命意志衰退开始的。当我第一次收受别人的贿赂时，思想也有过"收"还是"不收"的矛盾斗争，心里也在自问，这是犯罪吗？其实答案是肯定的，可我非要做否定。你帮我忙，我领你情，人与人之间往来谁人能免，掩耳盗铃的自欺欺人无非是为淡化内心深处的罪恶感，为自己的犯罪求得心理上的平衡。一个送钱，一个收钱，一无旁证，二无凭据、天知地知、你知我知，风险何在？况且行贿与受贿在法律上是一根绳上的两只蚂蚱，谁会送了钱之后又去告发自己犯了行贿罪呢？

● 中国农业发展银行原副行长于某，52 岁，2006 年 2 月 10 日因受贿罪、挪用公款罪、行贿罪被判处无期徒刑。

★检察官寄语：

痛莫大于不闻过，辱莫大于不知耻。一个共产党的官员，没有了羞耻感那就将走下坡路了。自以为"一无旁证，二无凭据、天知地知、你知我知，风险何在？"的贪官们，如今哪个不是被钉在历史的耻辱柱上？

当别人送钱送物时，开始有些害怕、紧张，但经不住诱惑，后来就心安理得地收了。从一次收受一两万元到收受几十万、上百万元，以后就习以为常了。我没有想一想，我的一次受贿，可以让几百名下岗工人生活一年。

● 湖南省郴州市原副市长雷某，53 岁，2006 年 9 月 5 日因受贿罪、贪污罪、挪用公款罪被判处死刑，缓期 2 年执行。

★检察官寄语：

为民当官，一定要时刻想着人民的利益，了解群众的苦衷。位子摆错了，关系搞颠倒了，那么就出问题了。这个"雷副市长"也不是不明白这个道理，就是平常根本顾不上去考虑老百姓的利益，因为他常年有 300 多个老板朋友围在身边，要为他们解决问题，然后收受他们的回报。交友不慎历来是官员下台的重要原因。

老实说，最初收钱，时常担心被人知道，心里暗下决心，不能再收别人的钱了。但当别人又送钱时，私欲又战胜了理智。渐渐地，在接受别人的钱时，心安理得。

● 重庆市云阳县文化广电新闻出版局原局长熊某，48 岁，2006 年 10 月因受贿罪被判处有期徒刑 10 年。

★检察官寄语：

有人说，贪官是因为不学法律，不懂法律，是法盲，所以犯了罪。笔者对此不敢苟同，贪污受贿古今中外、几千年来都是令人不齿的罪恶，都是要受到法律制裁的不法行为，为官的哪个不知道？更何况党纪国法三令五申、路人皆知，不然，读法律、懂法律、搞法律的都不会犯罪了。上面的"熊局长"是说对了，是私欲战胜了理智，开始偷偷摸摸，后来就心安理得了。所以他开始要偷偷摸摸，是因为他明知道这是不法行为，后来的心安理得，是他没有把法律当回事，这是要害。

我第一次受贿是接收了手下一名部门经理在年前送上的几千元"孝敬礼"，后来他为了升职曾分几次送了我 30 万元。当时，我想他是通过我提拔才升职的，他送我钞票，是想讨好我、保住职位，拿他一点没有啥关系。以后便一发而不可收，我会利用一切机会去捞钱。

● 上海市某区烟草专卖分局原局长张某，45 岁，2007 年 1 月因受贿罪、贪污罪、巨额财产来源不明罪、隐瞒境外财产罪被判处有期徒刑 20 年。

★检察官寄语：

开始是收下"自己人"的，然后是收"应该拿"的，贪婪的闸门一打开，哪还挡得住"洪水猛兽"？多少贪官的"第一次"都是"羞羞答答"、"躲躲闪闪"，甚至是"哆哆嗦嗦"的，但到后来没有一个不是贪得无厌、来者不拒的！其中的道理值得人们去深思！

我原来在银行工作，晚上没事，就迷上了赌博。开始认为是"小来来"，不要紧，可是人是贪得无厌的，一旦到了一定的环境中贪欲就会膨胀的。

我负责收款这一段时期，身边有许多现金，大数额我解入银行，一般三五千元便留在身边。晚上搓麻将，有时自己的钱输光了，就把身上的公款当赌资用。就这样，我越赌越输，挪用公款的漏洞越来越大。我一直抱着侥幸心理，希望在赌场上赢钱，然后把它补进去，后来漏洞越来越大，我就整天提心吊胆，终于东窗事发，坐进了班房。造成我今天犯罪，主要因为我平时不参加政治学习，生活上贪图享受，一味追求不劳而获，参加赌博等非法活动。平时视规章制度为捆在我身上的绳索，不严格遵守，总之我对不起党的培养，对不起领导的教育，对不起父母的养育及对不起妻儿对我的期望。

• 某银行出纳员方某，29 岁，2007 年 5 月 16 日因挪用公款罪被判处有期徒刑 6 年。

★检察官寄语：

笔者是职业检察官，在几十年的职务犯罪侦查生涯中，接触过不少因为"小来来"而最终成为大贪污犯的。如一个三甲医院的收费员，31 岁，迷上了网上赌球，开始也以为是"小来来"，结果一发而不可收，最终挪用公款 800 余万元，无法追回，被处重刑；无独有偶，某执法机关出纳员，大学毕业仅一年，迷上了网上赌球，结果将公款 860 余万元损失殆尽，被处重刑；还有一个国有企业的管理人员，被外派澳门机场进行施工管理，也是出于"小来来"的想法，结果在赌场输掉公款 500 余万元，被处有期徒刑 10 余年。个中的教训，让"小来来"的人自己去想吧。

我在大墙深处呼唤，人不能贪，手不能长，不是你的东西绝对不能去沾，一旦沾上想甩都甩不掉，最终你换来的只能是森严的高墙，冰凉的手铐和无尽的泪水。

• 上海某（集团）总公司原副总裁韩某，60 岁，2007 年 9 月 27 日因受贿罪被判处无期徒刑。

★检察官寄语：

有人说，高薪才能养廉。从这个贪官的例子看，是行不通的。韩某年收入已达几十万元了，该算高了吧？可他根本不满足，他还想着年收入200万元！所以，反腐败的关键是抑制贪婪和私欲，是绝对禁止公权力的滥用和谋私。对贪官而言，给他再高的薪酬也填不满他的贪婪心，反腐败的着力点：筑牢思想防线才是根本性的关键所在。

面对自己所犯下的罪行，我追悔莫及，痛心疾首，除了我自己所应承受的一切以外，我还给党和国家、给企业、给家人、给信任支持我的朋友带来了难以估量的影响和危害。说句心里话，我参加党组织近40年，对党、对事业是有深厚感情的，想到即将被党组织开除，想到从此和所热爱的产业发展情结了断，我就一阵阵地心痛，真不甘心就此结束，但又有什么办法呢？

● 上海某（集团）总公司原党委书记、董事长王某，58岁，2007年12月20日因贪污罪、受贿罪被判处死刑，缓期2年执行。

★检察官寄语：

这个大贪官受贿21.23万元，贪污3.06亿元，竟然还在说："对党、对事业是有深厚感情的。"真是滑天下之大稽也！天底下真不知有无"无耻"两个字！他大肆敛钱时侵吞了国家3个多亿！尚存一点感情的人会这么干吗！所以，反腐倡廉，任重道远，党内决不能成为腐败分子的藏身之地！

贪婪是滋生腐败的"温床"。收受某某某第一笔贿赂的时候，我曾经矛盾、紧张、彷徨，一度想退回赃款，坦白自首，可由于虚荣作祟，加上金钱的诱惑，对自己这种损公肥私的行为也变得麻木了。思想的松懈及对待职务犯罪问题概念的模糊，使得我在这条歧途上越走越远。

● 某集团公司原部门经理申某某，45岁，2007年12月25日因受贿罪被判处有期徒刑5年。

★检察官寄语：

看到这里，你是否发现：不同地域、不同职业、不同级别、不同年龄的贪官忏悔时的话语是多么类似！这也从一个侧面告诉人们，职务犯罪万恶不离其宗之本源，那就是上面申某某再次重复的这句话："经不起金钱的诱惑，存在贪得无厌的心理。"知道了腐败的根源，自己怎么去做，官员们应该是心知肚明的了。

我很得意的是，我居然可以找到一条既光大我形象、发挥我能力的体面之路，又找到一条能够为我打下长远的没有任何风险的有合法基础的自私膨胀之路。我一个人两条腿，走了两条路，两边都摆平。我想怎么会找到这两条路，走了歪路就要冒风险，像赌博一样，赌赢了我就赢了，赌输了我就输了。而我是两面不耽误，走一条"双赢"之路。

● 上海市社保局原党组书记、局长祝某，57 岁，2008 年 3 月 22 日因受贿罪、挪用公款罪、滥用职权罪被判处有期徒刑 18 年。

★检察官寄语：

思想上一旦出现了漏洞，没能够及时堵漏，那就会很快出现"管涌"，就会"决堤"。一个掌握公权力的官员，想在贪婪的道路上"冒险"、想在形象和私利上"双赢"，那他确实是在"赌博"，以政治生命作赌注、以家庭幸福作赌注！

实践证明，如此"赌博"的，没有不"倾家荡产"的！

我的犯罪完全是从"小动作"开始的。当时只是一种私心，但由于没有被人发现，胆子就大起来了，发展到后来私欲膨胀，将单位公款 200 万元私下汇入股市，由我自己炒股，结果出现了被股市吞噬的恶果。我从"小打小闹"到"大胆出手"，最重要的原因就是没有把握好第一步，再加上我的行为无人发现、无人监督，最后导致企业重大损失，我身陷囹圄也就成为必然的了。

● 某集团某研究院原副院长栗某，54 岁，2008 年 6 月 28 日因挪用公款罪被判处有期徒刑 11 年。

★检察官寄语：

市场经济不完善、管理不到位，必然使经济犯罪案件呈现一种高发的态势。本案中，栗某挪用公款数额巨大、次数频繁、手段直接、时间长达 10 年，而单位有关部门都没能及时发现。由此可见，加强企业内部的监督管理，特别是加强财务制度的检查和监督，理顺岗位职责和办事流程，使制度得以切实执行是多么的重要。

我迷上赌球以后，从"小来来"到一发不可收，短短几年，我不知不觉中输掉了自己所有的积蓄，还欠了许多债。那时的我像着了魔似的，已完全没有了清醒的头脑，一心想通过赌博的方式把钱赢回来。终于我利用自己的电脑技术向单位电脑伸出了罪恶之手，一次次将大客户存款转移到自己的账上，又一次次输掉，那时我整个人真的有点丧心病狂了，这种惶惶不安的日子一直熬到案发，最终造成银行几百万人民币损失无法弥补。

● 上海某金融机构电脑管理员石某，27岁，2008年7月10日因贪污罪被判处有期徒刑15年。

★检察官寄语：

一个风华正茂的"80"后，一个岗位重要、工作优越、收入不菲的专业人员，因为交友不慎，迷上赌球，从"小来来"到一发不可收，成了大贪污犯。这种事例在笔者看来，不在个别。如今"80"后普遍踏入了成熟期，有的已担当起领导的职务，但"80"后职务犯罪也正逐步呈现上升的趋势。年轻人，要保持清醒的头脑，在廉政问题上不可掉以轻心！

平心而论，文昌市委书记的权力是很具有诱惑力的。社会各个阶层的人各有各的追求，所以"一把手"就成了权力斗争的中心。而我在这些纷争中没有把握住自己。我在文昌工作以后，手中掌握了实权，感觉比以前更受人尊敬了，也有人给我送钱来。一段时间后觉得收了没人知道，胆子就又大了，可过了一段时间又有些害怕，怕被人知道，担心被发现。这其实是个很痛苦的过程，很受煎熬。5年多时间，我利用职务之便收了有些领导干部和老板的钱，现在回想起来十分痛心。

● 海南省文昌市委原书记谢某，55岁，2008年8月24日因受贿罪、巨额财产来源不明罪被判处死刑，缓期2年执行。

★检察官寄语：

"谢书记"的这番话就不大老实了，他说什么："有人给我送钱来。一段时间后觉得收了没人知道，胆子就又大了，可过了一段时间又有些害怕，怕被人知道，担心被发现。这其实是个很痛苦的过程，很受煎熬。"这话我是不相信的，其实他每拿到一笔钱财必定是心花怒放的，因为按照他的思路，这是表示自己权力很大、人家尊敬他的表现，要不然，拒绝、上交，分分秒秒可以做到，而且人家还会真正地尊敬你。那时"谢书记"根本没有把党纪国法当一回事，"谢书记"是到了监狱才感到这是个很痛苦的过程，很受煎熬。

我第一次受贿是跟一个开发建设单位的经理一起吃饭，吃完饭他给我1万元钱。因为我当时喝了点酒，就稀里糊涂地把钱收下了。第一次收钱以后，心里很不踏实，总觉得很不合适。但一想，是他主动送给我的，谁和钱有仇啊，我也就接受了。这次收下后，以后再遇到这样的事就顺其自然了。

● 河南省濮阳市人防办原主任程某，51 岁，2008 年 10 月因受贿罪被判处有期徒刑 11 年。

★ 检察官寄语：

"程主任"收受贿赂，从最初的忐忑不安，到后来的欣然接受，其在金钱的诱惑下，思想发生了巨大的转变，两年时间其共收受房地产开发商贿赂 88 万元。"谁和钱有仇啊"就是他犯罪的心理动因，第一次以后"再遇到这样的事就顺其自然了"，可见防守好第一次是何等重要。

我第一次收受贿赂，一个"红包"只有 50 元，正是这"第一次"的突破，让我的违法犯罪的胆量渐涨，对受贿习以为常。对于"红包、礼金之类"，从一开始不予拒绝，早晚就会突破防线。防线一旦突破，剩下的必然只有贪婪的后果。

● 重庆市规划局原副局长梁某，51 岁，2008 年 12 月 30 日因受贿罪被判处死刑，缓期 2 年执行。

★ 检察官寄语：

在司法实践中，只要是权钱交易，无论是 50 元还是 50 万元，其性质是相同的，都是受贿。问题是，受贿一开始往往都是比较轻微的，在开始阶段没有及时控制，那慢慢地就严重了，人一旦有了贪婪心，想再收手就比较难了。所以，"防线一旦突破，剩下的必然只有贪婪的后果。"这话是对的。

在我接受的贿赂中，三分之二以上是年节收受的。我担任国土规划局局长后，过年时送礼的人越来越多……我从开始的心跳到不以为然，开始在生活上追求穿戴，追求名牌，直至到了不能自拔的地步。

● 辽宁省抚顺市国土规划局原局长、市政府原副秘书长江某，女，55 岁，2009 年 2 月因受贿罪、滥用职权罪、巨额财产来源不明罪被判处无期徒刑。

★ 检察官寄语：

从贪官的心理层面看，他们认为年节（主要是春节）是传统节日，自己收点年礼名正言顺。从行贿人的行为方式看，年节送礼比平时更方便，更有借口。从社会心理层面看，绝大多数人认为，年节给领导拜年、送礼是人之常情。贵重礼品乃至奢侈品与权力扯上关系，其实质一定是权钱交易，是值得警惕的！

我开始也不敢受贿犯罪，但又不甘放弃敛钱的机会，于是我与老婆"分工"，逢年过节有人敲门，我先躲进卧室关上门，由我老婆在客厅应酬，收下"红包"，记下姓名和请托事由。这样做的意图有三：一则当着"客人"的面收钱有失身份，"拿"，情面上过意不去，"不拿"，心里总有些不是滋味；二则实在碰到难办的请托，可以有理由推脱；三则一旦出事，更可佯装不知，将责任全部推到妻子身上。

• 湖南省耒阳市矿产品税费征收管理办公室原主任罗某，46 岁，2009 年11 月 9 日因涉嫌受贿被"双规"，2010 年被有罪判决。

★检察官寄语：

这是个涉案 55 人，涉及犯罪金额 500 万元的特大"窝串案"，是耒阳市历史上涉及时间最长、涉及人数最多、涉及金额最大的案件。罗某在被"双规"以后，征收办闻风而逃的达 100 多人！震惊社会！贪官如此嚣张、如此共谋、如此精明、如此反侦查，这已不是简单靠教育、监督能解决的了，必定要有一个完整的预防犯罪的体系。

当我收受第一笔 20 万元贿赂以后，自己的害怕多于喜悦，曾经告诫自己，就这一次，今后不能再干了。但之后一直风平浪静，我错误地认为，那次受贿行为其实是自己吓自己，没有必要担心东窗事发，也许只有天知地知。结果就是导致我在犯罪的泥潭里越陷越深，不能自拔。

• 海南省海口市地税局某分局原局长陈某，45 岁，2010 年 4 月 2 日因受贿罪被判处无期徒刑。

★检察官寄语：

这个"陈局长"在第一次受贿以后，确实消停了一阵子，好几年没有再发生类似的受贿情况。但由于其思想深处的贪婪没有消除，时间一长，反而以为是"自己吓自己"，再度伸出贪婪之手时，就变本加厉、不择手段了。于是，他有了今天无法挽回的可悲结局。

我本应该把更多的时间用在学习工作上，但却与爱好赌博的人混在一起，用打麻将赌钱消磨时光，结果一发而不可收，什么钱都敢拿，终于陷入了犯罪的泥坑。我的所作所为完全是咎由自取，如今后悔莫及。

● 云南省玉溪市交通运管处原官员陈某，58 岁，2010 年 5 月因受贿罪被依法判刑。

★检察官寄语：

为消磨时光而打打麻将，怎么会成为职务犯罪呢？其实官员打麻将只是一个幌子、一种掩护、一个借口，因为大家都明白，天天输，你还能乐此不疲吗？"醉翁之意不在酒"，官员与请托人打麻将，只赢不输是公开的秘密，也是一些贪官们热衷于此的根本目的。在这里检察官要告诉各类掌握着公权力的官员们，以赌博为名敛财也可构成受贿罪，火烛小心！

我以前还是很注意廉洁的，但经不住情人的"枕边风"："你在这位子，送钱的绝不会少，你帮人一把，别人一定会感激你，咋会张扬出去呢？"于是我的心理防线被瓦解了。有了第一次，以后就照收不误了。

● 河南省南阳市原市长助理刘某，58 岁，2010 年 6 月 30 日因受贿罪被判处无期徒刑。

★检察官寄语：

刘某作为市长助理在主政某县委书记期间，从能够廉政自律到不择手段大肆敛钱，看似情人的影响，实际上是其内在的贪婪本质使然。情人因素只是一个诱发的"导火索"，他受贿共 77 起，其中 71 起是帮助他人进行职务调整而收取的"好处费"，实际上就是"卖官费"，而其情妇则被人们称为"地下组织部长"。老百姓痛恨地说："如此官员，罪该万死！"记住，被老百姓戳脊梁骨的官员一定是贪官！

我自恃是企业的有功之臣，然而与私企的一些老板们比，始终存在心理不平衡的念头，总感觉到"老天爷"对自己不公。在与某老板去澳门赌博了一次以后，对赌博也就越发迷恋，从第一次跟某某去澳门，直到案发，我一共去了六七十次，特别是退休后，更无约束。

● 上海奉贤建工集团原党委书记、董事长、总经理陈某，66 岁，2010 年 8 月因贪污罪、受贿罪、挪用公款罪，被上海市高级人民法院判处有期徒刑 20 年。

贪官犯罪的原因，比较多的就是所谓的"心理不平衡"，因为不平衡，就必然想方设法去求得平衡。于是，要么利用手中的权力，拼命敛钱，"堤内损失堤外补"，以取得平衡；要么寻找一切发泄机会，诸如吃喝嫖赌，以求释放不平衡。陈某的例子就是一个真实的写照。所以，官员如何调整自己的心态，以什么样的指导思想来调整心态，是极有讲究的。

好长一段时间，我为自己第一次收下的那 2 万元贿赂而不安，像是出卖了自己的人格和灵魂，甚至感到后怕，觉得这给我的前程埋下了一颗定时炸弹，我决定悬崖勒马。往后，有几个老板送钱到我的家里，都被我拒绝了。然而，"情妇"不时的要钱，使我主动向老板们要钱了，人哪，一步走错，步步错啊！

● 贵州省贵阳市花溪区委原书记王某，48 岁，2010 年 9 月 29 日因受贿罪被判处有期徒刑 13 年。

喜钱、好色，是贪官的两大致命伤，而且财色两者之间有着密切的联系。钱敛得多了，想入非非思淫欲了；包养情妇，缺少钱也是不行的。王某开始也许害怕受贿的严重后果，曾经悬崖勒马，可是情妇不干了，她不时要钱，那么，两头总有一头要"翘"起来，最后还是发生了悲剧，根本原因还是贪官存在那两个致命伤！

我从最初接受同志的礼物就觉得理亏、心虚，到一次收受 10 万美元觉得心安理得。从一个 60 年代大学毕业分配到工厂接受再教育的穷工人，到现在身价千万元的腐败分子，在回顾反思这些变化时，确实有一些后怕甚至心惊肉跳！但当时，自己已经丢掉了共产党员的身份，已经从量变到质变蜕变为违纪犯法的罪犯。

为了满足不断增长的私心和贪欲，不惜昧着良心用各种冠冕堂皇的理由来掩盖自己的丑行，不惜为此出卖自己的人格和品质，甚至不惜用自己的政治生命进行冒险赌博！事实再一次在我身上证明，私心和贪欲是万恶之源，我们必须对此保持高度警惕！

● 辽宁省原副省长、沈阳市原市长慕某，56 岁，2001 年 10 月 10 日以受贿罪、巨额财产来源不明罪被大连市中级人民法院一审判处死刑，缓期 2 年执行。

第一次是容易的，第一次也是危险的。古人云："万事开头难"，腐败的进攻何不同样如此呢？腐败一旦侵入了你的机体、侵入了你的头脑，那犹如癌细胞一样慢慢地腐蚀你的各种器官，直至深入骨髓，到那时世上就没有任何药可以救治了。

私心和贪欲是万恶之源，是夺人性命的癌细胞。最终要夺你性命的东西可不敢来者不拒、轻举妄动啊！应该讲我不是个缺钱花的人，可是自己的私欲由小到大，从贪小便宜发展到"鲸吞"公款，一发而不可收。老婆的私车、儿子生病的用药、租房需要的电冰箱、电饭煲等生活用品，我全部在公家的钱袋子里"拿"，终于我有了今天妻离子散的悲惨下场。

● 广西壮族自治区民政厅救灾处原处长龙某，47 岁，2010 年 10 月 14 日因受贿罪、贪污罪、行贿罪、介绍贿赂罪、非法占用农用地罪被判处有期徒刑 20 年。

★检察官寄语：

这个包工头出身的领导干部很聪明，具有讽刺意义的是，这个贪官在党校写的论文题目是《论受贿罪若干问题的认定》。他娴熟地将有关领导、有关部门、私企老板组成一个庞大的能量场，他比一般贪官多一份法律意识和反侦查意识。对这些人，我们要有足够的防范准备。

我是 80 年代的研究生，跟那些低学历但又腰缠万贯的人相比，自己觉得太不值得了。没有那个条件怎么办？就只有用别人的钱过自己的安逸日子，这样的想法支撑着我在犯罪的道路上越走越远。

● 江苏省海门市教育局原副局长王某，47 岁，2010 年 11 月因受贿罪被判处有期徒刑 6 年 6 个月。

★检察官寄语：

作为一个高级知识分子，一个教育系统的领导干部，真可谓道德沦丧、斯文扫地。自 2004 年收受了第一笔 1 万元贿赂以后，一发不可收，究其原因，就是他上述的思想动机所导致的。其从第一次受贿到案发持续了 6 年多，也巧，他付出失去自由的代价也是 6 年多，划不划算，明眼人是不难算明白这本账的。

由于我一开始就没有把握住自己的思想防线，导致私欲蔓延、膨胀，如今完了，完了，我变成光脚板了。

● 湖南省溆浦县公安局原副局长张某，48岁，2010年12月10日因贪污罪、巨额财产来源不明罪被判处有期徒刑7年。

★检察官寄语：

根据笔者的工作实践，干公安等执法工作的，绝大多数都是非常廉洁自律的。但他们当中一旦出现贪官，那一般都不会是小贪官，等问题暴露，就比较严重了，因为他们手中的权力太大了，太重要了！要珍惜啊！

三、脱离监督，我行我素

我出生贫穷的家庭，能够当上领导，是党和人民培养起来的，我没有很好为党为人民做好工作，我希望我们在座的领导，特别是市县的领导，从我身上吸取教训。我的教训就是当上领导，特别是一把手后，失去了监督，不自觉，自己说了算，放松对自己思想的改造，向钱看的思想比较严重。我要是堂堂正正做人，踏踏实实工作，严格要求自己，不管送钱人用什么手段，拉什么关系，就能自己拒之门外。可是，这点我没有做到，我的教训是沉重的。

● 海南省东方市委原书记戚某，46岁，1998年12月1日因受贿罪、巨额财产来源不明罪被判处死刑。

★检察官寄语：

一个年轻的领导干部，因为贪欲肆虐，天理难容，最终走到了生命的尽头，不满50岁就被处以极刑，实在是人间悲剧。"戚书记"是没有机会了，但记住"戚书记"的临终告白还是有积极意义的："我希望我们在座的领导，特别是市县的领导，从我身上吸取教训。""我的教训就是当上领导，特别是一把手后，失去了监督……"

近些年来，由于极端错误的东西在头脑里作怪，我在思想上成了脱缰的野马，丧失了应有的警觉；在交往上成了江湖来客，丧失了应有的原则；在行动上天马行空，丧失了应有的约束，导致今天的恶果，教训是极为惨痛的！

● 江西省原副省长胡某，51岁，2000年3月8日因受贿罪、行贿罪、巨额财产来源不明罪被执行死刑。

★检察官寄语：

"脱缰的野马"、"江湖来客"、"天马行空"，这些话放在一起就勾勒出一个无法无天、我行我素的一个大贪官的嘴脸来。这是新中国成立以来，因为贪污受贿职务犯罪，被处以死刑的第一个省部级高官——胡某。他的案例告诉我们：脱离党纪国法的约束，脱离组织和群众的监督，信马由缰的结局就是他自己临终所说的"导致今天的恶果，教训是极为惨痛的"！

随着地位越来越高，权力越来越大，监督因素越来越少，特别是我先后担任几个单位一把手后，就感到自己好像进了保险箱，因为从那时开始，我再也没有遇到一次让我紧张的上级领导的谈话，再也没有听到一次同级领导对我的忠告，再也没有收到一次语言尖刻的来自群众的批评。

● 沈阳市中级人民法院原院长贾某，55岁，2001年10月9日因贪污罪、受贿罪、挪用公款罪、巨额财产来源不明罪被辽宁省营口市中级人民法院判处无期徒刑。

★检察官寄语：

贾某当过检察院副检察长，当过公安局副局长，当过国家安全局局长，当过政府秘书长，后来又当上了中级人民法院院长，但从来没有接受过对其的任何监督。所以他说："我再也没有遇到一次让我紧张的上级领导的谈话，再也没有听到一次同级领导对我的忠告，再也没有收到一次语言尖刻的来自群众的批评。"所以，对"一把手"权力的限制和监督是非常重要的问题。

我在担任企业工会负责人时，不允许任何人插手财务工作。按照规定，大额度资金使用必须经工会委员会讨论决定，同级经费审查委员会审查同意。但我有章不循，个人想怎么做就怎么做，把个人凌驾于制度之上，游离于组织之外，对内不报告、不商量，对上不请示、不汇报，财务"一支笔"，自己说了算，以致"小洞不补，大洞吃苦"，导致问题进一步扩大。

● 某集团炼化公司原执行董事、工会原主席程某，61岁，2003年12月3日因挪用公款罪被判处有期徒刑8年。

★检察官寄语：

一个领导开始作风霸道、独断专行、我行我素，那么其距离出问题也就不远了。上述这个老程说得好："个人凌驾于制度之上，游离于组织之外，对内不报告、不商量，对上不请示、不汇报。"这就是之所以犯罪、一发不可收的症结所在，所以，制度与监督不能写在纸上、挂在墙上、锁在柜子里，要真正地体现落实。

现在选拔干部，都是要感谢党、感谢组织。但落实到一个地方，书记就成了党和组织的代表。因此，感谢党、感谢组织，就变成了感谢书记，书记最终拥有人事决定权。用人机制不变，谁当了书记都会有我同样的结果。

如果我能对自己的问题想得多一点，经常自律、自省、自警，哪会有今天呐！

● 黑龙江省绥化市委原书记马某，55 岁，2005 年 7 月 28 日因受贿罪被判处死刑，缓期 2 年执行。

★检察官寄语：

马某是个买官卖官的集大成者。他为了买官，竟然专程赶到上海给因为骨折正在住院的省委组织部长韩某送上了 108 万元！与此同时，他在市委书记的位置上不断地卖官，据媒体报道，他敛财高达数千万元。就如他自己所说，人们感谢党组织，就是感谢书记，自己就是党组织的化身。他无意中揭示了一个危险的现象："用人机制不变，谁当了书记都会有我同样的结果。"各级领导干部值得三思啊！

在以后几年的日子里，我敛的钱是多了，而良心却黑了。守着不义之财不敢花，每天过得提心吊胆，敛财越多，内心的罪恶感越重。当我见到别的贪官纷纷落马，就备感"忧心惊魂、草木皆兵"。

● 中国农业发展银行原副行长于某，52 岁，2006 年 2 月 10 日因受贿罪、挪用公款罪、行贿罪被判处无期徒刑。

★检察官寄语：

都说人的欲望是没有止境的，但是人们可以学会控制自己的欲望，否则这个世界将会陷入一片混乱。在欲望面前，有的人选择理智，有的人陷入迷茫而忘乎所以，于是一些人走上了摇摇欲坠的独木桥，走到了悬崖峭壁边缘，最终摔入深不可测的深渊。

第一次收到老板给我的 50 万元，要说我心安理得，不是事实。要说我不晓得党纪国法，那也是不可能的。接过钱的时候，我的手脚都在发抖，提心吊胆。但是，过了一段时间以后，就渐渐地淡忘了，这是我第一次犯下的不可原谅的过错。以后，我胆子越来越大，贪婪心越来越重，从害怕到胆大，讲到底，就是"一把手"没人监督，以致我在犯罪的道路上走上了死路。

• 四川省犍为县委原书记、县人大常委会原主任田某，48 岁，2006 年 9 月 6 日因受贿罪、巨额财产来源不明罪被成都市中级人民法院判处死刑，缓期 2 年执行。

★检察官寄语：

一些贪官把自己犯罪的原因称为"不懂法"，这其实不是事实。哪个共产党官员不知道贪污、受贿的后果？否则他为什么不敢公开而要偷偷摸摸敛钱？所以上面这个贪官讲的是大实话："要说我不晓得党纪国法，那也是不可能的，接过钱的时候，我的手脚都在发抖，提心吊胆。"因为明知道自己在做亏心事，才会出现这种状态，胆大妄为、藐视法律、侥幸心理是根本的内在原因。

长期以来，我对什么叫违法犯罪已经处于一种麻木状态，既不懂法，又自以为是、胆大妄为，而且还存在一种严重的侥幸心理。在运作某某股权时，我认为只要以后连本带利还了就行了。而实际上，这是经过我精心策划的，目的是千方百计为己谋私利。在接受别人送的钱物时，我有一种贪小便宜的想法，认为这也是捞钱的一种方法，可以积少成多，所以拿得心安理得，党纪国法全都被我丢在脑后，这时我已一点拒腐防变的能力都没有了。有时我也想，帮人家办点事不一定要回报，有时对有些钱物也想拒收，但最终没能抵制住金钱的诱惑，深陷其中不能自拔。

• 上海某（集团）总公司原党委书记、董事长王某，58 岁，2007 年 12 月 20 日因贪污罪、受贿罪被判处死刑，缓期 2 年执行。

★检察官寄语：

"自以为是"、"胆大妄为"、"侥幸心理"、"心安理得"就全面勾勒出这个大贪官的嘴脸和心态。其实，有几个贪官不是这样的呢？

在国有独资企业和国有控股企业，我认为公司制企业改造不彻底，基本还是工厂制这一套，监督也还是靠内部人事制约，而这种监督又往往是软弱无力的，特别对领导层更是如此。

• 湖北鄂城钢铁有限责任公司原董事长、总经理陈某，63 岁，2008 年 5

月 20 日因受贿罪被判处无期徒刑。

★检察官寄语：

改革搞了许多年，制度定了何其多，为什么一些掌握着公权力的人还能大肆贪污受贿有空子可钻呢？贪官老陈给我们上课了："我认为公司制企业改造不彻底，基本还是工厂制这一套，监督也还是靠内部人事制约，而这种监督又往往是软弱无力的，特别对领导层更是如此。"所以，光做表面文章不行，必须将制度和监督真正落到实处。

我最愧对的是家人和朋友，我最缺乏的是学习。如果我能好好地学习政治、法律和党规党纪，就走不到这一步。我最需要的是监督，当区长的一定要受到有效的监督，包括经济监督、生活监督等。时光不会倒流，岁月不再重返，只能带着终身的遗憾告别某区，在狱中改造自己肮脏的灵魂，洗涤身上的污泥浊水。

• 上海市某区委原副书记、区长陈某，55 岁，2008 年 7 月 9 日因受贿罪被判处有期徒刑 13 年。

★检察官寄语：

权力的监督如何重要，特别是对"一把手"权力的监督如何重要，贪官从他的角度给我们提出了教训和警示。公权力一旦失去了监督，其被滥用、被交易的现象就必然出现。所以，各个有关方面都必须对权力加强监督，而作为权力的执掌者如何自觉、主动接受监督也是一个重要的问题，两者缺一不可。

我在领导岗位上以党代政，权力错位越位。由于固执的个性，使我工作起来凭性子，忘了自己的角色，在党委与政府工作中，出现以党代政的错位越位，这也为自己以权谋私、权钱交易大开绿灯，最终掉进了犯罪的泥潭。

我没有珍惜好自己的前途，没有把党和人民赋予的权力用好，使权力变成了我犯罪的工具，变成了向别人收受金钱的工具。

• 海南省文昌市委原书记谢某，55 岁，2008 年 8 月 25 日因受贿罪、巨额财产来源不明罪被判处死刑，缓期 2 年执行。

★检察官寄语：

"错位、越位、固执个性、凭着性子、忘记角色"，对一个掌握着公权力的领导干部而言，这就是脱离组织、规避监督、独断专行的必然结果。因为没有提醒、没有警示、没有告诫，其个人内在的不良意识诸如虚荣、私欲、贪婪等就会迅速膨胀、泛滥，"最终掉进了犯罪的泥潭"也就不足为奇了。

从被拘留到现在，已经117天了，这些天来没有一天像正常人那样为自己的生活、追求、理想去努力劳作、尽情享受。大多数时间是在绞尽脑汁，自以为是，想方设法去应对办案人员对我的讯问，以减轻罪责、逃避打击，在思念家人、怀念狱外美好生活的焦虑、烦躁、痛苦的心情中熬过。

●河南省许昌市国土资源局土地整理中心原主任黄某，55岁，2008年11月7日因受贿罪被判处有期徒刑6年。
★检察官寄语：
这是贪官在失去自由以后，思想逐步转变的过程。其在醒悟以后，在狱中难熬的日子里，认真思考、深刻反思，幡然醒悟以后，写给当地反贪局长的信。其言词中充分体现了当时的心情，对人们具有警示作用。
要自觉接受党的监督、严于律己，慎独，任何时候都不能心存"侥幸"，党和人民群众的监督是无处不在的，任何领导干部都不可能置之度外。不要以为自己权高位重、荣誉多、关系广，做事机密，就心存"侥幸"。天网恢恢，疏而不漏，任何腐败分子都将原形毕露，受到惩罚。

绝对不能心存贪欲。贪欲是万恶之源。东窗事发，钱财被全部清缴没收，荣誉地位通通丧失。自由没有了，留给自己的只有痛苦，带给组织的是耻辱，对家人是打击和伤害。过去我在外边带给亲人的是荣耀，现在我在监狱里边，带给亲人的是耻辱、是打击、是悲伤。

●云南铜业集团原董事长、总经理邹某，59岁，2008年12月29日因受贿罪被判处无期徒刑。
★检察官寄语：
这个贪官以切身的体会和感悟，告诉我们一条深刻的警示："党和人民群众的监督是无处不在的，任何领导干部都不可能置之度外。"在这里，我们重温陈毅元帅的诗："手莫伸，伸手必被捉。"是多么具有先见之明和深刻啊！

对官员而言，贪欲就是万恶之源。因为有了贪欲，不去制止而任其膨胀，那人就会变成"魔鬼"，人就会"不择手段"，最终必然面临身败名裂、家破人亡、得不偿失的结果。所以，自觉抑制自己的贪婪是每个官员的必修课！有人劝我留在规划局，不要脱离为官的主战场。实际上，我心里非常惧怕待在那个岗位上，我很清楚那种搞法早晚会出事。在房地产规划、开发领域中存在一种"潜规则"，让我感到恐惧，非常惧怕，心理承受着巨大压力。为了摆脱这种恐慌，我多次酝酿调离规划局副局长这一"肥缺"。

● 重庆市规划局原副局长梁某，51岁，2008年12月30日因受贿罪被判处死刑，缓期2年执行。

★检察官寄语：

房地产开发的"腐败潜规则"为何让贪官如此害怕？这又让我们开了一次眼界。这到底说明了什么问题呢？因为，房地产的暴利非同一般，触目惊心；因为，房地产领域的贪婪、欺诈、炒作、腐化特别猖狂；因为，房地产行业内的官商勾结十分严重。所以，这个具有博士学位的梁副局长吓得"肥缺"也不要了，他知道，自己受贿已经超过1500万元，到了犯罪死亡线的边缘！

自从收受了企业老板们送来的钱财后，我就一直提心吊胆，整日担惊受怕。白天在大家面前装得和没事人一样，晚上却经常失眠，担心自己做的事有朝一日会东窗事发。毕竟，在这个世界上，一个人干了坏事总是会留下痕迹的。

● 浙江省财政厅农业处原副处长阮某，45岁，2009年1月3日因受贿罪被判处有期徒刑12年6个月。

★检察官寄语：

这个贪官如今才算是真正体会到了东窗事发、身陷囹圄的后悔心情，他讲了一句非常深刻的，一般人平时是体会和感悟不到的话："毕竟，在这个世界上，一个人干了坏事总是会留下痕迹的。"值得大家深思！

你帮了人家的忙，人家会感谢你，所以我可能就是在这个问题上没严格要求自己，思想戒线慢慢地放松了。那些老板都是这样讲，韶钢发展了，是因为你当了董事长；韶关发展了，我们才有发展的空间，所以我们都来感谢你。这个话听起来好听，后来自己开始退却了。

● 广东省韶关钢铁集团原董事长曾某，63岁，2009年9月10日因受贿罪被法院审判。

★检察官寄语：

投桃报李，知恩感恩是做人的道理，但我们的官员往往忘记了自己之所以有"帮助"人家的能力，不是自己从"娘肚子"里带出来的，而是党和人民赋予的。用公权力的实施来求得他人对自己的回报，那就是颠倒了自己与国家、人民的关系，那就是私欲的膨胀，这样的官员怎么能不倒台呢？

我的失败是失败在了自己的脾气上，我有两次可以上升，已经进入了考察程序，但都因为自己的"直"而搁浅。自己在去民政局任局长之前，还是一个奉公守法的领导干部，但自从跨出了第一步，就深陷其中了。在那个环境里，没有办法去回避，好像不收钱，别人就觉得你不够意思，为了不让别人担心，我就越陷越深。

● 江苏省南京市江宁区房产管理局原局长周某，55 岁，2009 年 10 月 10 日因受贿罪被判处有期徒刑 11 年。

★检察官寄语：

周某的落马，是监督的胜利，是群众（网民）监督的胜利！因为其权钱交易是客观存在的，腐败就是腐败，堕落就是堕落。他说是有点"脾气直"，其实并不是真的"脾气直"，充其量叫作"傲气十足"或"霸气冲天"而已。真正脾气直的人，应该是"富贵不淫，贫贱不移，威武不屈"的，而他呢？难道收受巨额贿赂，也是属于"脾气直"吗？

2005 年，我多次要求转岗、轮岗，后来我调到一个厂里当书记的时候，很多朋友来祝贺我平安升官着陆，朋友们都这么说，因为供应处在韶钢是一个风口浪尖的岗位。人家送钱，全是看你这个岗位，送的是你这个岗位，不是看你这个人，对自己对大家都好的话，就是要尽量轮岗，你不在这里，就没有人送你一分钱。

● 广东省韶关钢铁集团供应处原处长阎某，56 岁，2009 年 12 月 17 日因受贿罪、巨额财产来源不明罪被判处无期徒刑。

★检察官寄语：

已经出现了多起官员在人家羡慕的岗位上自己却要求转岗的事例，为什么呢？是因为自己也认识到再这样下去必然要出大问题了！然而，他们不是从正确的角度去面对问题、纠正错误，而是采用逃避的方法，这种"鸵鸟政策"和"掩耳盗铃"式的做法不是自欺欺人吗？到头来还是逃避不了被惩罚的结果。要知道"拒绝"和"逃避"是两个根本不同的概念。

在这样的环境里，自己由开始的不想收不敢收，到敢收也敢送。整个地税系统形成了上行下效的坏风气，如要不跟着感觉走，就难有立足之地。整个系统形成了"不给钱办不了事、办不快事和小事小送、大事多送"的潜规则。根本就是制度没有落实，权力监督缺位，造成了上级监督无力、同级难以监督、下级不敢监督的局面。

● 海南省海口市地税局某分局原局长陈某，45 岁，2010 年 4 月 2 日因受贿罪被判处无期徒刑。

★检察官寄语：

一个国家机关，竟然如此环境、如此风气，怎么会不出腐败犯罪分子呢？怎么会不成批出腐败犯罪分子呢？作为地税局不可能没有制度和监督，但却丝毫没有起作用，为什么呢？"陈局长"以亲身的经历拿出了答案，官员们应当从中吸取教训。

正因为我们的用人制度缺少了必要、有效的监督措施，使我有机可乘，利用权力"卖官"敛钱，我的教训应该引起有关方面的重视。

● 湖北省恩施州委原常委、宣传部原部长吴某，48 岁，2010 年 6 月因受贿罪被判处有期徒刑 15 年。

★检察官寄语：

这个贪官根本无视党纪国法、严重违法犯罪，把公权力当作私权力，把公务员当作"敛钱官"，利用职权向 25 个人卖官，敛钱，然后去挥霍、去包养情妇。其最终成为落马的贪官是必然的。用人上的腐败是最大的腐败，匡正用人上的不正之风是当务之急，类似吴某这样的贪官出现一个就要打击一个，绝不姑息！

我从反感吃请，到参加邀请，再到收下烟酒，对别人的"进贡"——笑纳。接受并且适应了"干工作靠感情"的拉拉扯扯，吃吃喝喝，"贪欲的大坝"一旦决口，必然"洪水泛滥。"

● 安徽省蚌埠市政协原副主席、五河县委原书记徐某，55 岁，2010 年 6 月 8 日因受贿罪、巨额财产来源不明罪被判处有期徒刑 14 年 3 个月。

★检察官寄语：

什么是腐败？什么是不正之风？共产党的官员都是心知肚明的，问题是当这些东西来腐蚀我们的时候为什么就没有警惕了呢？为什么就顺其自然了呢？道理很简单，人都有弱点，问题是看你能不能战胜自己的弱点。缺乏牢固的思想防线，就好像堤坝出现了漏洞，不及时堵住必然"洪水泛滥"、不可收拾。

我成为"裸官"后，生活中吃喝嫖赌，工作中昏庸盲目。那些不法商人朋友看中了我的弱点，投我所好，使出了安排吃喝住行、提供饭后休闲娱乐活动、引诱吸食毒品、提供性贿赂、送贵重礼品、进行远期利益许诺、制造神秘因素进行精神上迷惑及直接给付大额贿赂8种手段将我彻底击倒。

• 中国通信建设总公司原总经理助理董某，50岁，2011年2月1日因涉嫌挪用公款罪、受贿罪一审判处无期徒刑。

★检察官寄语：

一个国企"裸官"（妻子孩子全部移居境外），竟然伙同他人挪用公款5.8亿元、收受贿赂157万余元。"裸官"没有了家庭的牵连，加之在国外的家属需要大额的开销，所以作案时往往比较迫切，且没有后顾之忧，相反还留有后路，一旦情况不妙便随时准备远走高飞。所以，对"裸官"现象应当引起重视和警惕。

看到我们一起被提升为处级干部的，尤其是我当副厅长时的下属都上去了，我知道自己上不去了……"升官无望，只有搞钱"的思想观念已经出现了。

• 云南省财政厅原副厅长、省政府金融办公室原主任肖某（正厅级），2010年7月28日因贪污罪、受贿罪被判处有期徒刑18年。

★检察官寄语：

肖某利用职务之便，在财政资金批复、人员调动等方面为他人提供帮助，收受财物等折合人民币17.4万余元，伙同他人非法占有国家财政资金577万元。肖某从2003年起就开始出问题了，此时距他退休还有6年的时间。他那时已经当了9年的副厅长，尽管到2007年8月他又被晋升为正厅级，但他"因为自己再提升无望就大捞钱物"，对这些"天花板"式（到顶了）的干部如何监督，也应提到议事日程上来。

我出生在农村，从一个普通的员工，通过自己的努力工作，逐步走上了领导岗位。企业正常运作，权力也越来越大，慢慢地就放松了对自己的约束。特别是在一些重大决策上，老大自居，认为企业是自己一手创办的，一个人说了算，对企业的发展造成了一定的损失。结果群众情绪很大，造成了极坏的影响，我还做出了一些造成严重后果的事情。

• 上海奉贤建工集团原党委书记、董事长、总经理陈某，66 岁，2010 年 8 月因贪污罪、受贿罪、挪用公款罪被上海市高级人民法院判处有期徒刑 20 年。

★检察官寄语：

一个已经退休的国有企业领导干部，本应在家享受天伦之乐，但是这个曾经集多个要职于一身的陈某，终于没有逃脱被绳之以法的可悲结局。有道是："手莫伸，伸手必被捉。"长期担任"一把手"，缺乏起码和必要的监督，那么给企业造成损失、造成极坏的影响，自己身败名裂则是必然的了。

他们都是在过年过节时送钱送物给我的。他们都是县委县政府招商引资来的投资方，我作为地方最高领导，给他们创造良好的投资环境，应如同朋友一般对待。我就是在这种指导思想下，放弃原则，不分是非，赔上了人身自由和政治前途。

• 广西壮族自治区宣原县委原书记彭某，50 岁，2010 年 8 月 6 日因受贿罪被判处有期徒刑 10 年。

★检察官寄语：

又是一个"一把手"，问题还是出在监督上。一个人说了算，把受贿当作"创造良好的投资环境"、"如同朋友一样对待投资方"，其实"彭书记"的所谓"朋友"就是形形色色的老板、包工头，"朋友"不过是一个幌子，自我安慰罢了。结果他因为受贿 200 余万元，将度过 10 年牢狱生活，何苦呢？

我在当区委书记时，是"一把手"，没有人监督我，致使我的思想出现了偏差，利用工作权力索取贿赂，然后给"情妇"治病。我有时晚上睡不着觉，一笔笔回忆起自己受贿加起来的数额，想起来都觉得后怕，因为我知道，一旦案发是什么样的结果。但已身不由己，只能祈祷上苍保佑了。

• 贵州省贵阳市花溪区委原书记王某，48 岁，2010 年 9 月 29 日因受贿罪被判处有期徒刑 13 年。

★检察官寄语：

有的贪官受贿给情妇买房，有的贪官受贿给情妇买车，有的贪官受贿给情妇买衣服、美容等。而这个贪官与众不同，他是拿受贿来的钱给情妇"治病"。其实，这个情妇是"情负"，她是以各种借口装病，以不断骗取钱财，贪官因为有把柄在其手里，奈何不得！其实，贪官无论以什么名义和理由给情妇钱财，为的就是一个目的：博取情妇的欢心！上述忏悔提醒我们，各级官员要注意"身不由己"的现象出现。

我本人就经常以特殊党员自居，基本脱离组织生活和组织监督，即使有也是形式。这是我离经叛道、蜕化变质重要的原因。

沈阳市这些年来组织生活不正常，组织监督苍白无力，并且从明确揭露出来的许多问题看来以至于"三讲"走了过场，这些都与我本人不能以身作则，不能很好地发挥党组织监督作用有很大关系。

如果我认真对待组织谈话，真诚接受组织监督，彻底改正错误，我相信我就不会走到目前这一步。但是，我低估了组织，高看了自己，像个党内"个体户"，我行我素，放弃了接受组织监督的机会。

● 辽宁省原副省长、沈阳市原市长慕某，56 岁，2001 年 10 月 10 日因受贿罪、巨额财产来源不明罪被大连市中级人民法院一审判处死刑，缓期 2 年执行。

★检察官寄语：

高级别的大贪官大都是脾气随着官位涨，老子天下第一，目无党纪国法、藐视法律、凌驾于组织之上，他们制定的制度是对下属的、他们所作的报告是对群众的、他们的良好形象是做给媒体看的。权力不受监督，必定滋生腐败，群众说得好："把自己当作人，襟怀坦白、真真实实，活得踏实；把自己作为官，装模作样、拿腔拿调，活得累横！"在阳光下踏踏实实地生活，是一种为官之道。

"我低估了组织，高看了自己"，把自己称为"党内的个体户"，不接受组织的监督和提醒谈话，后悔还有什么用。由此看来，如何监督是一个方面，如何接受监督又是另一个方面，相辅相成，缺一不可。

为了谋取私利，我规避监督，把自己的部门搞成了一个"独立王国"，营造一个社会关系的"能量场"。我感到社会上想参与儿童福利、救灾救济等项目的人，都会有求于自己。有了这个前提，接下来的事就好办了。即使哪天我不在岗位了，这个"能量场"依然会发挥巨大的作用。

● 广西壮族自治区民政厅救灾处原处长龙某，47岁，2010年10月14日因受贿罪、贪污罪、行贿罪、介绍贿赂罪、非法占用农用地罪被判处有期徒刑20年。

★检察官寄语：

贪官为了持久的谋私，不但搞"独立王国"，而且还营造社会关系的"能量场"。其设想："即使哪天我不在岗位了，这个'能量场'依然会发挥巨大的作用。"可见，没有监督，权力就无法正当地行使，没有监督，公权力就变成了私权力，"龙处长"提醒了我们，手握公权力的人们千万不能大意啊！

1991年2月我到医院财务科当出纳员，开始时老老实实干了4个月，后来看到许多同龄人都"发"了，让我十分羡慕。我开始琢磨自己怎样才能尽快富起来，我发现单位根本没有监督制度。1995年起，我"就地取材"，大把大把拿单位的钱，结果4年时间我拿了近100万元。

● 黑龙江省齐齐哈尔市某医院出纳员韩某，35岁，2010年10月26日因贪污罪被判处无期徒刑。

★检察官寄语：

正是因为单位财务疏于管理和监督，才使这个年轻的管理人员在短短的4年里拿了90多万元现金而无人知晓。笔者查处的此类案件有几十起，原因何其相似，都是出纳员利用职权私下拿公款去赌博、去潇洒，直到犯罪的金额达到了天文数字才被发现，看来，管理与监督绝不能停留在口头上！

在宕昌，没有人能够监督我这个县委书记，纪检监察机关监督不了，本县检察机关监督不了，就是上级监督也存在不到位的情况。

● 甘肃省宕昌县委原书记王某，43岁，2011年4月7日因受贿罪、巨额财产来源不明罪，被一审判处死刑，缓期2年执行。

★检察官寄语：

这个受贿1300多万元的县委书记讲的是事实，在一个地方当"一把手"的，谁能对其进行监督？所以，我们现在一些地方的监督制度是脱离现实和实际的，也是导致"一把手"职务犯罪多发、高发的一个客观外在原因。多年来无数事实提醒我们，应该亡羊补牢，切切实实解决对"一把手"监督机制的科学确立。

如果纪委、检察院能够定期不定期地对领导干部，尤其是"一把手"进行预防腐败、廉政谈话，我就可能不犯罪。

● 甘肃省窑街煤电集团有限公司党委原书记、董事长李某，58 岁，2010年 11 月 6 日因受贿罪、巨额财产来源不明罪被判处死刑，缓期 2 年执行。
★检察官寄语：

有的贪官怪行贿人把自己拖下了水；又有贪官认为纪委、检察院没有及时地预防，让自己堕落深渊。诸如此类，不一而足。监督是非常重要的，但自己存在贪欲，即使纪委、检察院来谈话了，他能够服气买账吗？他肯定全盘否定而大谈功劳、大谈如何廉洁，一旦调查人员提出质疑，他不强调"要证据"才怪呢！自己的贪婪欲不解决，这个监督是有难度的。

市场经济下，我看到周围的人都在捞钱，于是自己头脑里也出现了不正确的思想：大家都这么干，我为什么不干？这一干，就再也停不下来了。我在捞钱的过程中，给国家造成了巨大损失，除了自己极度贪婪的原因之外，整个工作过程缺乏有效的监督也是一个不可忽视的重要原因。

● 黑龙江省哈尔滨市道外区拆迁办原科长王某，57 岁，2010 年 12 月因贪污罪、受贿罪、滥用职权罪、玩忽职守罪，数罪并罚被判处死刑，缓期 2 年执行。
★检察官寄语：

论年纪，行将退休；论职务，就是个科长。可就是这个小小的科长，在短短的一年多的时间里利用职务之便骗取国家房屋拆迁补偿款 1200 余万元，索取、收受贿赂 320 余万元。更严重的是，因为他的玩忽职守，导致国家直接损失了 1.1 亿余元。此案例告诉我们，权力缺乏监督，腐败必然滋生。

因为"一把手"缺少监督的机制，几年来，我母亲家的装修款、情人的购房款、侄女的学费、弟弟的汽车、妹妹的保险、老婆的汽车都向行贿人索要。我虽然想以"借"来逃避处罚，但法律无情，最终落得今日这个下场。

● 浙江省杭州市江干区城建开发办原主任乔某，52 岁，2010 年 12 月 15 日因受贿罪终审被判处无期徒刑。

★检察官寄语：

防止权力的滥用，最好的措施就是让"权力"在阳光下运行！就是把"权力"放到笼子里予以限制！仅仅就是一个区开发办的"一把手"，就可以把国家的钱当作自己家里的钱，随用随取，如此肆无忌惮、毫无顾忌，哪有不出问题的！哪有不出大问题的！对"一把手"的权力必须用法律来进行限制和监督，刻不容缓！

谁来监督纪委？党章说纪委要监督同级党委，而实际上纪委是监督不了党委的：党委书记对纪委书记不满意，向上一反映，这个纪委书记有可能就要被调离，干不长；同样，党委也监督不了纪委：纪委是双重领导，可以直接向上级纪委反映问题，这样党委也不太愿意惹纪委，也达不到监督纪委的功能。

● 湖南省郴州市委原副书记、纪委原书记曾某，61 岁，2010 年 12 月 30 日因受贿罪、巨额财产来源不明罪被执行死刑。

★检察官寄语：

如何建立行之有效的监督机制，是各级官员必须要考虑和研究的大问题。如今不是没有监督，上下左右的监督可以讲比比皆是，如今是缺少有效的监督、无缝的监督。这个已被执行死刑的昔日纪委书记的"临终告诫"，是值得思考的。

制度已经很多了，关键是加强制度的认真落实和执行。为了防止 300 多条制度就像挂在墙上的月亮一样，应该学香港，凡是发现领导干部有问题，哪怕是收红包的小问题，也一律公布，从小事情抓起。

● 湖南省郴州市委原副书记、纪委原书记曾某，61 岁，2010 年 12 月 30 日因受贿罪、巨额财产来源不明罪被执行死刑。

★检察官寄语：

如今哪个单位没有制度？昔日的纪委书记曾某清楚地记得，中纪委等各有关部门制定和下发了 300 多条制度，但也没有管住他这个纪委书记，原因在哪里？就是制度的执行、制度的落实，否则，制度就是一个花架子。按照曾某的话说："就像挂在墙上的月亮一样。"

谁来监督纪委？党委和纪委间的尴尬关系，暴露出制度设计中的一些疏漏。纪委的职能越单纯越好（监督、查处），不要赋予纪委其他方面的权力。诸如职能部门能管的事情，纪委不要管、不要插手。因为人的自控能力是有限的，权力一多，自我就容易膨胀，就容易发生问题，这应该成为今后修正制度的重要参考。

● 湖南省郴州市委原副书记、纪委原书记曾某，61 岁，2010 年 12 月 30 日因受贿罪、巨额财产来源不明罪被执行死刑。

★检察官寄语：

曾某，这个目前中国犯罪最为严重的纪委书记，在等待死亡的时间里，以自己由一个共产党的领导干部一步步堕落成为死刑犯的亲身经历，提出了对权力如何监督的问题，对纪委如何监督的问题。"人之将死，其言也善"，他提出的问题，不无道理，值得所有官员们思考和反省。

锄禾日当午，贪官也辛苦；

钞票十万五，关门把钱数；

白天怕监督，晚上怕搜捕；

敲门是何人，心中没有谱！

● 某些贪官在狱中自嘲的诗，其反映的是一种贪官害怕案发的担心及其惶惶不可终日的心理，惟妙惟肖地刻画了贪官怕监督、怕暴露的本质。

★检察官寄语：

据笔者考证，此诗作者并不是贪官，但他惟妙惟肖地刻画了贪官的心情，非常真实、非常深刻。这首诗受到了狱中贪官们的喜欢，写出了他们当初的内在心情，所以得到了传诵。笔者在职务犯罪侦查过程中，非常了解一些犯罪嫌疑人的这种心情，没拿钱时想拿钱，一旦得钱了又担惊受怕，害怕藏在家中的钱，因为那是烫手的钱！

四、放松学习，迷失方向

在监狱里，我最难受的是每个星期六的上午，因为我知道这一天本该是我参加区委领导班子中心组学习的日子，可是那时我经常借口工作忙而不参加，现在我只能参加监狱组织的犯人学习了。解剖分析自己犯罪的思想根源，我的教训就是：要使自己不迷失方向，学习必不可少，而且要入心入脑。

● 上海市原某局级领导干部王某，46 岁，1995 年 8 月 10 日因受贿罪被判处有期徒刑 15 年。

★检察官寄语：

有条件学习时不想学习，失去了学习条件时又留恋学习，话倒是真话，没有切肤之痛的人是讲不出来的。实际上，各级领导干部学习的机会和条件是很多的，学习的种类和形式也是丰富的，难在联系思想实际、难在筑牢思想防线。根本一句话，难在入心入脑、时刻对照！什么叫学习？如何学习？这是个简单而复杂的大问题。

我曾经当了 10 年人民代表，但我连人代会都经常请假，对于政治学习，我从来不参加。如今自己身陷囹圄，我明白了，一个领导干部要是没有清醒的头脑，不受监督制约，早晚会变成我这样的腐败分子、人民的罪人，大家要以我为戒。

● 上海某国有企业原负责人陈某，51 岁，1999 年 10 月 20 日因受贿罪被判处有期徒刑 13 年。

★检察官寄语：

陈某曾经头上戴有许多耀眼的光环，例如"人民代表"、"劳动模范"、"优秀党员"，但人一旦忘乎所以就容易出毛病了，那些"人代会"、"党代会"他几乎都不参加，是因为工作忙吗？根本不是，他和一帮老板宾馆开房间打麻将赌钱去了，一搞就是几天几夜，一片乌烟瘴气。这种庸官、昏官不倒台谁倒台？

沦为囚犯后，我逐渐意识到是思想蜕变害了自己。在公司任职期间，我根本无暇顾及学习，使得学习流于形式。长此以往，我的脑子里只剩下公司的几架飞机，组织观念和法律意识都变得模糊，甚至最后被遗忘。

● 中国民航长城航空公司原总经理钱某，55 岁，1999 年 11 月因挪用公款罪被判处无期徒刑。

★检察官寄语：

"沦为囚犯后，我逐渐意识到是思想蜕变害了自己"，思想蜕变不是一下子定型的，而是有一个潜移默化的过程。在这个过程中一直放任自流，那就导致了这个贪官的后果，无期徒刑，彻底完蛋了。

不学习，迷失了政治方向。放松学习，头脑空虚，没有正确的理论去武装，政治上就必然不成熟，势必误入歧途，我就是这种人。

● 江西省原副省长胡某，51 岁，2000 年 3 月 8 日因受贿罪、行贿罪、巨额财产来源不明罪被执行死刑。

★检察官寄语：

老胡也来鹦鹉学舌了，什么"不学习，迷失了政治方向。放松学习，头脑空虚"。作为一个在地方和中央部门工作过的领导干部，道理都是非常明白的。那你老胡既然明白，早干什么去了啊！胡某的灭亡其最主要的是信念的背叛。有人给算过一笔账，他在位时平均每天敛取不义之财 5000 元以上，甚至其还背着组织给自己和全家办理了护照，准备一有风吹草动便远走高飞，这就是胡某最终走上绝路的内在心理动因。

我的堕落究其原因：

其一，不注重平时的政治理论学习和各类专项警示教育活动。我经常以干代学，长期缺乏政治理论学习习惯的养成，放松世界观的改造，导致我自身的政治理论素质并没有随着职务的提升而提高，思想水平仍旧停留在较低的层面上，缺乏当一名领导干部应具备的政治敏感性和职业的责任感。追求腐朽堕落的贪欲生活，更使我失去了遵纪守法的定力，以至于我抵御不住"金钱"的诱惑，甘与犯罪分子同流合污充当其"保护伞"。

其二，侥幸心理是我胆大妄为的犯罪主导。当初，拿了不该拿的钱，我曾有过自责，有过害怕。但是，"幸运"的是，后来一直风平浪静，竟然没有暴露。如此一来，更助长了我的侥幸心理。

● 上海某司法机关公务员王某，38 岁，2000 年 5 月 11 日因受贿罪、滥用职权罪被判处有期徒刑 15 年。

★检察官寄语：

身为穿制服的国家公务员，还是具有一定职务的领导干部，整天和不法分子搞在一起，把职责、原则、法律抛至脑后，甚至拿人钱财、利用公权力替人消灾，充当其"保护伞"！年纪轻轻正当年，可惜，美好的前程全部毁在了自己手里，其说的"幸运"、"风平浪静"是值得人们警惕的！

我最终没有将学习得到的道理，实现自己海誓山盟的许诺。正当春风得意之时，我摔了一跤，重重地跌倒了，摔破了我的信念，摔破了我的理想。正当各种诸如拜金主义等腐朽思想向我袭来之时，我也曾牙关咬紧，任凭风浪起，到后来，我昏昏然，我犹豫了、彷徨了、心动了、手痒了，我的防线最终崩溃了。当检察官伟岸的身躯挡在我面前并用威严的目光箭射我的时候，我才如梦初醒。我茫然，我惊悸，我成了金钱的俘虏。

● 重庆市涪陵区某某镇原副镇长裴某，27岁，2001年5月16日因受贿罪被判处有期徒刑10年。

★检察官寄语：

曾经海誓山盟下决心为党和人民努力工作的年轻干部，正当春风得意之时，"跌倒了"。正如他自己分析的："我昏昏然，我犹豫了、彷徨了、心动了、手痒了，我的防线最终崩溃了。"大凡贪官，一开始就贪的，倒不多见，在为官的过程中潜移默化、渐进式蜕变的比较多。因此，防止自己蜕变，如何办？必须是要考虑清楚！

我腐败的事实证明：讲学习不是虚的，讲政治不是空的，讲正气不是无形的，一切变化都是从思想开始的。

作为一个领导干部，一旦放松了思想改造，人生观、世界观这个总开关一旦出现毛病，就会百魔缠身，由人变成鬼。

● 沈阳市中级人民法院原院长贾某，55岁，2001年10月9日因贪污罪、受贿罪、挪用公款罪、巨额财产来源不明罪被辽宁省营口市中级人民法院判处无期徒刑。

★检察官寄语：

"贾院长"又讲了一句大实话："讲学习不是虚的，讲政治不是空的，讲正气不是无形的，一切变化都是从思想开始的。"实践证明，学习并不难，当上干部的、当上领导干部的，各种学习的机会多了去了，很多干部都去过党校，很多中高级领导干部都去过中央党校，问题是你"入心、入脑"了没有，你"学以致用"了没有，你树立了"终身学习"的思想没有。否则，就是空的、虚的，装装门面的，最终必然"百魔缠身，由人变成鬼"。

当了公安部的领导以后，我整天忙于具体事务，很少认真读书学习。马列主义的书不怎么读了，有限的学习也只是流于形式，很少结合自己的思想实际。党内民主生活会上很少听到对我尖锐的批评，自我批评也是轻描淡写地说一说，不愿也不敢触及灵魂深处。

我在台上讲的与下面做的不是一回事。对人家讲马列主义，对自己却采取自由主义。思想觉悟越来越低，自我约束能力越来越差，最根本的是忘记了全心全意为人民服务的宗旨。

● 公安部原副部长李某周，55 岁，2001 年 10 月 22 日因受贿罪、玩忽职守罪被北京市第一中级人民法院判处死刑，缓期 2 年执行。

★检察官寄语：

笔者因为职业的关系，接触过无数份贪官在狱中写的"忏悔书"。归纳一下，几乎有80%的贪官把自己犯罪的第一个原因列为"放松学习"。问题是，到他们这个位置上，去党校系统的学习不知有多少次了，还能讲"不学习"吗？问题的根本是"李副部长"的这句话："不愿也不敢触及灵魂深处。"这从反面告诉我们，学习不能走过场是何其重要！

一个时期以来，我对我犯罪的轨迹和成因有了较为深刻的认识。作为我来讲，是国家公务员，而且是国家的高级干部，从一名高级干部到阶下囚，是由于我长期放松政治学习，放松忽视思想改造，世界观没有得到彻底的改造，以及加上其他一些方面的原因所造成的。由于这些方面的原因，我私欲膨胀，追求享乐的结果加上贪婪。从这些原因里，我思考了很多，但最主要的我认为就是忽视政治学习，放松思想改造。

● 山东省政协原副主席、九届全国政协原常委潘某，50 岁，2003 年 4 月 23 日因受贿罪、巨额财产来源不明罪被判处无期徒刑。

★检察官寄语：

共产党员必须怎么做、公务员必须怎么做、领导干部必须怎么做、高级领导干部更应该怎么做，这些在"做"之前都是十分明确的，每个官员自己也一定是耳熟能详的，说起来一定也是头头是道的。问题的根本是贪官们一旦权位到手，便早早把这些基本的要求抛到九霄云外的爪哇国去了。私欲膨胀、追求享乐、贪婪无度才是贪官们覆灭的根本原因。

担任领导职务后，我认为吃老本就行了。岗位变了，职务升了，但我没有在思想政治、工作业务等方面提高自己，去适应变化了的情况。放松了学习和自我改造，党性观念淡化，对学习阳奉阴违，没有触动自己的思想，做表面文章，造成思想防线在对外交往中一冲即溃。对于掌握一定权力的领导干部，放松学习是致命的。

• 某集团炼化公司原执行董事、工会原主席程某，61 岁，2003 年 12 月 3 日因受贿罪被判处有期徒刑 8 年。

★检察官寄语：

老程的忏悔讲到了学习的要害："对学习阳奉阴违，没有触动自己的思想，做表面文章，造成思想防线在对外交往中一冲即溃。"所以，不要把学习仅仅定位在一种形式、一种过程，学习是对自己思想的一次清洗，是对自己头脑中不良意识的一种荡涤，是对各种腐朽没落思潮的一种防范。记住老程的肺腑之言："对于掌握一定权力的领导干部，放松学习是致命的。"

由于我放松了学习，在工作中没能严格遵守法规法律，没有认真履行工作程序。在法律和人情之间，我选择了后者，把让朋友高兴置于党纪国法之上。现在我深深认识到：法律和人情有些时候只是一念之差，差之毫厘却谬以千里，放弃原则的最终结局就是要受到法律的严厉制裁。

• 四川省攀枝花市建委原副主任、建设局原局长彭某，48 岁，2004 年 11 月 24 日因受贿罪被判处有期徒刑 7 年。

★检察官寄语：

在法律和人情之间，这个把握着公权力的局长彭某更重人情，宁可以身试法也要维护与朋友的关系，人情成了其蜕化变质的催化剂。面对原则和人情，领导干部该如何选择？这是彭某切身体会给我们的警示。

我以前看报纸，听领导人讲话，只是把它当作官样文章在浏览，完了就完了，不认真去想，但现在（狱中）不同了，我认真看过以后，才真正理解了法治对于一个国家的进步有多么重要。

• 贵州省委原书记刘某，69 岁，2005 年 6 月 29 日因受贿罪被判处无期徒刑。

★检察官寄语：

许多人到现在都没有搞明白，什么是学习。看看报纸、听听报告就是学习吗？显然不是！真正的学习就是要把正确的思想、理念"入心、入脑"，要理论联系实际、要学以致用、要表里如一。大凡贪官都曾经有过脱产学习的条件和机会，他们之所以被绳之以法，就是缺少了上面这一条！

自己利用职权收受贿赂，主要原因是平时放松了学习、法治观念不强、拜金主义严重，在金钱面前忘记了作为一名党员领导干部的责任和义务，辜负了党组织对我多年的培养、教育和信任。对不起企业员工对我的厚爱、对不起慈祥年迈的父母对我的养育之恩、对不起兄弟姐妹对我的关心和呵护、对不起恩爱妻子对家庭的全身心付出、对不起即将高考的可爱的女儿。后悔当初把握不住自己，落得今天这个下场。

● 某局原副总经理严某，43 岁，2005 年 11 月 30 日因受贿罪被判处有期徒刑 10 年。

★检察官寄语：

想让自己生活得好一些、想让家庭生活得好一些，这原本无可厚非，但要靠自己的辛勤劳动，而不能靠手中的权力。一味崇尚拜金主义，来者不拒，哪能不出问题！官至企业高层领导，待遇应该差不到哪去。可惜的是自身的坐标和定位错了，没有跟企业的员工比，没有跟社会上的弱势群体比，那么自己的心态永远是不平衡的。43 岁，面临 10 年的牢狱，前途已经无法改变，还在位子上的人们要引以为戒！

当如花似锦的前途在高墙面前戛然而止时，我深感人生成败在于学习。我青少年时期读书学习认真刻苦，年纪轻轻就成为让众人十分羡慕的县级领导干部。可是后来，在众人的吹捧面前，我以工作忙、应酬多为借口，放松了学习。我想，正是这种自信和放任毁了自己。

● 四川省南充市高坪区委原书记、区人大常委会原主任杨某，48 岁，2006 年 7 月因受贿罪、巨额财产来源不明罪被判处有期徒刑 17 年。

★检察官寄语：

杨某的忏悔与反思，告诉我们学习是一个永恒的主题，对待学习不能打折扣。只要长期坚持学习，理论联系实际、严格要求自己、提高政治素质、掌握法律武器，就不会有牢狱之灾的悲剧发生。有道是：学而不思则罔，思而不学则殆。

我的亲身经历说明：人生命运，成也在学习，败也在学习。深刻剖析自己的发展教训时，我发现自己致命的问题就是不知法、不懂法。今天反思，人不学习不仅是要落后的问题，而是要违法犯罪的问题。

● 四川省南充市高坪区委原书记、区人大常委会原主任杨某，48 岁，2006 年 7 月因受贿罪、巨额财产来源不明罪被判处有期徒刑 17 年。

★检察官寄语：

从一个领导干部到阶下囚、由受人尊敬的干部到人人鄙视的囚犯，人性与自制、责任与诱惑，一起在权力面前上演的这出似曾相识的闹剧，又一次让各级领导干部反思：面对利益的诱惑，应该如何自处？当杨某被手铐锁住双手时，他终于明白，谁游戏法律，谁就会受到法律的制裁。

回想过去，我从一名党员领导干部、优秀的科技工作者沦落为罪犯，痛心疾首之余，也让我幡然醒悟。究其原因，首先是不注重政治理论学习，其次是不注重世界观的改造，最后是不注重法律法规的学习。我此生最大的遗憾是我失去自由后，家中的老娘带着挂念、带着酸楚、喊着我的名字离开了人世，含泪九泉。而我未能尽到为子之孝，骨肉分离之痛时刻煎熬着我的心。

● 河南省交通厅原总工程师（副厅级）李某，60 岁，2006 年 11 月 7 日因受贿罪、巨额财产来源不明罪被判处有期徒刑 7 年。

★检察官寄语：

每个官员都要看看这位贪官的忏悔，由于自己犯罪，造成了各种各样的损失。对于其他损失，可以在出狱以后，以吸取教训、重新做人来弥补，而其母在牵挂中离世，那个缺失如何弥补？况且这种遗憾将伴随作为儿子的终身！笔者有一句忠告，为了父母晚年的幸福，必须廉洁自律！

我现在常常这样想：为什么过去收入低、生活苦、一日三餐粗茶淡饭，而心里却感到很踏实；现在吃不愁、穿不愁，可以说饭来张口，衣来伸手，物质生活十分丰富，可还是觉得心里空落落的。这恐怕还是思想认识问题，还是自己意志薄弱、精神空虚的原因。

● 安徽省委原副书记王某，63 岁，2007 年 1 月 12 日因受贿罪、巨额财产来源不明罪被判处死刑，缓期 2 年执行。

★检察官寄语：

对贪官而言，一旦被摘去了权力、地位、荣誉的光环，其看问题就比较理性了。这就是一种警示，就是告诉我们：平时不要老被权力、地位、荣誉左右，要牢记全心全意为人民服务的宗旨，要筑牢预防腐败的思想防线，警钟长鸣、时时提醒！

作为党员领导干部，在改革开放的 30 年中，我用自己 99% 的时间在学习、工作中履行职责，用自己不到 1% 的时间和精力起了贪欲、谋了私。结果，正是这不到 1% 的作为，抹黑了自己几十年为之奋斗和努力的事业，也抹黑了自己，法纪意识的松懈和淡漠导致自己滑向犯罪的深渊。

• 四川省教育厅原副厅长汪某，54 岁，2007 年 6 月 12 日因受贿罪被判处有期徒刑 11 年。

★检察官寄语：

一个有着近 30 年党龄，在省部级机关当了 12 年处级干部、13 年厅级干部的老党员、老领导，随着职务的提升，逐渐放松了自我约束和政治警惕性。在权钱交易过程中，以为"一对一"没人知道，直到最后刹不住车，一步一步走向犯罪的泥潭而不可自拔。官员在人生的道路上一定要防止那个"1%"。

这些年来，我实际上已经完全放松了对世界观的改造。由于自己的工作、生活一切都比较顺利，又长期在生产经营第一线发号施令。针对别人的多，针对自己的少，渐渐地我对权力、地位感到不满足，私欲逐步膨胀。想想年纪也不小了，干了一辈子也要为自己退下来后的生活考虑考虑，为儿子以后打点基础。我认为机会难得，应抓住"机遇"多赚点钱。当一个人的私欲膨胀时，是什么违法犯罪的事情都会干出来的。

• 上海某（集团）总公司原党委书记、董事长王某，58 岁，2007 年 12 月 20 日因贪污罪、受贿罪被判处死刑，缓期 2 年执行。

★检察官寄语：

常言道："人心不足蛇吞象"，此话在这个贪官身上得到了淋漓尽致的展现。这个官至厅局级、年收入过百万的"一把手"，竟然也会"渐渐地我对权力、地位感到不满足，私欲逐步膨胀"。可见，只要存在私欲，就容易发生"人心不足蛇吞象"、"搬起石头砸自己的脚"的事情来。

我长期在领导身边服务和工作，自以为是，放松了思想、信念和道德的追求，以至于走上了犯罪的深渊。我辜负了党的培养和教育、辜负了人民群众对我的重托、对不起自己的父母和家庭。但一切都为时已晚，我真心希望用自己的劳动来改造自己的灵魂、洗刷自己的罪孽。

● 上海市委办公厅原副主任秦某，后任某区区委副书记、区长，44 岁，2007 年 12 月 20 日因受贿罪被判处无期徒刑。

★检察官寄语：

秦某是一个曾经在市委主要领导身边工作的"第一秘"。其利用职权大肆受贿达 680 余万元，且道德败坏、腐化堕落，早就引起了许多干部群众的举报。但他丝毫没有收敛之意，反而变本加厉进行腐败犯罪，导致今天的结果是在大家预料中的、必然的。这个昔日的学者、高校教师出身的"第一秘"，"自以为是，放松了思想、信念和道德的追求"，腐败起来也是触目惊心的！

在以泪洗面的同时，我也在分析走到今天这一步的原因。一方面是长期以来忽视政治学习。这些年整天忙于业务，把坐下来学习当作是一种负担，就连参加中心组学习也是坐而不定，总以为自己基本素养是好的，学习不学习问题不大。只有工作干出成绩就是最大的政治资本。

另一方面，党风廉政建设和反腐败工作虽然从上到下天天抓、时时讲，但我还是没有入心入脑，没有使之荡涤心灵，更没有转化为自觉行动。而是把反腐倡廉视为口号，把警钟长鸣当作耳旁风。

● 上海市国资委原副主任吴某，女，53 岁，2007 年 9 月 25 日因受贿罪被判处有期徒刑 11 年。

★检察官寄语：

把自己当作教育者，是所有担任领导职务贪官的一种心理状态，总以为自己是高明的、高素质的，学习是针对被教育者的。于是，教育别人头头是道，而对自己则另搞一套。这个女贪官在位时也"高呼"反腐倡廉口号，也知道"警钟长鸣"的对照，可惜，最后没有把自己人生前途把握好！什么是真正的学习，大家要深刻反思！

实际上，天底下没有两条永远平行的路。开始你可以两只脚同时走在两条路上，既走正路也走歪路。可后面是两条岔道，越来越远，它中间的距离越来越宽，我跨不了，自然而然地就倾向于某一条路。我个人光辉到 60 岁就结束了，那边是后半辈子，我肯定往那边倾斜，我慢慢地向那边倾斜。这种倾斜的结果是什么？是身败名裂、是悔恨终身。精明强悍的我，终于走到了路的尽头。

● 上海市社保局原党组书记、局长祝某，55 岁，2008 年 3 月 22 日因受贿罪、挪用公款罪、滥用职权罪被判处有期徒刑 18 年。

★检察官寄语：

一方面积极工作，另一方面拼命敛钱。想四平八稳两条路都走，保证"安全系数"。可是，贪官的实践证明，这样做是不可能的，因为"后面是两条岔道，越来越远，它中间的距离越来越宽"。

这个"精明强悍的我，终于走到了路的尽头。"对某些具有他这种想法的人是一种告诫！由于我担任一把手的公司生产经营蒸蒸日上，恭维、赞扬不绝于耳，自己志满意得之际放松了政治理论的学习和世界观的改造。平时只注重业务知识的学习，在市场经济的浪潮中，不能很好地把握自己，不能洁身自好，开始了随波逐流，逐渐接受了一些市场"潜规则"和拜金主义、金钱至上等思潮的影响，终于让自己身败名裂，尝到了恶果。

● 某集团分公司原总经理朱某，40 岁，2008 年 8 月 24 日因受贿罪被判处有期徒刑 7 年。

★检察官寄语：

"一把手"，业绩好，春风得意、志满意得，这个时候头脑理应要格外清醒。可惜，许多"一把手"在"恭维、赞扬不绝于耳"之时开始飘飘然起来，对自己的问题看不到了，就是有了"毛病"也讳疾忌医。笔者突然想到一种生活现象，一些有疾病的人经常去就医、请教医生，一般倒没有什么生命危险，而一些自以为身体"倍棒"、从不看病和注意预防的人，说死就死了，或查出病症时已无医可治，其中有没有可以借鉴的道理呢？

人不能像陀螺一样一直在转，要留出一些思考的时间。我工作时，应酬比较多，工作也比较忙，没有时间静下心来思考一些问题，特别是人生观、价值观等方面的问题。现在我有的是时间，结合自己的过去，进行一些反思，思考一下未来。我现在就想着把剩余的时间安排好，多做一些好事。

● 河南省濮阳市人防办原主任程某，51 岁，2008 年 10 月因受贿罪，被判处有期徒刑 11 年。

★检察官寄语：

确实有一些领导干部，整天大会小会、迎来送往、忙于应酬，哪有时间静下心来思考一些问题？头脑一迷糊，辨不清方向也就成为必然了，"程主任"以亲身体会告诫人们："人不能像陀螺一样一直在转，要留出一些思考的时间。"那些整天以为自己很忙、很忙的官员们，思考一下，自己究竟忙的是什么！

我今年50多岁了，母亲、岳父母都已80多岁了，不能尽孝，追悔莫及。出狱后年近花甲，身无分文，无处着落，悔不当初。

• 河南省许昌市国土资源局土地整理中心原主任黄某，55岁，2008年11月17日因受贿罪被判处有期徒刑6年。

★检察官寄语：

葬送前途，祸及家庭，是贪官犯罪必然出现的后果，无论你想没想到，这是一个客观存在的事实，多少贪官在狱中后悔莫及，还有什么用呢？笔者作为一个职业检察官，也有情感，对人间悲剧也非常同情，可是在犯罪面前是"人有情、法无情"！执迷不悟要犯罪，那一定是这样的后果，别无选择！

放松了学习，这是我走上犯罪道路的一个重要原因，我平时看书学习很肤浅，把学习当成了一种应付差事，走过场。当县委书记时，每年我和各单位都要签订党风廉政建设责任书，但只知道检查别人，未能对照检查自己。自己平时看的反腐典型案例也不少，就是没有通过学习来清洗自己的大脑，做到警钟长鸣。

• 甘肃省陇南市政协原副主席任某，52岁，2008年12月29日因受贿罪、巨额财产来源不明罪被判处有期徒刑11年。

★检察官寄语：

"每年我和各单位都要签订党风廉政建设责任书，但只知道检查别人，未能对照检查自己。"对人马列主义，对己自由主义，法律和制度只是对别人使用，经常习惯于"用手电筒照人"，这就是领导干部心知肚明又明知故犯的根本原因。

我触犯了法律，痛定思痛，悔恨不已。还是平时自己在业务上花费的精力较多，认为把企业的生产经营做到最好，就是对企业和国家的最大贡献，也一直认为自己是对得起企业的，从而忽视了政治学习和思想改造，对国家的法律没有认真学习和理解，对当今社会中的不良风气缺乏清醒的认识。就我收受的这些不义之财来说，从心底里我也从未想过要收取别人的钱财，即使是他们在我公司做事赚了钱，我也没有想过要从他们那里获得回报。他们给我钱时，我也推掉或还过，送的次数多了，自己的思想产生了动摇，认为别人在事后送我钱是觉得我这个人还可以，想与我交朋友，收受这个钱只是人际往来，不算什么，也不会影响自己的工作原则和做人准则，没想过这是自己一步步走向犯罪的过程，为党纪国法所不容。

●重庆大溪河水电开发有限责任公司原董事长、总经理许某，45岁，2009年1月7日因受贿罪被判处有期徒刑5年。

★检察官寄语：

一个具有高级技术职称的中青年领导干部倒在了权钱交易上，对国家、对企业、对家庭、对其自己都是一种损失、一种悲哀，可惜啊！其出问题也没有什么新奇的地方，也是具有贪官共性的几个因素，交友不慎，没有把握住第一次，根本还是在思想防线上出现了漏洞，因此筑牢思想防线是多么的重要。不知道，这可不可以归结为"苍蝇不叮无缝的蛋"。

直到被判刑，我才意识到，自己的思想是多么的贫瘠！我知道，这是因为在我身上发生了一件可怕的事情，那就是我失去了前进的方向和奋进的动力——政治学习这一支前进的指挥棒！

●浙江省财政厅农业处原副处长阮某，45岁，2009年1月3日因受贿罪被判处有期徒刑12年6个月。

★检察官寄语：

"苍蝇不叮无缝的蛋。"这是说，根本的问题是出在官员的自身，无论环境优劣，无论交往繁简，无论工作忙闲，有的官员一身正气、岿然不动；有的官员防线崩溃、暴露漏洞。及时发现和解决自己的薄弱环节是非常重要的。聪明的人，时刻了解自己的弱点，不断改进；愚蠢的人，分秒不忘自己的功劳，到处显摆。

我之所以犯罪的一个重要的原因是放松学习，我无视法纪和廉洁自律的有关规定，自己平时强调工作忙，基本不看公司总部下发的文件、学习材料，对中共中央纪委《关于严格禁止利用职务上的便利谋取不正当利益的若干规定》及企业党风廉政建设责任制制度知之甚少，对近年来公司党委多次在党风建设电话会、干部会议等会议上强调的严禁党员干部和员工参与任何形式赌博、赌球等活动的警示教育当耳旁风，我行我素，终于酿成恶果。

●某航运集团公司福州分公司原总经理宫某，39岁，2009年2月20日因挪用公款罪被判处有期徒刑 14 年。

★检察官寄语：

领导干部要培养健康的生活情趣。事实告诉我们，生活情趣会对人的思想发生潜移默化的作用。好的生活情趣会激发人们奋发向上；不良的生活情趣会使人想入非非、玩物丧志，甚至为了满足这种不健康生活方式的需要，不择手段地去"圈钱"，做出损害国家、企业的违纪违法之事，宫某热衷于赌博，导致动用公款参赌犯罪就是一个极好的例证。

我犯罪的根本原因，是对权力的认识发生了扭曲。扪心自问，自己坠入受贿犯罪的深渊，主要原因是将公权力变为私权力。现在，我才认清了权力姓"公"不姓"私"。权力一旦姓"私"，那个"兽"就会向你张开口。什么时候来"咬"你，那就要看情况了。

• 海南省海口市地税局某分局原局长陈某，45 岁，2010 年 4 月 2 日因受贿罪被判处无期徒刑。

★检察官寄语：

这个"陈局长"在忏悔书中写道，社会上流传的"生命在于运动，当官在于活动"的说法，自己觉得挺有道理，没想到现在害了我。确实，当官在于活动是其信奉的信条，也是其最终倒台入狱的原因。经过他的"活动"，结果好几个官员受到牵连，均被绳之以法，其中还有一个是省地税局的副局长，这就叫"一条绳子上的蚂蚱"。

我之所以走上犯罪的道路，主要是放松了政治学习和思想改造，特别是担任领导干部以后，很少参加党组织的学习，连每个月的党费都是叫办公室代交，谈工作就是为自己评功摆好，谈思想实际就是说空话、套话，更不要说自查自纠了。

• 四川省乐山市委原副书记袁某，48 岁，2010 年 10 月因受贿罪被判处有期徒刑 15 年。

★检察官寄语：

一个人走上领导岗位以后，要经受住各种各样的考验，这个时候，对一个领导干部来讲，既是干工作的黄金时期，也是一个危险期。因此，领导干部一定要时时正视自己心理上的细节变化，善于自我分析，自我调整，不断克服心理上的消极变化，要经得起来自各方面的考验。

五、居功自傲，独断专行

在名利面前，我忘记了党性原则，开始滥用手中的权力，独断专行，公司的事我一个人说了算，完全忘记了这是国家的企业。俗话道"一步走错，满盘皆输"，在人生的这个大棋盘上，走错关键的一步，往往再无回头之路。

● 中国民航长城航空公司原总经理钱某，55 岁，1999 年 11 月 20 日因挪用公款罪被判处无期徒刑。

★检察官寄语：

一个曾经是功勋飞行员、飞行教员出身的领导干部，在事业的巅峰时刻，由于没有把握好自己，结果跌落到深渊，听不得别人的意见，不接受监督和提醒，凌驾于法律和制度之上，独断专行、我行我素是一个无法回避的重要的原因。喜欢一个人说了算的官员们从中应该发现些什么。

作为一个受过高等教育的领导干部，对于自己的犯罪行为，当时我也是心知肚明的，贪污受贿都是犯罪，一旦东窗事发，坐牢是跑不了的。但因为贪欲膨胀、侥幸心理、独断专行，我不顾一切地铤而走险。到头来，不仅葬送了美好的政治前程，还把自己"送"进了监狱：退赃款 20 万元，又被罚 5 万元。真是既没了"前途"又没了"钱图"，到头来是竹篮打水一场空。细细想来，实在是不值啊！

● 湖南省雪峰集团有限公司深圳分公司原副经理邓某，45 岁，2001 年 4 月 10 日因贪污罪、受贿罪被判处有期徒刑 19 年。

★检察官寄语：

"因为贪欲膨胀、侥幸心理、独断专行，我不顾一切地铤而走险。"这是贪官讲到了点子上了。如今的官员，都是受过高等教育的，不少还是研究生，甚至都是在党校系统学习过的，要说不懂法、不知规定、不了解后果，那是不真实的。明知故犯、铤而走险是贪官们的共同特点。

这时候，我就陷入了法律的盲区，感到自己和别人不一样了，可以特殊了，随之可以凌驾于法律之上了，对于党内民主生活会我也不认真参加。

就在这种无拘无束，甚至无法无天而自己又缺乏自控的情况下，我的阴暗心理、道德弱点、畸形需要就像决堤的洪水开始泛滥了。

● 沈阳市中级人民法院原院长贾某，55 岁，2001 年 10 月 9 日因贪污罪、受贿罪、挪用公款罪、巨额财产来源不明罪被辽宁省营口市中级人民法院判处无期徒刑。

★检察官寄语：

大凡罪孽深重的大贪官都有"这种无拘无束、甚至无法无天、而自己又缺乏自控的情况"，他们自以为是特殊的人物，可以凌驾于法律之上，约束、要求从来都是对人家的，那么好，"我的阴暗心理、道德弱点、畸形需要就像决堤的洪水开始泛滥了"。因此，自觉接受监督、认真听取批评，甚至被人指指戳戳，至少能够小心谨慎、三思而行吧，天马行空，不着天不着地的，不摔死才怪呢！

以前，我总爱往自己的好处想，老以为自己高人一等。工作中有挫折时，我不能往自己身上找原因，喜欢表现自己、浅薄轻浮、作风不深入，独断专行。

● 广东省揭阳市委原常委兼普宁市委原书记丁某，44 岁，2002 年 8 月 29 日因受贿罪被判处有期徒刑 6 年。

★检察官寄语：

我们的领导干部也许可以换一个角度思考思想作风的问题。优良的作风，并不单单有益于人民、有益于党，其实也能推动个人事业的发展，不断提升为人民服务的能力，与人民群众保持紧密的联系，有效防止腐化堕落。

在成绩和荣誉面前，沾沾自喜、居功自傲，没有把握住自己，在香风糖弹中，经不起考验，既没有正确的权力观，也没有正确的爱子观，以权谋私，弄权受贿，腐化堕落，走上了违法犯罪的道路，侵害了公务员的神圣性和廉洁性，犯下了不可饶恕的严重罪行，给党的形象造成了严重损害。

我罪恶严重、国法难容，愿意接受法律的任何制裁。

● 云南省委原副书记、省长李某廷，56 岁，2003 年 5 月 9 日因受贿罪被北京市第二中级人民法院判处死刑，缓期 2 年执行。

★检察官寄语：

官位贵至省长的李某廷，为了情妇、为了儿子，而不顾党纪国法"以权谋私，弄权受贿"，犯罪的程度到了被判死缓的地步，可见其贪污受贿犯罪是"冰冻三尺非一日之寒"。为什么可以在较长的时期内持续犯罪呢？除了监督机制的软弱、缺乏、不到位之外，其自己居功自傲、独断专行是一个重要的因素。廉政建设的最重要的根本，不是在外部，而是在自己的内心。

我自2000年得了脑血栓后，感到人生苦短，说没就没，趁现在能捞就"捞一把"，于是我在干部任用上做文章，凡是干部要提拔，必须通过我这关，没有我的同意任何人也提拔不了。开会讨论干部任用，我根本不用讲话，大家看我的脸色表态，我沉着脸，大家就提反对意见，我脸色平和，大家就提赞成的意见。可见我的独断专行、蛮横霸道到了何等地步，我有今天的下场是必然的，希望大家以我为戒。

● 黑龙江省绥化市委原书记马某，55岁，2005年7月28日因受贿罪被判处死刑，缓期2年执行。

★检察官寄语：

全国买官卖官的突出典型马某，其就是一个标准的"两面人"。他为了讨好对自己有成见的省委组织部长，竟然一次送上108万元；而对下属、对群众却是另外一种嘴脸，在市委重要会议上，凭自己的喜怒哀乐、凭自己的脸色也能决定事项，真可谓天方夜谭、闻所未闻，这种腐败分子不清除，国无宁日、党无宁日、百姓无宁日！

权钱交易的假象，行贿受贿的隐蔽性，确实不是一时一事就可以暴露的，侥幸心理在一定的时间内得逞，其结果便是胆子越来越大，到后来受贿已不是什么侥幸心理，而是肆无忌惮，利令智昏，因而最终败露就毫不奇怪了。

● 中国农业发展银行原副行长于某，52岁，2006年2月10日因受贿罪、挪用公款罪、行贿罪被判处无期徒刑。

★检察官寄语：

这个贪官感悟的道理是千真万确的，可惜，他是在付出了自由、尊严和政治生命的巨大代价后才感悟到的。其实，这个道理对各级官员而言，大家都是明白的，问题就是这个贪官所揭示的："到后来受贿已不是什么侥幸心理，而是肆无忌惮，利令智昏，因而最终败露就毫不奇怪了。"

反思自己为什么会走上犯罪的道路，有以下原因：

1. 放松了自己的思想改造，认为市场经济以效益论英雄，对其他无所谓，这样势必会失去方向，走向歧途。

2. 把国家的法律和党的纪律、企业的规章制度置若罔闻。由于思想上放松改造，必然淡化法纪和党纪，把个人利益放在首位。

3. 受市场经济中不健康因素的影响，我国改革开放以来，特别是推行市场经济以来，取得的成绩是主要的，但也存在许多不健康因素，必然拉关系、吃喝、送礼、行贿、受贿等，自己也受到影响，同流合污。

4. 居功自傲，原则性不强。自己认为工作了20多年，表现都很好，得到上级领导和同事的好评，特别是到新岗位后，把一个亏损的单位扭亏增盈，自己以为功劳很大，居功自傲，放弃原则，为个人谋取私利，因而走上了犯罪道路。

● 某国有企业原负责人费某，48岁，2006年7月12日因受贿罪被判处有期徒刑8年。

★检察官寄语：

反思自己犯罪的原因，"1、2、3、4"头头是道、面面俱到，不可谓没有道理。看来不是不懂道理，是没有把这些道理经常对照、约束自己。所以，简单地说贪官即职务犯罪人员是因为平时不学习、不懂法，那是不客观的。问题的根本是贪官们没有约束自己的思想意识和具体措施，自己不约束，外部缺乏约束，那不跌跟斗才怪呢！

随着地位的上升与私欲的膨胀，我的长官意志、"一言堂"的倾向开始萌发。从收第一笔贿赂开始，由小到大，由少到多，我接受的钱财也不断地积累，以致达到受贿1804.8万余元的庞大数字。我走向犯罪深渊的另一个重要原因是，只注重抓经济方面的工作，忽视了思想的改造和学习，没有经得住私欲的诱惑，最终倒在了不该倒下的地方。

● 四川省犍为县委原书记、县人大常委会原主任田某，48岁，2006年9月6日因受贿罪、巨额财产来源不明罪，被成都市中级人民法院判处死刑，缓期2年执行。

★检察官寄语：

受贿1804.8万余元的庞大数字，另有1238.3万余元的财产不能说明合法来源，可见这个县级贪官胃口之大。如何对"一把手"实现有效的监督，特别是对处在"天高皇帝远"环境中"一把手"的有效的监督，不让"一把手"有独断专行、"一言堂"的机会和市场，建立全方位的预防腐败体系，这是必须引起重视的问题。

为了没有人能够挡路，树立自己的威信，我变得越来越专横，稍有不满就骂人、拍桌子，在机关里大搞"一言堂"，大家都对我产生了一种恐惧感，我不以为警惕，相反还洋洋得意。于是机关里原来的规章制度都放到了一边，财务报账只要我的签字，无须其他任何手续，当我的外甥控股的公司需要资金时，我大笔一挥几百万就出去了，什么党纪国法、规章制度全被我抛到了脑后，我确实是忘乎所以、独断专行的不良品行害了自己。

● 某投资公司某某公司原董事长、总经理周某，58岁，2007年2月5日因受贿罪、挪用公款罪被判处有期徒刑15年。

★检察官寄语：

笔者发现，一些当"一把手"的贪官，在任时几乎都有随意骂人、动辄拍桌子的恶习，他们不知道这些行为是同志们深恶痛绝的。可当事人往往自以为是自己有威信、有魄力的表现，每次看到自己把人训得垂头丧气，他们往往心里会出现一种快感，久而久之成了习惯，殊不知这是自己脱离群众、规避监督的开始，思想作风反映的是一个人的品行和修养，素质得不到提高，行为没有约束，自己怎么能够不倒台呢？

我今年47岁，原来是某某证券沈阳市某某营业部副总经理，由于我傲慢自大，明知故犯，不能正确对待社会转型过程中体制弊端带来的某些"不公平"现象。这种意识给自己的信仰带来了危机。我的堕落在当前的社会上有一定的典型性，我愿意用我不堪回首的惨痛教训，给所有像我一样的各级干部以警惕，以我为戒，千万不要"用歪了权、收错了钱"，利令智昏换来竹篮打水！

● 某证券公司沈阳市某营业部原副总经理刘某，47岁，2007年7月因贪污罪被判处有期徒刑6年。

★检察官寄语：

金融机构、高层管理、白领人士、收入不菲，都是具有高学历、高智商的知识分子，理应更加遵纪守法，更加严于律己，更加谦虚谨慎。然而，地位高了、成绩有了、权力大了，往往就容易以为自己与别人不一样了，不太听得进他人的意见了，于是就出现了在错误的道路上越走越远的情况。

现在年龄大了，随时都可能退出领导岗位，自己一个月几千元的工资还不如一些小老板，如果自己不是搞国有企业，而是干私营企业，早就是大老板了。我一直自我认为：权力是靠我自己奋斗争取来的，理当为我所用，利为我谋。

● 湖北省黄石市某国有企业原党委书记、董事长谢某，55 岁，2007 年 10 月 15 日因受贿罪被判处有期徒刑 10 年。

★检察官寄语：

"现在年龄大了，随时都可能退出领导岗位。"这种思想不奇怪。但在这种情况下，如果不能正确对待，思想必定出现偏离。害怕失去岗位的实质是害怕失去权力，心理出现不平衡，出现焦虑感，容易诱发、导致"最后捞一把"的思想动机，迅速走上犯罪的道路。所以，保持晚节，不是说说而已的，是要能自律、有毅力作保障的。

在痛恨自己之余，我一直在反思怎么会走到这一步。我一路走来应该说比较顺利，从学生时代起就一直要强，要出人头地，久而久之就怂恿了一些不良品质的发展。我一开始还觉得是组织的培养，到后来就觉得是自己在造就自己。当了局长以后，极端个人主义的根子更加暴露出来，自以为是，狂妄自大，听不进批评，觉得自己有能力、贡献大得不得了，甚至到了自我欣赏、自我陶醉、自我崇拜的程度，常常以自我为中心，觉得法律算不了什么，法律没有我考虑得周全，法律也没有我精彩，最终导致个人私欲膨胀到了极点。这是我走上犯罪的深刻原因。

● 上海市社保局原党组书记、局长祝某，57 岁，2008 年 3 月 22 日因受贿罪、挪用公款罪、滥用职权罪被判处有期徒刑 18 年。

★检察官寄语：

一个仕途顺利的官员，曾经取得过一些成绩，但忘乎所以起来，自己最高明，狂妄到认为"法律也没有我精彩"。那么，如今不精彩的法律却把精彩的"祝局长"给请进了监狱，这不知是精彩还是不精彩。一位名人说过："要让一个人灭亡，必定让他先疯狂！"狂妄自大是许多贪官的一个共同特征。

我自知自己作风霸道。从很小起，我就固执己见，认为一切都是自己对，不求人，不让人，一人说了算。担任文昌市委书记后，更为突出。霸道的工作作风使班子成员对我敬而远之。久而久之，就成了"一言堂，"没有人敢对我提出批评说"不"。两任市长因为我的霸道、无法沟通和合作，先后离我而去。使自己失去了助手，失去了听取不同意见的机会，也失去了纠正自己错误的机会。一竿子插到底，老子天下第一，飞扬跋扈使我成为孤家寡人，为我走上犯罪道路埋下了祸根。

● 海南省文昌市委原书记谢某，55 岁，2008 年 8 月 24 日因受贿罪、巨额财产来源不明罪被判处死刑，缓期 2 年执行。

★检察官寄语：

表面上看，"谢书记"很霸道，从小就霸道。但是他对领导会霸道吗？显然不是，否则他不可能有上升的空间。他只是对下属霸道，只是对群众霸道，他错误地把霸道作为自己的特色，作为自己的优点，于是他必然成了孤家寡人，听不得也听不见别人的意见。所以，他没有挖到自己思想的根源，大凡这类领导，对上唯唯诺诺，像个哈巴狗，对群众龇牙咧嘴，像条藏獒，老子天下第一，飞扬跋扈是他覆灭的根本原因。

我成长的顺利养成了我独断专行的个性。我参加工作后的第六年就走上了处级领导岗位，那年才 28 岁，33 岁便升任副厅级领导干部，不久又担任正厅级领导，并且是主政海南共青团和文昌市委的"一把手"。仕途的顺利使自己甚至把自身的缺点也看成是优点，养成了独断专横的个性，全无自知之明，这成为我终身的遗憾。

● 海南省文昌市委原书记谢某，55 岁，2008 年 8 月 24 日因受贿罪、巨额财产来源不明罪被判处死刑，缓期 2 年执行。

★检察官寄语：

顺利是好事，也是坏事，关键看你怎么去对待。就凭年轻，就被迅速提拔，不见得是好事，一些过早被提拔的年轻干部现在不少正在监狱里呢！因为他们没有经受过艰难曲折的考验，他们对党的优良传统和作风还没有真正的了解，他们把自己的"高升"看成是自己有能耐，于是目中无人、独断专横、飞扬跋扈，年轻人如何当干部、如何当领导干部，应当从中吸取教训和警示。

张扬自我，这是我一贯的毛病。喜欢表现自己，喜欢贪天下之功为己有。逢会必讲话，作指示。对上级总是讲自己多么大的功劳，滔滔不绝，生怕领导不知道；对下级也爱胡吹自己的所谓"政绩"，唾沫星子满天飞，引起方方面面的反感，逐渐失去了领导和群众的信任。现在想起来，自我的张扬，对自己百害而无一利。

• 海南省文昌市委原书记谢某，55 岁，2008 年 8 月 24 日因受贿罪、巨额财产来源不明罪被判处死刑，缓期 2 年执行。

★检察官寄语：

在这里我们不妨重读毛泽东同志在党的七届二中全会上对全党的告诫："继续地保持谦虚、谨慎、不骄不躁的作风，继续地保持艰苦奋斗的作风。"当领导的，唯我独尊，摆不正关系，自以为是，从历史上看，没有一个不失败的。大家可以重温郭沫若先生的《甲申三百年祭》，这是延安整风的重要文件，今天读来仍然有积极的意义。

我的思想开始发生了变化，开始出手大方，俨然一个大老板，下属也称我"老板"，我也喜欢这样的称谓。我明知不能为，却心存侥幸，用自以为隐蔽、安全的方式去求利，最终是落得身败名裂。真是"贪婪是恶魔，可使辉煌化为乌有"。

• 湖南省洞庭湖水利工程管理局原局长曾某，43 岁，2008 年 10 月 27 日因受贿罪、贪污罪被判处有期徒刑 13 年。

★检察官寄语：

年纪轻轻，喜欢下属称自己为"老板"，这种潜意识本身就是一种思想作风的不健康，是忘记公仆和为人民服务宗旨的开始，是独断专行、我行我素的必然，在行使权力的过程中自以为是。漠视党纪国法哪有不被历史所淘汰的？真可谓："贪婪是恶魔，可使辉煌化为乌有。"

市委宣传部长、市广电局长的乌纱帽是我给的，肯定不敢监督我；外地的记者可以通过主管部门（去）做工作；省里的媒体可以通过省里的部门（去）做工作。所以舆论监督对我来讲，只是一个摆饰。

• 湖南省郴州市委原书记李某，58 岁，2008 年 11 月 28 日因受贿罪、巨额财产来源不明罪被判处死刑，缓期 2 年执行。

★检察官寄语：

李某专横跋扈的嘴脸一览无遗，大权在握，有不敢监督的，有可以做工作不让监督的，如果都这样，舆论监督真的成了被"权力"左右的"附庸"了！判决一个李某，只是"消灭"一个贪官；通过李某的"忏悔"，不多去问几个为什么，"李某"们还可能成群结队地出现！

我出生在一个贫寒的农家，1988年从上海一大学毕业，被分配在南阳地委办公室工作。当时我谦虚谨慎，任劳任怨，得到了领导和群众的好评。可是，我担任领导以后，开始骄傲起来，听不得别人的意见，在家里也不听妻子的忠告，我行我素，独断专行，利用职权大肆受贿，还包养情妇生了私生子，都是我自己的张扬跋扈害了我。

● 河南省桐柏县原副县长高某，39岁，2009年10月30日因受贿罪被判处有期徒刑13年。

★检察官寄语：

这是一个被自己妻子告倒的贪官，妻子多次忠告他，当领导要严格要求自己，不要谋取私利，但是他只当耳旁风。2009年6月5日下午，他妻子闯进县委会议室，向人们声称："我是高某的妻子，向组织举报他贪污受贿、包养二奶，请组织查实……"这个正在县长公示期间的官员就这样被自己的妻子揭露了出来。

我在自己工作多年的高速公路上"刹不住车"，从第一次受贿到案发，长达14年。从半推半就到主动索要，完全是个人私欲膨胀，缺乏监督所致，贪婪毁了我的下半生，作为一个知识分子，我无地自容。

● 河南省高速公路发展有限公司原副总工程师兼河南新欣高速公路发展有限公司原董事长齐某，46岁，2009年11月20日因受贿罪被判处有期徒刑12年。

★检察官寄语：

一个负责技术工作的知识分子被"铜臭"腐蚀了灵魂。自1995年有了第一次，到故意多造预算给自己留下巨额"利润"，终于在2009年案发，虽然有长达14年的"安全"，但仍然应验了"多行不义必自毙"的老话。具有公权力的人们，贪婪之念丝毫不能有啊！

我出生于普通农家，长期在省财政厅工作，没有任何背景，靠自己的勤奋、踏实和努力，一直当到副厅长。我知道领导干部要廉政自律，所以，长期以来自己还是能够做到这一点的。2002年，女儿要出国留学，自己家的钱不够支付其一年的费用，这时孙某得知后送来了30万元，我也犹豫过，可为了女儿，我还是收下了。为了报答孙某，我将某项业务擅自给其等三家没有资质的公司，并且私订了高于国家规定的价格，结果导致国家直接损失 1566.9 万余元。我的一念之差，毁了我原先清白的半辈子。

●河南省财政厅原副厅长姬某，53 岁，2009 年 11 月 29 日因受贿罪、滥用职权罪被判处有期徒刑 13 年。

★检察官寄语：

一个长期能够廉洁自律的领导干部，在女儿出国需要钱的时候，脑子糊涂了，放弃了原则，进行了权钱交易，同时也给国家造成了巨大的损失。正如该贪官自己所说："我的一念之差，毁了我原先半辈子的清白。"所以，廉政自律绝对不是"一阵子"而是"一辈子"的事，任何时候松懈不得、任何时候忽视不得。

严重的情面观点、思想麻痹放松警惕、政治敏锐性不强、纪律观念不严是我将一辈子汲取的教训。

●上海市某执法机关原副局长孙某，54 岁，2009 年 12 月 22 日因受贿罪被终审判有期徒刑 10 年 6 个月。

★检察官寄语：

一个执法机关的副局长，与涉黑的老板搞在一起，碍于情面而放弃原则，丧失了执法干部的基本立场。在受到处分被调离原岗位以后，却仍然收受该老板贿赂 40 万元。他想用金钱弥补自己失去的，但是贪婪让他失去的更多。

我回顾自我迷失的过程，有"四个错把"导致自己人生的异化和价值观的扭曲：

1. 错把权力当能力，或者说把公权当私权。
2. 错把利益关系当朋友关系。
3. 错把职务影响当人格魅力。
4. 错把潜规则当行为规范。

●上海市某区原区委副书记、区长蔡某，46 岁，2010 年 3 月 4 日因受贿罪被判处有期徒刑 14 年。

★检察官寄语：

蔡某忘记了执政党"权为民所用、利为民所谋"的宗旨，利用权力甚至利用特权弥补心理失衡，进而为谋取私利不择手段。说明其存在政治思想教育脱节、落后和主流意识形态衰落的问题，这也是一些干部政治方向迷茫，理想动摇，失去了行动的准则和目标，个人利益成为最高的行为指针的根本。我们应该从中引出哪些警示呢？

我在县委书记岗位上搞"一言堂"，无视组织原则，自己一个人说了算，与一些老板，特别是与一些黑社会性质的坏人搞在一起，导致武宣县黑社会势力嚣张，造成严重后果。我在任县长、县委书记期间，共30余次收受工程老板、矿老板、民企老板等10余人的贿赂达200余万元，其中一些就是黑社会性质的坏人。

● 广西壮族自治区武宣县委原书记彭某，50岁，2010年8月26日因受贿罪被判处有期徒刑10年。

★检察官寄语：

自2003年以来，武宣县三任县委书记覃某、李某、彭某先后因腐败而锒铛入狱，堪称"前腐后继"，彭某虽然排在最后，但却是涉案金额最大的一个。一个县，如此频繁地出现"一把手"腐败分子，根本原因还是"一把手"的权力过大，没有监督和制约，完全靠"一把手"个人说了算。如何把"一把手"的权力纳入正常的轨道，值得研究。

我收到起诉书一看，起诉金额如此巨大，"1180万元"，一下懵了，我都不相信自己有这么大的胆子。我虽然是个副处级，但拥有8大职务，3个行政官位，5家企业的董事长职位。我自认为成了"政治新星"，从内心无比自信很快走到"得志便猖狂"胆大恣睢，无所顾忌的境地。

● 安徽省合肥某开发试验区财政局原局长、国资局原局长、管委会办公室原负责人；合肥城市建设综合开发集团有限公司原董事长、党委书记董某，41岁，2010年9月12日因受贿罪，被判处有期徒刑14年。

★检察官寄语：

年轻干部、八个职务；一帆风顺、政治新星；犯罪金额巨大、离开岗位判刑。如此种种，集中在这一个人身上好像是"天方夜谭"，但确是事实。我行我素、缺乏监督、"得志便猖狂"恐怕是重要的原因，年轻干部尤要引以为戒！

我给10余名企业老板和请托者在工程业务承接、土地规划、费用缓缴减免、户籍迁移等方面予以关照和支持，收受贿赂价值人民币62.37余万元，完全是我侥幸心理、无视法律的结果，我认罪服法，接受法律的制裁！

•浙江省舟山市定海区委原副书记虞某，48 岁，2010 年 9 月 16 日因受贿罪被判处有期徒刑 11 年。

★检察官寄语：

多少贪官就是因为与老板搞在一起，称兄道弟，开始时都自信能够把握住自己，但在"糖衣炮弹"的攻击下，久而久之便自觉或不自觉地放弃原则，然后便利用职权投桃报李，进一步发展和巩固关系，如此这般哪有不出问题的！交友不慎为什么到了不可挽回的地步才明白呢？值得深思！

当初自认为受贿是"一对一"，自己受贿中遵循"办成事收钱，办不成退还"的做法，行贿人不会告发，群众和组织也不会知道。

听说某某某被抓，我错误地认为，现在社会上搞腐败的比较普遍，反腐败是"隔墙扔砖块"——"砸到谁谁倒霉"，某某某他被查是他运气不好，没想到今天会轮到我的头上。

•甘肃省宕昌县委原书记王某，43 岁，2011 年 4 月 7 日因受贿罪、巨额财产来源不明罪被一审判处死刑，缓期 2 年执行。

★检察官寄语：

把反腐败看成是"隔墙扔砖块"——"砸到谁谁倒霉"，"某某某他被查是他运气不好，没想到今天会轮到我的头上。"贪官王某的落马恐怕就是这种极端错误思想所导致的。所以，以什么样的指导思想来控制手中的公权力是非常重要的，绝对不可以是随心所欲、听之任之的！

我骄傲自满，个性张扬，脾气暴躁，走到今天这一步，悔恨交加，完全咎由自取，不怨别人，只怨自己政治素质低下，法治观念不强，晚节关没有守牢。从入党至今已经 30 多年，将退休时因一时贪念而身败名裂。

•上海市司法局原副局长史某，57 岁，2010 年 11 月 19 日因受贿罪被判处有期徒刑 11 年。

★检察官寄语：

曾经的"史副局长"出生于干部家庭，从军的生涯一帆风顺，以大校军衔转业至地方局级干部岗位，虽然其具有能说、能写的特长，但自恃有能力，过于狂妄、傲慢，平时听不得别人的一点批评意见，独断专行，我行我素，导致在犯罪的道路上越走越远，临近退休却进了监狱，用其自己的话来说："因一时贪念而身败名裂。"前车之鉴啊！

由于我在领导岗位上控制着一定的权力，渐渐地就滋生了独断专行的脾气，加之权力集中，为迎合我，一些有求于我的人不断给我行贿。我在被"双规"期间，曾经思考如何杜绝"人情礼"，有的人钱一扔就跑，想退钱追都追不上。

● 河南省濮阳市政协原副主席刘某，53 岁，2010 年 12 月因贪污罪、受贿罪被判处有期徒刑 14 年。

★检察官寄语：

由教育局长提升至副厅级领导干部的刘某，曾经在教育领域取得过一些政绩，然而就自傲起来，目中无人，胆大妄为，贪污近 20 万元，受贿达 94.3 万元，被当地人们称为："政绩和贪欲'兼修'的贪官。"如何对待权力、如何对待成绩、政绩是每个官员必须时时刻刻认真考虑的！

我一件衬衣一万多，你们谁送得起！趁早别跑、别送，我只认工作！

● 山西省运城市公安局原局长段某，45 岁，2010 年 12 月 13 日因巨额受贿罪，终审被判处无期徒刑。

★检察官寄语：

这倒不是这个不可一世的"段局"的忏悔，是他昔日在一次大会上铿锵有力的训话，既抬高了自己的档次，又表明了廉洁的立场，一举两得。贪官"狂妄"、"作秀"到如此程度，叹为观止！如此狂妄的人，怎么是正常的领导干部呢？果不其然，2009 年 1 月 7 日被"双规"的段某终于被判了，无期徒刑，这是狂妄之徒的必然下场！

我是完全被自己的独断专行、我行我素葬送了，我只有接受教训，认真改造，重新做人。

● 广西壮族自治区来宾市烟草专卖局原局长韩某，54 岁，2010 年 12 月 14 日因受贿罪被判处有期徒刑 13 年。

★检察官寄语：

"日记门"的始作俑者，利用职权大肆进行权钱交易、权色交易，挥霍公款、生活糜烂，竟然书写了好几本"情色日记"，在网络上引起了极大的关注和抨击。经有关部门调查，确认其受贿犯罪事实，被判刑入狱。如今他可能在开始写"监狱门"的日记了！他的教训提醒我们，每个人必须每天都写好自己的人生日记！

我曾经说过，李某出事是迟早的事，他台上讲一套，台下做一套，表里不一，阳奉阴违，群众反应很大。我曾经在李某办公室给他提意见说，"春风大雅能容物，秋水文章不染尘，要容得不同意见，要清正廉洁！"但他听不进去。中纪委关于领导干部廉洁从政问题的文件下了301个，还是没能防止李某这样的干部犯错误，这是值得我们深思的。可就在当天晚上，我也在会议地点向一名老板索贿20万元，真是绝妙的讽刺。

● 湖南省郴州市委原副书记、纪委原书记曾某，61岁，2010年12月30日因受贿罪、巨额财产来源不明罪被执行死刑。

★检察官寄语：

这是一个真实的事，在官场上，许多时候往往"好人"和"坏人"是难以从表面上分清的。因为官员都会讲大道理，一二三四；都会教育群众，面面俱到；都会义正词严，不留情面。可是，实践告诉我们，看官员是不是符合标准，应当看他的生活细节，看他对群众的感情，看他是否表里一致。

六、忘本堕落，背叛人民

我犯下的罪行是严重的，对不起党，对不起人民，对不起我工作过的地方的干部、群众。我犯下的罪，毁了我的前程，毁了我的家，毁了我的一切，连生命都要失去了。

我出生于贫穷的家庭，能够当上领导，是党和人民培养起来的，我没有很好为党为人民做好工作，我希望我们在座的领导，特别是市县的领导，从我身上吸取教训。我的教训就是当上领导，特别是一把手后，失去了监督，不自觉，自己说了算，只要求别人，放松对自己思想的改造，向钱看的思想比较严重。

● 海南省东方市委原书记戚某，46岁，1998年12月1日因受贿罪、巨额财产来源不明罪被判处死刑。

★检察官寄语：

笔者有一个长期联系的希望小学，就在戚某曾经担任过县委书记的海南省乐东黎族自治县，那里的老百姓生活十分贫困，一些乡村至今还不通电。笔者亲自了解到，只要300元钱，就能解决一个失学儿童一年的生活费和学费。与此相比，他们的县委书记竟然大肆搜刮民脂民膏，贪污受贿达1400余万元，如果这些钱拿来用在改善当地老百姓的生活上、用在失学儿童的复学上，那应该是一个什么样的贡献啊！所以，戚火贵不死，民心不服、天地难容！

管好权、用好权是我们的责任和义务，而绝不是谋私利的资本……虽说我也拒收过几十笔贿赂，但对个别人熟、关系好拉不下面子的也就收了。从而得出教训，在对待纪律和法律，在处理公与私的问题上，就是亲爹亲娘也不能光讲情面。

● 湖北省原副省长孟某，61岁，1999年12月2日因受贿罪被判处有期徒刑10年。

★检察官寄语：

从这个昔日"孟副省长"的忏悔可以看出，对于什么能做，什么不能做，其实他的心里是明白的，以前也曾经是能够廉政自律的，为什么不能持之以恒呢？那就是思想上出现了偏差，自以为是，自我安慰，自说自话。事到如今他才明白，"位子"与"面子"哪个重要！

出身布衣贫，自幼讲诚信。
大事不糊涂，唯因一念蠢。
失足身名裂，铸成千古恨。

● 广西壮族自治区玉林市委原书记李某，52岁，1999年1月因受贿罪、巨额财产来源不明罪被判处死刑。

★检察官寄语：

喜欢舞文弄墨，在临死前还要感叹一番，想起自己的出身，回顾自己的成长，后悔"唯因一念蠢、失足身名裂"。真可惜，一切都来不及了，只能给活着的人留作警示吧！记住：聪明的人把别人的教训引为警示，愚蠢的人以自己的教训警示别人！

我是一个贫苦农民家庭出身的孩子。我7岁就参加了家中的农务劳动，拾柴、捡粪、放牛、放羊、打短工，随父亲下地种田，受苦挨累，一年到头饥寒交迫，苦不堪言。直到家乡解放，参加儿童团，到13岁才开始上学。我在祖国的南疆海南铁矿山沟里工作 22 年，未想过能当上一名副省长。

就在我当上副省长期间，放松了学习，放松了思想和世界观的改造，没有树立起无产阶级的人生观和世界观。在海南改革开放大潮中，失去了警惕，把握不住自己，经不起金钱美女的诱惑，走上了腐化堕落的犯罪道路，这就是我犯错误的根本原因。

● 湖北省原副省长孟某，54 岁，1999 年 12 月 2 日因受贿罪被判处有期徒刑 10 年。

★ 检察官寄语：

出身贫困，也通过自己的努力勤奋，逐步当上了高官，更应该不忘本色，更应该廉政自律、克己奉公，以积极努力工作的成果回报党和国家的培养、回报人民群众的信任。但是，这些位高权重的贪官们官大了，忘本了，也追求起醉生梦死、奢侈糜烂的生活来了，终于走向了人民的反面，可悲啊！

我是一个穷孩子，无祖荫可言，同龄者大有人在，唯我们少数脱颖而出。然而现在事业的成就，家庭的幸福，个人的前途同时顿失，真是痛悔莫及！

● 广西壮族自治区原副主席徐某，54 岁，1999 年 12 月 30 日因受贿罪被判处无期徒刑。

★ 检察官寄语：

昔日的"徐副主席"短短的几句话，不失为真心感言，只有经历过大起大落的人才可能有这种刻骨铭心的感悟！可惜的是其在位时为什么不时时提醒自己呢？在位时为什么不经常对照普通平常的同龄人呢？如今从天堂跌落到地狱，身陷囹圄、身败名裂、家破人亡时才刚刚感悟，为时已晚矣！这就是对还在位子上的官员们的警示！

家乡的山水养育了我，父老乡亲帮助了我，党组织和各级领导培养了我。我由一个农民的儿子成长为一名副省级干部，是多么不容易啊！我悔恨莫及，成长起来了，生活好了，进了大城市，当了高级干部，可是把过去却忘记了。"忘记过去，就意味着背叛"，现在我犯了严重错误，真正体会到了保持艰苦奋斗优良传统和艰苦朴素的作风是多么重要！它是一剂十分难得的良药，可以教育挽救人们的性命！痛定思痛，我要永远牢记这一惨痛的教训。

● 江西省原副省长胡某，51 岁，2000 年 3 月 8 日因受贿罪、行贿罪、巨额财产来源不明罪被执行死刑。

★检察官寄语：

胡某是个孤儿，用他自己的话来说："我由一个农民的儿子成长为一名副省级干部，是多么不容易啊！"但他随着权力的增大、地位的攀高，思想急剧滑坡，甚至丧失了基本的理想信念，与党和人民离心离德，完全堕落成一个一味地为个人、为家庭谋利益的腐败分子，最终连性命也丢了。他已无法记住这一惨痛的教训了，记住这个惨痛教训的应该是我们大家！

三年光阴似飞梭，断送前程一瞬间。

不该当初图名利，党的重托抛一边。

● 福建省政和县委原书记丁某，46 岁，2000 年 3 月 30 日因受贿罪被判处无期徒刑。

★检察官寄语：

这是个著名的"红包"书记，其自称座右铭是"当官不发财，请我都不来"。这个在县委书记领导岗位上仅仅干了 3 年的贪官，成了"无期徒刑"的对象，这充分说明他一开始就是为了"发财"才来"当官"的，这样的贪官迟早要被自己断送前程的，而我们的用人机制该如何吸取教训，值得深思。

第一次尝到"甜头"后，我的胆子也逐渐大起来了，觉得这样赚钱真实容易。想到自己以前下乡时，每天累死累活挣 9 个工分，才一毛钱。对比起来是天壤之别。此时的我利令智昏，党性原则、法律道德全被贪欲挤到了脑后。

● 湖南省雪峰集团有限公司深圳分公司原副经理邓某，45 岁，2001 年 4 月 10 日因贪污罪、受贿罪被判处有期徒刑 19 年。

★检察官寄语：

从"每天累死累活挣 9 个工分，才一毛钱"到各种名义的贿赂纷至沓来，尝到了钱来得太容易的甜头，必然不再珍惜来之不易的工作和待遇，而是贪欲膨胀，利令智昏，手越伸越长，"党性原则、法律道德全被贪欲挤到了脑后"，那么毫无疑问，这种人的结果就是后悔莫及。

我出身贫苦，是党把我从一个政法学院毕业的大学生一步步培养为党的领导干部，于情于理我都应该努力学习，勤奋工作，报效祖国，为自己的人生留下光彩的一页，可是我却在事业的巅峰晚节不保，掉队了，颓废了，变成了不折不扣的腐败分子，党和国家、人民的罪人。

我的犯罪葬送了自己的政治生命，酿成了终身遗憾的后果，我的犯罪使亲人蒙羞，给妻子、儿子造成了巨大的精神压力和感情痛苦。

● 沈阳市中级人民法院原院长贾某，55 岁，2001 年 10 月 9 日因贪污罪、受贿罪、挪用公款罪、巨额财产来源不明罪被辽宁省营口市中级人民法院判处无期徒刑。

★检察官寄语：

曾经有一个反腐败专家分析过贪官们的一种共同的现象，就是贪官们几乎都有一个苦难的童年；都有一个奋斗的青年；都有一个成功的中年；可惜的是，都有一个悲惨的晚年。贾某就是这样一个晚节不保的典型代表人物，他以上的这段话是应该可以给我们镜鉴的："我的犯罪葬送了自己的政治生命，酿成了终身遗憾的后果，我的犯罪使亲人蒙羞，给妻子、儿子造成了巨大的精神压力和感情痛苦。"

我是一个普通工人家庭的孩子，在党和人民无微不至的关怀下，接受了良好的教育，又在各级领导和同事们的培养和帮助下、在亲人们的理解和支持下，通过自己努力的工作，逐步走上了领导岗位。可是我没有珍惜这一切，而是走上了犯罪的道路。面对惨痛的教训，我追悔莫及。

● 四川省攀枝花市建委原副主任、建设局原局长彭某，48 岁，2004 年 11 月 24 日因受贿罪被判处有期徒刑 7 年。

★检察官寄语：

辛辛苦苦靠自己的努力、坚持不懈奋斗得来的地位，应当更加珍惜，更加严于律己，更加以身则。但是，还是忘本，还是变质，其中有规律性的原因，就是根正苗红的干部被提拔上来了，还有一个教育、监督的问题，靠干部个人进行自觉、自发的发展现在看来是不科学的，任何权利必须置于监督之下。

我是一个地地道道的农民的孩子，逐渐走上副厅级领导岗位，完全是党组织培养的结果，可我却没有认真改造自己的世界观，贪图金钱，不执行党员领导干部廉洁从政的有关规定，在任县委书记期间，先后收受企业、单位送给我的现金 200 多万元，堕落成为一个犯罪分子。我深感罪恶深重，辜负了党组织的培养，辜负了人民的期望。

● 四川省雅安市原副市长汤某，48岁，2005年9月因受贿罪被判处无期徒刑。

★检察官寄语：

出身农民，逐渐当上了领导干部，但是思想觉悟没有提高上去，官越当越大，问题也越来越严重，什么人都敢交，什么钱都敢拿，待积重难返、不能自拔就一切晚了。

夜深了，我躺在硬板铁床上，辗转反侧，难以入眠。1951年我出生在一个贫穷的家庭，打小起，勤劳正直的父母就经常教育我要做一个好人。我参军、入党、提干，一路还是小心谨慎、顺风顺水的。然而，我在年过五十后，思想发生了变化，以至于走上了以权谋私的犯罪道路。

● 湖南省邵阳市湘运公司原党委书记兼总经理（正处级）王某，56岁，2006年1月19日因受贿罪被判处有期徒刑14年。

★检察官寄语：

又是一个贫困农家出生的贪官，在权力岗位上，收受贿赂130多次，共计100多万元，他的问题出在："我在年过五十后，思想发生了变化，以至于走上了以权谋私的犯罪道路。"活到老、学到老，保持晚节，站好最后一班岗是非常重要的，何况他还没有真正地老。

假如给我一个重新选择的机会，我一定会把自己幸福的标准定得尽可能低点，有饭吃、有房住、有工作干；清晨神定气闲出门，傍晚平平安安回家。我要的就是这种幸福。

● 上海市某区烟草专卖分局原局长张某，45岁，2007年4月因受贿罪、贪污罪、巨额财产来源不明罪、隐瞒境外财产罪被判处有期徒刑20年。

★检察官寄语：

为什么贪官只有到了监狱才能明白什么是真正的幸福？才能明白该如何定位自己的人生？联想在平日里，权位越高越好，钱财越多越好，期望值永无止境。但一旦失去了自由，就只求"有饭吃、有房住、有工作干"就可以了？因而，对什么是"幸福"应当有准确的定位，平时加强思想改造，牢固建立预防腐败的思想防线，树立正确的世界观、人生观、价值观是多么的重要！

我唯一放不下的是自己的亲人，奶奶探望我时流下的眼泪让我痛心不已。那天，奶奶颤巍巍地来了，她是赶了整整两天的路才到的。接见中，我感到有一滴液体滴到了我的手背上。奶奶揉了揉自己的眼睛，却没有摸到眼泪。我仔细看了看自己的手背，确实有一点红红的，会不会奶奶眼睛里滴出的是血？

●上海市某区烟草专卖分局原局长张某，45岁，2007年4月因受贿罪、贪污罪、巨额财产来源不明罪、隐瞒境外财产罪被判处有期徒刑20年。

★检察官寄语：

曾经努力工作，也取得了一些成绩，但自担任了"一把手"以后，忘乎所以，独断专行，自以为是起来了。躺在成绩和功劳之上，不再注意自己的思想改造，不接受各种监督，我行我素，终于一步步走向了犯罪。如今在监狱里，面对亲人只能以泪洗面、悔恨交加，这一切又能怪谁呢？

我出生在山东省梁山县王村，当年为了供养我上学，父亲卖掉了家里的三间房。父亲一个人闯关东，母亲在家既要种地，又要照顾三个孩子，一次，村里食堂发了窝窝头，母亲舍不得吃，留着给从县城放学回家的我吃。自己则吃树皮和草根。我自当上了领导干部以后，特别是当上了高级领导干部以后，彻底忘本了。

●安徽省委原副书记王某，63岁，2007年1月12日因受贿罪、巨额财产来源不明罪被判处死刑，缓期2年执行。

★检察官寄语：

一个出身贫苦的孩子，党和人民把他培养成高级领导干部，但他却忘记了自己的出身、忘记了自己的身份、忘记了自己的职责。王某为官期间竟然先后294次从44个人或单位处收受贿赂704万元，另外，对649万余元财产不能说明合法来源。其所作所为完全堕落成一个被人民、被历史唾弃的腐败分子。

我逃亡美国以后，当地华人得知我是一名涉嫌贪污的大陆官员时，都对我表示反感和冷淡。我在那里不敢乱说乱动，寄人篱下的日子欲哭无泪。这些难以名状的精神痛苦使我深刻明白，美国不是天堂。我告诫诸多想潜逃的职务犯罪分子不要选择潜逃，我奉劝那些已经逃亡的贪官们早日迷途知返。

●黑龙江省经济体制改革委员会原主任、党组书记宋某，63岁，因贪污罪、受贿罪于1994年6月13日被检察机关立案。其逃亡美国13年，2007年

7 月被美国遣返回国后被刑事追究。

★检察官寄语：

宋某得知检察机关立案的当天潜逃，途经长春、珠海、澳门、香港，然后到加拿大，生活 4 年后，于 1998 年又到美国，与一华裔女子结婚。2007 年 5 月 14 日被美国有关方面抓获，7 月 22 日被遣返回国。其逃亡之路痛苦不堪，得不偿失，他的告诫值得一些有类似想法的官员们深思。

我对不起党组织，最终没有为党增光反而抹了黑，对给企业发展带来的损失我也只能遗憾终身。同时，我也为我的家庭带来了灾难性的伤害。我的家庭比较特殊，我岳母已 80 多岁，从小就卖给人家，连自己姓什么都不知道，28 岁离婚后就和我爱人母女俩相依为命，她和我们一起生活了 30 多年，她和我情同母子；我爱人体弱多病，患有严重的抑郁症，十多年前就请病假在家。我想她们目前一定是以泪洗面，情景悲凉。

●上海某（集团）总公司原党委书记、董事长王某，58 岁，2007 年 12 月 20 日因贪污罪、受贿罪被判处死刑，缓期 2 年执行。

★检察官寄语：

忘本、背叛！几十年来，党和人民、组织和家庭给了他一切，可是他丝毫没有感恩和敬畏，他的所作所为就是对党和人民的背叛、对事业和企业的背叛、对家庭亲人的背叛，一切都是他自己酿的恶果，再重复一句老话："多行不义必自毙！" 当为戒！

铁窗高墙下，经常想起在农村时童年的艰辛。读小学时，父亲就为我做了一担小粪筐，一边放牛一边捡粪，交给生产队挣工分。放学回家还要挖树头烧炭，摘桉树叶卖给供销社换作业本……想起上初中一年级时，姨丈送我一双旧鞋，那是我第一次穿上鞋子。那种高兴呵！在这之前都是打赤脚，寒冷的冬天，双脚冻开了口子，鲜血直流……

●海南省文昌市委原书记谢某，55 岁，2008 年 8 月 24 日因受贿罪、巨额财产来源不明罪被判处死刑，缓期 2 年执行。

★检察官寄语：

在铁窗高墙下才有闲暇回忆起以前艰苦的日子，在那些位高权重的日子里怎么没有想到呢？忘本！这就是思想蜕化、变质、堕落的重要原因。许多贫困家庭出身的贪官，因为曾经贫穷过，所以特别害怕再贫穷，于是一旦有了条件、机会，就变本加厉地进行自我弥补，诸如大吃大喝、挥霍公款，必然再发展到利用权力拼命敛钱，臆想世世代代富下去，这种贪官的最终结局非常可悲是不足为怪的。

一路走来，一路坎坷，一路光环，这些光环和待遇得益于党组织的精心培养，得益于人民群众的大力支持和信任。然而就是在这些光环和待遇之下，自己放松了学习和思想上的改造，淡化了理想信念，忘记了农民本色，淡化了宗旨意识……从而一步步走上了犯罪的道路。这是我的人生轨迹：农民—教员—干部—领导—罪人。真是己之所为，人之所叹，人之所弃，人之所恶，人之所憾。

● 甘肃省陇南市政协原副主席任某，52岁，2008年12月29日因受贿罪、巨额财产来源不明罪被判处有期徒刑11年。

★检察官寄语：

一个先进人物，在不断得到提拔以后，结果反而成了犯罪分子，其中有哪些问题值得我们思考呢？贪官给我们上课了："自己放松了学习和思想上的改造，淡化了理想信念，忘记了农民本色，淡化了宗旨意识……从而一步步走上了犯罪的道路。"

19岁那年，怀着对党的信仰和对人民的一腔热忱踏上了工作岗位，曾兢兢业业、扎扎实实地工作过。由于家庭困难，父母年老体弱，爱人无固定职业等方面的原因，我承受着生活的压力。可渐渐地我忘本了，闲暇时总爱把别人与自己比。到后来，突生非分之想，幻想有一天也能像别人那样"潇洒走一回"。要潇洒得需要钱，从此我为钱动了心，最终走上了犯罪的道路。

● 山东省菏泽市某国家机关干部徐某，44岁，2009年7月23日因受贿罪被判处有期徒刑8年。

★检察官寄语：

出生于贫困家庭的农家子弟，原本均有一种朴实、朴素、奋发向上的品质。可是，在进了城、当了官、掌了权以后，就不再努力了，对自己没有约束了，慢慢就变了。开始与别人比享受、比潇洒、比挥霍了，其思想上的根本问题是忘本了，在缺乏监督制约的情况下，这种人没有不变质堕落的。

回顾我思想蜕变的轨迹，我从一个农家子弟成长为一名国家干部，成为一名党员领导干部，到现在蜕变成人民的罪人，蜕变成公仆中的败类，被钉在历史的耻辱柱上，最根本的原因是忘记了自己的奋斗历程，忘记了自己贫苦的出身，始于虚荣，终于贪婪，最终泯灭了良心。

● 陕西省西安市某国家机关原处级干部唐某，45 岁，2009 年 10 月 20 日因受贿罪被判处有期徒刑 12 年。

★检察官寄语：

这个官员的堕落，正如他自己评析的那样："最根本的原因是忘记了自己的奋斗历程，忘记了自己贫苦的出身，始于虚荣，终于贪婪，最终泯灭了良心。"因此，如何认识贪婪、抑制贪婪、消除贪婪，这个贪官的堕落历程是对各级官员的又一次警示。

1954 年 3 月，我出生在江西省进贤县的一个农民的家庭，因家境贫寒，念书念到初中二年级就被迫辍学了。55 年后，我在牢房里度过了我的生日。抚今思昔，不禁黯然垂泪；面壁思过，备感悔恨万千。2008 年 10 月，我被"双规"。30 年前我加入中国共产党，30 年后却身陷囹圄。不是历史给我开了一个玩笑，而是我自导自演了一部人生悲喜讽刺剧。

● 江西省新余市原副市长吴某，55 岁，2009 年 12 月 23 日因受贿罪被判处有期徒刑 15 年。

★检察官寄语：

一失足成千古恨，一念之差毁终身。在牢狱里想起了自己的生日、想起了自己入党的经历，真正地感受到了："不是历史给我开了一个玩笑，而是我自导自演了一部人生悲喜讽刺剧。"切肤之痛，震撼人心！为了不让这种"讽刺剧"反复重演，我们每个领导干部必须时刻做到严于律己、严格自律。

我曾经在艰苦环境的西北地区生活，物质方面也没有过高的要求，比较容易满足，在工作方面一直是身先士卒，也作出了一些成绩，最终走上了局级领导岗位。但是随着时间的推移，自己放松了学习和世界观的改造，再加上大环境的影响，自己挡不住金钱的诱惑，交友不慎，考虑钱的问题多了，尤其临近退休，生活水平受影响，产生了不平衡的心态，私欲膨胀，逐渐萌发了贪念。

● 上海市环保局原副局长严某，63 岁，2009 年 12 月 25 日因受贿罪被判处有期徒刑 11 年。

严某以权谋私是一种行政性腐败的表现，直接损害了环境评标系统公权力的威信和廉洁。对这些行将离开领导岗位的，易出现最后"捞一把"思想的官员的教育、监督、管理看来是不能松懈的。这也提示我们，对干部的教育、监督、管理的问题还存在薄弱环节，廉政应该是全方位的，无论相对哪个年龄段。

我出生在上海郊区农村的一个贫困的家庭，我上面有三个姐姐，那时困难时期，母亲每隔两天给我们姐弟总共四分钱，让我们四个去买根棒冰吃。棒冰买来，姐姐用菜刀切成四段，因为我最小，带棍子的那头给我，当时的日子我记忆犹新。

可惜，我当上领导干部以后，忘本了，想加倍享受，甚至以挥霍来弥补自己以前的苦日子。记得一次市里开人代会，为了中午能够睡个午觉，我竟然用公款在市中心五星级宾馆开了一间总统包房，就是让自己睡个午觉而已，我确实变质了，忘本了。

● 上海市某区原区委副书记、区长蔡某，46 岁，2010 年 3 月 4 日因受贿罪被判处有期徒刑 14 年。

★检察官寄语：

从苦孩子到一定级别的官员，理应更加勤勉、更加廉政，可是到了领导岗位的蔡某却彻底变质了，彻底忘本了，挥霍纳税人的钱、挥霍公款竟然眼睛都不眨一下，平时经常与不法商人、老板打得火热，甚至沉溺于赌博，一掷千金，他走到今天这一步完全是咎由自取，罪有应得！

这些年来，我头脑里产生了一个误区，错误地认为我被提拔为分局局长，我的地位和手中的权力是上级个别领导给的、是我自己奋斗来的。

● 海南省海口市地税局某分局原局长陈某，45 岁，2010 年 4 月 2 日因受贿罪被判处无期徒刑。

★检察官寄语：

"陈局长"道出了当前一些官员的心里话，如今一些官员把党和国家、党和人民的信任、嘱托错误地认为是上级个别领导的恩赐、关照。于是，根本不把国家和人民的利益放在心上，而是千方百计对上级的个别人表现出唯唯诺诺、言听计从、感恩戴德，这样的官员怎么能够在公权力的岗位上做出有益于人民的好事呢？隐患啊，危险啊！

忘记了农民的本色，背叛了党员的宗旨，践踏了党纪国法，我有今日完全是自己造成的，我罪有应得。

● 河南省封丘县委原书记李某，50 岁，2010 年 5 月 7 日因受贿罪被判处无期徒刑。

★检察官寄语：

2002 年秋至 2009 年春节，李某在担任县长、县委书记期间，先后 1575 次收受下属 142 人的贿赂，计 1276 万余元，受贿的面几乎涵盖了县里的大部分干部，被媒体称为"创造最频繁受贿纪录的县委书记"。一个共产党的干部，如此贪婪，把党纪国法完全弃之脑后，完全丧失了共产党员的起码资格，完全忘记了一个农民出身的干部的本质，倒台是迟早的事。

我农村家庭出身，当上了领导干部，心态就慢慢地变化了，思想上彻底地忘本了。这山指望那山高，为了自己能够提个副市级，敛钱买官，结果被骗子骗了。所以自己敛钱买官，是因为我的手下也是拿钱向自己买官的。我最终东窗事发，落得今天的下场，完全是必然的，我明白得太晚了。

● 河南省栾川县原县委书记、县长张某，54 岁，2010 年 9 月 1 日因受贿罪、贪污罪被判处有期徒刑 15 年。

★检察官寄语：

这是一个典型的买官卖官的贪官，其在县长、县委书记的位子上，卖官先后索要或者收受 22 人 32 笔贿赂款 92.8 万元。而为自己买官，送出行贿款 60 万元。一个共产党的领导干部竟然在官场上玩封建官员的那一套东西，简直就是共产党的败类、共产党的耻辱！热衷于"跑官""买官""卖官"者要引以为戒！

我忘记了党和人民的嘱托，没有严格要求自己，讲一套，自己做又是一套，走到今天的局面，完全是我咎由自取，罪有应得。

● 河南省商水县委原书记张某，48 岁，2010 年 9 月 28 日因贪污罪、受贿罪被判处有期徒刑 17 年。

这个县委书记在网上开设的某某论坛上公布了自己的手机号和邮箱，号称"有啥事就找'一群'"；"一群"就是时任商水县县委书记的张某。但经法院查明，其在任商水县县长、县委书记期间，先后贪污140万元；受贿118次，计310余万元。被媒体称为"最高调的县委书记"。这种"两面人"的领导干部在我们身边时常能见，要警惕啊！

法庭不仅仅是对我的犯罪行为进行了审判，对我的灵魂也进行了审判。我是一个由煤矿工人经党组织培养成长起来的干部，党和人民给了我崇高的职务和优厚的待遇。而我辜负了党和人民的厚望，在金钱的诱惑下走向了腐败深渊。我不知道今后该怎样弥补因自己的过错给他们带来的伤害。

• 内蒙古锡林郭勒盟委原副书记蔚某，54岁，2010年9月29日因受贿罪、巨额财产来源不明罪被判处无期徒刑。

这个被当地群众称为"四吃书记"（票子、房子、车子、奇石通吃）的官员，终于被法律的正义之剑揭露而显出了原形。这些贪官长期以来怎么能够肆无忌惮地"通吃"呢？问题还是权力的运行的隐蔽、监督措施的无力、学习教育的形式主义！如果平时就能触及灵魂，那在审判席上就不会发生"对我的灵魂也进行了审判"这一幕了。

我是一个"80"后的青年，出生在一个普通而又幸福的家庭，和许多人一样，有过快乐的童年、天真烂漫的少年，对未来的生活也曾经有过自己的理想和希望。后来我进入了金融系统的单位工作，是我们同学中第一个拿到"金饭碗"的，我全家当时都高兴极了。可惜我没有把握好人生的道路，工作没几年，就坠入了贪污犯罪的泥坑，如今我要在监狱里度过漫长的时光，我后悔莫及！同龄的青年们，吸取我惨痛的教训啊！

• 某金融机构电脑管理员石某，27岁，2010年10月11日因贪污罪被判处有期徒刑15年。

得来的也许是太容易了，就不知道珍惜。如今的"80"后都是随着改革开放的进程长大的，他们充分享受了改革开放的成果。相比笔者这些"50"后，长到10岁才第一次看到电视机，当初还是电子管的；3年自然灾害饿过；

10 年上山下乡累过；30 年"极左"思潮的干扰苦过，而"80"后对这些偏偏是最缺乏的。所以，"80"后要学会珍惜、学会感恩、学会自律，要有信念、知责任、担大任！

我无视党纪国法，在县委书记位子上搞"一言堂"，独断专行，以致在错误的道路上越走越远，辜负了党和人民的厚望，是党和人民的败类。大家要时刻吸取我的教训，不要重复我的道路。

● 河南省太康县委原书记陈某，52 岁，2010 年 10 月 21 日因贪污罪、受贿罪、挪用公款罪、滥用职权罪被判处无期徒刑。

★ 检察官寄语：

从上任县委书记到因贪污、受贿而落马仅一个月，共贪污公款 570 余万元；索取贿赂 201 万元；挪用公款 1.06 亿元；违反土地管理法规造成国家损失 8000 余万元。被媒体称为"最短命的县委书记"。他的这些犯罪行为当然不是在短时期里能够完成的，但"带病提拔""边提边犯"的问题不值得我们深思吗？

我是农民出身，过过苦日子，但在领导岗位上没有分清国家和个人的利益，私欲膨胀，贪婪无度，我结束了自己美好的前程，后悔莫及。

● 河南省渑池县委原书记仝某，47 岁，2010 年 10 月 21 日因受贿罪、贪污罪被判处无期徒刑。

★ 检察官寄语：

其在任县委书记期间，收受贿赂达 800 余万元，2007 年至 2009 年，其又先后 11 次将妻子个人的消费票据 100 余万元在县财政局报销后据为己有。被媒体称为"最顾家的县委书记"。这种厚颜无耻的领导干部好像还有一些，如有贪官号称："我人也是国家的，让国家给我支付一些个人的开销完全是正常的，不必大惊小怪！"领导干部队伍中有这样的官员是我们的耻辱！值得警惕！

最难面对的是来世，难以弥补的是愧疚，我愧对生我养我挂念我嘱我一路走好的父母；愧对爱我靠我把我作为她们精神支柱的妻子女儿；我如今身陷囹圄、度日如年、痛心疾首、追悔莫及！

● 甘肃省宕昌县委原书记王某，43 岁，2011 年 4 月 7 日因受贿罪、巨额财产来源不明罪被一审判处死刑，缓期 2 年执行。

★检察官寄语：

其在任县委书记的 1212 天内共敛财 1556.8 万元，平均每天受贿超过 1 万元，真可谓"日进斗金"。他在任县委书记的 3 年里，受贿金额逐年递进：2007 年受贿 42.2 万元；2008 年受贿 125 万元；2009 年受贿 476 万元。在一个国家级贫困县，王某敛钱逾千万，被媒体称为"最典型的渐进式县委书记"。一个国家级贫困县的县委书记如此敛钱，他把党和国家的利益、人民群众的利益、自己的前途和家庭的幸福全部忘记光了。

七、贪婪私欲，万恶之源

我随同某书记来上海工作，开始是比较谨慎的。时间长了，同各部门各省市负责人的秘书熟悉了，联系多了，他们委托我办的事多了，自己的胆子也比较大了。有秘书或熟人委托我办的事，我就去办，也不向书记报告。在对外交往中，我不严于律己，由于放松了自己的思想改造，没有用共产党员的标准来要求自己，不学习法律知识，而是见利忘义，从贪图小利逐步发展到严重受贿的犯罪道路……为了贪图个人私利，能过安逸享乐的生活，一心想发财致富，对不经劳动所得的不义之财，收了也不感到耻辱，把党和人民的利益，把党纪国法抛在脑后……

● 上海市委办公厅原副主任某，50 岁，1986 年 7 月 8 日因受贿罪被判处无期徒刑，后改判有期徒刑 10 年。

★检察官寄语：

"余主任"、"大秘"，20 世纪 80 年代秘书犯罪第一人。在领导身边工作，本应更加勤奋、更加严谨、更加严于律己，但是，由于思想上出现了偏差，借以所处的特殊地位，非常容易"狐假虎威"起来，以为法律管不到自己的头上，一意孤行。自"余大秘"以后，秘书犯罪被绳之以法不在个别，堕落过程非常类似，所以，前车之鉴、引以为戒何等重要！

我看到前苏联的垮台，错误地以为我们的制度也长久不了了，政治上不行了，就准备在经济上为自己做准备。自己的政治思想一旦出现了偏差，贪欲就膨胀起来，就胆大妄为起来，想趁机为自己"大捞一把"，如今的苦果完全是我自己一手造成的。

● 上海某进出口公司原副总经理胡某，52岁，1998年10月因贪污罪被判处有期徒刑15年。

★检察官寄语：

这个出生于革命军人、烈士家庭，自己又具有长期军队政治工作经历的领导干部，偏偏在政治上出现了问题。于是信念没有了，私欲膨胀了，迅速堕落为犯罪分子。可见，坚定理想信念、抑制贪婪私欲是何等的重要！对于官员，任何人都不能掉以轻心！

现在，我才真正认识到，钱财本是身外之物，钱少一点，可以催人向上，打掉头脑里许多私心杂念；钱多了，就容易走邪门歪道，将你葬身其中。这种个人主义、享乐主义的东西给我及一家带来了极大的灾难。由此反思，改革开放越深入，经济越发展，个人世界观的改造更要抓紧，须臾不可放松。否则，非要被时代淘汰不可，成为历史的罪人。

● 江西省原副省长胡某，51岁，2000年3月8日因受贿罪、行贿罪、巨额财产来源不明罪被执行死刑。

★检察官寄语：

胡某醒悟得晚了，死到临头才"真正认识到，钱财本是身外之物"，太可悲了，一个共产党的高级干部认识这个浅显的道理要付出生命的代价，是不是太残酷了？所以，坚定信念、牢记宗旨、筑牢思想防线不是说说而已，而是必须天天警示、时时对照，丝毫不可放松的戒律。

俗话说：天高不算高，个人欲望第一高。这正是对我的思想一针见血地批判。想当初，我和爱人上街，有时连一根冰棒都舍不得买来吃，到自由市场去买菜还要砍价。过去，黑白电视机都买不起，如今有了钱，还要囤积。也不知道要那些钱为了什么！

● 江西省原副省长胡某，2000年3月8日因受贿罪、行贿罪、巨额财产来源不明罪被判处死刑。

★检察官寄语：

贪官敛钱为什么？这也是我一直不明白的。胡某在临死前也在哀叹："如今有了钱，还要囤积。也不知道要那些钱为了什么！"社会上总有一些专家、学者不断提出"高薪养廉"，其实靠"高薪养廉"是行不通的，因为这些贪官们有的已经几百万、几千万、几个亿了，他们哪个满足过？你"高薪"到多少他们才能收手？对贪心不足的人而言，给座金山，他们也以为不过是芝麻。

我比大把捞的还强得多，我给人办事儿都没有明显违法违纪的，钱是别人主动送的，他不说我不说，没人知道。干了坏事还心安理得，放心大胆地搞腐败，我不知不觉地在犯罪泥潭里越陷越深。

●沈阳市中级人民法院原院长贾某，55 岁，2001 年 10 月 9 日因贪污罪、受贿罪、挪用公款罪、巨额财产来源不明罪被辽宁省营口市中级人民法院判处无期徒刑。

★检察官寄语：

一些贪官走上了犯罪的歧途，而且越走越远，他们却不以为耻，反以为荣，为什么呢？就是"贾院长"的这种自我安慰的心态，"我比大把捞的还强得多，我给人办事儿都没有明显违法违纪的"，贪官们根本不明白，半推半就与强取豪夺就是五十步笑百步的区别，权钱交易，无论采用什么形式都是犯罪！长期在政法机关担任领导的"贾院长"连这个也没搞明白，是不是一种悲哀呢！

现在想起来，我还心如刀绞。那个手里抱着一摞报纸、穿着单薄衣服的孩子的形象一直在眼前挥之不去，"卖报、卖报"孩子那沙哑的声音像刀子一样，扎在我的心上。能够挣钱不易，还倾尽全力资助那个妇女的孩子……他们没有多少文化，没有多高的地位，但他们有做人的品德、感人的良知，只要有一点力量就贡献出来……他们贡献了物质上的一切，却获得了精神上的富有。

而我呢？手握人民的权力，只想为自己谋利益……地位高了，钱多了，精神上却成了乞丐。但就是这样，动摇了的信念仍然没有被稳固住。

●河北省委办公厅原副主任、河北省国税局原局长李某，41 岁，2002 年 8 月 30 日因贪污罪、受贿罪被河北省唐山市中级人民法院一审判处死刑，2003 年 10 月 9 日被河北省高级人民法院终审判处死刑，2003 年 11 月 13 日被最高人民法院核准执行死刑。

★检察官寄语：

青年大贪官李某曾经想做一个焦裕禄式的人民公仆，曾经看到弱势群体心如刀绞，不但给资助钱财，而且还能反省自己，不参加各种应酬，不收受各种贿赂，可惜，他没有持之以恒，慢慢地麻木了，信念动摇了，"精神上却成了乞丐"，终于走向了反面。

我在单位是一个团干部，从现在回过头来看我犯下的罪行，主要是自己年纪轻，刚参加工作，抵制不了金钱的诱惑，在思想上不求上进，和别人盲目地攀比，比吃、比喝、比消费、比名牌，而不是比业务、比工作，使自己成了一个犯罪分子。

　　痛定思痛，我要从自己这次犯罪行为中吸取一个重要的教训，从今以后我要老老实实做人，我为我犯下可耻的罪行而深深忏悔。

　　● 某国有企业会计陆某，27 岁，2002 年 9 月 20 日因贪污罪被判处有期徒刑 10 年。

　　★检察官寄语：

　　从笔者的侦查生涯中可以了解到，一些年轻干部犯罪的诱因，主要是盲目攀比。他们崇尚奢侈的生活，诸如吃要高档、穿要名牌、玩要刺激、住要豪华，但他们均是由于工作不久，收入有限，便常常入不敷出，于是必然使"抵制不了金钱的诱惑"，来者不拒，巧取豪夺。胆大妄为、不计后果就是这些年轻干部职务犯罪的共性。

　　自己走上犯罪道路，是从放松世界观的改造开始的，担任领导职务以后，党的纪律观念淡漠了，理想信念发生了动摇，价值观发生了扭曲，抵御腐朽思想的能力迅速下降。不再满足于已有的待遇，而是热衷于追求物质方面的享受，人生的脚步开始偏离正确轨迹，终于到了不可收拾的地步，如今追悔莫及。

　　● 某集团公司北京公司原总经理汪某，66 岁，2005 年 5 月 10 日因贪污罪、挪用公款罪被判处死刑，缓期 2 年执行。

　　★检察官寄语：

　　"赶上末班车"是一些年长贪官的一种比较普遍的心态：辛苦了一辈子，赶上了好时候了，想享享清福了，于是"热衷于追求物质方面的享受"，生怕过了这个村，没有那个店了。这种心理的出现必然使"理想信念发生了动摇，价值观发生了扭曲，抵御腐朽思想的能力迅速下降"，老汪以其亲身体会对我们提出的告诫是有意义的。

　　在业务活动中，经常与老板、私营业主、港商打交道，当看到他们个个出手阔绰、挥金如土、吃喝玩乐，好不痛快。自己心理的天平倾斜了。论自己的知识水平、技术水平、管理水平和智商都不比他们差，可为什么收入比不上他们，自己有了失落感，觉得自己在国有企业吃亏了，不划算。失去了正确的人生观就等于失去了立身之本，终于导致自己伸出了贪婪之手，成为一个令人不齿的犯罪分子。

● 某集团公司分公司原总经理朱某，40岁，2005年7月10日因受贿罪被判处有期徒刑7年。

★检察官寄语：

嗨！又是一个心理不平衡，贪官之所以成为贪官，其原因是何等的相似！你看看"论自己的知识水平、技术水平、管理水平和智商都不比他们差，可为什么收入比不上他们"，存在这种思想意识怎么不出问题。忘记了自己是共产党员，忘记了自己是国家干部，要做"党内个体户"，那只有苦果自吞了。

社会就像一个大染缸，五色杂陈，当我看到周围的同学、朋友，有的出国、有的做生意发了财、有的找到了一份高收入的工作，过着舒适、富裕的生活时，我非常羡慕，论他们的学历和工作能力，都不如我，此时，我心里有一种不平衡、不满足的感觉。于是我以自己略懂一些股票知识开始了炒股，先是赚了一些，初步尝到了甜头，接着就投入了更多的钱，天有不测风云，结果全部输掉了，其中还有亲戚朋友的钱，于是我开始动用我负责保管的学生交上来的押金，结果还是输了一败涂地，那时我就像是一个输红了眼的赌徒，我犯下了不可弥补的大错。

● 某大学财务人员居某，28岁，2005年10月9日因挪用公款罪被判处有期徒刑8年。

★检察官寄语：

心理不平衡是把"双刃剑"：学习、工作、业务上比别人落后，心理不平衡，那就可以激发自己更加勤奋努力，励精图治，立志奋发有为；而在生活中、收入上与别人比，心理不平衡，那就必然出问题。提高思想认识，及时调整好自己的心态，始终保持良好的心理状态是年轻干部的必修课。

一个阳光灿烂的日子，我被带上了囚车，押到监狱服刑。隔着铁窗，我看到道路两旁树木葱翠，田野里的早稻已经灌浆大苞，辛勤的人们正在欢快地忙碌着，而我这个戴罪的囚徒再也享受不到这一切了。当我垂头丧气挨进监狱那扇森严的黑色大铁门后，我清楚，这里将是我不得不住上十几年的"新家"了。

●湖南省邵阳市湘运公司原党委书记兼总经理（正处级）王某，56岁，2006年1月19日因受贿罪被判处有期徒刑14年。

★检察官寄语：

在囚车上，隔着铁窗看平日里司空见惯的景色，感慨万千、别有风味。为什么呢？因为这一切平时根本引不起人们的注意，太平常了！然而，在囚车上、在监狱里看同样的东西，就感到一种渴望，"可望而不可即"的渴望，所以，我们享受着自由的人们要知道珍惜，学会珍惜！

反思我的所作所为，实在是可恨又可悲。用无价的青春、自由去换取有价值的金钱，真是太不值得了！同时我的犯罪也给单位造成了巨大的损失。俗话说：拿人家的手短，吃人家的嘴软，接受客户的好处后，我在各方面为客户大开绿灯，成了一个受世人唾弃的贪官，成了一条经济建设的蛀虫。

为什么我沉没于商海之中，一个很重要的原因就是日益膨胀的私欲淹没了思想上的警觉，吞噬了我的灵魂，使我终于伸出了罪恶之手，最后沦落成为罪犯。

●某国有进出口公司原副处长楚某，36岁，2006年12月10日因受贿罪被判处有期徒刑8年。

★检察官寄语：

年轻的副处长楚某说得好："用无价的青春、自由去换取有价值的金钱，真是太不值得了！"楚某的青春相当长的一段只能在监狱里度过了，那么我们更多的年轻干部能不能吸取其惨痛的教训，不让此类悲剧在自己身上重演呢？

回想我被带走的时候，儿女们趴在窗台上一声一声地喊道："爸爸，爸爸，我想你，你早点回来。"后来，他们又用刚学会写字的小手不规则地写道："爸爸，爸爸，我想你，你在哪里？你早点回来吧，我在家一定听奶奶、妈妈的话，好好学习。"我的眼泪就止不住地往下掉，淌过脸颊，浸透了衣衫，真是后悔莫及，悔之晚也，心中万般的痛苦，不是语言能够形容。

●重庆市某国有企业管理人员季某，38岁，2007年3月15日因受贿罪被判处有期徒刑11年。

★检察官寄语：

什么叫"生离死别"、什么叫"肝肠寸断"、什么叫"生不如死"，看看这个贪官的"字字血"、"声声泪",这就是警示！是活生生的警示！每天想想,经常对照,引以为戒是必须的！

在廉政建设方面,我没有想到自己在这个岗位上如何筑好廉洁自律的防腐大堤,不能及时改正自己对金钱的错误认识,从应有的警惕性的丧失到任其存在,所以在有人送钱时没有果断严肃有效地加以制止,而是犹犹豫豫地最终接受,从开始的没有把关到后来的麻木。

• 某航运公司原副总经理王某,56岁,2007年8月因受贿罪被判处有期徒刑10年。

★ 检察官寄语:

在权力、金钱、人际交往中出现麻木,缺乏清醒的头脑,那是十分危险的,埋头拉车不看道,那一定走到歧途上,这是人生哲理、是生活常识、是为官之道。

就像一次噩梦,梦中的自己被深深地埋在黑黑的井里,拼命地伸出被黑泥包围着的双手向井口抓去,可是不断地挣扎却不断地下沉,到处都是黑的……我的灵魂就这样被自己深埋,我的事业就这样被自己葬送,我的人生被自己画上了一个不光彩的句号。

• 江苏省南京市栖霞区原区长助理潘某,46岁,2007年10月25日因巨额受贿罪被判处死缓。

★ 检察官寄语:

这个昔日年轻有为的女干部,从积极工作到贪财如命,短短几年就把美好的人生道路走到了尽头,自己的所作所为把自己送上了绝路,不能不说这是个悲剧。检察官在其家中搜查出26公斤黄金,是南京市迄今为止处级干部中受贿数额最大的领导干部。从中我们应该明白什么?

手握珠笔,泪流满面,我在用血和泪忏悔,在茫茫中求索,盼求得到一缕阳光,把我所犯的罪行照亮,以达到警醒自己、教育别人的目的。我相信我能做到这一点,因为用心写出来的是真实的。

• 上海某(集团)总公司原党委书记、董事长王某,58岁,2007年12月20日因贪污罪、受贿罪被判处死刑,缓期2年执行。

★检察官寄语：

高估自己，低看他人，不学无术，藐视法律，私欲膨胀，贪得无厌就是这个贪官的致命伤。看过上海市纪委《贪欲之害》警示片的人们都知道，就是在镜头前，他进行忏悔告白时，还是粗话满口，大言不惭，毫不知耻，缺乏文化底蕴可能也是诱发贪官的一种因素，领导干部素质和修养尤为重要！

回首往事，曾几何时，我有一个非常顺利的人生成长历程。我于1969年（22岁）就加入了中国共产党，参加工作不久就被提干。1991年我任上海某公司总经理（处级），1996年任上海某控股公司副总裁（厅级），1998年任上海某集团总裁，2002年任上海某集团党委书记兼董事长，真可谓是一帆风顺。我曾满怀信心地要和集团干部职工一起把企业办成国内装备产业的"排头兵"，进而跻身世界500强，可惜，因为自己的犯罪，对我而言，一切已经不可能了。

• 上海某（集团）总公司原党委书记、董事长王某，58岁，2007年12月20日因贪污罪、受贿罪被判处死刑，缓期2年执行。

★检察官寄语：

从他的忏悔中也可以看出，这个贪官平时是多么的自傲，在监狱里还不忘"摆谱"。贪官们昔日之所以蛮横，之所以不可一世，就是他们都自以为"地球离开自己就不转了"。其实，再高地位、再重要岗位的贪官被抓、被关、被杀，"地球照转"，也丝毫没有影响"地球转的速度"，这个道理每个官员都是应当明白的。

我走到今天这一步，与我所处的位置和不平衡的心理有关。当了秘书以后，我接触的范围广了，做事比较顺，办事情也比较容易。在与民营企业家接触过程中，看到他们那种奢靡的生活方式，心态就有些不平衡。总觉得自己付出了很多，工作很辛苦，没有节假日，有时候一天要工作十五六个小时，待遇又不怎么样，心里就想得到一种补偿，要么能够不断得到提拔，要么在物质利益上能够不断有所满足。

• 上海市委办公厅原副主任秦某，后任某区区委副书记、区长，44岁，2007年12月20日因受贿罪被判处无期徒刑。

★检察官寄语：

秦某堕落的历程，就是私欲膨胀的典型表现："要么能够不断得到提拔，要么在物质利益上能够不断有所满足。"才 40 出头，就已是厅局级干部了，秦某人认为还没有达到自己理想的位置，还要在物质利益上不断追求满足，可见，贪官永远是不会满足的，历史的经验值得注意！

这种失衡的心态和对奢靡生活的追求，导致了我私欲的膨胀，利用手中的权力到处寻求所谓的补偿。多年来，我利用职务之便，采取以差换好等多种手段，使自己的住房"有了"想"多"，"多"了又想"好"，从而损害了国家和集体的利益。

●上海市委办公厅原副主任秦某，后任某区区委副书记、区长，44 岁，2007 年 12 月 20 日因受贿罪被判处无期徒刑。

★检察官寄语：

上海的房价领先全国，涨得很快，对普通老百姓来讲"一房难求"，因为价格太高，靠正常的收入根本买不起。但从被揭露的案件看，秦某、殷某（上海市房地产管理局原副局长，判处死缓）、康某（上海市浦东新区原副区长，判处无期徒刑）之类的贪官敛取房产竟然几套、十几套、几十套之多！而且多数是利用权力无偿收受或者低价购买。官员私欲不止、贪婪不除永远会"有了"想"多"，"多"了又想"好"。

尽管我坚守不向任何人开口索要财物这条底线，可"千里之堤毁于蚁穴"的古训还是在我身上得到了验证。我深深地感到，权力一旦打开了缺口，私欲一旦与权力交上了朋友，人就会不由自主地滥用权力，无可把持地走向人生的另一个归宿。

●上海市国资委原主任凌某，60 岁，2007 年 12 月 26 日因受贿罪被判处有期徒刑 8 年。

★检察官寄语：

贪官的一种自欺欺人的想法，以为自己不主动开口索要就能够心安理得了，这就是贪官的逻辑。只要利用职务之便，为他人谋取利益，无论是"斯文"的收受还是明目张胆的"索取"，毫无疑问都是受贿，其实质都是私欲膨胀、贪婪作祟。这个贪官有一句话是可以作警示的："私欲一旦与权力交上了朋友，人就会不由自主地滥用权力。"

我进了看守所后，才明白，我的一切没有了，真正的是悔青了肠子！

● 江苏省南京市浦口区交通局原副局长赵某，47 岁，2008 年 1 月因受贿罪被判处有期徒刑 10 年。

★检察官寄语：

前途一片光明的赵某如今悔青肠子了，其实妻子曾经以离婚相要挟要求他洁身自好，自己也曾经有把行贿人赶出家门的"光辉记录"，但是终究没有抵挡住金钱的诱惑，一步步走向了深渊，受贿 55 万余元被审判。后悔是贪官被揭露被惩治后的通病，平时坚持廉洁自律才能保证将来不出现后悔。

自己已经 55 岁了，当上劳动局长，人生道路算是"结构封顶"了，再升无望，此时不贪，更待何时。有权不用，过期作废。贪胆越发壮大，从"小贪"发展到"大贪"。

● 上海市社保局原党组书记、局长祝某，55 岁，2008 年 3 月 22 日因受贿罪、挪用公款罪、滥用职权罪被判处有期徒刑 18 年。

★检察官寄语：

这个下乡知青出身的局长，曾是同龄人中的佼佼者，功成名就、事业有成，应该知足了。可是，他看到自己的年龄没有优势了，上升已无空间，是"结构封顶"了，于是"东边不亮西边亮"，以"捞钱"来满足自己的欲望！如今好了，本应该功成名就、退老还乡的他，只能在监狱里度晚年了！记住啊，贪婪是通向地狱的通行证！

一些不法分子用他们的"男人不发财，白活一辈子"的思想以及行为来影响我，我也开始想要"发财"了。我需要"发财"，我的家庭需要金钱，买房子需要金钱，孩子上大学需要金钱。从此以后我对金钱特别敏感，只要有人送，我就敢收，不管三百、五百，我来者不拒，最终发展到直接参与犯罪团伙坐地分赃，放纵的后果使我"越走越远了"。

● 某司法机关公务员王某，38 岁，2008 年 6 月 8 日因受贿罪被判处有期徒刑 5 年。

★检察官寄语：

官员钻进了钱眼里必定没有好的结局，古往今来，历来如此！更何况我们是共产党的政府，为人民服务是共产党员的宗旨，是各级官员的责任，"当官不能发财"是古训、是戒律、是高压线。王某信奉"男人不发财，白活一辈子"，竟然与被处决的重庆市的大贪官文某"拥有巨额财产也是男人的一种辉煌"有异曲同工之妙! 警惕啊，还自由地生活着的官员们!

走到今天这一步，是由于自己错用了权力造成的，而错用权力的原因是私欲在作祟，产生私欲的根源却是自己人生观、价值观的扭曲。

● 某集团晋东公司原总经理尚某，43 岁，2008 年 6 月因受贿罪、巨额财产来源不明罪被判处有期徒刑 15 年。

★检察官寄语：

为何入党，为谁掌权，作为各级官员都是应当时刻牢记的，无数职务犯罪的案例告诉我们，在这个问题上出现了偏差，必然私欲膨胀、权力被滥用。所以，确立正确的世界观、人生观、价值观，确立正确的权力观、政绩观、发展观，绝不是说说就可以的，必须付诸实践!

通过这段时间办案人员对我的帮助教育，自己从思想深处得到了一次深刻的洗礼，清楚了自己的财富得靠劳动去创造。作为一个企业干部，收受任何礼金都是错误的，是违背国家法律和企业规定的，也是不符合社会公德要求的。在此，请检察官相信，今后我一定会认真学习国家的法律法规，在思想上重新确立正确的世界观和人生观，争取早日痛改前非，重新做人。

● 重庆大溪河水电开发有限责任公司原董事长、总经理许某，45 岁，2009 年 1 月 7 日因受贿罪被判处有期徒刑 5 年。

★检察官寄语：

一个高级知识分子，一个有能力的专家，一个担负重任的国有企业的负责人，才 45 岁就将自己的政治前途走完了，人生悲哀啊! 他缺钱吗? 待遇差吗? 没有知识吗? 不懂法律吗? 显然都不是，关键还是贪婪所致。要知道，与权力挂钩，任何"礼金"都是贿赂，那是定时炸弹，要命的!

小鸟天空囚犯牢笼
小鸟可以在天空中翱翔
而囚犯只能在牢笼中惆怅
我要飞翔
暴风雨折断了我的翅膀
我要飞翔

利剑斩断了我的梦想

失去自由的我

难以见到八十多岁的爹娘

失去儿子的爹娘

思而哭湿了衣裳

牢笼中的我

不知今生能否再见爹娘

上苍啊给我机会

让我给爹娘再跪捧一碗热汤

● 河南省南阳市电视台原台长田某，57 岁，2009 年 7 月 10 日因受贿罪、挪用公款罪被判处有期徒刑 11 年。

★ 检察官寄语：

一个具有研究生学历的知识分子，如今只能在监狱里写诗，为什么平日里就忘记了自己的身份？忘记了约束和自律？忘记了党纪和国法？所以，各级领导干部要学会知足、感恩、敬畏。贪婪就是对私利永不满足，自傲就是不能正确对待自己，无视党纪国法就是敢于挑战法律，如此这般没有不后悔的！

看到那些老板们风光无限，我思想上出现了不平衡，我想凭自己的能力，应该比他们过得更好，应该拥有比他们更多的财富。在这种失衡心态下，我渐渐地迷失了自己，冒出了"面对手中的权力，现在不用，更待何时？"的念头，悲剧也就从这时开始了。

● 江西省南昌市国土资源局原局长周某，48 岁，2010 年 2 月 11 日因受贿罪、挪用公款罪被判处无期徒刑。

★ 检察官寄语：

共产党的官员，老是跟老板比，怎么会不出问题呢？根本还是忘记了为人民服务的根本宗旨，官僚主义、高高在上；眼睛向上、脱离群众，不知道老百姓的疾苦，一心为了自己的利益，思想必定出现偏差，行为必定走向反面，最终都将被历史所抛弃、被人民所唾弃！

大学毕业生—税务官员—阶下囚，我走出了这简单却又令人费解的人生"三部曲"。这其中包含了自己的青春激情、志向抱负和贪欲及堕落的脚步声，也夹杂着思想矛盾斗争的复杂情感。到如今，那昔日的自由、辉煌和家庭的温馨已成为过眼云烟。

• 海南省海口市地税局某分局原局长陈某，45 岁，2010 年 4 月 2 日因受贿罪被判处无期徒刑。

★检察官寄语：

这个岁数不大的"陈局长"在 1993 年至 2008 年期间，收受贿赂共计人民币 1126 万元，除了他个人贪得无厌的根本原因之外，能够这样长时间地受贿犯罪，足见对"一把手"监督的缺失也是一个重要的原因。

睡觉不就是一张床，为什么人要失去的时候，才知道什么是最宝贵的东西？十多年来，我一直在公安局担任副局长，总觉得自己业务熟，有能力，付出的多，取得的成绩也不少。尤其是看到比自己资历短、业务又不熟悉，甚至还是自己过去的"下级"甚至"下下级"的人，都提拔到与我同一级的职务，甚至更高的职务，思想上不能正确对待，产生不满情绪，升官不成，就乱用权。

• 重庆市公安局原副局长、重庆市司法局原局长文某，53 岁，2010 年 4 月 4 日因受贿罪、包庇、纵容黑社会性质组织罪、巨额财产来源不明罪、强奸罪一审被判处死刑；5 月 21 日二审被判处死刑；2010 年 7 月 7 日被执行死刑。

★检察官寄语：

俗话说："家有黄金数吨，不过一天三顿；家有房子数幢，不过晚上睡觉一张床。"文某直到即将失去生命的时刻才明白这个道理，不能不说这是一个悲哀！他把 2800 万元现金藏匿在湖底，将 600 万元现金藏匿在亲戚家楼顶的水箱里，案发后被如数收缴国库，人财两空的结果是给官员们的深刻教训。

可惜：五十知天命之年，今后都付于困闲。
可叹：心机在九天之外，身陷于苍山之北。
可悲：妻离子散隔天涯，泪洗愁肠抛雪发。
可恨：不恨天地人间事，只恨自己贪无穷。

• 河南省安监局原局长李某，54 岁，2010 年 5 月 13 日因受贿罪，被判处无期徒刑。

★检察官寄语：

这个昔日的"李局长"被揭露出的问题触目惊心，其受贿 53 次，手段 30

多种，受贿犯罪金额达1591万余元。这个曾经是全国安监系统的"明星"，创造了许多行之有效的煤矿管理经验的领导，即刻成为了全国安监系统最大的贪官。"明星"和"贪官"竟然就一步之遥，个中的哲理是各级官员们应该深思的。

再过10天，儿子就要参加高考了，不知他现在情绪如何？我的事不知对他有多大的影响？我80高龄的老母亲，疾病缠身，一个人孤零零在乡下是否安好？我爱人是不是心乱如麻？我好想他们，都是因为自己的一错再错，让他们受累了！我的所作所为，愧对组织培养，愧对父母，愧对家庭，愧对儿子！

● 江苏省海门市教育局原副局长王某，47岁，2010年11月，因受贿罪被判处有期徒刑6年6个月。
★检察官寄语：
这个在1988年就具有南京大学现代史硕士学位、34岁就被提拔为海门市教育局副局长的官员，本来仕途一帆风顺、前途一片光明，但现在他在狱中的哀叹多么地悲惨！有知识、懂法律、明事理的并不能自发地成为一个合格的好官。人，特别是握有公权力的人，只要心存私欲贪婪，只要缺乏监督制约，下场是相同的。

一直以来，自己也曾想做个清官，但权力大了以后找帮忙的人多，有时想拒绝都拒绝不了。后来以为只要不向别人要钱，别人给多少拿多少算不上犯罪，况且给我送钱的也大都是熟人和朋友。我要是成心捞钱，那请托人给这点钱我是肯定不干的。现在想想真后悔，后悔不该有贪心。

● 江苏省海安县政协原主席陈某，55岁，2010年11月18日因受贿罪被判处有期徒刑11年。
★检察官寄语：
这个"陈主席"可真是个十足的法盲，真不知道这种官员是怎么被提拔上去的。"别人给多少拿多少"和"主动索取别人钱财"只是收受贿赂与索取贿赂在犯罪程度上的一种区别，怎么他会自认为"算不上犯罪"呢？司法实践中我们知道，所有行贿者都是"熟人和朋友"，不认识的人能给你钱财吗？反之你敢拿吗？贪婪是致命的，这可千真万确！

下　篇

讲好检察业务专业课十要诀

写在前面的话

　　检察官讲业务专业课是一种资历、知识、能力的反映，因为上台讲课，给自己的同行讲课，讲大家熟悉的内容，这可不是一般人都具备这种资格和条件的，检察官讲业务专业课有很高的要求，相比检察官向社会各界讲廉政建设、预防职务犯罪课要难得多，因为它更加突出实践性、专业性、指导性、盖然性，因此讲这一类课程是有较高的"门槛"的。

　　俗话说：能者为师。检察官讲业务专业课，你是否具备这个业务之"能"、专业之"能"呢？你如果业务不熟悉、专业不拔尖、研究不领先是上不了讲台的，即使赶着鸭子上架，往往也不具有可听性、示范性、指导性。

　　众所周知，讲课不同于领导讲话，业务专业课强调专门性、特殊性、钻研性，要告诉听众：这是个什么课题？这个课题存在的现状如何？这个现状存在哪些问题？为什么存在这些问题？应该怎么解决这些问题？我们应该怎么去做？我们应该这么去做！我们为什么要这么做？这么做有什么科学的依据、有什么实践的好处、能够取得怎么样的效果？业务专业课其实就是围绕这些问题展开，其中也包括理论依据、发展渊源、实践经验、存在问题、解决方法，以及相关社会常识、科学技术、思想认识、存在争议等内容。

　　检察官讲课是从实践中来到实践中去的过程，是不断提出问题、解决问题的过程，是把成熟的、成功的、先进的、领先的理念、经验推向检察领域更大空间的过程。

　　10 年前，我应邀在河南省检察机关讲课 3 天，筹备组织这次全省侦查骨干培训的省院处长侯民义（现为省院检委会委员、研究室主任）从头到尾听了我的系列课程后说："掌捞史，妮布愧使中国饭摊史叶滴移认！"（张老师，你不愧是中国反贪事业第一人！）他高度评价说，"你不但能够

—— 255 ——

干，而且能够讲、能够写，在这三个方面都能够做到极致的，全国难见……"类似这些评价，我在各地听到过许多，但我有自知之明，这是老侯及各地检察院领导对我的鼓励，我心里十分明白，其实只要努力，不懈努力，许多长期从事反贪事业的同仁们都能做到这个程度。

检察官讲课往往不可能仅仅是一个人的成熟思考认识、理论研究把握、实践成功经验，检察机关的性质和检察官的职责决定了检察工作是一项集体的、整体的行为过程，所以检察官讲课涉及的内容一定是集体的成果，讲课的内容一定是建立在集体智慧基础之上的，特别是有一些课程，是课题组集体总结、探索、研究的成果，这个理念非常重要，所以讲课要排除个人英雄主义思想。要知道"山外有山、楼外有楼"，检察官讲课也是一个学习的过程，是交流的过程，是讲课者自己提高的过程，具备了这种正确的指导思想，那对讲好课、取得好的效果无疑是非常重要的。

习近平总书记2017年"五四"前夕到中国政法大学考察时指出：法学学科体系建设对于法治人才培养至关重要。我们有我们的历史文化，有我们的体制机制，有我们的国情，我们的国家治理有其他国家不可比拟的特殊性和复杂性，也有我们自己长期积累的经验和优势，在法学学科体系建设上要有底气、有自信。要以我为主、兼收并蓄、突出特色，深入研究和解决好为谁教、教什么、教给谁、怎样教的问题，努力以中国智慧、中国实践为世界法治文明建设作出贡献。

一些发达国家的资深法官、检察官、警官退休以后大都被相关的大学聘请去当专业课的教授，走上讲台去讲课，而我们国家目前却鲜有这种情况，其实这是一种资源的浪费，一些老资格、有经验、具有丰富实践经历的司法人员一辈子的实践经验随着离开岗位，导致那些非常宝贵的财富被遗弃、被疏忽、被冷落，不再被提起、无人关注、无人问津，我曾经的领导们、干了大半辈子侦查的老伙伴们卸任职务、退出岗位后如今都在干什么？几乎都在家里抱孙子呢，这个问题到了该被引起重视的地步了。

习近平总书记视察中国政法大学时强调：法学学科是实践性很强的学科，法学教育要处理好知识教学和实践教学的关系。要打破高校和社会之间的体制壁垒，将实际工作部门的优质实践教学资源引进高校，加强法学教育、法学研究工作者和法治实际工作者之间的交流。我的实践体会就是检察官要具有进高校讲课的目标和志向，敢上讲台、能上讲台、上好讲台！

一些资历尚浅的年轻检察官看到我这么说，可能以为离自己太远了，是将来的事，其实不然，因为讲课资格的基础是实践、是钻研、是积累，这些不是到具备了讲课资格了才需要去准备的，而是需要长期准备的，文化、知识底蕴的形成是一个长期积累的过程，忽视了这个过程，即使去讲课，也往往讲不深、讲不透、讲不到位，讲课的最佳效果就体现不出来，这种讲课的内容缺乏"亮点""特色"、缺乏吸引眼球的内涵，往往不能持久，变成昙花一现、过眼云烟也就在所难免了。

习近平总书记在视察中国政法大学时还指出：青年时期是培养和训练科学思维方法和思维能力的关键时期，无论在学校还是在社会，都要把学习同思考、观察同思考、实践同思考紧密结合起来，保持对新事物的敏锐，学会用正确的立场观点方法分析问题，善于把握历史和时代的发展方向，善于把握社会生活的主流和支流、现象和本质。要充分发挥青年的创造精神，勇于开拓实践，勇于探索真理。养成了历史思维、辩证思维、系统思维、创新思维的习惯，终身受用。

我正式作为一级组织任命的具有讲课资格的检察官教员，讲检察业务专业课已经有 20 年时间了，1995 年我就是上海检察机关侦查业务专业讲师团五人成员之一，十几年前至今只剩下我一个还在继续讲，而且讲到了最高人民检察院、国家检察官学院，讲到了全国检察机关，讲到了全国几乎所有具有法律专业的大学，还包括全国一些省市级、央企等纪检监察机关。我的业务专业课能够长盛不衰、需求量越来越大，许多从事这方面工作的领导、同仁都想从中找到答案，最高人民检察院政治部，国家检察官学院，辽宁、新疆、新疆兵团、内蒙古、上海等检察机关教育培训部门都请我专门讲授培训检察官师资队伍的课程。

确实，我在讲授检察业务专业的过程中探索了一些理念，创造了一些方法，积累了一些经验。为了促使我们检察教育培训师资队伍后继有人、不断发展提高，也为了满足一些讲课检察官业务提升的需要，我把自己的经验、体会写出来，供同仁们借鉴、参考。如果能够给大家一点启发，让同仁们有所借鉴，我想，我撰写这本书的目的也达到了。

检察官讲业务专业课与检察官讲预防腐败、预防职务犯罪课有相似之处，当然也有区别和不同，那些基本要求、原理是相同的，所以，作为本书的第二部分，对基本要求、原理我就不再重复，而重点在业务专业课程的方法、要求、内容上做文章。

当然完全是我个人的心得体会，不当之处，希望得到批评指正。

要诀一：经历要丰富

我们说"能者为师"，老师、教师、教员、教授，无论怎么称呼，其职责按照古代先贤韩愈的说法就是"传道授业解惑也"，教师的天职就是教书育人。为人师者，必有资格、条件和阅历的要求，作为检察官教员，除了教员所要具备的必要条件外，具有丰富的检察工作经历是必不可少的要求，要不怎么称之为"检察官教员"呢！

一、丰富的检察工作经历

检察工作的实践性非常强，由从事检察工作的检察官来讲检察业务专业课是近几年来越来越受欢迎的一种检察业务培训方式，已经成为了检察业务培训的主要模式。

检察官讲检察业务专业课，顾名思义，这个讲课者首先是检察官，同时，听课对象也是检察官，这就是检察官讲检察业务专业课的特点，我们叫"检察官教检察官"，这种培训方式是与其他专门院校、其他专门教员讲课有根本不同的，检察官讲课，具有从实践中来，到实践中去，身临实践其中、注重实践应用、实践指导性非常强、具有缺乏检察实践经历者不可复制的特征。

检察官讲课，既有一定的书本的、理论的知识，特别是通用理论知识，但其更注重的是实践、是应用的知识，解决的是实践中面临的问题，实践中急需解决的问题，实践中存在争议的或者还没有成熟经验、没有先例的问题，一句话，就是解决实际问题。

检察官职业的要求，决定了人们准备选择检察官这个职业、在成为检察官之前，都需要系统全面学习基本的法律基础知识、掌握法律基本原理、了解社会实践中法律的作用、地位和现状，毫无疑问，检察官就是国家司法人员、法律专业工作者。

检察官、从事检察工作的人员是不是都有讲检察专业课的资格呢？不是的，比如刚刚进入检察机关不久的，对检察工作尚缺乏根本性了解的人员即使是具有博士研究生学历，能够给检察官讲专业课吗？显然是不可能的，因为他们没有检察工作的经历，缺乏检察工作的实践经验和感性认识，讲比较理论的课、理论学术研究方面的课也许可以，但要讲检察业务专业课是不现实的。

我们说的检察工作经历，主要是指检察业务工作经历，根据党的十八届三中全会有关司法改革的精神，最新的检察改革方案确定检察机关进行分类管理，在各级检察机关从事检察业务的，其身份是检察官；文员、合同制人员、辅助人员，其身份往往是检察官助理；从事行政管理的人员，其身份是司法行政人员。所以，能够具备检察官讲课资格的，显然只能是检察官，不具有检察官身份、没有检察工作的经历、缺乏对相关专业的深入研究的人向检察官讲授检察业务专业课那就是"天方夜谭""风马牛不相及"的两码事。

所以，检察官讲课者，必须具有这样几个要求：

1. 要有检察官的资历和身份、资深检察官的资历和身份；

2. 要有丰富的检察工作经历、丰富的检察业务工作经历；

3. 要有独到的、在一定范围内具有领先地位的检察工作经历基础上的专门知识。

在发达国家，优秀法官、优秀检察官退休以后，往往都到大学授课，他们的资深业务经历、丰富的实践经验就是他们能够登上大学讲台、成为大学教授的资本，因为他们讲授课程的内涵和价值是科班出身的大学教授们所难以掌握和驾驭、难以承担和胜任的。

二、丰富的检察专门工作经历

检察机关性质，根据宪法规定，是国家法律监督机关，在这个基础上检察机关的业务专业不是单一的，而是比较广泛的，就目前而言，检察机关业务专业就具有：职务犯罪侦查、审查公诉检察、侦查监督检察、监所监督检察、民事行政监督检察、控告申诉监督检察、案件管理；其中还有一些是根据工作派生的和根据需要分离出来的，如金融监督检察、社区检察室、未成年人刑事检察、举报中心等众多的专业部门。

这些众多的检察业务专业部门其各自的职责任务是不同的，检察机关各个业务部门之间虽然有内在的联系，但就根本上说，是各自为政、各有千秋，均是相对独立行使检察权的专业部门。如公诉部门的基本理念要求是"无罪推定"，对经手的案件不能先入为主，必须要通过审查证据来判断当事人是否涉嫌犯罪；而职务犯罪侦查部门的基本理念是"怀疑一切"，简单地说就是在嫌疑没有得到合理有效的解释之前，必须"打破砂锅问到底"，坚决追查到底！

所以我们说，不是具有了检察官的身份就能够去向检察官讲课了，让你讲不熟悉的、缺乏实践经历的检察业务专业课，毫无疑问肯定是"隔靴搔痒""一厢情愿""离题万里"。俗话说"隔行如隔山"，讲不了解的、一知半解的、缺乏实践经验体会的课是讲课之大忌，这不是凭权力、地位、荣誉、背景、影响力能够胜任或者驾驭的。

因此我说，要具备检察官讲检察业务专业课的资格，具有"丰富的检察专门工作经历"是必不可少的重要条件。

这里的"丰富""专门"是关键词，"丰富"显然不是一天两天，也不是三年四年，而是一个足够促使其成熟、老练、资深、领先、公认的漫长阶段，根据最高人民检察院及一些省级院选拔检察官兼职教师和评选精品课程授课者的条件，一般是要具有 10 年左右的检察工作经历；"专门"指的是在检察业务专业的某一个或者两个专门工作中具有独特的、领先的、具有指导意义的知识能力，就是在这个业务领域或者某一个专业的专门知识，你研究得非常之深、非常之透、非常之全面，具有了一定的"相对权威性"。

有的检察官在检察机关工作的时间远远超过了 10 年，但因为岗位交流、调动变化太过于频繁，许多岗位都干过，但在各个岗位的工作时间都有限，属于"三脚猫""猪头肉三不精""蜻蜓点水"式人员，没有形成"专业"的优势，那显然是没有足够的专业知识底蕴胜任讲课的。

有的检察官（姑且称之为检察官，因为根据现在司改的要求，已经不再属于检察官序列范围了），长期在行政职能管理部门工作，如政治部、纪检组、办公室、研究室、后勤保障部门，那么这些人员也不适合胜任讲检察业务专业课程。

还有的检察官在某一个两个专业岗位上工作了足够的年头，熟悉该岗位的工作流程，但总体上是沉溺于具体的事务，对专业缺乏深入的研究、思考，没有注意积累、总结、提炼，没有独到的知识结构，那么也就失却了讲课的资格。

所以，我的体会是，一个优秀的专业检察官一定要做到"十个不断"：不断学习，不断实践，不断思考，不断钻研，不断质疑、不断解惑、不断总结、不断积累、不断完善、不断升华，要有奋斗的目标，要争取在本职岗位上占据领先的地位，不思上进、得过且过、甘居下游、满足于做"工匠"是成不了

— 261 —

"行家里手"，不可能成为"能者""专家"的。

当然，检察机关内部岗位交流比较频繁，也是影响一些检察官成为某一个领域"专家"的负面因素，有的检察业务专业基础非常好的检察官，却被上级赋予重任，把他们从业务岗位提拔到了行政管理岗位；有的从侦查岗位充实到了公诉岗位，由于岗位性质、业务的完全不同，在短时间内要成为行家里手也变成了不可能。

检察改革给我们带来了福音，检察机关实行分类管理，检察官去了行政化而向职业化、专业化、精英化发展，未来这种非专业调动（检察官调行政机关、行政机关调检察机关；检察官岗位调司法行政岗位、司法行政岗位调检察官岗位）几乎成为不可能，专业岗位交流的情况也将大大减少，新的检察工作体制将是促进检察官专家和专门人才层出不穷的有利大环境，检察官向更加专业化发展有了机制的保障。类似于畜牧局长调任教育局长将永远成为笑谈！

三、丰富的检察专门工作高深研究的经历

毋庸讳言，丰富的检察工作经历，专门岗位的实践和经验成为了检察官讲课的基本要素，是"敲门砖"，不具有、不符合这个基本的要求，将难以跨越检察官讲课资格的门槛，这是一条"铁则"。

但是，检察官讲课的任务不仅仅是符合了这些条件就能够承担和胜任的，讲课者师也！是"传道授业解惑"之集大成者，讲课者必须要有业务专业知识的底蕴，用一句大白话讲，就是要有过人之处，你没有过人之处谁服气你？谁来听你讲？

业务专业课程，突出的是"专门"的知识，其要求的是实践性、特定性、专门性、深入性、新颖性、指导性，"半瓶子醋"是不能上讲台的。

正因如此，检察官讲业务专业课，还要具有大家认可的专门知识基础，也就是底蕴。所以，检察官在较长的专业工作经历过程中，需要不断的提升自己，挑战自己，战胜自己，使不可能成为可能，这绝对不是口号、空话，而是实实在在的真知灼见。

我从事检察工作30多年，在职务犯罪侦查岗位从书记员、主办、组长、贪检科长，成立反贪局后是第一任反贪局长；从几个基层院反贪局领导岗位干到上海市院反贪局，再到最高人民检察院反贪总局，我的经历证明我具有丰富的反贪工作经历、具有丰富的反贪工作实践，这已经是不争的事实，但这并不能说明什么，关键是看你对这个业务专业掌握的知识性程度、专门性特点、领先性思路、奇特性效果、高深性内涵如何，是不是被同行们、专家们、领导们认可，是不是被大家认可，是不是被大家接受。

我的实践经历、工作经验告诉我,你既然选择了这个工作、这个专业、这个岗位,那就要把它干好,干到极致,千万不要虚度、敷衍,千万不能得过且过,要对得起国家、对得起检察事业、对得起组织、对得起人民、对得起自己,这就是目标,这就是动力,这就是战胜一切困难的毅力!

职务犯罪侦查线索是检察机关侦查部门办案过程的首要大事,"巧妇难为无米之炊"一直困扰着侦查部门,不是贪官少了,而是贪官智能化犯罪的手段愈加高明了,如何解决这个困惑?如何"道高一尺魔高一丈"?

我是废寝忘食地进行了研究,一些检察机关侦查部门也进行了研究,提出了发现线索的渠道有六条、八条,但最多的也没有超过十条。我根据自己的办案经历发现,线索来源远远不止这几条,于是翻看自己的办案笔记,一个案件一个案件分析,一个渠道一个渠道总结,最后汇总出来 30 个线索来源渠道,并且写出了《反贪侦查线索 100 问》的专业书籍,最高人民检察院反贪总局《反贪工作指导》杂志竟然连续多期进行了连载,引起了全国检察机关侦查部门的广泛重视,并且被普遍采用,除了上海市院决定侦查人员人手一册外,北京市、河南省、广西壮族自治区等一些检察机关侦查部门还把这个内容下发每个侦查人员,让大家在实践中参考运用,起到了相当大的指导作用。

在这个基础上,我又根据最高人民检察院颁布的有关职务犯罪初查工作的规定,在自己侦查实践中研究总结了初查的 36 个途径和重点,并且写出了《反贪初查 100 问》的专业书籍,最高人民检察院反贪总局的杂志一刊登,全国检察机关特别是大量基层检察机关来向我索要电子文稿,为的是印发至每个侦查人员。

2006 年以来,我还先后完成了《反贪侦查讯问 100 问》《反贪侦查证据100 问》《反贪侦查心理 100 问》《反贪侦查细节 100 问》《反贪侦查谋略 100问》《反贪侦查文书 100 问》《反贪侦查伦理 100 问》《反贪侦查指挥决策 100问》等总共 1000 个侦查实践中的问题,形成了职务犯罪侦查实务的系列,中国检察出版社为此专门派员到上海找到我,要求出版这部专业书籍,后来这部职务犯罪侦查系列书籍发行超过了一万套(5 万册),在没有宣传做广告、控制在内部发行的情况下,一销而空。

2014 年我在修订后的刑事诉讼法出台的基础上再进行了大量的修订和完善,增加了二十几万字的新内容,以《反贪侦查岗位必备素能全书》的书名出版,受到了广泛的欢迎,我每次在北京国家检察官学院、中国政法大学、中国人民公安大学等院校讲课,出版社、书店便开展"作者现场签名售书"活动,我到现场销售书籍。

我提出了丰富的检察专门工作高深研究的问题,这其中是"专门性"和

"高深性"两个问题。

"专门性"是指这个知识的独特的专业特征，我讲的职务犯罪侦查就是一个独特的专业，这个专业我连续工作了30多年，从书记员、组长、科长、局长、院检察委员会委员；在几个基层院反贪局、上海市院反贪局、最高检反贪总局都工作过，因此对这个专业可谓非常熟悉，任何一个环节我都具有丰富的实践和思考，因此可以侃侃而谈、如数家珍，几十年来我对这个专业的研究也比较全面、系统、透彻；能够讲授侦查专业的教员很多，但一般只是讲一个环节，如讲讯问课的不讲证据课；讲心理课的不讲文书课等，我却可以讲授侦查环节的每一个专业课程，我的侦查专业课程形成了一个系列，大类有十个之巨，分类达37个之多，全国类似的专业课教员确实较为罕见，而且我的每一门课程几乎都能够达到课程评比名列前茅的程度，获得讲课第一名不计其数！但如果让我讲公诉专业、讲监所专业、讲民事行政专业，那显然就不行了，因为专业不同了，人不可能是万宝全书，所以检察官讲课的特征除了实践性以外，还非常强调专业性、专门性，不能脱离自己熟悉的专业而盲目去涉及不擅长的专业。

"高深性"是指对自己具有研究而且非常熟悉、能够驾驭的这个课程和这个知识达到了融会贯通的程度，于是可以突破专业的界限，在更大的范围内施展。我没有公诉、侦监、监所、民行、技术、法警等工作的实践经历，但我多次应邀到国家检察官学院公诉培训班、侦查监督培训班、监所培训班讲课；在上海、吉林省、河南省等检察培训中也有专门给侦查监督、监所、技术、法警讲课；在新疆自治区和新疆兵团给法警培训班400多法警授课4个小时，而且受到了极大的欢迎，得到了好评。前不久我还专门到湖南省、贵州省、湖北省给全省检察机关渎职侵权犯罪侦查部门讲授：当前渎职侵权犯罪侦查中要注意把握的几个问题，因为接地气，侦查思路、方法、技巧实在、管用，收到了非常好的效果。

其实我并不是去讲那些自己没有实践经历的专业，而是讲自己的专业与其他专业有联系的内容，如对公诉部门讲《职务犯罪侦查证据的审查》；对司法警察讲《检察机关司法警察在职务犯罪侦查中的职能》；对检察机关各个业务部门讲《修订后刑诉法对职务犯罪侦查的影响和对策》，因为这些专业与侦查专业具有相互渗透、交织、联系的特点，你具备的专业知识基础扎实、宽泛，善于融会贯通就能够达到更高的层面，可以胜任在更大的范围内讲课，讲没有其他人能够讲的内容，对于这些部门的同仁们而言，平时听惯了自己专业范围内专家的课程，冷不丁听到不同专业老师新的角度展现的与自己专业有一定联系的课程，具有耳目一新、打开视野的感觉，所以我跨行业、跨专业讲课也是越来越多，全国许多地方政法委、法院、公安局都邀请我去讲专业课程，近年来给内蒙古、山西、江苏、浙江省等地政法委，给贵州、内蒙古、江苏、山西省等地法院，给黑龙江省、山东省、贵州省、云南省、上海市等地公安局、公安学院都进行了专业课程的讲授，反响热烈、深受欢迎，且在这些系统领域内有不断发展扩大的趋势。欣慰的是，作为检察官给法官讲课，能够受到普遍欢迎，你没有两把刷子可能吗？

要诀二：要有总结和思考

是不是检察官都可以上讲台讲课？显然不是的。能够上台讲课的检察官必须是至少在某一个知识点上具有领先的地位，有不同寻常的见解，能够"传道""解惑"，如何达到能够"传道""解惑"的境地？简言之，就是对自己的专业有完善的总结和深入的思考，自己的知识能力水平具有指导性的意义和作用。所以总结和思考是检察官教员必备的一个基本要求。

一、有总结思考

检察业务专业知识的积累，是一个不断实践、思考、总结的过程，经过自己的实践，进行回顾思考，找出成功的经验、失误的教训，再分析其中的原因，对这个过程进行系统的总结，坚持这个过程，那一定有所收获、有所提高，如此坚持周而复始，自己的业务专业知识能力就能够得到不断提高，最终可能成为这方面的能手、专家。

检察机关有许多长期从事侦查工作的办案能手，但是为什么这些办案能手，他们能够胜任讲课的不多见呢？其实就是一个原因，在繁忙的工作之余，没有足够的时间去进一步考虑以后的事情，缺乏远见和不善于回顾思考、不善于认真总结。

我们知道，职务犯罪侦查工作需要有非常高的能力和要求，从事这个工作的检察官承担的责任非常重大，工作非常繁忙。每一个案件都要涉及发现线索、价值评估、扎实初查、数据分析、获取证据、讯问突破、细节观察、心理较量、谋略运用、文书制作等诸多的环节，哪一个都不能疏忽和失误，案件一上手就没有正常的作息时间，内查外调、关系协调；分析判断、讯问突破；搜查通缉、数据分析；抓住时机、通宵达旦，时不我待、连续作战是家常便饭。

一个普通的职务犯罪案件，就算是一个犯罪嫌疑人，侦查人员的工作量是：线索发现及分析评估10天；初查60天；讯问至少10次（每次4小时至10小时）；询问证人、关系人、被害人等至少10人；与案发单位联系至少10次；制作各类笔录50份，至少两三百页；制作各种工作请示报告20份；通宵加班至少10次；有的案件还需要查账、搜查、出差、追逃、送押、协调、接触家属等具体的工作，至于分析、评估、研究、汇报占用的时间就不去算了，侦查人员任务非常繁重、压力非常之大、没有规律的工作和生活成为一种常态，于是，想静下心来思考、总结，对长期处在侦查一线的大多数人而言，成为不可能。

其实这是一种悲哀，一种资源的浪费，许多经验丰富、工作认真、善于思考、思维独特、卓有成效的侦查人员离开侦查岗位以后，其曾经的丰富经验、知识就此"烂在了肚子里"，再也不能产生后续的价值和积极的作用了。

所以，在繁重的任务、繁忙的工作、烦恼的压力之下能够思考、能够总结就显得非常的难能可贵，但这是一道成为检察官教员而必须逾越的门槛，本质上是对自己负责，是对自己的工作经历、经验负责，是对自己从事的检察事业负责。

我长期在职务犯罪侦查第一线办案，经手查办、指挥、指导的案件逾千件，最长一次一个月没有换过衣服、没有挨过床，更不要说回家了，1997年"两法"修订以前，平均每年回家的天数不超过60天，就是说每年有10个月的白天加黑夜都是在反贪侦查工作岗位上度过的，连续多年创造了个人年办案60件的记录。

1984年3月我被上海市委"打击经济领域严重犯罪活动领导小组"授予"经打"标兵的荣誉，1995年开始担任主持侦查工作的反贪部门负责人，后来全国统一称之为反贪污贿赂局，我带领30多个侦查人员组成的4个侦查科办案，只要有一个涉嫌对象在，只要有一个证人在，我一定在现场，案件侦查过程中遇到困难阻力、遇到疑难复杂案件我一定直接进行讯问、询问，并且一定制作笔录。

尽管如此，我没有放弃对自己的工作经常性地进行回顾、思考、总结，每一个案件都作办案笔记：过程、特征、亮点、不足、阻力、对策、争议、教训、意外、反思等，不求面面俱到，只要与众不同就用文字记录固定下来，包括一些与案件有关的照片、材料、文稿等附在后面，最终我得益了。

我被遴选到上海市人民检察院反贪局工作后，因为一线通宵加班的情况减少了，自己又主要承担了对全市基层院和反贪侦查人员的业务工作指导，在时任上海市院反贪局长刘国清等领导的大力支持下，我将自己的思考总结写了出来，先后完成了 10 本职务犯罪侦查专业书籍，领导决定这些业务指导书籍由我个人署名，检察院出费用印刷，全市反贪侦查人员人手一册（套）。2005 年起，上海市院开展了检察人员系统培训项目，每一个检察官每年需要参加培训 80 小时，其中 40 小时必须全脱产，我被遴选为上海市人民检察院检察教育培训讲师团成员、国家检察官学员上海分院的培训教员，从那个时候起我真正地开始了系统的、规范的、专业的授课经历。

如今我年过花甲退出了检察工作岗位，但在退休前已被国家检察官学院、中国政法大学、中国人民公安大学、华东政法大学等十几个高校聘为教授，如今每年讲课在千余小时；在华东政法大学给本科生开讲一门专业课程《职务犯罪侦查实务》，每个学期上课 18 周，每周四节课，已经上了 22 个学期，学生累计近万名（含研究生课程的学生）。

我的体会就是一句话，实践、思考、总结，工作再忙也不要放弃，常言道"功夫不负有心人""只要功夫深、铁杵磨成针""精神所至、金石为开"，功夫到了，到时老天爷一定会眷顾你的！

二、有独到的总结思考

检察业务专业总结是有特定要求和特定含义的，其不是一般的格式化的、泛泛而谈的、缺乏深刻、独到思考的工作总结，长期以来，我们写惯了工作总结，其实基本上没有实质性的作用和意义，完全是应付，写了一交就完事了，说句老实话，此后也没有一个人会看，最终被作为一堆废纸统一处理了事。

作为侦查业务专业总结，首先它不是领导指定要求写的，所以肯定不是为了交差的"应付之作"，它必须是自己要写的，是为了自己的总结、思考、提高而写的。

其次，侦查业务专业总结，完全是建立在自己侦查工作的实践基础上的一种回顾、反思和思考，是通过办案的实践为基础的，无论是成功了还是失败了，都能够客观地分析、查找成功或者失败的原因，即使是成功的案件，回过头来看，往往一定还有不尽如人意之处，找出其中存在问题的症结，对自己以后的工作是一个提醒、一种促进、一种提高。

最后，这种总结必须要有独到性，它不是一种经验介绍，诸如，一是领导重视……二是团结协作……三是工作扎实……至于存在的问题也往往是浮皮潦草、言不由衷，所谓"工作不够仔细""存在急躁心理""有时不够冷静"……这究竟有什么作用和意义呢？

我们强调独到性，是排除了以上这些普遍性、表象性、肤浅性的内容，而是实实在在的对问题的剖析，发现问题的症结，找到问题的要害，提出今后遇到此类问题的对策，这才是真谛，是真知灼见。

比如，关于提请银行查账的问题，初查阶段我们通常需要委托银行对被查对象的存款进行查询，但我发现这个途径不可靠，因为我们检察机关与银行之间纯粹是工作关系，而银行与储户之间往往是"皇帝和仆人"的关系，遇到一些与储户存在千丝万缕关系的银行工作人员第一时间就把我们的秘密泄露给当事人了，对一些特殊的大客户，只有你一打开其账户，银行的网络就自动通过短信通知其本人了。所以，我指出，我们在初查阶段委托银行查账要慎重，要讲究方法和渠道，不能按部就班、照章办事。

对象安全防范的问题，一般情况下，我们是要求对传唤对象"寸步不离""分秒不脱"采取的是"人盯人"的被动防范战术，我指出，被动防范不足以从根本上避免安全事故，只有主动防范才是最根本、最有效的防范，什么是最根本、最有效的防范呢？我提出：在接触对象前侦查人员集体（视情可以三五人、七八人）进行一次对被接触对象的心理评估，了解和掌握该心理特征，便于在接触过程中有针对性地消除对象的不安全心理苗子，促进对象由抵触、对立、抗拒心理朝稳定、服气、顺应、配合的方向转化。

修订后的刑事诉讼法赋予了检察机关侦查过程可以使用技术侦查的权力，大家感到侦查过程从此可以如虎添翼了，其实这是一种不切合实际的盲目乐观思维，因为法律规定，检察机关的侦查技术必须是在立案以后才能使用，要委托其他侦查机关使用。

现时几乎所有侦查教材、领导讲话都把"跟踪""窃听""GPS手段""控制下交付手段""测谎技术手段"等归纳至技术侦查范畴，如果这些观点成立，那我们初查阶段除了查账就没有什么事可以干了，这些观点和论述完全是与侦查实践相脱离的海市蜃楼，是典型的书中办案、纸上谈兵。

我针对性地提出，这些科班出身的专家、学者几乎都没有侦查实践经历，他们不了解侦查过程中的实际情况，他们在书斋中想当然地做学问，所以出现了不切合实际的观点认识。他们混淆了技术侦查与侦查技术的概念，在侦查实践中是行不通的。我按照侦查工作实际分析了两者之间的区别、特征和内容，得到了侦查部门的一致认同，许多侦查人员听了我的课程都称：豁然开朗。

我以上的这一些有关侦查实践的总结，都是不同于常规、不同于书本、不同于课堂教学的内容，具有独到性，而且完全来自侦查实践、完全符合侦查实际，所以就具有了接地气、讲真实、近实际、易掌握、能够解决具体问题的"含金量"。

我的这类认识、观点、总结进入讲课内容、写进了专业书籍产生了极大的影响，一些国家级的法律专业的高等院校中国人民大学、中国政法大学、中国人民公安大学、西南政法大学等纷纷邀请我前去讲课、开讲座，现在我每个月在全国各地要飞十几次，其中相当一部分是应邀到高等院校讲课，如到中国人民公安大学讲课，每次一讲就是 3 天，累计 27 小时（每天上午、下午、晚上 3 堂课 9 个小时）。

无论是干法律工作的还是干其他工作的，在这个问题上是一个道理，善于思考、善于总结，具有独到的见解，具有真才实学才有地位、有平台、有市场。

三、具有指导意义的独到的总结和思考

检察官讲业务专业课程，最重要的要求是要对具体工作有指导意义，这不同于请高层领导、大学专家、学者、教授来作大报告，大家都知道，大领导、大学者的报告往往比较宏观，是形势的分析、方向的引导，是总体工作的部署，是一些重大事项背景的领会、传达和介绍，比如现阶段《全国检察改革的步骤和要求》《中国的国际思维和对策解读》《端正执法指导思想严格规范办案》《刑诉法修订的意义和背景》等，这些蕴含着方向性、政策性、形势性的大道理、大报告的重要意义是不言而喻的。

但是这毕竟不是对我们具体的侦查工作的具体指导，检察官讲业务专业课程就是解决具体工作中的具体问题，是需要进一步提高能力的问题，是对于疑难复杂问题如何解决的实际问题，这是与大道理、大报告所不同之处，所以检察官讲课要准确定位，要牢牢把握所讲课程的内容是不是具有指导意义，是不是能够解决实际问题，或者是提出解决实际问题的思路、探索、经验、成果。

曾经有全国著名的某大教授给检察机关侦查骨干讲证据课程，他强调，不能强调口供的证据作用，在没有口供的情况下，也照样能够认定犯罪，可以采用其他证据来定罪。

大教授讲的没有错，书本上都是这样写的，理论上是可行的。但我们干职务犯罪侦查的却普遍不认可这种认识和观点，就在这个讲课现场，有从事侦查工作的学员当场向大教授提出：请问教授，"一对一"的贿赂案件，没有口供，或者缺少一方的口供，你有什么可行的方法定罪吗？

大教授张口结舌、无言以对。大教授从来没有办过案件，他研究的是理论、是概念、是宏观的要求，他不能也无法解决侦查办案实践中的具体问题，特别是疑难复杂的问题。

相当一段时期以来，全国许多检察机关每年都耗费巨资、腾出时间，委托

高等院校培训检察业务骨干，但一些参加培训的检察官反映，听的内容基本上都和自己进检察机关以前在大学里听到的一样，还是从理论到理论。那些通过培训"茅塞顿开""豁然开朗"的感觉和收获难以体现。

当然对此我不能一概而论，高等院校中接地气、懂实践的大家、学者还是有的，只是不太多而已。毋庸讳言，他们办案的实践经历肯定没有我们这些几十年在职务犯罪侦查一线的侦查人员、侦查指挥决策人员丰富。

2009 年开始，高检院专门成立了"全国检察业务教育培训讲师团"，成员全部来自检察工作第一线，均是具有丰富经验、独到见解、功底深厚、指导性强、善于讲课的资深检察官，由原来"科班教授教检察官"改变为"检察官教检察官"；由原来"检察官到大学接受培训"改变为"检察官教员到基层培训检察官"，几年下来效果显现，受到全国各地检察机关的普遍欢迎，得到了极大的好评。

来自检察第一线的检察官教员的我被长年邀请到国家检察官学院、国家检察官学院各省市自治区分院讲检察业务专业课，5 年中我已经到全国 31 个省的检察机关讲过课，内蒙古自治区检察机关业务培训我 2015 年就去了 12 次，河南省、贵州省、山西省检察机关业务培训我先后去了 10 次，给吉林省检察机关各种业务培训班讲了 10 余次，我被邀请到北京市、天津市、安徽省、江苏省、甘肃省、陕西省、山东省、湖南省、海南省、四川省、湖北省、河北省、辽宁省、宁夏自治区、新疆自治区、广西自治区、西藏自治区、铁路、军事等检察机关讲课均超过 3 次，一般每次讲课都在 2 天以上。

2017 年，北京、山西、浙江三省试点"监察委员会"体制改革，我已经多次应邀在这些地方的监察委员会培训班讲课。

我的体会是，检察官教检察官是一种非常符合检察官业务培训的有效模式，关键就是其"接地气""不脱节""易明白""方便做""见效快"，紧密联系工作实际，具有现实指导意义。

要诀三：确定专业与重点

专业含义的最新解释就是"以专业化的培训、教育、人才培养为代表的现代化专业模式"。检察官教员讲课的对象是检察官，所以他与一般老师给普通学生、听众讲课不同，检察官教员讲课的内容必须具有专业性、专门性、专题性的特征，他不是扫盲、不是普法、不是讲基础理论，所以突出"专业""重点"就显得重要和必然了。

一、确定专业知识的重点

检察官讲课不可能包罗万象、面面俱到，而是要确定一个经过自己长期实践、反复思考、深入研究、效果比较成熟、具有指导意义的重点，这就是"扬长避短"，讲自己熟悉的、讲自己擅长的、讲自己具有独到性的课题。

如浙江省温州市检察院技术处长金传拉，他对手机话单信息分析研究得非常透彻，专门主持设计了这个项目的电脑软件，非常实用有效，所以他专门讲这个重点课题是最合适不过的了，因为目前还没有人能够替代他这个角色地位。

如高检院信息中心数据恢复专家戴士剑（2016 年初调中国政法大学刑事司法学院任教授、硕士生导师），他在全国数据恢复的研究领域具有领先的地位，出版了多部专业书籍，他讲数据恢复这个课程是得心应手的。

如安徽省滁州市琅琊区检察院吴克利，他对讯问这个课题研究得比较深入，出版了这方面专业的书籍多本，在这个专业方面具有特色。

如江苏省徐州市检察院副检察长陈海鹰，他研究信息引导初查、大数据在侦查中的运用，颇具特点，也经常受邀去各地检察机关侦查部门讲课。

如北京市院公诉处长（后调监所处任处长）李继华，其作为课题组长长期研究公诉业务实训理念模式，在公诉专业培训方面具有全国领先的地位，他的课程也是非常受欢迎的。

如国家检察官学院广西分院院长刘缨，她擅长案例教学培训方式的研究，这个方面具有特色，许多检察院都邀请她去讲这个课程。

与我一起参加最高人民检察院赴西藏巡讲团的江苏省无锡市检察院助检员秦志超，从事职务犯罪侦查工作才10年，但对职务侦查工作的研究与实践在同龄人中已经出类拔萃，成为了最年轻的最高检精品课程入选者，他的《信息技术指导职务犯罪侦查的实践运用》课程也受到了侦查人员的普遍欢迎，充分显示了检察官教员后继有人。所以我们老一代检察官教员有义不容辞的责任帮助和提携年轻的检察官教员尽快成长起来，实现检察业务培训教育队伍"青出于蓝而胜于蓝"！我写这本书的目的、其中的一个重要因素也在于此。

以上列举的一些在全国有影响、讲课效果好的检察官教员，无一例外都有确定专业知识的重点，这些重点均是检察机关业务专业培训急需的、解决具体问题的，而且他们研究的是比较深入的，具有全国领先地位的，所以他们的课程能够常讲不衰，道理就在这里。

有的检察官，特别是一些具有领导职务的检察官，如一些检察长们也想参加讲师团，也想获得检察官学院检察业务培训"兼职教授"的资格，也期望能够讲检察业务专业课，但从实际情况看，这些领导几乎没有能够坚持讲课的，相当一些领导"兼职教授"的头衔是有了，但一次课都没有讲过，原因当然是多种多样的，其一工作繁忙，没有时间备课，更没有时间去研究、思考检察业务专业相关课题，也没有时间按照培训需要去讲课；其二就是没有专业知识的重点课题，领导们讲"队伍建设"、讲"检察职业道德"、讲"端正执法指导思想"驾轻就熟、信手拈来，但由于担任了领导，长期以来不再参加具体办案，诸如不再亲自主持讯问、不再亲自出庭公诉、不再亲自制作笔录、不再亲自动手起草文字，如此这般你来讲具体检察业务专业课程显然是不行的。

如今相当一些领导们的报告、调研、课题都不是亲自动手，而是有办公室、研究室等"枪手"来完成，要他们讲怎么写文章可能也是不称职的了。

所以，司法改革的一个重点，就是要解决"办案的人没有决定权，有决定权的人不办案""审判案件的人没有决定权，有决定权的人不审案"的不正常现象。

我的体会，领导岗位都是暂时的，而文化底蕴、业务技能、专业知识水平往往是永恒的，上海好几个近百岁的医生，如交通大学附属第九人民医院老院长"整复外科"奠基人张涤生院士、第二军医大学东方肝胆医院老院长吴孟超院士、复旦大学附属中山医院汤钊猷院士，还在救死扶伤的第一线，天天上班给患者诊病，因为他们的专业水平处于领先的地位，目前还没有人能够替代，所以他们的学术地位毫无疑问是无法动摇的。

二、确定专业知识重点与其他知识的联系

社会科学知识从本质上讲，是互通的，是存在内在的必然联系的，所以我们也不能把法律知识、把侦查、把职务犯罪侦查专业知识与社会科学其他领域的知识割裂开来，故意把自己的专业知识搞得神秘兮兮的，没有必要，也毫无意义。

我们的职务犯罪侦查业务专业知识，与政治学、法律学、社会学、信息学、心理学、证据学、文学、美学、军事学、农业学、宗教学及自然科学、腐败和职务犯罪预防学等众多的学科有紧密的交融和联系，所以，我们要通过不断学习、研究、掌握这些综合性的社会科学知识、自然科学知识来丰富和充实我们职务犯罪侦查业务专业知识。

更重要的是，我们要把自己的业务专业知识与社会紧密挂钩，反馈、回报和服务于社会。这也是宣传法律、宣传检察工作、宣传党和国家大政方针的重要途径，也是我们检察官当好党和政府与人民群众之间桥梁的义不容辞的职责。

以我自己的实践为例，我长期从事职务犯罪侦查工作，研究职务犯罪侦查课题，换一个角度看，我在有意无意之中也大量涉及了职务犯罪预防的领域，一方面充分了解掌握了职务犯罪产生的内外因素，反过来，也充分掌握了解了预防职务犯罪的关键要义，正因如此，我在讲授职务犯罪侦查课程的同时，根据社会各界的迫切需要，也创立和开拓了权力监督、预防腐败、预防职务犯罪的大量课程，已经被国家级党校采纳，成为高级领导干部、国企高管日常培训的必讲课程，被全国各类党政机关、企事业单位、高等院校、教育卫生、科研乡镇、部队等选择为领导干部、管理人员教育培训的指定课程、党校必选课程。

让我们长期直接从事职务犯罪侦查的检察官讲预防职务犯罪课程，不是如鱼得水、信手拈来嘛！因为我们掌握大量的职务犯罪案例，熟悉这方面的法律政策，明确各个领域职务犯罪预防的重点，讲课的针对性、渗透性、警示性非常突出，第一手资料非常翔实具体，其效果也是其他领域的教员所不能相比的。

这些年来，我向社会各界讲预防职务犯罪课程已经超过两千场，从地方各个领域讲到了中央和国家级党校，从上海讲到了全国，从会场讲到了电台网络，我现在每个月讲课都在 50 次以上，其中一半以上是讲党课、预防职务犯罪课。

同样道理，预防职务犯罪是个大课题，我在党的反腐败的大政方针这个主线的基础上，分门别类开拓了几十个分类的课题，根据不同的领域、地域、对象讲各有侧重的预防职务犯罪课程。我开拓这方面的课程有：

党的十八大以来反腐败的深度思考（对党员领导干部讲）；

党的纪律与领导干部廉洁从政（对省部级领导干部讲）；

筑牢思想防线，建立惩防腐败体系建设（对各级国家工作人员讲）；

预防商业贿赂，规范市场经济（对经济领域从业人员讲）；

国有企业管理人员廉洁从业（对国有企业管理人员讲）；

金融领域廉洁从业和腐败预防（对金融机构管理人员讲）；

正确行使民主权利，加强部队廉政文化建设（根据部队要求对部队讲）；

乡镇领导干部的廉政建设（对乡镇干部讲）；

企业管理人员的廉洁从业（对民营企业讲）；

全方位筑牢思想防线，当好"廉内助"（对干部家属讲）；

内化廉政意识，感悟人生意义（对青年干部讲）；

廉政文化和法律规范建设（对高级知识分子讲）；

廉洁从医，当人民的好医生（对卫生医疗单位讲）；

科技领域的廉政建设（对科技领域管理人员和科技人员讲）。

还有对新进机关的公务员、对政法系统的执法人员、对事业单位的管理人员、对工程建设领域的管理人员、对城市街道干部等，我都有相对应的课程。

新形势下我还设计了：

党的十八届六中全会精神解读；

党的十八届中纪委六次全会精神解读；

党的十八届中纪委七次全会精神解读；

中国共产党两个规定解读；

中国共产党问责条例解读；

领导干部要敬畏铁律；

习近平系列讲话解读；

习近平论家风；

两学一做立党为公；

落实两个责任抓好四种形态；

加强党性修养警惕权力变异；

国外廉政建设的经验与教训；

法律控制下的行政权运用；

渎职犯罪与风险防范；

政府经济学视角下腐败问题的治理；

监督执纪规则解读；

反腐败新法律新规定解读。

还有特殊需要的，我也是想方设法予以满足，如有几个居委会联合起来请我讲"妇女儿童的保护"，因为这些婆婆妈妈干部请不到老师，她们没有报酬给老师，完全是尽义务，我当然是义不容辞了，连夜研究相关法律，加上我的法律知识和实践，讲了一堂令她们非常满意的课。

一次市院机关党委安排我去部队机关讲课，该部队机关干部子弟多，一不满意就举报信满天飞，所以部队领导指定要求讲"正确行使民主权利"，这个题目是有难度的，站在领导层面讲，希望群众正确行使民主权利；站在下属层面讲，是对领导不满意，要揭露领导的问题。我专门研究了相关法律和部队的规定，以引导的角度辩证地讲了权利义务相一致的理念，结果领导满意、群众也满意，一些听众还要求我留下联系方式以便进一步咨询。

我的体会，不断学习，不断思考，不断实践，善于举一反三、融会贯通、同类比较，那么就可以在"自然界里找到自由"。

三、确定专业知识重点及知识的系统性

检察业务专业知识可以是一个"点"，也可以是一个"面"、一条"线"，可以是一个体系、一个系统。

就职务犯罪侦查这个专业而言，至少具有十个重点，我根据侦查实践，以自己独到的视角，把职务犯罪侦查环节确定为：线索、初查、证据、讯问、谋略、心理、细节、文书、文化、指挥决策十个要点；在这个基础上还可以进一步细分为：修订后刑事诉讼法对检察机关侦查工作的影响和对策、职务犯罪侦查伦理、逮捕权上提以后的问题和应对、讯问全程录音录像的正确实施、镜头下的讯问及笔录制作、非法证据排除问题、撤销案件的剖析、如何进行网络调查、技术侦查的运用、讯问中的读心术、如何合法行使诱惑侦查等，我的研究和归纳，职务犯罪侦查这个专业的知识和能力重点目前已经达到37个。

但这还远远没有穷尽，拿讯问而言，还可以分为多个课题，如讯问方案、讯问铺垫、讯问语言、讯问心理、讯问谋略、讯问不同案件犯罪嫌疑人的不同方法等；再如证据，可以分为：证据意识、证据形态、证据使用、证据的合理

怀疑、非法证据排除等。

这些分类，均可以成为讲课的课题，而且分割得越细，说明研究得越深入，越具有针对性、越能够帮助强化基础、基本能力的提高。

检察官业务专业课程，"切口"越小越好，你上来讲"职务犯罪侦查要点"，这个题目太大，不要说半天，就是三天也讲不完。你上来讲"职务犯罪讯问技巧"，这个题目也显太大，如果缩小题目，一个大题目分成几个小题目来讲，如职务犯罪讯问基础、职务犯罪讯问准备、职务犯罪讯问提纲的制定、职务犯罪讯问常用的技巧、职务犯罪讯问中的谋略运用、职务犯罪讯问语言讲究、职务犯罪讯问心理把握等，是不是针对性更强了？当然对教员的要求也更高了，泛泛而谈容易，精雕细刻困难，从实效看，哪种课题受欢迎、哪种课题效果好一目了然、不言自明。

比如讲什么叫"讯问"，按照教科书就是一个概念：指执法或司法中对违法犯罪人员的一种具有强制力的对话活动，它具有取证、查证、核证、验证、补证、辩证、判证等功能。

那么作为检察官专业教员，我对讯问的解释就更为丰富、更加拓展、更能令听课的检察官打开思路，在更大的空间来理解讯问所蕴含的深刻的含义。

什么叫讯问？我是这么总结概括的，职务犯罪侦查实践中讯问是讯问人员与犯罪嫌疑人之间的：宣传、教育、引导、批评、抨击、威慑、揭露、驳斥、争取、启发、提醒、感染、交流、解释、震撼、触动、谈判、交易、讨论、咨询、请教、辩论、交锋、施压、错觉、离间、渲染、权衡、警告、心理打击等，是为了获取真实的自证式证据为目的、是一种人与人交往的各种功能、能力、素质、修养、技巧的集大成者。

我可以依次结合案例把这30个概念诠释清楚，如此专业讲解，外行根本难以理解，而检察官学员马上就明白了其中的含义，讯问是侦查人员一种综合能力的具备和体现，它的方式不能千篇一律、铁板一块，而可以不拘一格、多种多样。

我的检察业务专业课程，大题目是"职务犯罪侦查（系列）"，分解以后是30多个专项，单独讲，均是一个独立的课题，联系起来讲，就是一个完整的系列，现在大家可以理解了，张老师怎么能够在听课对象相同的情况下，连续讲两天、三天呢？其实给我两天、三天也只是讲了系列的五六分之一。这些年来，一些省市自治区检察机关多次邀请我去讲课，河南省、吉林省、陕西省、甘肃省、宁夏回族自治区、新疆维吾尔自治区等邀请去了多次，因为我讲的是不重复的课题和内容。

以下是我职务犯罪侦查系列课程目录，有需要的同仁可以参考借鉴：

第一部分

1. 线索的来源与评估
2. 初查的策略与技巧
3. 讯问的基础与方法
4. 证据的采获与固定
5. 谋略的设计与运用
6. 细节的观察与把握
7. 心理的剖析与对策
8. 文书的辨析与规范
9. 文化的积累与沉淀
10. 指挥决策的科学性

第二部分
11. 侦查伦理的重要性
12. 司法规范化建设
13. 线索价值的开发和利用
14. 同步录音录像研究
15. 非法证据排除解读
16. 检察机关技术侦查辨析
17. 镜头下笔录规范
18. 逮捕必要性审查
19. 特殊案件讲评剖析
20. 撤案剖析与分析
21. 侦查环节的安全防范
22. 渎职犯罪证据
23. 法警在侦查过程中的作用
24. 如何讲好检察业务课
25. 当前渎职犯罪侦查中要把握的几个问题
26. 讯问中的读心术
27. 办案中的诱惑侦查
28. 如何进行网上初查
29. 司法改革的实践性思考
30. 中国反腐败的深度思考

最近，我根据形势和教学的需要开设了新的课程：职务犯罪侦查中必须重视的三个关键性问题、渎职犯罪侦查中的侦查意识、职务犯罪侦查中的跟踪技术合法有效运用等。

我的体会，在这个方面要量力而行，不同的实践、不同的经历、不同的研究决定了马上讲系列课程是不可取的。我的实践是，先确定一个课题，然后拓展到两个课题，把它讲好，在不断总结、修正、细化、提升、完善及取得了一定的经验、有了比较成熟的讲课技巧以后，逐步再增加。

　　我现在能够在全国检察机关讲职务犯罪系列课程，不是一蹴而就的，真可谓"冰冻三尺非一日之寒"也！是在 20 多年中，结合侦查工作实践一门课、一门课地不断摸索、不断修订、不断完善逐步增加而成的，是几十年办案经历、讲课经验之集大成的结果，凡还没有学会走路，千万不要奔跑，俗话说："根基不牢，地动山摇"，这是我的经验之谈。

要诀四：善于积累及提炼

听过我课程的同志、看过我专著的同志，我周围的一些同志对我几乎都有一个评价，说我聪明，头脑敏捷，看问题入木三分，其实根子上不是这么一回事。我15岁上山下乡，到离上海4000公里的中苏边境插队落户，中学几乎没有上过一天课，我没有完整的学历，也没有深厚的文化基础，我今天能成为多所大学的最受欢迎的教授（特聘教授、客座教授、讲座教授）、我出版的专著30多部几乎都是不断再印、再版，其实没有什么捷径，我的感受体会就是两个词："学习""积累"，不断的学习、有目标的学习、见缝插针的学习、能者为师的学习、终生的学习；实践的积累、知识的积累、经验的积累、教训的积累、人生阅历的积累，最终达到厚积薄发的境地！

学习和积累可以让人有远见，学习和积累可以让人知道未来的趋势，不断的学习和积累可以助人不断攀登上知识的巅峰！

一、善于积累

善于积累是搞学问、搞研究人的共同特点，聚沙成塔、滴水成河、粒米成箩这个浅显的道理好像在小学的课文中就讲到了。

我发现在我几十年工作过程中认识的、周围接触的一些资深侦查人员，办案水平能力、知识文化底蕴并不在我之下，但却有相当一些伙伴不善于写，不善于讲，他们是真的不会吗？我分析认为，不是这么一回事。

客观原因，职务犯罪侦查工作的特点就是侦查任务非常繁重、办案工作非常繁忙，长年通宵达旦、加班加点，家里的、自己个人的许多事处于一种不正常、无规律的状态，许多日常事务被耽误了下来，一旦有闲暇的时间，赶紧处理这些事务去了，不再顾及进一步的思考、总结、提炼，久而久之也就把进一步总结和提高放下了。

主观原因，认为看书读报写文章，费心费力费脑筋。自己的目标就是把案子办好。于是就失去了知识积累的动力，久而久之便放弃了看书读报思考、放弃了动笔动脑书写文章，没有形成不断补充知识的习惯，那么这些具有实践经验的人员其肚子里的东西就有限也不足为奇了，因此，在讲台上、在大庭广众面前就讲不出更多的东西来。

我在许多检察机关发现一个比较普遍的现象，特别是在职务犯罪侦查部门，侦查人员们都有自己的书架书柜，排列了许多专业类的书籍，可惜基本上是全新的，甚至有的连塑料封皮都没有撕掉；单位给一些领导订报纸杂志不少，但送进去是新的，过后拿出来还是新的，显然翻都没有翻过，没办法，因为领导面前天天是一大堆文件、请示报告，这些日常工作事务都来不及顾及，哪有空闲功夫看报纸？

还要人认为，现在网络发达了，什么信息通过网络上都可以看到，报纸杂志不看也无所谓，其实这些人偏偏是知识比较贫乏的，网络与报纸杂志、纸质书籍还是存在重大区别的！大家可以注意观察，张老师讲得有没有道理。

做学问，是学者；要讲课，为师者，要做好这项工作必须要注意积累，我的观点，积累包括以下几个方面：

（一）知识的积累

1. 科学知识的积累

就讲课者而言，各种知识是越多越好，我在政治学、法律学、侦查学、证据学、信息学、社会学、文学等知识的基础上，还自学了多种心理学、学习了宗教学、学习了伦理学等，如今我在讲课时把这些知识都渗透在其中，效果、可听性倍增。

如以下是"微语言"的知识，通过"口头禅"观察人的心理，我讲《职务犯罪讯问心理》课程中采用；同时还有"微表情""微动作"，这在侦查过程中运用目前还是比较前卫的：

说实在的、老实讲、说白了、的确是（此类人一般比较认真、老实、可靠）；

应该、必须、一定要、必然会（此类人一般比较理智、冷静、有信心、判断力强）；

据说、听说、听人说、一般来讲（此类人一般比较精于世故、圆滑、留有后路）；

可能是、也许会、大概是、差不多（此类人一般自我防范意识强、含蓄、自卫、圆滑）；

不过、只是、但是（此类人一般分析能力强、委婉、以否定对方的观点来为自己辩解）；

这个、那个、啊、呀、嗯、哦（此类人一般思维慢、迟钝、故弄玄虚、内心孤独）；

再者、另外、另一方面、还有（此类人一般好奇心强、思维灵活、没有责任心、缺乏耐心）；

总的来说、总之、总而言之、归根结底（此类人一般比较骄傲、自负、重复、固执、爱发牢骚、喜欢责备人、对人不放心）；

我给你说、因此说、所以说、我要说（此类人一般支配欲强、自以为聪明、不接受他人的观点）；

我知道、我理解、我明白（此类人一般反应灵敏、逻辑推理能力强、能够举一反三、固执）；

好啊、是啊、对啊、有道理（此类人一般比较顺从、迎合、自私、阴险、两面三刀、反目为仇）；

我就这样说、我就这样做、管别人怎么说（此类人一般比较一意孤行、看重别人的评价、具有反抗意识和好胜心）；

自我吹嘘（此类人一般比较缺乏自信、较虚伪、掩盖自己的短处、老提当年则现实不佳、发泄）；

爱用专业术语（此类人一般比较善于故弄玄虚、自我掩饰、拿别人不了解的知识填补自己的自信）。

2. 专业知识的积累

法律在不断修订完善，侦查手段在不断调整规范，职务犯罪对象的作案手段也在不断变化，你对新的法律规范不了解、对新的作案手法不掌握，一定成为落伍者，所以不学习，不钻研，知识得不到及时更新，你讲课不是误人子弟嘛！

如以下是我在侦查实践中总结、归纳、提炼的职务犯罪嫌疑人作案心理，每个心理表现后面附有案例来充分说明。

侥幸心理——明知故犯、过于自信　　（陈良宇案例）
自信心理——极端自信、低估对手　　（公安民警贩毒案例）
从众心理——看人学样、法不责众　　（海关窝案例）
吃亏心理——怀才不遇、时过境迁　　（文强案例）
居功心理——一帆风顺、独断专行　　（国企功臣范宪案例）

— 282 —

弥补心理——委屈吃亏、自我满足　　（三个局级干部案例）

豪夺心理——胆大妄为、不计后果　　（崇明两个局长案例、王诚明案例）

机遇心理——机会难得、情景冲动　　（益民厂案例）

炫耀心理——自卑虚荣、自我拔高　　（华东汽贸案例）

妄为心理——目光短浅、不顾后路　　（司法局案例）

自欺心理——掩耳盗铃、自我安慰　　（副区长案例）

误认心理——认识错误、无所畏惧　　（监狱管理局案例）

报复心理——心态扭曲、方法简单　　（虹房集团出纳员案例）

反社会心理——对抗心理、逆反心态　　（杨秀珠、胡长清案例）

必须说明，每一个犯罪嫌疑人都是多种心理的组合体。

（二）信息的积累

1. 基本信息的积累

凡讲课者都知道一个道理，信息越多，思路越开阔，讲课越容易贴近实际，就会越活、越生动，你看看，当老师的，家里一定订报纸、订杂志，如党的十八大召开，你讲课就不能脱离这个主题信息；修订后刑事诉讼法出台，你就不能还按照老的法律讲课。

有人说，现在看电视、上网都能够了解信息了，还看什么报纸杂志，其实不然，这完全是不一样的效果，网络再发达也不能替代报纸、杂志、纸质书的作用。总之，信息贫乏、渠道狭窄没有足够的信息量讲课就一定缺乏可听性、新鲜性、引领性，讲课效果不能够达到好的境地是必然的。

如以下是修订后刑事诉讼法出台对职务犯罪侦查工作影响的信息（部分）：

修订后刑事诉讼法对检察机关侦查工作的执法理念、人权意识、侦查程序、证据规则、强制措施、辩护制度、证人出庭、技术侦查等内容作出了重大修改或补充完善。

我们有必要对侦查工作联系最为密切的几个方面的问题进行思考、研究，提出对策意见，以确保侦查部门正确理解和认真贯彻执行修订后的刑事诉讼法。

这段话踩准了节拍，所以大家感到新鲜，可听性就强了。

再如，最高人民法院最新提出，侦查人员自己证明自己的行为没有违法属于无效证据，甚至是非法证据。

认定案件事实，必须以证据为依据，一切靠证据说话。认定案件事实必须是合法有效且经法定程序查证属实的证据。认定案件事实的证据必须达到法律规定的证明标准。

减少和消除各种"说明""补充"等非合法规范的证据形式，如由侦查部门、侦查人员自己出具的证明自己不存在刑讯逼供等证明，最高法已明确"以涉案侦查人员本人提交的抽象简单的情况说明，不足以形成否定的效果"。

这些信息非常重要，如果不了解，那么讲证据课程就是一个缺憾。

2. 历史史料的积累

另外一个重要的方面是对历史史料的积累，历经数百年、几千年仍然具有强大生命力的、那些不朽的知识，包括先贤们的箴言、警句，往往对讲课可以起到非常好的渲染、烘托和点睛之作用。

如我在课程中适时引用一些古人的诗句，在讲授讯问心理课程时，用一些古诗来对相关的对象进行触动，常常有意想不到的效果。

况钟（明正统五年，赴京述职）：清风两袖朝天去，不带江南一寸棉。惭愧士兵相饯送，马前洒泪注如泉。

李汰（明朝任朝廷主考官）：义利源头识颇真，黄金难换腐儒贫。莫言暮夜无知者，须知乾坤有鬼神。

杜甫（唐朝在成都为官时）：开缄风涛涌，中有掉尾鲸。逶迤罗水族，琐细不足名。

杜甫（唐朝在成都为官时）：领客尊重意，顾我非公卿，留之俱不祥，施之混柴荆。

以下是清朝康熙年间福建巡抚著名清官张伯行的诗作，作为讲课内容，可以在针对曾经是领导干部的犯罪嫌疑人思想工作时所用，具有震撼力：

张伯行（清朝康熙年间福建巡抚）：一丝一粒，我之名节，一厘一毫，民之膏脂，宽一分，民受赐不至一分，取一文，我为人不值一文。谁云交际之常，廉耻实伤，倘未不义之财，此物何来。

以下是著名清官包拯拒绝贿赂与行贿人之间的对话，作为讲课内容（讯问犯罪嫌疑人时所用）具有震撼力：

张奎（宋朝大臣）：同窗同师同乡人，同科同榜同殿臣。无话不谈肝胆照，怎能拒礼在府门。

包拯（六十拒礼）：我们本是知音人，肝胆相照心相印。寿日薄酒促膝谈，胜似送礼染俗尘。

善于"洋为中用、古为今用"是一种文化底蕴的体现，这种积累对讲课内容的丰富、讲课内涵的沉淀、讲课效果的升华具有积极的意义。

大家可以看到习近平总书记就是善于运用"洋为中用、古为今用"的典范，他在警示领导干部时就运用了清朝康熙年间河南省内乡县衙门的对联：

得一官不荣，

失一官不辱，

勿道一官无用，

地方全靠一官；

穿百姓之衣，

吃百姓之饭，

莫以百姓可欺，

自己也是百姓。

习近平总书记"把权力关进制度的笼子里"的论述，其最早的出处来源于美国总统小布什第二次就职总统时的演说。

习近平总书记有关反腐败"零容忍"的要求："反腐败高压态势必须继续保持，坚持以零容忍态度惩治腐败。""坚决把党风廉政建设和反腐败斗争进行到底。"

"深入推进反腐败斗争，持续保持高压态势，做到零容忍的态度不变、猛药去疴的决心不减、刮骨疗毒的勇气不泄、严厉惩处的尺度不松，发现一起查处一起，发现多少查处多少，不定指标、上不封顶，凡腐必反，除恶务尽。"

反腐败"无禁区、全覆盖、零容忍"。这些论述均来源于中国香港特区、新加坡、加拿大等比较廉洁的国家和地区的成功经验。

这些内容看起来好像与职务犯罪侦查专业没有直接的联系，其实不然，我们一些侦查人员在讯问犯罪嫌疑人时往往感到底气不足，语言贫乏，有力不从心之感，其实是文化底蕴的不足，一个侦查人员能够对党中央深入反腐败的大政方针有深刻的理解，对腐败产生的内外原因有准确的把握，对犯罪嫌疑人之所以涉嫌犯罪的思想动因、不肯交代问题的思想顾虑有入木三分的剖析，那么整个审讯往往可以达到如鱼得水、进展顺利的效果。

3. 办案信息的积累

检察官讲业务专业课的优势是因为检察官处在办案的最前沿，处在办案的第一线。检察官讲课一定不能脱离办案的实践基础。业务专业课的特点是要有办案信息的基础，教员要表达自己的认识和观点必须要有依据支撑，这些依据就是来源于办案信息的积累，比如 3 年的数据、5 年的数据、10 年的数据；比如本院的数据、全市的数据、全国的数据等。这些信息需要长期的积累，要注意准确、科学及来源渠道正规。

如以下是全国检察机关查处大案和县处级以上职务犯罪案件的 10 年数据，我在讲课时采纳的办案信息之一。

2012 年处理县处级以上干部 4698 人，矿难死亡 1500 人；

2013 年处理县处级以上干部 4843 人，矿难死亡 1973 人。

一度县处级以上领导干部腐败刑事案件是同时期矿难死亡人数的数倍！

2006 年	大案要案	11800 人
2007 年	大案要案	12929 人
2008 年	大案要案	17504 人
2009 年	大案要案	18191 人
2010 年	大案要案	18224 人
2011 年	大案要案	18464 人
2012 年	大案要案	18648 人
2013 年	大案要案	21848 人
2014 年	27236 件	36907 人
2015 年	40834 件	54249 人

如以下是上海市检察机关的线索来源数据技术分析：

2012 年全市反贪部门共受理各类线索 1181 件，初查 957 件，初查率 81.03%；立案侦查 334 件，立案率占初查率的 34.9%。其中来源于群众举报的为 65 件，占 25.4%，案中发现 132 件，占 39.15%；投案自首 30 件，占 10.2%；自行调查 30 件，占 9%；有关部门移送 45 件，占 13.5%；单位指控 8 件，占 2.4%。

如以下是我以数据为基础，剖析各个单位线索初查价值开发利用情况的课程内容（节录）：

线索初查率情况

单位	受理线索	初查	初查率
1. 杨★★院	52 件	51 件	98.10%
2. 崇★★院	57 件	55 件	96.50%
3. 长★★院	72 件	69 件	95.80%
4. 浦★★院	161 件	150 件	93.20%
5. 静★★院	59 件	55 件	93.20%
6. 闸★★院	58 件	54 件	93.10%
7. 宝★★院	57 件	53 件	93.00%

……

初查后立案率情况

单位	线索初查	立案数	立案率
1. 松★★院	15 件	12 件	80.00%
2. 青★★院	17 件	13 件	76.47%
3. 闵★★院	30 件	20 件	66.67%

4. 奉★★院	35 件	19 件	54.29%
5. 虹★★院	87 件	38 件	43.68%
6. 金★★院	43 件	18 件	41.86%
7. 长★★院	69 件	23 件	33.33%

……

从数据看线索初查后立案率排名

80% 以上的 1 家	（松★★院）
70% 至 80% 的 1 家	（青★★院）
60% 至 70% 的 1 家	（闵★★院）
50% 至 60% 的 1 家	（奉★★院）
40% 至 50% 的 2 家	（虹★★院、金★★院）
30% 至 40% 的 4 家	（长★★院、徐★★院、黄★★院、宝★★院）
20% 至 30% 的 4 家	（闸★★院、嘉★★院、静★★院、浦★★院）
10% 至 20% 的 2 家	（杨★★院、崇★★院）
10% 以下的 1 家	（普★★院）

原因分析、对策措施（此处略）

……

这个课程客观性、真实性、针对性非常强，是不给情面讲真话的课程，我准备被一些单位"骂"，但最后大家普遍反映这个课程的剖析、评价、说理令人心服口服，结果被大家无记名评为培训课程第一名。

数据的特点就是可信度高、说服力强，讲课内容中选择一些必要的数据来诠释主题是非常重要的一种表现手段。

（三）案件的积累

1. 案件数量的积累

检察官讲课离不开案件，我们说明道理、阐明观点、剖析问题、指出途径要以实践中的案件为载体，而且这些案件要达到一定的量，否则仅仅是个案并不能说明共性的问题、不能揭示规律性的问题，因此这就要求讲课者对案件进行一定量的积累，这样讲课就有说服力，让人信服。

我亲自办过的、直接指挥的案件都有详细的记录，当时是为了给自己留个纪念，待以后年纪大了离开检察岗位了，作为回顾、回忆，留个念想，后来成为了办案的经历，经验的积累、思考和总结，再后来成为讲课、写书的第一手资料。

如主持侦查的建国以来上海第一起特大贪污案，两人被判处死刑；

改革开放以来上海法院系统第一起"法官贪污赃款案"、第一起法官受贿

— 287 —

窝案；

上海公安系统第一起最大受贿案；

上海国家安全局系统第一起局级干部贪污案；

上海海关系统最大窝串案，涉案海关关员 18 人；

上海检察系统最大的受贿案，涉案资深检察官 2 人；

上海第一起境外人士贪污大案（国企聘请的香港籍高管），被判死缓；

上海第一起国企上市公司一把手受贿特大案，被判死缓；

上海第一起武警部队军官（后勤部长）特大受贿窝案，涉及现役军官 4 人；

上海第一起监狱警察（一级警督）"办三产"贪污大案；

上海第一起劳教局劳教所所长（处级）受贿大案；

上海第一起成功化装侦查成功的精品大案；

上海第一起成功追逃特大贪污案，对象被判死刑；

上海第一起通过动员对象自首投案的受贿特大案，法院破例判处缓刑；

上海第一起司法行政系统主要领导受贿大案；

上海乃至全国最大一起职务犯罪窝串案，上海外汇调剂中心 64 人贪污、受贿、挪用公款、行贿案被刑事追究；

侦查 5 人团伙故意杀人案，并且带出公安系统一级警督受贿、滥用职权大案；

侦查司法机关、行政执法机关"大盖帽"案件 166 多件，全国领先；

侦查金融机构职务犯罪 100 多件，全国领先。

……

这些案件有许多成功的经验，也有失误和遗憾，充满着许多艰难困苦、喜怒哀乐；有千钧一发之惊险，也有手到擒来之妙算；有大兵团作战之壮观，也有单枪匹马之孤单；有鲜花掌声之喜悦，也有误解委屈之心酸……

有这些亲历的案件为资料，一旦讲起来历历在目，似乎就在眼前，又因为亲身经历、非常真实、具体，融入感情一定声情并茂，如此这般讲课内容还会单调、无味、苍白吗？

2. 案件效果的积累

案件积累中，最重要的是案件效果的阐述，这个效果可以是成功的，也可以是失败的，为什么成功了？为什么失败了？我们采取了什么方法成功了？疏忽了什么因素失败了？要进行说理论证，那就需要将一类案件进行归类、统计、归纳以提高客观性、可信度、说服力。

如有一个案件：我在上海某区检察院担任反贪局长时，当时有一个线索侦查一科初查了好几个月，没有发现涉嫌犯罪证据，打报告提请初查终结；我虽然没有充分的事实依据予以否定，但"第六感觉"告诉我问题没有这么简单，于是我果断决定侦查一科下，侦查二科上，并且提出新的初查思路和方法，两个月以后，18个对象被立案，其中主犯被判死刑、无期徒刑。

这个案例提炼出来的要点是，对一些具有不同寻常特征的线索，初查要多几个思路、多几套方案，不能在一棵树上吊死！

上述讲到的全国最大一起职务犯罪窝串案，上海外汇调剂中心64人贪污、受贿、挪用公款被刑事追究，对象都是金融领域各个银行、证券公司、资金管理公司的高管，我们所有侦查人员当时对外汇知识一窍不通，但我们抓住疑点不放，两个月里学习掌握了大量的金融外汇知识及相关政策规则，整个反贪部门整整一个月连轴转，我作为总指挥在这一个月中没有回过家，没有脱过衣服，没有碰过床，硬是高质量的拿下了这个惊动国务院领导的特大窝串案。

这个案例告诉我们，侦查人员不可能是万宝全书，相关专业知识不懂没有关系，但绝对不能见难而退、打退堂鼓，坚持在办案中学习，在学习中办案，功夫不负有心人，花精力、有付出、动脑子就会有收获。

这种课，通过特色案件效果的诏示，其冲击力、指导性是显而易见的。

（四）材料的积累

1. 基本信息的积累

讲课准备离不开材料，我这里指的材料包括：法律、规定、通报、简报等各种与检察业务专业有关联的书面文字信息；同时还包括：报纸、杂志、照片、录像和社情舆情的信息反映的材料。养成材料积累的习惯，对知识储存、开拓视野、有利备课、提高效率作用极大。

如以下就是我在报纸上摘录的材料：

2010年5月有关机构在河南省洛阳市举办了"司法心理与职务犯罪侦查"为主题的第二届小浪底法治论坛，主要内容为：

（1）犯罪心理画像

（2）职务犯罪侦查与证据

（3）犯罪心理分析与测试技术运用

（4）讯问技术评估

（5）审讯与供述的心理学原理

我通过对这个内容的评析，说明心理问题已经引起了司法机关的重视，但缺乏职务犯罪侦查心理研究的针对性、科学性、实践性，其内容中只有最后一条是真正符合主题的，和我产生了共鸣，因为与我研究思考的课题相同，就是把"审讯"（侦查主体）和"供述"（讯问对象）作为一个整体来研究思考，改变了以前只讲犯罪心理，从来不提主体心理的偏颇和教学中的重大弊端，以此来衬托我《职务犯罪讯问心理》课程的针对性、实践性和有效性。

我在讲《修订后刑诉法对检察机关职务犯罪侦查工作的影响和应对》一课中有关"端正执法理念，确立尊重和保障人权"内容时，就采用了我积累的曹建明检察长的重要讲话资料，突出了这个内容的高度、深度和重要性。

曹建明检察长深刻指出：检察机关不仅负有监督公安机关、人民法院及其工作人员尊重和保障人权的职责，而且自身执法办案必须更加重视尊重和保障人权，这是任何时候都必须高度重视、不能掉以轻心的问题。

曹建明指出：我们所付出的代价和教训十分惨痛。有的为了突破案件，习惯于搞超时讯问、超期羁押；有的违法使用戒具，甚至变相体罚，变相限制证人的人身自由；有的执法作风蛮狠霸道，不严格履行权利告知的义务，置被讯问人的投诉于不顾，盛气凌人，甚至威胁、辱骂犯罪嫌疑人；有的讯问犯罪嫌疑人实行车轮大战，甚至不让睡觉、吃饭、上卫生间，缺乏基本的人权保障等。

曹建明进一步指出：贯彻落实修改后的刑事诉讼法，就必须紧密联系实际，着力防止刑讯逼供、暴力取证，着力防止违法限制涉案人员人身自由，着力防止涉案人员非正常死亡等办案安全事故，着力防止违法扣押、冻结、处置涉案款物。只有这样，才能切实解决执法办案中存在的突出问题，更好地统筹打击犯罪与保障人权的关系。

我在曹建明检察长重要讲话的基础上，再结合办案实际进行科学的、客观的、接地气的诠释，那讲课的效果就不一般了。

我在剖析司法机关出现的一批冤假错案的根本原因时就发现，问题的关键是司法队伍中文化底蕴、伦理道德的严重缺失，因此我专门研究了和创立了"侦查伦理"课程，诠释了文化底蕴、理想信念、良知品行对侦查人员综合素质培养、提升的重要性、必要性。

由此可见，各种材料、资料的积累是非常重要的，不能等到需要了，才想起来去寻找，而是早有准备，以备不时之需。

2. 自己制作的各种材料的积累

检察官讲课者、讲课接地气、效果好的，毫无疑问往往平时就是善于动脑筋思考、动笔头写稿的人，那么积累就显得非常重要，对自己写过的各种文字的稿子要积累和留存，包括：报告、文章、通讯、发言、作业、论文等，这也是知识积累的过程不能忽视；其次对一些弃之不用的办案文字材料也要注意积累，包括：讨论记录、领导指示、争论争议、规划决策、方案预案、讯问提纲等，讲课时经常可以从中调取这些原始材料来说明问题。

如我进检察机关后的第一篇论文是《论检察机关的侦查权》，被某高校评为优秀论文；3 年后写了《讯问之忌讳》，被上海市人民检察院评为二等奖；10 年后我又一篇论文《犯罪嫌疑人家属工作在侦查过程中的地位和作用》，成为上海市检察机关侦查人员全员培训指定课程；20 年后写了《拓展案源渠道的思考》《侦查阶段的安全防范》被最高人民检察院反贪总局《反贪工作指导》刊用。

这些是我 30 年中所写论文百余篇中的一部分，我所有论文、文章的草稿均还保留着，2005 年我被遴选到上海市人民检察院后，开始撰写《反贪侦查100 问》，后来逐步增加，最后成了"一千问"了，被最高人民检察院反贪总局《反贪工作指导》杂志刊用，连载 4 年，在全国检察机关绝无仅有。

4 年也仅仅是刊载了一小部分，中国检察出版社领导专程来上海找我约稿，于是出版了《职务犯罪百问百答》，第一次印数一万套（五万册），很快在检察机关内部销售一空，过去 10 年时间了，最近我看网络上由专家提出的职务犯罪侦查人员必读书籍 5 本，我这套出版于 10 年前的书竟然还在其中。

这套书能够长盛不衰、受到欢迎，根本原因是接地气、联系实践，侦查人员能够看到明白、理解容易、应用指导具体，其中相当一部分原始内容来自我自己 30 年中制作的各种材料、撰写的各种文章、论文的积累。

因此，研究学问，当好专业课程的老师，千万不要疏忽了对自己工作有关的材料、资料、特别是第一手材料资料的积累。

（五）文件的积累

1. 最高检内部规定的积累

我这里指的文件主要是指最高人民检察院发布的有关检察工作业务方面的各种内部规定，如有关初查的规定、关于实施讯问职务犯罪嫌疑人同步录音录像的规定等，不了解这些规定、不及时了解这些规定，那讲课者一定会出现误导的问题。

备课、写文章、写书，必须要把这些权威性的（反贪总局颁布）、规范性的（具有明确的要求和标准）、业务专业性的（均涉及反贪侦查实践）进行对照，就是防止我们文章、书籍、讲课的内容违背了领导机构有关规定的原则和本意，将错误的信息传递了出去，这个问题是非常重要的，信息误导是写书、写文章、讲课之大忌！

如我在准备《镜头下的笔录制作规范》课程时，我就采用了最高人民法院公开发布的文件，以最权威的证据标准来强调言词证据规范的重要性。

最高人民法院《关于适用〈中华人民共和国刑事诉讼法〉的解释》（2012年11月5日最高人民法院审判委员会第 1559 次会议通过），节录第四章第四节两个条款如下：

第四章　第四节　被告人供述和辩解的审查与认定

第八十条　对被告人供述和辩解应当着重审查以下内容：

（一）讯问的时间、地点，讯问人的身份、人数以及讯问方式等是否符合法律、有关规定；

（二）讯问笔录的制作、修改是否符合法律、有关规定，是否注明讯问的具体起止时间和地点，首次讯问时是否告知被告人相关权利的法律规定，被告人是否核对确认；

（三）讯问未成年人时，是否通知其法定代理人或者有关人员到场，其法定代理人或者有关人员是否到场；

（四）被告人的供述有无刑讯逼供等非法方法收集的情形；

（五）被告人的供述是否前后一致，有无反复以及出现反复的原因；被告人的所有供述和辩解是否均已随案移送；

（六）被告人的辩解内容是否符合案情和常理，有无矛盾；

（七）被告人的供述和辩解与同案被告人的供述和辩解以及其他证据能否相互印证，有无矛盾。

必要时，可以调取讯问过程的录音录像、被告人进出看守所的健康检查记录、笔录，并结合录音录像、记录、笔录对上述内容进行审查。

第八十二条　讯问笔录有下列瑕疵，经补正或者作出合理解释的，可以采用；不能补正或者作出合理解释的，不得作为定案的根据：

（一）讯问笔录填写的讯问时间、讯问人、记录人、法定代理人等有误或者存在矛盾的；

（二）讯问人没有签名的；

（三）首次讯问笔录没有记录被讯问人相关权利和法律规定的。

有这些权威文件作为讲课中相关内容的依据，作为教员我再根据侦查实践中存在的各种问题进行剖析指正，那么这种课程的针对性、可信度、严密性、规范性、有效性是不是就被充分地显现出来了。

2. 其他部门下发的文件的积累

各种文件就是包括我们能够接触到的、由上级部门下发的文字材料，这种材料有关党和国家的大政方针、有关一个阶段的工作部署、有关对某个问题的披露剖析等，指导性强、准确度高、贴近形势，因此作为检察官教员对此也不能忽视。至于有些文件是传阅的、需要回收的（凡是没有特别保密要求的），那就可以对需要的部分进行摘录或者复制，对备课非常有用。

如十八大政治报告；十八届三中全会《决定》；十八届四中全会精神；习近平总书记在十八届四中、五中、六中全会上的重要讲话；习近平总书记在纪念现行宪法施行 30 周年大会上的重要讲话；习近平总书记在庆祝全国人民代表成立 60 周年大会上的重要讲话；习近平总书记在建党 65 周年纪念会上的讲话；习近平总书记在十八届中纪委历次全会上的讲话；曹建明检察长在全国大检察官培训班上的讲话；曹建明检察长在最高检庆祝教师节暨赴西部巡讲动员仪式上的讲话等。这些内容，《检察日报》上均可以找到，一个好处是，文件往往还要注意内外有别的禁忌，报纸上的信息全部是公开的，而且这种信息传递的速度要比文件快，用作讲课具有及时、鲜活、没有任何副作用。

讲职务犯罪业务专业课，涉及形势、背景时，我会引用领导人的重要讲话作点睛之笔。如强调我们职务犯罪侦查工作面临任务艰巨、责任重大、形势严峻时就采用习近平总书记在十八届中央纪委二次全会上的讲话，习近平总书记中指出："腐败是社会毒瘤，如果任凭腐败问题愈演愈烈，最终必然亡党亡国，全党必须警醒起来。""反腐败高压态势必须继续保持，坚持以零容忍态度惩治腐败；坚决把党风廉政建设和反腐败斗争进行到底。"

我的体会是，看过的文件、报纸、书刊，只要对讲课可能有用的，我就摘录下来，"好记性不如烂笔头"，平时做个有心人，一旦讲课需要就可以备不时之需。

二、善于总结归纳和提炼

检察官教员讲业务专业课一定要注意，讲课与发言、与介绍经验体会、与论文答辩之类是截然不同的，讲课是要把知识传授给学员，这种需要传授的知识不是零碎的、单一的、肤浅的，讲课所传递的知识必须是经过总结、归纳、提炼，是具有符合事物一般规律的普遍性、可复制、能应用的知识，否则课程内容不错，可听性很强，因为不可复制，那就是"讲故事""侃大山""摆龙门阵"，其效果就不好了。

如一些单位办业务专业培训班往往喜欢邀请高层领导、大牌人物、大腕人物来讲课，有些高层领导大牌大腕缺乏基层办案实践，容易海阔天空、离题万里；高层机关的办案手段、措施、过程我们不能借鉴复制，如某领导长期参与中纪委办案，讲课过程列举的全部是办理省部级大案的过程，问题是他们采取的"双规"一规就是几个月、半年，他们专案组可以调集各个相关机关来参与办案，而我们基层根本无法复制，所以课后大家反映，听听蛮精彩、想想真没用！

一些检察机关业务专业培训班，以前都喜欢到北京邀请这个厅长、那个局长来讲课；都喜欢到著名高校邀请这个"大牌"、那个"名人"来讲课，以为这样提升了培训班的"档次"，其实不然，我们是"检察专门业务"的培训，要求适应形势变化、符合实践要求、讲干货、接地气，指导、解决当前检察机关侦查工作中存在的、亟须解决的问题，好比你要培训驾驶汽车的，请来讲课的是搞新能源汽车设计的；你要培训安装电灯的，请来讲课的是研究核电站发电的，岂不是"风马牛不相及"嘛！

领导、大牌大多数是有水平的，请他们作报告、开讲座让我们拓展思路、打开眼界非常需要，主要是让我们基层的同志更好地了解掌握大政方针、宏观形势、理论研究动态、各种学术观点，但不要与具体的"专门业务"挂钩，不是一回事。

如修订后刑事诉讼法赋予了职务犯罪侦查可以运用技术侦查的手段，于是一度大牌学者、高层领导都出书、讲课，其中一个内容就是界定技术侦查的种类。

讲句实在话，我看了他们的书、听了他们的课，发现在这个问题上讲得都有问题。他们把"秘密调查"、"控制下交付"、"GPS"定位、跟踪、手机通话信息分析、有条件的窃听（静态窃听）、网络"人肉搜索"等都认为是技术侦查，甚至把使用"测谎仪"都纳入了技术侦查的范围，如果真正按照他们的说法，我们现在职务犯罪侦查的前置环节——初查阶段就没有事情可做了，这种课堂教学严重脱离实践的现象目前还是大量存在。

我从侦查实践出发，进行归纳、提炼，提出了新的界定：

技术侦查是采取相应的科学技术手段获取案件信息、证据和查获犯罪嫌疑人等侦查行为的总称，其是具有高科技、高秘密、高侵权特点的侦查行为。

技术侦查具有高新科技与高度秘密的特征，具有影响他人相关权益的必然性。

光有高科技不是技术侦查，如测谎，我们一些检察院已经引进了加拿大的测谎仪，与美国联邦调查局采用的设备相同，可谓高科技，但它不秘密，测谎需要当事人面对面，并且必须取得当事人的同意和配合；其次，光是秘密也不是技术侦查，如跟踪、贴靠、卧底等，它虽然高度秘密，但不具有高科技的属性；所以技术侦查一定是具有高科技与高度秘密紧密结合的特征，技术侦查措施的使用中一定不能影响他人的相关权益。

我把高级机关、高等院校大牌学者们讲不清楚的几个概念力争讲清楚，我是这样进行分类的：

技术侦查

特征：具有及时性、瞬间性、运动性、紧急性

形式：电子跟踪、信息监控、动态窃听、GPS定位、电脑网络监控、手机信息动态控制分析等，是对正在发生的、正在进行中的案件进行侦查。

侦查技术

特征：具有曾经性、过程性、复原性、静态性

形式：指纹、声纹、脚印、痕迹、体液、DNA、毛发等的鉴定，是现代科技手段对过去数据的处理，也就是说一般是对已经发生的案件进行技术数据的复原。

侦查措施

特征：具有强制性、灵活性、阶段性、交替性

形式：各种具有强制力的调查、各种强制措施、搜查、边控、通缉、秘密控制等限制人身自由、财产权利的司法行为。

侦查手段

特征：具有多样性、结合性、交织性、风险性

形式：行动跟踪、动态监视、化装侦查、贴靠卧底、邮检狱侦、秘密获取等

侦查方法

特征：具有常规性、重复性、分工性、智能性

形式：内紧外松、围点打援、分化瓦解、引虎下山、欲擒故纵、守株待兔、引狼入室、放虎归山等。

我进一步分析指出：

之所以把技术侦查界定为特殊侦查措施、手段，因为隐匿身份和控制下交付是我们职务犯罪侦查部门经常使用的常规方法，而且主要是在初查阶段使用。因为职务犯罪侦查是一种特殊刑事犯罪侦查，它与其他侦查机关侦查的普通刑事犯罪是不同的。

其他侦查机关是"由事到人"，案件发生了，有了基本证据（诸如尸体、血迹、指纹、现场遗留物、各种痕迹等）足够有依据去查获犯罪人，侦查机关采取任何认为有必要的措施都是可以的；而职务犯罪侦查是"由人到事"，先是要以涉嫌犯罪的证据去证明"人"涉嫌犯罪，大量需要采用的调查措施、手段都是在立案前进行，目的在于证明这个"人"涉嫌犯罪，而"人"一旦被证明涉嫌犯罪了，其"人"也到位了，被依法立案侦查了，

完全可以公开的、正常地采用技术侦查措施，还需要用什么技术侦查及各种特殊侦查措施、手段？除非是对已立案而畏罪潜逃、下落不明的犯罪嫌疑人作追逃使用。

我提出了初查可以采用的手段，并且以自己侦查实践中的案例予以佐证，我提请检察机关从事侦查工作的学员注意，这些手段的性质是"具有一定技术含量的调查"，不属于"技术侦查"：

化装调查（隐蔽身份获取信息）；

静态窃听（包括控制下交付）；

跟踪贴靠（含 GPS、北斗卫星掌控动向）；

手机信息调查分析（初查阶段已广泛运用）；

计算机网络信息调查（人肉搜索，网民使用广泛且有效）；

财产调查（含特定关系人财产调查）；

出境调查（出入境管理信息获取）；

诚信调查（反洗钱中心、金融机构信用卡黑名单信息）

医保卡信息调查（医保信息中心）

测谎仪使用（一些检察机关已广泛使用）；

隐私嗜好调查（接触人员的圈子）；

其他各种必要的调查手段。

初查阶段调查手段必须注意的禁区是：不得限制人身自由和财产权利。

我这个课程讲了以后，大家普遍反映"豁然开朗"，因为我完全从检察机关职务犯罪侦查实践出发，厘清了其中的含义、性质、联系和应用，福建省、陕西省、山西省、甘肃省、宁夏自治区等检察机关一些领导说，这个问题搞得我们云里雾里，张老师的课一听，全明白了，那些大学教授、专家、学者看了我的书、听了我的课，对我的观点几乎都表示了赞赏，至今没有一个提出异议。

三、善于掌握客观事物的本质

讲课要引导、启发学员善于掌握客观事物的本质，不能就事论事。如全国各地一度发生了多起冤假错案，根据公开报道揭露，无一不是司法人员刑讯逼供所致。90 年前就有"不虐待俘虏"的规定、刑法历来有明确规定刑讯逼供要入罪、司法机关有多种规定严厉禁止刑讯逼供，为什么到了 21 世纪了，还存在刑讯逼供？

一些单位总结教训，是什么"规定不到位""监督没有力""工作压力大""考核讲指标"等，我认为都没有击中要害，刑讯逼供一度在执法机关大面积存在是一种文化的缺失！没有了文化，哪还讲什么文明、理性、道德、伦理、人权？没有了文化，哪还讲什么理想、信念、公平、正义、人性？

社会上是有那么一些领导、专家、学者看问题只看表面，不能抓住客观事物的本质是一种通病。

我们讲课要以这些领导、专家随心所欲、信口开河、不着边际的言行为戒！

要诀五：具备三种能力

任何一个新生事物的诞生都是与巨大的机遇挂钩。新生事物一定和趋势有关，而趋势不是用眼睛看，是要用眼光来判断。谁抓住趋势，谁就抓住了未来。这里的趋势就是一种自己必须具备的能力，否则被淘汰也就是顺理成章的。

一个合格的、能够胜任教学的检察官教员，他的授课过程实际上就是其能力的一种综合体现，涉及政治理论水平、思想修养、文化底蕴、法律素养、知识面，特别是专业能力程度，因此，不断提升自己的综合能力是非常重要的一个基本要求。

一、具有文字书写组织能力

写字谁不会？哪个检察官不会写字？其实不然，这里指的是文字功底、文化底蕴，检察官教员讲课，没有这个扎实的基础那就是"半瓶子水"，无法驾驭和胜任业务专业知识的高质量传递。

我发现一些老师，包括一些著名的教授，缺乏运用文字的表现形式，他们制作的 PPT 上面是密密麻麻的文字，一些"但是""另外""而且"之类的文字充斥其中，显然，他们是把书本中、文章里的内容整段整段地复制上去了，这种讲课水平与文字水平脱节的现象还是比较多见的。

PPT 上面的文字要简明、扼要、醒目、精练、递进、突出亮点，这其实就是文字组织能力，长篇大论能不能用简练的文字表现出来，看制作的 PPT 水平就能知一二。

一些课程往往需要提供案例，缺乏这方面文字能力的案例，语句不通、词不达意、存在歧义，大家在讨论前、在答辩前需要不断发问，对使用的案例中一些不尽如人意的地方需要问个明白，这样往往就影响了正常的教学秩序。

我的体会，讲课时用的案例可以非常复杂，但用文字表现出来时要非常简明扼要，一堂课没有多少时间，你不能让学员用大量时间去阅读文字、费时费力地去搞明白你在其中说的是什么意思。

如我设计的课堂上使用的案例：

案例一：

某区中心医院一部门负责人在采购药品过程中收受供货方各种名义的回扣40余万元。当年上级部门规定，凡在12月20日之前将回扣申报并且上交的，一般不予追究。

次年1月，检察机关找该对象谈话，其承认有一笔回扣存入银行，存单被自己隐匿，结果在检察人员陪同下其从单位消防箱里取出一张存款人为"虹中业"（某中心医院业务科缩写）、金额为40余万元的存单。

本案要定罪，证据应该具备哪些？

本案如果不能定罪，证据欠缺主要发生在哪里？

简单说明理由。

提示：

初查获取证据的视野一定要宽、思考一定要周全；固定证据不能忽视各种细节。

重点：一定要排除上级领导已经或者可能或者"追认"明知的可能性。

案例二：

某国有企业董事长兼总经理根据董事会的决议，多年来提取了给自己本人的奖励金共计3600余万元。

经查，该企业董事会成员无一与该企业有切身利益关系，董事会决议均是胡某事先拟好后分别请他们签字而形成的；经审计，该企业账上反映，所谓完成的可以提成奖励的利润都是虚构的。

负责做账的财务主管是该董事长的外甥女。

本案要定罪，证据应该具备哪些？

本案件如果不能定罪，证据欠缺主要发生在哪里？

提示：

可能第一感觉认为是构成犯罪的，但一个证据的不到位就颠覆了整个案件。

这类案件的关键是要有指使他人做假账的故意和行为，否则不能定罪；著名影星刘晓庆案件这个假案的形成，问题也是出在这个上面。

案例三：

张某做生意因为资金不足向身为国企老总郑某提出借款请求，后获得了郑某私自开出的 30 万元转账支票，此刻张某才知道其借到的是公款。

一个月以后，张某再向郑某提出借款要求，郑某不同意，称上次的借款还没还。

张某提出，自己在做的工程无资金不能继续，借款可能无法归还，继续要求郑某提供公款 50 万元供其使用。在张某再三要求、劝说下，郑某骑虎难下，只得出借。

张某能否构成挪用公款的共犯？

第一笔构成？第二笔构成？还是两笔均构成？

简单说明理由。

提示：

1. 使用人向挪用人借款时，主观上不知道挪用人出借的是公款，更不知道是挪用出来的公款，则使用人不成立挪用公款罪的共犯。

2. 使用人事后知道该款挪用的性质，由于事先没有通谋，则使用人也不成立挪用公款罪的共犯。

3. 使用人向挪用人借款时知道或者推定知道挪用人出借的是公款，但没有实施指使或者参与策划等行为取得公款的，仍然不能成立挪用公款罪的共犯。

4. 使用人向挪用人明确提出挪用公款暂时使用的，可视为使用人实施了对挪用公款的共谋和指使行为，此时应成立挪用公款罪的共同犯罪，且一般考虑教唆犯的情节。

注意获取挪用公款之前的过程细节；

充分听取使用人的辩解和举证；

在目标是公款的情况下，请求、劝说、威胁、要挟是构成挪用公款共犯的重要证据。

二、具有互动交流引导能力

课堂上的互动交流能力是教员的综合能力之一，这种互动交流的目的是对学员的进一步引导，达到提升教学质量的目的。

互动交流的形式，其一是向学员提出问题，然后对学员回答的问题进行讲评，这种提问的目的既可以是检验学员是否已经掌握了已经讲过的知识，也可以是通过提问纠正错误的回答，进一步阐述正确的理由。

其二是回答学员的问题，学员一般对没有听明白的问题会提出重点再讲一下的要求，还有就是对教员讲课中的矛盾、疑问提出质疑，来检验自己的问题是否正确。无疑，这种互动交流对教学都是非常有益的。

那么在互动交流过程中教员有两点是要注意的：

一是引导作用，要通过提问、答问把学员的注意力引向主题、引到更高的知识层面上来，使知识得到深化；

二是教员要有良好的心态，这也是非常重要的，有的是学员确实发现了教员的错误，正确的做法应当虚心接受，并且对学员的指正表示感谢；有的是学员的提问教员也不知道，怎么办？"知之为知之，不知为不知"，明确表示这个我也不了解，需要的话，我课后去了解后再回答。金无足赤人无完人，教员有不知道的知识也完全在情理之中，千万不能为了面子，胡编乱造，那就是真的"误人子弟"而影响自己的形象了。

互动交流的另一种形式是出一个来自检察业务专业的综合性题目，要求学员提出思路，以此来检验教学质量、巩固教学效果。

如我在《初查的谋略与技巧》课程最后给学员出这样一个实践题：你拿到这一封举报信，准备怎么查？要求制定一份初查计划。

举报信：

今年国庆期间，10月3日中午，我在某市樱花度假村与家人聚餐，席间我上厕所，听见隔壁厕间两人的对话，"张局今天特高兴，这30万他拿下了，我们这个工程是十拿九稳的了"。另一个说，"我请他全家来度假这一招多英明啊"！

他们出来后，我特意关注了一下，一个是高个子，一个是胖子，胖子可能是老板。我看他们进入了最大的一间豪华包房，我又注意看了一眼，那个被请的好像是个官员，50来岁，中等个子，带金丝边眼镜，边上那个女人年纪很轻，搔首弄姿的，似乎是二奶小蜜，也可能是老板叫来作陪的。不一会儿他们出来了，胖子的车是"奔驰600"牌号苏E10088；官员的车是"别克新君威"牌号沪A00753，离开的时候是下午2点35分。

为了国家的廉政建设，我向你们举报，望认真查处。

举报人：同济大学城市规划学院教授王钢
2013年10月8日
联系电话：13997766000

这个模拟初查计划的正确答案中，我设计了多个伏笔，就是检验学员掌握知识的程度，这种实打实的模拟办案实践的互动非常受欢迎。

三、具有语言驾驭表达能力

有的教员课题不错，但存在表达能力不足的问题，如在整个讲课过程中始终是一种语调，没有起伏，没有必要的停顿，喋喋不休、唠唠叨叨，类似催眠，学员越听越提不起精神，那样就影响教学效果了。

语言驾驭表达能力是要求语言具有特色、表达变化多样、表情配合语言、营造气场氛围，具有了这些能力，即使枯燥无味的课题也可以讲出精彩来。

我认为，讲课大师首推易中天教授，易教授年岁已大（60多岁），其貌不扬（不是帅哥），口音较重（湖北方言），课题不新（三国），但就是这个易教授把"品三国"讲得深入浅出、声情并茂、妙语连珠、欲罢不能，就一个"品三国"使易中天成为家喻户晓的热门人物，再看看同样在百家讲坛讲课的教授，虽然都是知识渊博、底蕴深厚，但与易中天相比，不在一个档次，除了于丹、王立群、纪连海以外，几乎一个记不住。

下面是与检察业务专业有关的群众语言，揭示了贪官的表现，对查处贪官有积极的意义，如果把这种群众语言适时加入讲课内容，气氛可能就不一样了。

工资不高存款不少，外语不懂出国不少，老婆不碰小蜜不少，上班不多应酬不少，讲话不精掌声不少，牌技不好赢钱不少，办事不公捞钱不少，工作不多功劳不少，本事不大荣誉不少，老婆孩子在国外不少，情妇二奶包了不少，见势不妙拔腿就跑。

虽然是具有调侃的成分，但对承担职务犯罪侦查任务的检察官而言，岂不正是贪官的写照吗？只要是具备了其中大多数的外在表现，进行认真调查，那么就能够水落石出，对构成犯罪的坚决绳之以法。

所以，讲课并不仅仅是说教，可以多种形式，只要烘托主题，不开"无轨电车"我看都是可行的。

要诀六：把握三种底线

挫折很重要，而你的想法更重要。因为伤害人最深的往往不是挫折本身，而是你的想法和态度，"前车之鉴，后事之师"，有错误没有关系，问题是执迷不悟、一条道走到黑才是危险的！

为人师表是为师者的一个基本要求，教员是课堂上的主导者，因此教员的言行举止对授课的效果和质量具有举足轻重的影响和作用，围绕讲课主题充分发挥自己的聪明才智，把课讲好，讲课就是讲政治，讲课就是讲规矩，注意把握底线，不口无遮拦、不开无轨电车是检察官教员的一个基本要求。

一、讲课内容不能违反政治标准

我在本书前面第一部分讲到了，讲课就是讲政治，一些人以为业务专业课不像政治教育课，与政治要求比较远，不需要重视和强调，其实不然。检察业务专业课涉及大量的党和国家的方针政策，涉及国家的法律法规，涉及全国的形势和社会舆情，涉及人民群众的切身利益，所以我们要在这个大局的框架内传播知识，而不能离开"四项基本"原则讲专业。

俗话说"语不惊人死不休"，我是比较赞成这个话的，我的理解，其中意思就是语言要具有特色，内容要具有独到的见解，剖析要深刻到位，不是人云亦云，讲课者能够掌控全场，能够营造气氛，具有强大的气场，吸引人的注意力。

但一些讲课者仅仅为了表现"语不惊人死不休"的效果，就偏离了政治方向，突破了法律底线，违背了教员的职业道德，散布了一些违背"四项基本原则"的、不负责任的观点，这是绝对不允许的。

我们要以习近平总书记在中央政法委会议上的重要讲话为指针，摆正政治和法律的关系，为完善中国特色社会主义法律体系尽自己的一份力量。习近平总书记指出：现在，我们的工作重点应该是保证法律实施，做到有法必依、执法必严、违法必究。有了法律不能有效实施，那再多法律也是一纸空文，依法治国就会成为一句空话。习近平指出：如果不努力让人民群众在每一个司法案件中都感受到公平正义，人民群众就不会相信政法机关，从而也不会相信党和政府。执法不严、司法不公，一个重要原因是少数干警缺乏应有的职业良知。

所以，我们检察官讲业务专业课，教员离开了政治上的要求，干警缺乏应有的职业良知，那业务专业知识就是"无源之水、无本之木"，是不可能取得效果的。

我们检察官讲业务专业课，显然离不开法律、侦查、办案，离不开分析腐败产生、蔓延的成因，剖析贪官的形成内外因素，但有的讲课者讲讲就"跑偏"了，把西方的一套理论掺入了其中，如讲到党内腐败的内容，就提西方模式的"三权分立"，就提"轮流执政"；讲到社会制度，就抨击社会主义制度的科学性；讲监督，就说"外科医生不可能给自己动手术"；还有一些是以偏概全、观点偏激，把局部性的、暂时性的、特定性的，说成是全局性的、一贯性的、普遍性的，把中国特色的法律规范、司法制度说得一团漆黑。

我们目前的法律规范、法治体系、法律实施等方面确实存在"稻草人""纸老虎"的现象；确实存在弊端缺陷、存在不足、存在脱离现实、不尽如人意之处；我们目前的司法制度确实存在不科学、不合理、不适应社会发展需求的弊端，但我们完全可以按照规范的渠道、途径提出批评，提出建议，提出科学的改进方法，不能只顾"骂娘"、只顾"怨天尤人"，甚至闭着眼睛瞎说一气，这于事无补。

那些突破底线、突破原则的观点，讲出格的话，大声"骂娘"的行为，语是惊人了，观点是新潮了，大家是被震惊了，但人们的思想被搞乱了，这种讲课注定是要失去市场，是要被淘汰的。

二、讲课内容不能违反道德伦理

检察官有检察官的职业道德，教师有教师的师德，我们检察官教员要遵守这个"双重标准"，严格把守伦理道德底线。我想有这么几点要特别注意：

（一）不能传播不道德的观点

在讲课实践中我发现有的讲课者把违反伦理道德的做法当作经验进行传授，如宣扬采取恶意欺骗、威胁家属、侮辱人格、体罚虐待等不法手段，这是绝对不可取的。

（二）不能传播有失公德的观点

讲课内容违反了社会公德也是必须杜绝的，如利用色情进行诱惑侦查，这在我国是绝对不允许的。

（三）不能传播小道消息

讲课内容对各种非正常途径的小道消息可以剖析、评论、批评，但不能作为讲课内容的辅助材料，讲课时不能传播小道消息。

（四）不能传播涉密的内容

讲课内容要注意国家的保密规定，对不适合在讲课时公开的内容绝对不能涉及，教员要严格执行国家的保密规定。

（五）不能传播他人隐私的内容

侦查人员在办案过程中会接触到他人的一些隐私，但作为检察官讲课，不能把办案中了解的他人隐私作为讲课的内容。

（六）不能侮辱他人的人格

讲课时对犯罪嫌疑人的表现可以分析、评价，但不能对态度不好的对象以侮辱人格的语气表达。

（七）不能损害他人的合法权益

教员讲授的理念要符合法律规范，不能突破法律的底线，如有一个教员介绍自己面对抗拒交代的对象时，威胁对方，"你再不交代，我就去折磨你的老婆女儿"。这种内容严重侵权，必须禁止。

（八）不能有危害民族团结的内容

讲课内容要体现民族平等，不能表现出"大汉族主义"，对少数民族不能用贬低的语言，更不能出现侮辱性的语言和内容。

（九）不能有危害国家统一的内容

讲课要注意严谨，如"港、澳、台"不能称之为"国家"；这些地方是"境外"，不能称"国外"；到这些地区去是"出境"，不能讲"出国"，这些地区的同胞入境，应该是来内地旅游、访问，不能称之为"访华"。

（十）不能贬低自己的职业

检察官教员只有热爱自己的职业、尊重自己的职业才能具有讲好课的动力，讲课过程中不能出现贬低自己职业的观点和语言，如"检察工作吃力不讨好""检察官地位不高""收入太少"等。

俗话说"言多必失"，教员讲课主要是靠"言"的表达，那么是不是为了"不失"就不说话、少说话？就是"念现成的讲稿"了？答案肯定是否定的，教员讲课要把握住一条，那就是把握住政治、法律、伦理道德的底线。

三、讲课内容不能违反法律原则

"法不阿贵，绳不挠曲"，检察官讲课必须把握法治精神的真谛，恪守法律专业人士、检察官的职业道德。检察官讲课，离不开法律规范，不管什么情况、什么环境下，不能出现违反法律原则的言行举止，比如：

（一）不能传授规避、逃避法律追究的方法

检察官都熟悉相应的法律精神和法律规范本意，要积极地、准确地、正面地解读法律，不能出现和传授钻法律空子的内容，曾经与我一起讲课的检察官教员为了表明自己对法律的熟悉，在讲课中如是说："这么干是违法行为，换一种方式那样干就可以逃避法律追究，就不会被叫到检察院去了，所以你们要学聪明一点啊。"结果遭到了听课单位领导的投诉。

（二）不能故意曲解法律的本意

检察官教员要恪守："知之为知之，不知为不知"，不懂就讲不懂，弄明白了再来讲，千万不能不懂装懂、似懂非懂而对学员、听众进行不负责任的误导。

比如，修订后的刑事诉讼法规定，律师在侦查阶段就可以接受犯罪嫌疑人的委托介入进行辩护。但有的教员对此不了解，还在说律师介入是"接受法律咨询、提供法律帮助和代为控告"。这就是误导，教员的知识没有及时更新。

检察官教员讲课要对法律精神全面把握，不能为了衬托自己的观点而故意断章取义、曲解法律的本意，要坚决杜绝误导学员、听众的行为。

（三）不能没有依据对法律或者事实进行任意、扩大解释

讲课不是学术研讨，不能根据自己的喜好而对法律进行任意解释，自己一知半解的情况下，不能信口开河。

修订后的刑事诉讼法明确了检察机关的技术侦查的权力，规定只能够在立案以后才能使用，但一些专家、学者授课时把常规的初查阶段的调查方法都纳入了技术侦查的范围，这就是根本违背了法律的本意。诸如：测谎仪的使用、化装调查、网络搜索调查、手机话单数据分析、GPS定位、静态监控等，这些都是初查阶段的常用措施手段，而被一知半解的专家、学者划入了技术侦查范围，这就是严重脱离侦查实践的误导了。

违背事实信口开河也是一些教员的常见病、多发病，某省一检察官在对社会讲课过程中说某大贪官涉案金额 24 个亿，事实是该大贪官被法院判决认定犯罪金额是 4000 多万，结果该检察官的讲课内容被传到了网络上引起了轩然大波，大家以为检察官是办案的，讲的是案件事实，而上面官官相护，法院故意包庇大贪官，对贪官重罪轻判，一度议论纷纷、众说纷纭产生了极其不良的后果，教训极其深刻。究其原因，一是这个案件不是这个检察官所在的检察院经办的，他不了解第一手资料；二是法院对这个大贪官的判决已经公布，特别是其中也披露了大贪官的犯罪金额，而检察官没有及时掌握这个真实的信息；三是检察官对网上信息没有甄别就当事实作为讲课资料。这种信息道听途说、讲课随心所欲、只追求轰动不顾事实真相的讲课弊端必须杜绝。

（四）不能传授缺乏法律依据的方法

侦查实践中有各种思路、方法，但有些思路、方法缺乏法律依据，有侵犯人权、侵害他人合法权利之嫌，不宜作为讲课内容传授。

如有检察官教员在讲课时说，犯罪嫌疑人不交代，我就把他老婆、孩子叫来，给犯罪嫌疑人增加思想压力……显而易见这是完全违反法律的行为，侦查实践中必须绝对禁止，讲课时更不能作为经验传授。

（五）不能对不了解的法律进行评价

对没有充分掌握了解的法律不能任意评价，有的教员容易犯望文生义的错误，这种误导的讲课内容要杜绝。

法律规范相当广泛，长期从事刑事法律工作的，可能对民事法律不够熟悉，我们从事职务犯罪侦查的，可能对普通刑事犯罪侦查不够熟悉，所以在评价、讲授自己不熟悉的内容时要谨慎，切忌信口开河、胡说一气。

（六）不能损害法律的尊严

对法律存在的弊端和局限性，可以学术争论，可以提出弥补、完善的建议，但不能在课堂上出现藐视法律尊严的语言。

一些教员学者为了显示自己的能力水平，利用讲课的机会在课堂上刻意抨击现行的法律，这个弊端对检察官教员而言一定要避免，检察官是国家法律的实施者，更多的是要研究如何更好地、完整地、全面地、公平正义地实施好国家的法律，我们的任务主要不是去抨击国家法律的弊端，而是严格规范地实施法律。至于在学术讨论的范畴则另当别论。

（七）不能借法律问题借古讽今

讲课内容可以"古为今用、洋为中用"，但不能借题发挥、借古讽今，这种讲课效果一定是适得其反的。

中国古代确实有一些值得我们借鉴和学习的地方，我们目前确实也存在腐败严重、执法不严、执法不规范等一系列的问题，但作为检察官教员要正面讲解，切不可把现在的社会主义说得一无是处、几乎不如封建朝代。

（八）不能宣扬"全盘西化"

检察官讲课的内容中可以引用和借鉴西方发达国家的一些相关的法律理念，参考一些国家或地区的好模式、成功的经验，但一定要避免"月亮是外国的圆""老婆是人家的好"而贬低我国的法律制度、法律体系，要坚决杜绝"全盘西化""迷信西方""崇洋媚外"的错误言论。

（九）不能脱离法律规范剖析社会现象

对各种社会现象的剖析必须严格按照法律规范进行，不能随心所欲、任意发挥，要有理、有利、有据。

在社会转型时期，社会上发生一些极端事件也是在所难免，但作为检察官教员应该理性分析、科学把握、正确对待，根据法律的规范来剖析、诠释这种现象（事件），绝对不能成为抨击党和国家的借口。

（十）不能奉迎敌对势力的理论和观点

采用国外、境外的相关理论和观点要进行甄别、选择，用其所长，但不能出现当敌对势力"传声筒"的角色。

近来一些高校教员在课堂上讲授的内容与国外敌对势力一脉相承，公然抨击党的领导、抨击社会主义制度，崇尚"多党制""三驾马车"等陈词滥调，违背了"四项基本原则"，这对于检察官教员而言是绝对禁止的，是不可逾越的底线。

讲课内容可以有深浅、质量可以有高低、方式可以有多样，但政治和法律的底线绝对不能突破，检察官讲课一定要有这种清醒的认识。

要诀七：内容要特色

习近平总书记在庆祝中国共产党成立九十五周年大会上指出：加快知识更新、加强实践锻炼，使专业素养和工作能力跟上时代节拍，避免少知而迷、无知而乱，努力成为做好工作的行家里手。

过期的食品不能吃，过期的观念不能用。世界上最大的敌人，不是别人而是自己。只有及时吸收新知识，更新自己的观念，方能立于浪潮之巅。

讲课要有特色不但是一个能力问题，也是一个技巧问题，所以作为检察官教员在总结、积累自己经验和知识的同时，还要不断学习、不断研究、不断改善自己的讲课内容、讲课方式、讲课效果。有一句话叫"民族的就是世界的"，我在此借用一下："有特色的才是具有生命力的！"

一、内容要有新意

讲课的内容一定要有新意，什么是新意？就是要有新的理论、新的思想、新的观点、新的见解、新的实践、新的方法，总之不能一个内容一劳永逸。

一门课讲几年、十几年没有变化，没有加入新的东西的大有人在，我听到一些学员向某高级专业培训学院领导提意见，说这些年来，我来这里参加培训好几次了，一些教员讲课的内容没有任何变化，老题目、老套路、老内容，一成不变、味同嚼蜡，听得乏味。这个意见我们是要引起重视的。

自然科学的某些课程，确实是几十年一贯制，没法改变，如物理基础知识，如化学元素结构，如传统机械制造等，但社会科学的课程不可能是几年、十几年、几十年不变的，因为社会在发展、在进步，你讲课的题目、内容不与时俱进，那怎么能受到欢迎呢？易中天教授把老古董"三国"都讲出了新意，于丹教授对"论语"赋予了新解释、进行了新解读，他们的课受到普遍欢迎、好评如潮是有道理的，那就是有新东西。

检察官讲业务专业课更要具有新意，要与时俱进，因为时代在发展、社会在变革、法律在更新，就连职务犯罪的犯罪嫌疑人的作案手法都在不断更新变化，我们职务犯罪侦查领域中的法治理念、侦查思路、侦查手段、侦查谋略、侦查措施随着职务犯罪在不同时期的不同表现也要不断调整更新，因为我们讲课的对象都是来自检察业务第一线的检察官，他们需要获得的是在检察工作实践中能够解决问题的思路、方法、手段，需要对新的法律规范迅速适应、理解、吸收，需要对新的犯罪表现有及时的、充分的、全面的了解和掌握，总之，检察官教员讲检察业务专业课是要管用、好用、实用。

如修订后刑事诉讼法在证据一章中增加了"电子证据"的证据种类，提出了证据证明力过程"合理怀疑""非法证据排除"的新的证据规则，那么你在涉及证据内容的讲课中，如果没有对这些新规定、新标准的讲解，那这个讲课内容就是落伍的、滞后的。

再如，修订后刑事诉讼法赋予了检察机关在职务犯罪侦查过程中使用技术侦查的权限，那么我们讲课涉及这个内容时，必须把技术侦查的概念、内容、特征、方法、条件、要求、限制等添加进去，它的可行性在哪里？不可行性在哪里？（其适用条件有特殊性）提出来供大家思考、争论，真理越辩越明嘛！否则你这个课程也是脱离了当今职务犯罪侦查工作实践的。

所以，解决这个问题是要不断学习，汲取新的知识，仅仅这个还是不够的，还要来自实践的总结、提炼和升华，这就是检察官教员讲课与学校老师讲课的不同之处。

二、内容要有深度

讲课的内容要有深度，什么人能够当教员？就是在某一类知识方面比人家懂得多、学得深、看得远，那就具备了传授知识的基础，肚子里没有东西，肚子里的东西没有特色，那你就是上了讲台也没有人能够佩服你，你的这点东西还不如我呢！谁服你？

所谓深度，就是大家不知道、不了解、不掌握的内容，或者大家知道、了解、掌握得比较浅显，缺乏深化，通过教员的讲授，大家有收获、有提高，这就是取得了预期的效果。

我举个例子：2013 年 8 月 22 日我参加中国人民大学和国家检察官学院联合举办的高级检察官论坛，主题是"法治思维"，会议安排我作主旨发言。

我提出了"犯罪嫌疑人均需在笔录上按指印""全国上百个地方对犯罪嫌疑人进行游街示众""公开场合进行公捕、公诉、公判的现象还是层出不穷""高级别被告人在法庭上都不穿囚服,而普通被告人均需要穿囚服"就是法治思维的严重缺失,是法治思维需要重新认识、重新定位、重新诠释的切入点!这些现象几乎天天在我们的身边出现而没有引起我们的足够重视,我们脱离这些社会现实而高谈"法治思维"岂不是一种嘲讽!我说,薄熙来案开庭,大家可以看看,他究竟穿不穿囚服?第二天大家信服地说,法庭上薄熙来确实没有穿囚服。

当时在坐的都是法学大家、知名学者、著名教授、学者型的高级检察官,可以讲,几十年来,没有人对这些问题提出过质疑,我一提出来大家大吃一惊,全场鸦雀无声,我列举依据:

第一,中华人民共和国刑事诉讼法无论修订前还是修订后,从来没有出现过"按指印"的说法,这在法律上没有依据;

第二,我从事职务犯罪30多年,没有让犯罪嫌疑人在笔录上按过指印,这些笔录证据在法庭上全部有效,这是实践中没有必要性;

第三,"按指印""穿囚服"对高级别贪官都是"网开一面",他们可以不按指印、不穿囚服,为什么人可以被分为三六九等?这违反了法律面前人人平等的宪法原则;

第四,这与宪法明确的"尊重和保护人权"的原则是相悖的;

第五,"按指印"极不科学,因为指印可以伪造,实践中侦查人员也有冒充犯罪嫌疑人按指印的;植物人、死人也可以被动"被按指印",漏洞这么大,没有存在的必要。

中国人民大学法学院院长时延安教授当场点评,给予了极高的评价,并且明确表示支持我的见解,会场里80%的专家、学者当场表示赞同。

震惊社会的聂树斌案件现在已经露出了"冰山一角",经过最高人民法院指定山东省高级人民法院予以复审,一年多后山东省高级人民法院公布结论,没有证据可以证明杀人是聂树斌所为。请注意,复审中发现,讯问聂树斌的笔录多份上的签名不是其本人所为,是侦查人员代为签名的,侦查人员在听证会受到质疑后辩解:"为了安全起见,签名由我们侦查人员代为签了,但签名上面的指印是聂树斌本人所按。"

作为老资格的侦查人员我有足够的理由怀疑,聂树斌是在被打晕过去之后"被按"的!聂树斌是经历了疲劳审讯后昏睡过去的情况下"被按"的!甚至可以在聂树斌被处决后按的是尸体的指印!我的结论:"指纹"不能反映当事人真实意思表达表示!当今世界签名是确认的最高效力!

这就是有深度，有理有据，因为几十年来研究法学的、从事法律工作的、在司法部门搞实务的，几乎没有人思考过这个问题，我的研究思考有理有据、入木三分，能够引起大家的重视，甚至争论，我的目的就达到了。

后续，最高人民法院于 2015 年 3 月出台规定，禁止在刑事审判过程中让被告人穿囚服背心；我 1999 年开始对此的质疑在 15 年后得到了肯定，实践证明我当初的质疑是正确的。大家可以继续观察，用不了多久，让犯罪嫌疑人、证人、当事人在笔录上、法律文书上按指印的做法一定会被取消。

三、内容要有借鉴性

我在讲《镜头下的笔录制作》课程时，剖析了一些数字被误写，导致了法律文书价值的丧失，我提出，法律文书上的数字应当采用汉字大写，大写不易被误写，不易被篡改，电脑制作文书时可以换行（阿拉伯数字不能延续另一行），我同时出示了高检院的相关规定，大家觉得有借鉴性，实践中马上可以采用。

最高检关于《人民检察院刑事诉讼法律文书格式样本》电子模板的使用说明"附件 1："（高检院 2012 年 12 月 31 日发）节录

六、文书中的年号、序号、专用术语（如身份证号码、机械型号）、百分比、街道牌号、正文中日期和其他需要用阿拉伯数字者外，一般应以汉字数目表示，涉及新的计量单位应以法定计量单位为准。

我在讲《职务犯罪讯问心理》课程时，提出，在接触被查对象之前，对其进行一次心理评定，可以大大提高讯问（询问）的针对性，提高讯问（询问）的效率，同时以案例加以佐证，大家也感到具有借鉴性。

评定人员，按照案情可以三五人，也可以七八人，需要时可以商请公诉、侦监、研究室等部门人员参加。

评定方法：

1. 行为观察评定法

（感情、动作、人际、心态、应对、隐私、嗜好、个性）

2. 结果分析评定法

（冲动型、盲目型、思考型、权衡型、充分型、机遇型、新颖型）

我在讲《职务犯罪侦查细节》课程中，将我在侦查实践中遇到的、经历的、了解的一些因为对细节的疏忽导致的不利后果总结出来，有时间、有地点、有单位、有人物、有过程、有细节，活生生的案件实例具有很强的说服力，这些教训都是大家平时经常遇到的、经历的、容易疏忽的，因此大家普遍感到有借鉴意义。（具体案例在这里不作展开）

不能少讲一句话（因为一句话缺少，导致严重后果）；

不能少跑一次路（因为没有及时将初查材料移送导致严重后果）；

不能少出一趟车（因为没有安排车辆导致严重后果）；

不能少留一个人（因为询问场地少留一个人导致严重后果）；

不能少设一环节（因为在押解犯罪嫌疑人过程中少一个环节导致严重后果）；

不能少看一行字（因为审查笔录少看一行字导致严重后果）；

不能少用一只手（因为抓捕犯罪嫌疑人少用一只手导致严重后果）；

不能少留一心眼（因为对证据审核少一点重视导致严重后果）；

不能少一点仔细（因为少一点发现证据的仔细导致徒劳往返）；

不能少一份警惕（因为缺乏警惕性导致严重后果）；

不能少一道手续（因为缺乏必要的手续导致严重后果）；

不能少一点防范（因为缺乏必要的防范导致严重后果）；

不能少一个依据（因为缺乏依据导致严重后果）；

不能少一点理性（因为不讲究文明导致不良影响）；

不能少一点讲究（因为缺乏基本功的讲究导致不良效果）。

这种来自实践、指导实践、用于实践的课程就是检察官讲业务专业课的要求和特征。

要诀八：专门制方案

"不打无准备之仗"，如何把检察业务课讲好，充分准备是最起码的要求。检察官教员讲课的特点之一就是学员不固定，越是讲课质量好的、课题专业性强的检察官教员，他的受众越是广泛，东西南北、不同层面，不一而足。因此讲课前一定要注意根据学员的特点，制定符合本次听课学员特点的课程方案，因材施教，因人施教。

一、根据听课对象制定讲课方案

因材施教、因人施教、因师施教是检察官讲业务专业课的重要特征，就是讲课内容要有针对性；讲课对象要有针对性；讲课教员要有针对性，不能乱点鸳鸯谱，拉到篮里都是菜或者赶鸭子上架。

（一）新检察人员

新检察人员大多数是从大学进入检察机关的，少量是部队转业到检察机关的，他们都没有接触过检察机关的具体工作，大学生还缺少社会经验。给新检察人员讲课，就要把他们从学校、从课堂、从书本、从其他专业、岗位引导到检察机关、检察工作实践中来，所以首先要注意入门，从基础、常识、特点、细节入手，由浅入深、由点到面，由重点到系统，由理论到实践，由宏观到微观，我对这些对象讲课，抓住基础、抓住重点、抓住关键，帮助理解和掌握基础知识技能，为将来进一步提高奠定基础。

上海市检察机关每年新进人员两百多，培训班都请我去讲职务犯罪侦查课程，我就是讲基础、讲基本、讲实用性的知识，我针对学员的特点在授课过程中专门设计了讨论、提问、考核、讲评环节，促使这些新进人员的相关能力有明显的提高，他们中的一些人到了侦查岗位后，很快投入到工作中，一些反贪局长反映，他们的适应时间大大缩短，适应能力大大提高。

（二）侦查骨干

侦查骨干一般已经有了一定时间的实际工作经历，具备了一定的实践经验，对这些对象讲课，要充分突出提高、提示、提升的目的，在常规知识中抓住特点、突出关键、揭示要害、示范经验、指出瑕疵、剖析原因、阐述依据、解决问题，把先进的理念、思考、经验传授给大家，以提高认识、掌握技能；把问题教训展示出来，深刻剖析，让大家少走弯路，对侦查骨干讲课要精辟、深刻、到位，实现在原有的基础上提高的目的。

我在国家检察官学院、全国31个省市自治区检察院、百余个地市级、县级检察院讲课，大多数情况下都是给侦查骨干讲课，我按照这个套路讲，大家都是欲罢不能，反响强烈，显然这个讲课的目的就达到了。

（三）侦查辅助人员

侦查辅助人员指书记员、检察技术人员、司法警察、文员等专门岗位的人员，他们不属于侦查人员，但在侦查过程中承担着配合、辅助侦查人员开展侦查活动的职能，对这类人员讲课要注意突出侦查工作的基础知识，帮助他们了解掌握侦查活动的基本要求，明确自己的任务，配合服务侦查活动的自觉性和主观能动性，同时讲专门工作在侦查过程中的要求和技能，如书记员制作笔录的要求等。

近两年来我在上海、新疆伊犁、西藏那曲、内蒙古鄂伦春、辽宁大连、山西朔州、湖北鄂州、河北唐山、河北邢台、河北沧州等地检察机关对这些侦查辅助人员都讲过这类课程，都是深受欢迎，提升了他们对侦查工作的认识，明确了自己工作在侦查过程中的重要地位和作用，提高了为侦查工作服务的责任心、主观能动性。

（四）侦查指挥人员

侦查指挥人员是侦查活动的指挥者、决策者、管理者，这些对象一般均具有经验丰富、实践丰富、知识丰富、身经百战、能力突出的特点，对这些对象讲课，检察官教员必须经验、实践、知识、经历、能力更丰富，讲课内容要注意宏观和微观、战略和战术、总体和细节、大局和局部的有机结合，突出新思维、新思路、新理念、新经验、新方法，是帮助这些对象提升能力、拓展思路、打开局面的重要途径。

我在河南省、安徽省、江苏省、山西省、陕西省、吉林省、海南省、湖南省、贵州省、内蒙古自治区检察机关、全国武警检察机关、海军东海舰队检察机关讲课，对象都是侦查指挥人员，按照这个要求讲课后，效果非常好，一些单位还专门要求我去讲了多次。

（五）检察院领导

检察院的领导是指检察长、分管检察长，也包括承担领导职能的其他领导成员。能够给这些领导讲课的检察官教员不多，这种机会场合也不多，因为对教员的要求非常高，需要非常丰富的理论知识、实践经验、深刻独到的见解，就侦查课程而言，要提供侦查技能的特殊性、新颖性、借鉴性，帮助检察院的领导们了解掌握最新的侦查理念、侦查思维、侦查技能，为提升检察院侦查工作上台阶起促进作用。

如我在全国第十三期基层检察长培训班上讲课，内容就是《检察机关侦查工作的规范化建设》，涉及线索、初查、证据、讯问、文书等整个侦查环节的要求、问题和发展趋势，大家普遍反映有收获、有启发，要求我增加课时，再加讲一课。

（六）检察院专业部门

检察院专业部门如研究室、办公室等人员，他们从事检察理论的研究工作、规定、讲话文稿起草工作等，其工作性质也需要对法律的研究、理解和把握，特别是需要研究、理解和把握与检察实践密切相关的问题，2015年我应邀给全国省级检察机关研究室主任讲授了《司法改革的实践性思考》，我之所以突出实践，因为这是我的强项，我在讲课过程中讲了司法改革对检察工作产生的影响和应对措施，受到了大家的普遍欢迎，有学员说我的课，是几天来各个课程中最联系实际的。

二、根据特定对象制定专门方案

讲课要具有针对性是基本要求，但有些对象是特定的，不能采用某个专业的常规课程内容，那么就需要制定专门的讲课内容，也就是量身定做。

如检察机关的司法警察是一个特殊的岗位，他们属于人民警察，但又是检察人员（非检察员），是司法机关的检察部门，是司法警察，对这些司法警察讲课需要符合检察机关的性质，也要符合他们的岗位职能，他们平时培训学习训练，主要是参照公安培训的教材和模式，相对比较缺乏检察机关司法警察的特色培训内容，有关领导请我给司法警察讲一些符合检察工作特点的、与司法警察岗位职能有关的内容。

于是我专门设计制定了有关这方面内容的课程，《检察机关司法警察在侦查中的职能》，其一，司法警察配合职务犯罪侦查工作是一项重要的职能，是司法警察的主要工作之一；其二，我熟悉职务犯罪侦查工作，了解侦查过程所有环节和要点；其三，我具有在侦查过程中与司法警察配合协作的实践，这样，我的课程就具有了专门性，讲课的针对性非常强，而且整个检察系统司法警察培训中目前还没有这个内容，讲了以后大家反映，弥补了司法警察培训中的不足，后来全国一些省市自治区检察机关也请我去帮助培训司法警察，目前已经成为一个常设的专业培训课程。

三、根据专业培训要求制定高标准方案

检察业务专业课要讲得好，讲课的内容、讲课的方式、讲课的要求必须要有高标准。

（一）讲课的内容要新

现在检察官参加培训的机会比较多，他们参加的培训有全国的、省市的、政法委的、条线的、地域的、高校的，还有各级党校的，如果我们讲课的内容是这些课程内容的重复、翻版，那就没有可听性，而且一定是脱离检察业务专业实践的，因为没有突出自己的特色，没有新东西，那是肯定的。

我设计的《职务犯罪侦查伦理》，全国以前没有这个课题，是我的独创，我从全国执法机关刑讯逼供导致冤假错案层出不穷入手，深刻剖析原因，不得刑讯逼供不是没有规范，我们执法人员不是没有知识，我们内部不是没有监督，根本原因是缺乏文化，没有文化的人怎么会有文明、道德、伦理呢？

这里又带出一个问题，我们司法机关工作人员哪个不是大学毕业？怎么存在没有文化的现象呢？那么我就一针见血地指出：文凭和文化不是一个概念，有文凭的人可以是一个没有文化的人；反之，没有文凭的人可以是文化大家！小品演员赵丽蓉老师，一生没有进过学堂，终生大字不识，但谁能够否认她是文化大家？我们具有大学文化的侦查人员，以残忍的手段将人屈打成招，导致杜培武、佘祥林、赵作海、张高平、张辉、念斌等遭受数年、十几年的冤狱，特别是内蒙古呼格吉日图、河北省聂树斌被错杀案等震惊社会的重大冤假错案，其中究竟缺乏的是什么？

（二）讲课的方法要奇

讲课方法是讲课具有可听性、吸引人的重要手段，那就要具有不同于别的教员的方法，就是所谓"奇"，一般的方法是老师讲，学员听；台上讲，台下记。

检察官讲课不同于普通的学校上课，是更加的突出实践性、理解性、互动性，我的做法是根据需要，我采取有别于别人的讲课方法，尽可能地调动起大家的学习积极性，把死板的知识赋予活力，把机械的教学变成竞技，把沉闷的课题改变为舞台。

1. 提出问题，请大家各抒己见

我作为授课教员，往往根据课程的主题，专门设计一些（三个到五个为宜）可能引起争议、具有不同观点的、与侦查实践密切相关的问题向学员提问，诸如：首次讯问进入实体内容时，第一句应该问什么？什么时候应当告知犯罪嫌疑人有权聘请律师？侦查技术与技术侦查的区别？谋取不正当利益应该如何准确理解和把握？审讯中对沉默的犯罪嫌疑人如何争取、突破？法律文书、司法文书、诉讼文书、侦查文书、检察文书有什么联系和区别？诸如此类。然后让学员各抒己见、充分表达，我因势利导，积极鼓励学员发表不同的看法，在这个基础上，我这个教员开始进行专门的知识讲授，分析大家观点的正误。

2. 开讲即考，让大家知道不足

这是我独创的一种讲课方法，开讲前先请学员拿出纸，由我口述进行考试。诸如在法律上常见的容易出错的字、词请学员默写出来，一般我请学员默写五组至八组词句，然后统一收起来（或者让学员自己打分、相互打分），针对其中的错误进行点评，重点是讲解为什么会发生错误，出现错误的原因，这些错误可能导致的严重后果，讲解正确表述的依据、道理，再因势利导引出这次讲课的目的性、重要性（针对笔录制作的规范性、严谨性、无误性授课）。

这种讲课就开考的教学模式学员们开始有些不理解，但经过考试及讲评之后，大家纷纷说，不经历这种考试，我们可能错误一辈子，经过了这次开始，我们一辈子不会错！学员们通过这样的培训可能就逐步养成了严谨、仔细、一丝不苟的习惯了。这就是检察官教学的奇特之处，与普通老师讲课的不同之处。

3. 案例教学，让大家开动脑筋分组思考

我创造了完全贴近职务犯罪侦查实际的案例教学模式，就是在基础教学之后，展示一个综合性的真实案例（一般十分钟），让学员看后以侦查组织为单位回答三个问题：（1）案例中有多少犯罪嫌疑人？（2）案例中出现了多少涉嫌犯罪事实？（3）根据案例提示指出办案过程中需要注意哪些问题？

这种检验教学效果、检验侦查能力的现场教学极大地调动了学员们的积极性，大家认真记录、拍摄案例视频，一次在山西省朔州市搞这个案例教学，头天观看，第二天回答问题，结果一些学员晚上讨论到 12 点半还不想休息，大家的积极性、求知欲空前高涨，该院领导都深受感动。

接下来在课堂上待大家发表意见后，我再进行讲评，指出存在的问题和不足，最后展示标准格式的答案，大家顿时豁然开朗，效果立即体现。

这种培训模式得到了最高人民检察院政治部教育培训部领导的高度评价和极力推崇，称为是把检察官教检察官的培训模式提升到了一个新高度。我在内蒙古自治区、山西省、河北省、贵州省、甘肃省、四川省、黑龙江省、天津市、湖北省、江苏省、广西壮族自治区等检察机关采用这种培训模式均受到了广泛的欢迎。

4. 实战示范，让大家充分学习了解

下面是我结合讲课点评以后公布的标准答案（实战示范模式）。

此文书范本是根据最高人民检察院历来法律文书规范惯例格式（如院名、标题、字体、间距、项目）和法律、规则的相应规定（法律文书的数字书写要求）撰写，并根据侦查实践进行必要的设计改良，目前来看，在统一规范的标准格式没有颁布之前，这在实践中也是可行的，如民族自治区的法律文书都要设计成汉语、民族文字双语的格式，地方检察机关根据办案需要在一定范围内统一规范法律文书格式也是当前必须重视的问题，一个检察院、一个区域的各个检察院法律文书不统一、不规范，"八仙过海各显神通"的局面必须予以改变。

（1）初查方案（示范样板）

江南省人民检察院
初查报告

江检反贪初查〔2015〕1 号

关于对被调查人唐有为涉嫌受贿一案线索初查报告

一、被调查对象及单位基本情况

（一）被调查人唐有为的基本情况

被调查人唐有为（无曾用名），男，1963 年 10 月 19 日出生，身份证号码 450103196310190021，汉族，现任江南省外贸厅外事处正处级调研员，中共党员，现住沿江市于洪区民族大道 163 号城置国际，手机号码为 13978813960。

简历：1980 年参加工作，1986 年 8 月至今，在江南省外贸厅工作，历任科员、副主任科员、主任科员、副处长，2005 年 3 月至 2010 年 3 月任江南省外贸厅综合管理处处长。

家庭情况：妻子许一丹，江南省广播电视大学工作；女儿唐果，现在小学读书。

（二）江南省外贸厅综合管理处基本情况

被调查人唐有为涉案时，所在单位为江南省外贸厅综合管理处，行政编制为三人，处长唐有为，副处长林成功，主任科员常立志。处长负责全面工作，副处长林成功配合处长开展工作，主任科员常立志从事具体工作。

综合管理处的主要职能是江南省外资企业进口自用汽车许可证的审批，具体材料审查由工作人员负责，审批由被调查人唐有为负责，2012 年该处室因内设机构调整被撤销。

二、线索来源

被调查人唐有为涉嫌单位受贿一案线索，由江南省公安厅于 2014 年 12 月 20 日，以江公经侦移字（2014）1 号案件移送函移送江南省人民检察院，江南省人民检察院举报中心于同日收到该线索并备案登记。江南省人民检察院举报中心于 2015 年 2 月 6 日将该线索分流到江南省人民检察院反贪污贿赂局。2015 年 3 月 2 日，江南省人民检察院反贪污贿赂局将该线索交王风范（组织指挥）、赵光明（主办检察官）办理。

三、举报内容

移送线索材料反映，江南省公安厅在办理郑有财（江南省沿江市路歌汽车贸易有限公司经理）涉嫌非法经营一案中，郑有财举报江南省外贸厅综合管理处在办理外资企业进口自用汽车配额许可证业务时，除收取正常费用外，还要求每个许可证缴纳一万元的"会费"，2008 年至 2009 年，江南省沿江市路歌汽车贸易有限公司共缴纳了"会费"人民币一百万元，该"会费"由江南省外贸厅综合管理处处长唐有为收取，且未给出具任何票据。

四、处理意见

（一）被调查人唐有为涉嫌的主要犯罪线索

1. 2008 年到 2009 年，被调查人唐有为在任江南省外贸厅综合管理处处长期间，以江南省外贸厅综合管理处的名义非法收取江南省沿江市路歌汽车贸易有限公司经理郑有财一百万元"会费"，形成本处室账外资金，被调查人唐有为作为处室的直接责任人，涉嫌单位受贿犯罪。

2. 江南省外贸厅综合管理处职能是审批江南省外资企业进口自用汽车许可证，唐有为作为处室负责人，负责全面工作，2008 年至 2009 年，在明知郑有财倒卖外资企业进口自用汽车许可证情况下，违反对外贸易合作部、海关总署制定的《外商投资企业投资自用进口汽车管理办法》和江南省对外贸易合作厅、江南省海关制定的《江南省外商投资企业投资自用进口汽车管理办法》的规定，为郑有财违法审批二百二十份许可证，郑有财非法获利九百二十余万元，给国家造成税收损失一千八百一十万元，涉嫌滥用职权犯罪。

（二）线索可查性分析

1. 江南省外贸厅综合管理处属于行政机关内设机构，被调查人唐有为系江南省外贸厅综合管理处负责人，个人决定以处室名义收取郑有财一百万元"会费"，被调查人作为处室负责人和收取"会费"的直接责任人，涉嫌单位受贿犯罪；2008 年至 2009 年，唐有为违法为郑有财审批二百二十辆进口自用汽车许可证，给国家造成税收损失一千八百一十万元，涉嫌滥用职权犯罪。根据《中华人民共和国刑事诉讼法》第十八条第二款之规定，该案属于检察机关管辖，本院具有管辖权。

2. 江南省外贸厅综合管理处涉嫌单位受贿犯罪、滥用职权犯罪终止时间为 2009 年，根据《中华人民共和国刑法》第八十九条之规定，本案未过追诉时效。

3. 江南省外贸厅综合管理处主要职责是江南省外资企业进口自用汽车配额许可证的审批，被调查人唐有为是行政机关部门的负责人，具有行政审批权，是职务犯罪的多发领域，发生职务犯罪的概率较大；唐有为为郑有财违法审批许可证，主观明知，客观造成国家税款损失一千八百一十万元，明显涉嫌滥用职权犯罪。

4. 线索由在押人员举报，举报的内容具体。公安机关对举报内容进行了初步核实，被调查人唐有为承认收取过五十万元"会费"，该款由综合管理处支出五十万元，剩余五十万元去向不明，涉嫌单位受贿犯罪成案性较大。

综上所述，被调查人唐有为涉嫌职务犯罪的案件线索属本院管辖，未过追诉时效，线索成案价值较大，需要进行初查。根据《人民检察院刑事诉讼规则（试行）》第一百六十八条之规定，拟提请初查。

五、初查工作方案

（一）初查的目的、方向、范围和调查的问题

1. 初查的目的

核实固定被调查人唐有为涉嫌单位受贿和滥用职权犯罪的证据材料，进一步拓展被调查人唐有为及其他相关人员是否涉嫌其他职务犯罪。

2. 初查的方向

初查基本方向：

（1）江南省外贸厅综合管理处涉嫌单位受贿犯罪线索作为本案的优先初查方向，常立志作为江南省外贸厅综合管理处的普通工作人员，情节最轻，责任最小，对常立志的突破应该作为本案的切入点，以收取"会费"是否有法律、法规依据，是否为他人谋取利益为关键点。

（2）唐有为在2008年至2009年任省外贸厅综合管理处处长期间，明知郑有财倒卖外资企业进口自用汽车许可证，违反规定，为郑有财审批二百二十份许可证，给国家造成税收损失一千八百一十万元，根据线索可查性分析，唐有为涉嫌滥用职权犯罪明显，作为初查的基本方向。

初查拓展方向：

（1）被调查人唐有为以处室名义，除收取江南省沿江市路歌汽车贸易有限公司经理郑有财一百万元"会费"外，与郑有财是否还存在其他利益交换，深挖被调查人唐有为和郑有财行受贿线索。

（2）被调查人唐有为承认收取江南省沿江市路歌汽车贸易有限公司经理郑有财五十万元"会费"，而郑有财在公安机关供述缴纳"会费"数额一百万元，唐有为是否将差额款五十万元据为己有，涉嫌贪污犯罪。

（3）被调查人唐有为任江南省外贸厅综合管理处处长职务长达七年，负责全省外资企业进口自用汽车审批，本人及其特定关系人是否利用其职权索要或者收受贿赂款，涉嫌受贿犯罪及共犯。

（4）调查被调查人唐有为家庭全部财产数额，家庭合法收入数额，确定被调查人唐有为是否涉嫌巨额财产来源不明犯罪。

初查延伸方向：

（1）被调查人唐有为在以处室名义，收取江南省沿江市路歌汽车贸易有限公司一百万元"会费"过程中，郑有财是否是被勒索，有没有获取不正当利益，以确定江南省沿江市路歌汽车贸易有限公司及郑有财是否构成对单位行贿罪。

（2）被调查人唐有为除了收取江南省沿江市路歌汽车贸易有限公司"会费"外，是否还存在收取其他单位或者个人"会费"的情况，是否还有账外资金，调取所有审批许可证明细加以核实。

（3）在初查中如发现其他行受贿犯罪线索，固定行贿犯罪证据，追究行贿人的法律责任。

（4）江南省外贸厅综合管理处在账外资金的保管、使用中是否存在其他职务犯罪。

3. 初查范围和调查的问题

（1）被调查人唐有为身份情况

被调查人唐有为自然情况、居住情况、个人活动规律、车辆物品进出等情况、真实文化程度、法律知识、专业技术情况、是否是人大代表、政协委员，查询被调查人唐有为出行记录，向出入境管理机关调取被调查人唐有为及家庭成员申领护照、通行证及出入境记录资料，尤其注重分析判断被调查人唐有为法律背景信息及法律认知程度对初查工作的影响。

（2）被调查人唐有为身体和心理状态

了解被调查人唐有为健康状况，曾患过何种疾病、身体现状，向医疗机构调取被调查人唐有为及家庭成员住院治疗付费的资料；了解被调查人唐有为性格、心理、可能的隐私和爱好，并对其进行分析判断。

（3）被调查人唐有为家庭成员及社会关系

掌握被调查人唐有为家庭成员之间的相互关系及对其影响程度，预判家庭成员（包括情妇等特定关系人）是否涉及案件，家庭成员中是否有司法人员、法律工作者、"保护伞"人员可以依靠；在保密的基础上通过各种渠道了解被调查人唐有为的社会关系，广泛收集相关人员的信息，分析其社会背景。

（4）江南省外贸厅综合管理处信息资料及"会费"收取情况

江南省外贸厅组织机构代码证、财务规章制度，江南省外贸厅综合管理处成立和撤销的时间、职能、人员分工情况、案发时分管领导；江南省外贸厅综合管理处收取"会费"的资料、相关账目和会费的使用情况，收取"会费"是否违反法律法规，是否给国家造成损失及损失的数额。

（5）涉案资金来源及去向

秘密询问江南省沿江市路歌汽车贸易有限公司经理郑有财，核实缴纳一百万元"会费"的全部过程；分析调查人唐有为行动轨迹，秘密询问林成功、常立志，核实"会费"收取及使用情况，防止其隐匿证据、订立攻守同盟。

（6）被调查人唐有为家庭财产情况

通过金融机构调取被调查人唐有为及其家庭成员的财产状况，资金来源及资金支出情况，尤其注重大额资金支出情况，查询人民银行的信用平台，全面了解被调查人唐有为及其家庭成员的信贷记录。

通过房产交易登记机构调取被调查人唐有为及家庭成员购置房产的资料及资金来源。

通过向车辆管理部门调取被调查人唐有为及其家庭成员购置汽车的资料及购买车辆的资金往来票据。

了解被调查人唐有为及家庭成员是否在境外购置房产或设有银行账户。

通过教育管理部门调查被调查人唐有为子女是否在境外学校就读，调取被调查人唐有为子女就学付费的资料。

查明被调查人唐有为及其家庭成员、父母、兄弟姐妹名下是否有公司、企业。

查明被调查人唐有为家庭的全部合法收入和支出情况，是否存在婚外情，及为情人支出金额。

（7）被调查人唐有为的网络、通讯信息

充分利用互联网信息平台，广泛系统地收集网络曝光的被调查人唐有为的信息资料。了解被调查人唐有为是否配置电脑，是否使用微信、QQ及电子邮箱等，是否使用电子银行，向公安部门调取相关社交工具的聊天记录（提取电子证据时必须严格依照程序进行，有两名公证人员在场，全程录音录像）；调取被调查人唐有为的通话记录及信息，并进行分析，确定同被调查人唐有为关系密切的人和相互的行动轨迹。

（二）初查的人员配备、分工及组织领导

为确保办案工作顺利进行，江南省人民检察院反贪污贿赂局成立以王风范、赵光明、袁方为主要承办人员的专案组。专案组分为三组：第一组为综合技术组，王风范为主承办人，负责秘密调取被调查人唐有为的财产、房产、车辆购置情况，了解被调查人唐有为的社会关系和社会背景，通过技术手段，调取被调查人唐有为的话单，进行话单分析，提取郑有财个人记事本中关于缴纳"会费"的记录，采集被调查人唐有为的网络信息，尤其是网络聊天记录、网络博客等信息，配合综合技术组对相关证人进行询问，调取被调查人唐有为的任职材料；第二组为取证预审组，赵光明为主承办人，负责线索分析、预判，被调查人唐有为本人及家庭成员信息的收集，江南省外贸厅综合管理处的职责分工及"会费"收取、使用情况，提审举报人郑有财转换证据，接触涉案人员形成调查笔录，制作法律文书；第三组为后勤保障组，袁方负责，负责协调初查过程中需要使用的车辆、协调法警、协作医院等相关部门、办案经费的申请、支出、使用工作。

专案组在王风范统一指挥下进行初查工作，每组主承办人负责完成具体的初查工作任务，负责准备相关的法律文书及签批手续，同时负责该组调取材料的保管工作。各组每天将当日初查情况向王风范进行汇报，并将调取的材料移交王风范保管，王风范对各组当日初查情况进行汇总、整理、分析，形成阶段性工作成果后逐级向反贪局局长、主管检察长汇报。

（三）办案期限、步骤、方法和措施

1. 办案期限

检察长批准当日即开始初查，拟在 19 天内初查终结。

2. 步骤、方法和措施

（1）第一阶段工作（秘密初查，7 天以内）

第一组任务（主承办人王风范）：

对江南省公安厅移送的案件材料进行分析，制作提请初查报告。

提审举报人郑有财详细核实举报内容，并向其了解江南省从事同类业务的公司或人员情况，固定好相关证据。

通过江南省院反贪局侦查指挥中心以及公安部门办案信息管理平台，查询被调查人唐有为个人及家庭成员的户籍、车辆、公民出入境及证件信息。查明被调查人唐有为是否是人大代表、政协委员；为防止打草惊蛇，拟商请公安机关协助配合调取被调查人唐有为的简要经历、任职情况、工作权限、职责等有关资料和情况。掌握其真实文化程度、法律知识等，了解被调查人唐有为身体和心理状况。

第二组任务（主承办人赵光明）：

调取被调查人唐有为及家庭成员资产、消费情况，是否办理保管箱业务；调取被调查人唐有为个人及家庭成员办理理财、保险业务情况。通过反洗钱中心了解其账户资金是否有流向境外情况，以及通过知情人秘密了解其在国外资产、境外赌博、嫖娼等情况。

掌握被调查人唐有为主要社会关系以及交往程度。根据案件情况可以隐蔽身份"化装"调查，"跟踪贴靠"，在保证初查秘密进行的同时，保证初查信息准确、无误。

（2）第二阶段工作（外围初查，5 天以内）

第一组任务（主承办人王风范）：

调取江南省外贸厅综合管理处的职责分工、查清为郑有财办理的进口自用汽车配额许可证是否符合规定，到相关部门协调出具损失结果说明。

调取外贸厅综合管理处审批进口汽车许可证收费依据及费用去向；江南省外贸厅关于外资企业进口汽车许可相关优惠政策文件；所有涉及的进口汽车许可证审批单，查清申请人与实际使用人的具体情况。

调取江南省沿江市路歌汽车贸易有限公司企业工商注册的信息资料。调取江南省沿江市路歌汽车贸易有限公司成立以来相关账目，查清该公司办理的汽车许可证详细数量和以何企业办理的许可证。

第二组任务（主承办人赵光明）：

提取郑有财记事本中"会费"缴纳记录。调取被调查人唐有为个人通话记录及手机信息，重点是郑有财案发后，运用话单分析系统、定位系统，查清唐有为对外联络情况以及行踪；核查、甄别与被调查人唐有为通话联系的亲戚、朋友以及与之联系密切的人（情人等）。

了解被调查人唐有为工作习惯、是否配备电脑、电子信箱及操作使用情况。利用互联网这一虚拟空间开展秘密初查，对存储在网络空间上被调查人唐有为的上网痕迹、上网地址进行查询定位。通过互联网的初查，通过网络的搜索引擎或者社交工具（QQ、微信）掌握需要的信息，采集并提取被调查人唐有为网络聊天记录。

（3）第三阶段工作（快速初查，5—7天）

第一组任务（主承办人王风范）：

接触并询问涉案人员（接触被调查人唐有为必须经检察长批准），同时由赵光明制作询问提纲，写明需要查实的问题及询问对策。对于涉嫌犯罪，且罪行严重的，需要刑事拘留的，按照刑事诉讼法规定办理好相关手续；对于特别重大贿赂犯罪，取证难度较大时，按照刑事诉讼法的规定，对嫌疑人可以采取指定居所监视居住强制措施（七天左右为宜），待情况消除后，变更其他强制措施。

分析被调查人唐有为是否属于利用职务便利实施职务犯罪、其他关系人是否达到犯罪程度、是否具有依法不追究刑事责任的情形等情况，如果构成犯罪，按照检察院统一业务系统报批相关立案等法律文书手续。

第二组任务（主承办人赵光明）：

预判可能涉案的犯罪数额，调取被调查人唐有为个人或家庭成员购置房产、车辆等大额支出情况，理清被调查人唐有为及家庭成员的资产总额，对需要委托审计、会计鉴定、勘验、鉴定的，及时办理。配合综合技术组对相关证人进行询问，对涉案嫌疑人员到组织部门调取任职文件。

（四）安全防范预案

为了严格依法办案，切实防止在此案办理过程中发生涉案人员自杀、自残、脱逃等事故，特制定安全防范预案如下：

（1）考虑被调查人年龄较大情况，初查中我们重视对涉案对象的病情作详细的了解，接触被调查对象时由协作医院进行体检，随案医生在办案区等候，为其随时诊断，与协作医院保持密切联系，开设绿色通道，救护车待命，确保规范安全文明办案。

（2）通过前期的工作，了解到被调查人担任领导职务多年，年龄近五十岁，心理因素过硬，思维方式及应变能力强，所以要对被调查人唐有为心理活动及其表现及时捕捉、分析，根据被调查人唐有为的性格、心态、意识和反应进行引导和化解，防止被调查人唐有为某些心理波动，发展为极端心理，引发不理智的对抗行为。

（3）与被调查人唐有为接触的过程中，必须始终保持检察人员或法警两人以上，被调查人唐有为离开讯问场所时，在其前后分别有办案人员跟随、引导；对涉嫌犯罪疑点较大，有可能进入立案程序并限制人身自由的被调查对象要提前予以控制，防止出现因被惊动或走漏消息而造成自杀、串供或者携款潜逃的局面。

（4）传唤、拘传、看管等工作协调本院司法警察负责，严格执行看审分离制度。传唤、拘传犯罪嫌疑人严格按照《刑事诉讼法》第一百一十七条之规定执行。

（5）案件安全工作由主办检察官王风范负责，是安全防范的第一责任人。主办检察官赵光明、侦查员袁方及法警张某、王某，使用58号警车传唤被调查人唐有为到案。到案后由法警张某、王某及医务人员何某进行安检和体检。讯问室内的安全防范工作由赵光明、袁方负责，室外安全防范工作由法警张某、王某负责，外围协调法警支队派员警戒，以防止办案过程中涉案人员自杀、自残、脱逃等责任事故发生。讯问结束根据采取强制措施的方式，另行制定安全防范措施。

（五）办案风险评估和应对措施

为了保证初查工作的顺利进行，保证调查组人员的安全，针对本案的具体情况，提出如下办案风险和应对措施：

1. 初查过程的风险防范

（1）调查取证预审组在执行任务的过程中提供的人员信息务必准确，外调和协查事项需经过严格审批，工作人员要吃透案情，带足法律文书，为了防止银行等金融机构在协查过程中泄密，调查组负责人应和银监委、纪检委沟通协调，利用晚上或者双休日，对需要调查的人员进行查询，待案件取得实质进展后，再到金融机构相关部门有针对性地进行司法查询。

（2）严格依照初查规定收集材料，不违法取证。办案过程中按程序规定请院纪检、监察部门对反贪办案执法进行监督。

2. 案件保密风险防范

（1）专案组成员要认真遵守网络安全保密工作的规定，严禁用含有涉密信息的电脑上互联网、严禁将外网连接打印机、严禁在网络上发布带有秘密级以上的涉密信息，切实做好保密工作。（本院监察室予以全案监督）

（2）在办案过程中封闭对外联络，关闭通信工具，严守保密纪律，严禁泄露案情；在办案中如有人员说情或打探案情等情况，调查组成员及时与办案负责人联系，将说情、打探案情的情况备案登记。（本院监察室予以全案监督）

3. 涉案人员风险防范

（1）针对关键证人的询问，应当密切注意各环节的有序紧密衔接，鉴于被调查人唐有为法律专业背景，反侦查意识较强，一旦获取了关键证据，满足立案标准，立即对其进行控制，杜绝其外逃、销毁证据、订立攻守同盟。

（2）制定预案，对被调查人的活动范围进行动态监控，发现有外逃可能，立即采取措施。

以上意见妥否，请审示。

江南省人民检察院反贪污贿赂局

主任检察官：王风范

检　察　官：赵光明

检　察　官：袁　方

2015 年 3 月 2 日

（2）首次讯问犯罪嫌疑人提纲（制作样板）

唐有为涉嫌单位受贿犯罪首次讯问提纲

一、讯问的目的

目的：

1. 证实唐有为涉嫌单位受贿犯罪的问题；

2. 查明是否存在滥用职权犯罪的问题；

3. 证实唐有为涉嫌个人贪污犯罪的问题；

4. 核实涉嫌巨额财产来源不明犯罪；

5. 问清唐有为与明春晓涉嫌共同受贿犯罪的问题；

6. 发现是否还涉嫌其他职务犯罪的问题。

要点：

1. 以单位受贿犯罪为突破口，查清会费的全部来龙去脉；

2. 滥用职权犯罪，造成的税款损失与唐有为违法审批具有刑法上的因果关系，客观真实，造成国家税款重大损失，情节特别严重，转换证据，随时立案。

二、讯问前的准备工作

1. 对唐有为身体状况，落实医务救治人员；

2. 进行心理分析，找准个性特征，明示法律，依法教育引导；

3. 备齐法律文书；

4. 及时有效传唤犯罪涉嫌人唐有为，王风范、袁方、法警张某和王某负责传唤，派江 A33627 商务车辆传唤犯罪嫌疑人到案；

5. 讯问人员分工明确（赵光明主审、王风范副审、袁方记录、同步录音录像同录）；

6. 法警张某、王某及医务人员何某负责安检和体检。

注意事项：唐有为到案后，赵光明再次确认唐有为身上是否有违禁品。身体状况如何？

唐有为到案后，首先对其施加影响，进行行为矫正（如坐姿），控制焦虑、暴躁情绪，针对性进行教育，使其趋向稳定，对不正常的行为予以矫正。

三、讯问开始

（一）第一阶段

1. 告知侦查人员姓名、身份职务；

2. 告知对象传唤立案，讯问的法律依据，出示相关手续；

3. 告知对象权利义务，全程同步录音录像等问题，是否要求同录人员回避；

4. 告知对象侦查阶段聘请辩护律师；

5. 讯问对象个人基本情况；

6. 告知首问是否犯罪，如实供述可以从宽的法律依据（对侦查人员的提问，应当如实回答。如实供述自己罪行可以从宽处理）。

（二）第二阶段

1. 基本情况（身份信息、简历、家庭情况）；

2. 讯问单位及部门性质、职能及变化等相关内容；

3. 讯问唐有为职务职责范围及相关人员职责；

4. 讯问外资企业进口自用汽车的情况；

5. 业务流程。

（三）第三阶段

对象分析：唐有为任正处级领导职务多年，利用其负责审批江南省进口自用汽车许可证的权力，违法审批，使沿江市形成走私车辆重灾区，现走私团伙被打掉十三人，其明知自己违法审批，造成国家重大经济损失的个性特征情况，适时进行开导。适时出示证据及说明相关人员如实讲述，对其施加影响，以此唤醒犯罪嫌疑人记忆，核实犯罪细节。

突破口选择在单位受贿，因为是单位行为，又有其他人知晓，利于突破。滥用职权事实证据清楚，适时进行谈话，攻击其心理，对其产生震慑。

严格依法控制讯问时间。根据本案线索，案情特别重大、复杂，需要采取拘留、逮捕措施，传唤、拘传持续的时间不得超过五十四小时（第117条）；拘留后，应当立即将被拘留人送看守所羁押，至迟不得超过二十四小时（第83条）；决定拘留的对象可以在三十六小时至四十八小时内送押（一般案件12＋24小时，案情特别重大复杂案件24＋24小时）。

政策法律教育：

政策：党的十八大以来反腐形势你知道吗？今年两会，高检最新公布，2014年共查处县处级以上国家工作人员4040人，其中厅局级以上干部589人，省部级以上28人。力度之大、级别之高前所未有。全国上下都在"打老虎"拍"苍蝇"，大到中央政治局常委，小到村官巨贪。形势所迫，任何人都不可与社会相抗衡，与政策相违背。你必须认清形势，配合检察机关工作，主动交待自己的罪行，争取从宽处理。

法律：《刑事诉讼法》第一百一十八条：能够如实供述自己罪行的，可以从宽处理。《刑法》第六十七条：犯罪以后自动投案，如实供述自己的罪行的，是自首。对于自首的犯罪分子，可以从轻或者减轻处罚。其中，犯罪较轻的，可以免除处罚。被采取强制措施的犯罪嫌疑人、被告人和正在服刑的罪犯，如实供述司法机关还未掌握的本人其他罪行的，以自首论。

你现在已被检察机关立案，视你的态度，检察机关将会采取相应的强制措施。态度不好的一定会采取拘留、逮捕，好的可以考虑取保候审、监视居住。你只有争取法律的从轻从宽处理才是你最好的选择。

检察机关案前已经对你进行了大量的秘密初查，掌握了你大量的犯罪事实、证据。希望你要正视问题，主动交代；不要心存侥幸，与组织抗衡。最终贻害无穷，辜负了党的期望，组织的培养。

《刑事诉讼法》第五十三条规定，没有被告人供述，证据确实、充分的，可以认定被告人有罪和处以刑罚。也就是有证据证明，你不说也一样定罪。

1. 涉嫌单位受贿犯罪

分析：有证据证明，江南省外贸厅综合管理处构成单位受贿犯罪。郑有财证实缴纳一百万元"会费"，省外贸厅综合管理处支出五十万，另五十万去向不明，唐有为是否存在其他犯罪行为需要进一步核实。郑有财是否涉嫌对单位行贿犯罪需要加以问清。唐有为为郑有财谋取什么利益，是否构成滥用职权犯罪。

可出示的相关证据：

①电子物证报告十次一百万元（"会费"）；

②郑有财个人日记本中提取的缴纳"会费"记录；

③海关核定证明书两份；

④唐有为在公安、检察院的询问笔录；

⑤处里其他二位成员我们都已核实了，请你认真对待。促其交代，注意说法不能指证、诱供。

讯问内容：

①讯问唐有为收受"会费"的具体情况（金额、时间、过程等具体情况）；

②对收取郑有财"会费"一百万元的事实进行讯问；

问：江南省外贸厅综合管理处，在你任处长期间是否收取过相关单位的费用？（促其说出收取"会费"）

问：是什么协会、会长是谁、成员有谁，会费如何理解？

问：怎么成立的协会？是否真实存在这个协会？

问：收取"会费"的目的？是否和相关人员商议？

问：收取"会费"是否有依据？

问：收取"会费"是谁决定的？向上级领导请示过吗？

问：综合处其他人参与了吗？

问：谁经手收取的？

问：正常收费由谁收取，如何收取？

问：是以单位名义收取的，还是个人收取的？

问：都收取了哪些单位的"会费"（引出郑有财路歌汽车贸易有限公司）？按什么标准收的（每证一万）？收取了多少次、多少钱？现金还是转账？

问：还有其他单位或个人吗？

问：为什么只收取郑有财的"会费"？（唐是否知王违法）

问：与郑有财是怎么认识的，公司性质、成立日期情况？

问：郑有财的公司是否具备办理许可证的条件？是否可以办理这么多许可证？

问：郑有财办理的许可证是用于经营还是自用？

问：郑有财申请办理的许可证符合规定吗？（唐是否知道郑有财倒卖进口车辆许可证，怎么知道的？考虑郑有财是否存在"谋取不正当利益"，是否构成对单位行贿犯罪。对单位行贿罪：个人行贿数额在10万元以上、单位行贿数额在20万元以上的）

问：你具体是给郑有财怎么办理的？一共给郑有财批了多少许可证？（职业便利，一证一万应为一百个）

问：向郑有财收取"会费"是谁说的？怎么说的？

问：郑有财是否知道"会费"的实质？

问：收"会费"有记录吗？

（出示唐有为关于收取"会费"的电脑记录，郑有财个人日记本中提取的缴纳会费记录；海关核定证明书两份。怎么分清那些是批给郑有财的）

问：每次收取"会费"的具体情况（单笔经过）？

问：收取的"会费"由谁保管、怎么保管？（细问保管的可能性，查实是否有挪用行为）这种管理方式按财经纪律允许吗？

问：收取的"会费"款是什么性质？

问：你处财务独立吗？

问：该"会费"使用由谁决定？

问："会费"的具体使用情况？（五十万元在贪污部分核实）

问：案发前是否退还？

问：你还有其他犯罪吗？（指贪污五十万元）

2. 涉嫌贪污犯罪

根据初查材料证据情况，唐有为可能存在个人贪污五十万元的行为。

讯问内容：

①讯问唐有为收取"会费"剩余部分的处理情况；追问一百万元"会费"中，另五十万的去向？

问：怎么想的（思想变化过程）？是什么时间想的？这五十万元在你手中有谁知道吗？如何账务处理？钱款使用情况？是什么行为？是否退还？认识？（综合处都撤销了，还在你手保管，又无人知道等角度进行讯问）

②按照贪污犯罪构成详细讯问。根据证据材料，查清犯罪事实、实施过程、犯罪手段、参与人（是否有共犯）、主观意图、谋利情节、涉及金额以及赃款的来源和去向。

可能出现的辩解及应对：

①针对唐有为可能辩解向领导请示过，或领导指示的。

问：具体向哪个领导在哪请示的，是书面还是口头，领导意见？

问：请示领导有谁证实？

问：领导是否能够证实你请示的事实？（就算请示了，直接责任人也要负责）

②针对收取的"会费"有为公支出的辩解（包括福利、奖金或单位其他公务招待、送礼等支出）。

问：让其说明或提供为单位支出的详细明细、知情人、经手人、向领导请示汇报等情况。并安排侦查人员马上进行核实。

3. 涉嫌受贿犯罪（宝马车）

分析：唐有为受贿犯罪可能性较大，明春晓与唐有为通话频繁、且在QQ聊天中提到李冬明购车事宜，并对此事进行串供，唐有为与明春晓构成共同受贿的可能性非常大。李冬明给唐有为送这么贵重的物品，谋取"不正当利益"要求的较大，故李冬明构成行贿或对单位行贿犯罪的可能性较大。

①讯问唐"宝马"车来龙去脉过程情况；

②按照受贿犯罪构成详细讯问。根据证据材料，查清犯罪事实、实施过程、犯罪手段、参与人（是否有共犯）、主观意图、谋利情节、涉及金额以及赃款的来源和去向。

可出示的证据：

第一，明春晓机动车注册登记表（宝马车）；

第二，购车资金来源证明（李冬明卡付五十万元）；

第三，明春晓与宝马车照片（356张）；

第四，从唐有为电脑中提取的春眠不觉晓与唐老鸭QQ聊天记录；

第五，与李冬明的手机信息分析；

第六，宝马车日常维护、装饰费一十五万元（唐有为卡付）；

第七，宝马车保险费五万元；

第八，海关核定证明书（李冬明）；

第九，明春晓个人信息资料；

第十，李冬明、明春晓我们已经找过了，都如实讲了，希望你能主动交代。

可能出现的辩解及应对：

如否认该车是李冬明购买，出示李冬明购车付款凭证让其解释；

如辩解称是借钱买车或借车，指明你自己有银行存款为何借款，该车落户于明春晓名下，并由明春晓一直使用与借车不符的事实。该车的保险、日常维护费用都由明春晓支出，怎能是借的。

适时说明李冬明、明春晓证实该车的情况，揭穿谎言。（注意语言表达，避免指证、诱供。）

4. 涉嫌巨额财产来源不明犯罪

讯问目的：查清唐有为是否涉嫌巨额财产来源不明犯罪。通过巨额财产促使其交代其他犯罪。

可出示证据：

第一，出示唐有为家庭600万元银行存款书证；

第二，两套房产书证；

第三，一辆汽车书证；

第四，唐有为及其妻子单位出具的收入证明；

第五，家庭支出五十万证明。

第六，宝马车日常维护、装饰费一十五万元（唐有为卡付）；

第七，宝马车保险费五万元；

可能出现的辩解：

①有其他合法收入，及时问清并核实；

②有继承或赠与，及时问清并核实；

其他情况，采取有效措施及时应对。

讯问内容：

①讯问唐有为家庭财产及收入支出情况；

②讯问车辆、房产具体购买时间、金额、款项来源？银行存款的来源？

③按照巨额财产来源不明犯罪构成详细讯问。

④计算确定差额部分（存款＋一辆车＋两套房＋支出＜日常支出五十万元、宝马车日常维护十五万元和保险五万元＞双方总收入＝）？

⑤解释财产差额部分的来源？

《刑法》第三百九十五条，国家工作人员的财产、支出明显超过合法收入，差额巨大的，可以责令该国家工作人员说明来源，不能说明来源的，差额部分以非法所得论，处五年以下有期徒刑或者拘役；差额特别巨大的，处五年以上十年以下有期徒刑。财产的差额部分予以追缴。你听清楚了吗？

纵观刑法四百多罪名，唯有本罪需要嫌疑人自己说清楚财产的合法来源。我建议你，有可辩性的，可以进行辩解，最后无罪或罪轻。有证据证明构成犯罪的，没有可辩性的，没有必要辩解，要争取一个好态度。所以就不要在编造谎言了，主动说清，争取从宽。

5. 是否涉嫌滥用职权进行讯问（注意参考唐有为、李冬明、郑有财询问笔录相关违规审批部门）

分析：问清谁违法，违反什么法，造成多大损失，是否主观故意。

①外贸厅的职能职责，处长职能职责，问清江南省外贸厅综合管理处审批外资企业进口自用汽车许可证具体需要哪些条件和流程；

可出示的证据：

第一，海关核定证明书两份；

第二，郑有财被公安机关立案的法律手续；

第三，唐有为给郑有财、李冬明审批许可证购置车辆所有人登记信息。

第四，郑有财、李冬明的营业执照信息；

第五，唐有为电脑收取会费的记录；

第六，江南省外贸厅关于许可证购车优惠文件及相关部门出具的损失证明；

第七，《外商投资企业自用汽车管理办法》（对外贸易合作部、海关总署发文）、《江南省外商投资企业投资自用进口汽车管理办理》；

第八，海关核定书两份，郑有财、李冬明一千八百一十万元和四百五十万元损失。

①具体谁经办的，怎么审批的，每个单位按什么标准批准；

②郑有财、李冬明的公司是什么性质；

③郑有财、李冬明的公司是否符合申请外资企业进口自用汽车许可证的条件；

④郑有财、李冬明申请办理的外资企业进口自用汽车许可证是自用还是经营；

⑤按照"两个办法"，核实唐有为审批的违法性和主观故意性，是否知道郑有财和李冬明用于倒卖；

⑥批准许可证的外资自用汽车有何优惠；

⑦是否给国家集体和个人造成什么损失？造成多少损失，责任谁承担？

（四）第四阶段：各罪汇总

综上，你涉嫌贪污、受贿、单位受贿、巨额财产来源不明、滥用职权犯罪，你有何辩解和补充的吗？

（五）第五阶段：收尾部分

1. 你对自己的犯罪行为有什么认识？

2. 今天的供述是否属实？

3. 以前你在公安机关的证言是否属实？在检察院询问期间，你交代是否是事实？这次讯问的内容与你在公安机关、检察机关不一致的地方以哪一次为准？

4. 你是否有检举、揭发他人犯罪的情况？

5. 你还有什么要求？

6. 今天你因涉嫌单位受贿犯罪，对你采取刑事拘留强制措施。

7. 现在我们再次向你告知，自立案和被采取刑事拘留强制措施之日起，你有权聘请律师，为你提供辩护，你需要聘请律师吗？

8. 你还有什么需要补充的吗？

9. 你对今天讯问有什么意见吗？我们今天规范吗，效率高吗？

10. 今天的讯问就到这里，下面你阅读笔录，确认无误后在笔录上逐页签名。

（六）第六阶段

要求书写亲笔供词，以防翻供情形（侦查人员注明签收时间、地点、侦查人员、被提取人签名）。

四、安全防范工作

在讯问室内由主审赵光明、王风范及侦查人员袁方负责，讯问室外由法警张某、李某、王某负责。

1. 严重疾病发作

应对措施：轻微情况，备用医生紧急处理；严重情况，用救护车辆送医院，通过绿色通道紧急处理。

2. 在工作中经常遇到嫌疑人出现要求会见律师，要求见上级领导才讲，提出为其取保候审的条件才供述等情况

应对措施：向其讲清必须向侦查人员供述才能从宽，这是法律和政策的规定。

（1）根据《刑事诉讼法》第三十七条规定，特别重大贿赂犯罪案件，在侦查期间辩护律师会见在押的犯罪嫌疑人，应当经侦查机关的许可（50万元、重大社会影响、涉及国家利益）；

（2）根据《中共中央关于全面推进依法治国若干重大问题的决定》中各级党政机关和领导干部要支持法院、检察院依法独立公正行使职权。建立领导干部干预司法活动、插手具体案件处理的记录、通报和责任追究制度。任何党政机关和领导干部都不得让司法机关做违反法定职责、有碍司法公正的事情，任何司法机关都不得执行党政机关和领导干部违法干预司法活动的要求。对干预司法机关办案的，给予党纪政纪处分；造成冤假错案或者其他严重后果的，依法追究刑事责任。

（3）根据"两高"司法解释的规定，从轻的理由有三点：第一是如实供述可减轻处罚；第二是如实交代有利于查证的；第三是如实退赃的。

3. 出现情绪失控、激烈对抗等情况

应对措施：可采取喝水、抽烟等手段缓解情绪，通过谈论家庭、工作、子女老人等亲情话题，在其情绪稳定后再进入正题。

4. 态度消极、沉默不语、拒不回答任何问题等情况

应对措施：亲情感化、政策攻心等、心理防范。

5. 心理因素

唐有为担任领导职务多年，年龄近五十岁，心理因素过硬，思维方式及应变能力强，社会经验丰富，应该注意其故意制造轻伤、关键点拖延、使用模糊语言、变客为主给审讯人员施压等麻烦。

江南省人民检察院反贪污贿赂局

主办检察官：赵光明

检 察 官：王风范

2015 年 3 月 23 日

江南省人民检察院
侦查终结报告

江检反贪侦终〔2015〕1号

关于犯罪嫌疑人唐有为涉嫌贪污、受贿、单位受贿、巨额财产来源不明、滥用职权一案侦查终结报告

一、犯罪嫌疑人的基本情况

犯罪嫌疑人唐有为（无曾用名、化名），男，1963年10月19日生，籍贯江南省全州市，身份证号码是450103196310190021，出生地江南省全州县，汉族，大学文化，中共党员，现任江南省外贸厅外事处正处级调研员，现住江南省沿江市于洪区民族大道163号城置国际，非人大代表和政协委员，联系电话为13978813960，无前科。

工作简历：

1986年8月至2005年3月，江南省外贸厅工作，历任科员、副主任科员、主任科员、副处长；

2005年3月至2010年3月，江南省外贸厅任综合管理处处长（正处级）；

2010年3月至今，任江南省外贸厅外事处正处级调研员。

家庭情况：

妻子：许一丹，1968年10月19日出生，江南省广播电视大学教学；

女儿：唐果，2004年10月19日出生，小学读书。

江南省外贸厅综合管理处于2005年2月成立，2012年3月撤销，处长唐有为，主要职能是江南省外资企业进口自用汽车许可证

的审批。该处行政编制为三人。处长唐有为负责处里全面工作，副处长林成功配合处长开展工作，主任科员常立志从事具体工作。

二、案件来源及诉讼过程

犯罪嫌疑人唐有为涉嫌单位受贿、滥用职权犯罪一案线索，系江南省公安厅于 2014 年 12 月 20 日，以江公经侦移字（2014）1 号案件移送函，移送江南省人民检察院，江南省人民检察院举报中心同日收到该线索并备案登记。江南省人民检察院举报中心于 2015 年 2 月 6 日将该线索分流到江南省人民检察院反贪污贿赂局，同日，江南省人民检察院反贪污贿赂局交王风范（主任检察官）、赵光明（检察官）办理。2015 年 3 月 2 日，本院组成调查组对该线索开展初查。2015 年 3 月 23 日，本院以涉嫌单位受贿罪对犯罪嫌疑人唐有为立案侦查，同年 3 月 24 日经本院决定，对犯罪嫌疑人唐有为予以刑事拘留，由江南省公安厅执行刑事拘留，2015 年 3 月 30 日，经本院决定对犯罪嫌疑人唐有为决定逮捕，由江南省公安厅执行逮捕，现羁押在江南省沿江市看守所。

经犯罪嫌疑人唐有为本人申请，妻子许一丹聘请江南省伊敏律师事务所高尚、刘里律师在侦查期间为其辩护。

犯罪嫌疑人唐有为涉嫌贪污、受贿、单位受贿、巨额财产来源不明、滥用职权犯罪一案，现已侦查终结。

三、涉嫌的犯罪事实和认定的主要证据

经依法侦查查明：犯罪嫌疑人唐有为在 2005 年 3 月至 2010 年 3 月任江南省外贸厅综合管理处处长期间，涉嫌贪污犯罪，金额为人民币五十万元，涉嫌受贿犯罪，金额为人民币五十万元，涉嫌单位受贿犯罪，金额为人民币一百万元，涉嫌巨额财产来源不明犯罪，金额为人民币六百七十一万元，涉嫌滥用职权犯罪，造成关税损失金额为二千二百六十万元。

（一）涉嫌贪污犯罪事实和认定的主要证据

经依法侦查查明：2008 年 4 月至 2009 年 4 月，江南省外贸厅处长唐有为在审批外资企业进口车辆许可证过程中，决定以综合管理处的名义，在其办公室经手收取郑有财（江南省路歌汽车贸易有限公司经理）"会费"一百万元，并保管。2012 年 3 月，江南省外贸

厅综合管理处被撤销时。唐有为将支出剩余的五十万元"会费"隐匿，据为已有，根据《中华人民共和国刑法》第三百八十二条之规定，涉嫌贪污犯罪。

认定上述事实的证据：

1. 犯罪嫌疑人唐有为的供述

（2015 年 3 月 24 日第一次讯问笔录 P5 页第 2 行至 P10 页第 4 行）："问：什么时间收取的？答：2008 年到 2009 年收取的。问：想一想，收取郑有财多少会费？答：一百万元。问：收取会费谁经手的？答：我经手的。问：郑有财申请办理自用汽车许可证符合规定吗？答：不符合。问：郑有财办理自用汽车许可证有收益吗？答：有。问：收取的会费都由谁保管？答：在我这。问：会费使用由谁决定？答：我决定的。（14：57）问：收取的会费支出了多少钱？答：（沉默 1 分钟）（辩论 3 分钟）花了五十万元。问：剩下五十万干什么用了？答：也是花了。（辩论 10 分钟）有一部分钱存到我个人银行卡上了，有点私心，2010 年处室解散的时候，有一点事情扫尾，我看林成功、常立志调往其他处室，后来没有人提到，我就存到我个人银行卡上了。（15：19）问：为什么将单位收取的会费存到个人的银行卡上了？答：有私心，形势严，怕纪委知道，越闹越大。问：你是什么时间这么想的？答：2010 年处室职能终止时。"

证实：唐有为决定以会费的名义向郑有财收取一百万元，在处室解散时，将剩余五十万元隐匿，据为已有。

2. 证人证言

（1）郑有财证人证言

（2015 年 3 月 23 日第一次询问笔录，P2 页第 5 行至 P2 页第 12 行）："2008 年至 2009 年，我在办理进口汽车许可证时，需要到省外贸厅综合管理处进行审批，在此过程中需要缴一定的费用，但除此之外，每个许可证还另外收取一万元的所谓的"会费"，而不给任何票据，我怀疑这里面有问题，因为正常的收费不可能没有票据；问：江南省外贸厅综合管理处以这种会费的形式一共收取了你多少钱？答："总共有一百万元，因为当时就感觉这笔钱收得不明不白的，所以就留心做了一个记录。"

证实：2008年至2009年，江南省外贸厅综合管理处唐有为以单位名义经手收郑有财"会费"一百万元。

（2）林成功、常立志证人证言

（2015年3月23日林成功询问笔录，P2页第17行至P2页第22行）："这个情况唐有为处长曾经和我说过，处内没经费，平时招待、加班及外出考察没有钱，收点钱可以为处内创一些福利。具体收多少、怎么收我就不清楚了。在综合处临解散的时候，唐有为处长说处内共收五十万元钱，都用于各种费用支出了，有单据的费用是四十万元，还有十万元的费用没有单据，比如唱歌、洗浴之类的没法弄单据。"

（2015年3月23日常立志询问笔录，P2页第15行至P2页第22行）："这个情况唐有为处长曾经和我说过，处内没经费，平时招待、加班及外出考察没有钱，收点钱可以为处内创一些福利。具体收多少、怎么收我就不清楚了。在综合处临解散的时候，唐有为处长说处内共收五十万元钱，都用于各种费用支出了，有单据的费用是四十万元，还有十万元的费用没有单据，比如唱歌、洗浴之类的没法弄单据。"

证实唐有为向处内其他二人说明处里收取五十万元会费，全部用于单位支出。隐匿另五十万元。

3. 书证

（1）扣押的支出票据42张、综合管理处支出说明

证实唐有为经手为综合管理处支出费用五十万元。

（2）祁连山、赵一水于2014年9月17日从郑有财处提取的"交款记录"复印件一张

证实郑有财分十次向唐有为交会费一百万元。

4. 电子证据

江南省检察院司法鉴定中心电子物证检验报告，（江）检（技）鉴字〔2015〕第9号，文件"郑有财交款记录. doc"的内容为2008年4月13日至2009年4月21日期间的记录。共10条记录。合计金额为一百万元。

证实2008年4月至2009年4月间，综合管理处唐有为收取郑

有财一百万元"会费"。

综合认定：根据《中华人民共和国刑法》第九十一条之规定，江南省外贸厅综合管理处收取的一百万元"会费"，应视为公共财物。唐有为利用处室撤销，人员分流，其他人不知道会费收取和支出之机，将自己收取并保管的一百万元会费中五十万元隐匿，涉嫌贪污犯罪。

（二）涉嫌受贿犯罪事实和认定主要证据

经依法侦查查明：犯罪嫌疑人唐有为在2005年3月至2012年3月任江南省外贸厅综合管理处处长职务期间，利用负责审批外资企业进口自用汽车许可证的职务便利，为李冬明（江南省沿江市豪野汽车贸易有限公司经理）在进口自用汽车许可证的审批上给予关照。2010年3月，唐有为以被情人纠缠为由，收受李冬明给予的价值五十万元宝马汽车一辆，该车登记在明春晓名下使用。

根据最高人民法院、最高人民检察院《关于办理受贿刑事案件适用法律若干问题的意见》第七条规定，犯罪嫌疑人唐有为利用担任外贸厅综合管理处处长的职务便利，在李冬明的进口自用汽车许可证审批上给予照顾，为其谋取利益。授意收受李冬明为其情人明春晓购买的宝马车一辆，应以受贿论处。其情人明春晓（另案处理）明知李冬明为感谢唐有为在进口汽车许可证上的照顾，仍参与购买和收受，应以受贿罪共犯论处。根据《中华人民共和国刑法》第五十六条、第五十七条之规定，犯罪嫌疑人唐有为系主犯，情人明春晓系从犯。

认定上述事实的证据：

1. 犯罪嫌疑人唐有为供述

（2015年3月24日第一次讯问笔录，P12页第11行至P14页第3行）："我和明春晓好了以后，我和表弟喝茶时候说，我被一个小女孩缠上了，我表弟说花钱了事，我当时也同意，后来我打电话和李冬明说，人家不要钱要车，说了一台车的型号，他俩约定好一起去买的这辆车，就是刚才出示的那台车。我表弟和我说了，买这辆车花了五十万元。问：李冬明为什么要送给这辆车？答：李冬明也是做汽车贸易的，后来李冬明知道卖进口自用车辆能赚钱，我帮他

— 343 —

审批，他是我表弟，我不好意思收会费。到买车的这件事情我想起来向他要，他也爽快地答应了。问：你给李冬明审批自用车许可证符合规定吗？答：和规定相违背。问：李冬明送给你宝马车，和你审批自用汽车许可证有关系吗？答：有关系。问：收取李冬明宝马车你是否和明春晓商量过？答：我和明春晓说过这件事情，送给她一件礼物，去了就知道了。问：明春晓是否知道这辆车怎么购买的、什么原因购买的？答：我跟明春晓说过，我让李冬明给她买辆车。问：李冬明为什么给明春晓买车，明春晓清楚吗？答：没有业务关系不可能，办完这件事情没有收取会费。问：你给李冬明批准许可证有利益吗？答：有。"

证实唐有为利用其职务便利，违反规定为李冬明在进口自用汽车许可证的审批过程中给予帮助，为李冬明谋取利益，并以被被情人缠上需要买车安抚为借口，收受李冬明价值五十万元宝马车一辆。

2. 证人证言

（1）李冬明证人证言

（2015 年 3 月 23 日第二次询问笔录，P2 页第 4 行至 P2 页第 6 行）："问：你们公司与省外贸厅是否有业务上的联系？答：我们以前办理外企自用汽车许可证时需要向外贸厅综合管理处提出审批申请，办理相关手续。"（P2 页第 14 行至 P2 页第 23 行）（P3 页第 1 行至 P3 页第 23 行）："2010 年春节前，具体时间记不清了，有一天，我和唐有为喝茶聊天时，唐有为告诉我说，他最近被一个女子缠上了，不好处理，让我帮他想想办法。因为唐有为和我关系比较好，特别是在办理外企自用汽车许可证上帮了我很多忙，所以我一直就想找个机会向他表示一下，我便说给那女的弄点钱，打发一下就行了。问：接着说？答：唐有为当时便告诉我说，和那个女的谈过，那个女的狮子大开口，非要一辆宝马车，要不就告他。我说你放心，我给她买，并向唐有为要了那女的联系方式，后来我和明春晓联系的，一起去宝马4S店买的车，然后将情况告诉了唐有为，给明春晓买的车花了五十万元，是我刷卡付的款。"（P4 页第 1 行至第 4 行）："问：这几年你倒卖了多少份外企自用进口汽车许可证、非法获利多少钱？答：我共倒卖了五十份外企自用进口汽车许可证，总共挣了二百六十万元。"

证实李冬明申请外资企业自用汽车许可证需要唐有为审批，唐有为以情人缠上为由，向李冬明提出为其情人明春晓购买一辆宝马车。李冬明按唐有为的要求，支付五十万元为明春晓购买宝马车一辆，感谢唐有为在审批进口汽车许可证上的照顾。

（2）明春晓证人证言

（2015年3月23日第一次询问笔录，P2页11行至P2页第18行）："2010年春节前的一天，具体时间记不清了，唐有为告诉我说，有一个叫李冬明的老板和我联系，用我的身份证买辆车，到时我不要多说话，车我可以借来用着，所以也没有多问就答应了。问：接着说？答：后来没多久，李冬明就打电话约我见面，见面后也没太多客套，我俩一起去的宝马4S店，他刷卡付的车款，提车后用我的身份证落户的，我借来开回家的，然后我给唐有为打了电话说了情况。问：这车具体型号是宝马X3，车牌号是M－WG3936。"

证实唐有为让明春晓和李冬明一起去购宝马车，购车款由李冬明支付，车登记在明春晓名下。

3. 书证

（1）机动车注册登记表；

（2）调取证据通知书（回执），江检反贪（2015）7号，明春晓购宝马车付款人为李冬明银行卡转账付款，金额五十万元，时间为2010年2月1日；

综合证实2010年2月1日李冬明付款五十万元在沿江市宝马4S店购买的宝马车登记在明春晓名下。

4. 电子证据

（1）江南省检察院司法鉴定中心电子物证检验报告，（江）检（技）鉴字〔2015〕第9号，QQ好友信息和聊天记录

证实唐有为与明春晓是情人关系，唐有为收受李冬明一辆宝马车，案发后唐有为与明春晓串供过程。

（2）江南省检察院司法鉴定中心电子物证检验报告，（江）检（技）鉴字〔2015〕第9号，文件"#51.jpg"的内容为明春晓开车外游的照片。照片共356条记录，为2010年至2014年的人车照片。

证实该宝马车为明春晓使用。

（3）江南省检察院司法鉴定中心电子物证检验报告，（江）检（技）鉴字〔2015〕第 8 号，手机通话记录分析

证实唐有为与明春晓、李冬明关系密切，与 QQ 聊天记录综合证实唐有为与李冬明事后串供。

综合证据分析：唐有为利用审批进口汽车许可证职务便利，为李冬明审批进口汽车许可证，谋取利益，收取李冬明价值五十万元宝马车一辆，涉嫌受贿犯罪。

（三）涉嫌单位受贿犯罪事实和认定的主要证据

经依法侦查查明：2008 年 4 月至 2009 年 4 月，江南省外贸厅综合管理处处长唐有为，在审批外资企业进口自用汽车许可证过程中，对郑有财的路歌汽车贸易有限公司在办理进口汽车许可证过程中给予关照。并以综合管理处收取"会费"的名义，按照每个许可证一万元的标准，分十次向江南省沿江市路歌汽车贸易有限公司经理郑有财收取人民币一百万元，唐有为作为综合管理处处长，个人决定并经手收取会费，既是直接负责人，又是责任人，涉嫌单位受贿犯罪。

根据最高人民检察院法律政策研究室《关于国有单位的内设机构能否构成单位受贿主体问题的答复》，国有单位内设机构利用其行使职权的便利，索取、非法收受他人财物并归该内设机构所有或者支配，为他人谋取利益，情节严重的，依据刑法第三百八十七规定以单位受贿罪追究刑事责任。

江南省外贸厅原综合管理处作为国家行政机关的内设机构，利用审批进口自用汽车许可证的权利，以单位名义收受郑有财一百万元会费，为郑有财谋取利益，是单位犯罪。其行为触犯了《中华人民共和国刑法》第三百五十七条之规定，涉嫌单位受贿犯罪，但是江南省外贸厅综合管理处案发前已被撤销，不追究其刑事责任；江南省外贸厅原综合管理处处长唐有为作为部门负责人，个人决定经手收取郑有财会费一百万元，是直接负责人和责任人，依照单位受贿罪追究相应的刑事责任。

认定上述事实的证据如下：

1. 犯罪嫌疑人唐有为的供述

（2015 年 3 月 24 日第一次讯问笔录，P5 页第 2 行至 P7 页第

23 行）："答：2008 年到 2009 年度收取的。问：收取会费谁决定的？答：决定是我。问：收取会费都向谁收取的？答：就向郑有财收取的。问：想一想，收取郑有财多少会费？答：一百万元。问：收取会费谁经手的？答：我经手的。问：收取会费是以单位还是以个人收取的？答：以处室名义收取的。问：郑有财申请办理的自用汽车许可证符合规定吗？答：不符合。问：郑有财办理的自用汽车许可证有收益吗？答：有。问：会费使用由谁决定？答：我决定的。（14：57）"

证实：2008 年至 2009 年，唐有为决定并经手以综合管理处的名义收取郑有财会费一百万元。

2. 证人证言

（1）郑有财证人证言

（2015 年 3 月 23 日郑有财第 1 次讯问笔录，P2 页第 4 行至 P2 页第 12 行）："2008 年至 2009 年，我在办理进口汽车许可证时，需要到省外贸厅综合管理处进行审批，在此过程中需要缴一定的费用，但除此之外，每个许可证还另外收取一万元的所谓的'会费'，而不给任何票据，我怀疑这里面有问题，因为正常的收费不可能没有票据；问：江南省外贸厅综合管理处以这种会费的形式一共收取了你多少钱？答：'总共有一百万元，因为当时就感觉这笔钱收得不明不白的，所以就留心做了一个记录'；"

证实：2008 年至 2009 年，江南省外贸厅综合管理处向郑有财收取"会费"一百万元的事实，且未给郑有财出具任何票据。

（2）林成功、常立志证人证言

（2015 年 3 月 23 日林成功询问笔录，P2 页第 17 行至 P2 页第 22 行）："这个情况唐有为处长曾经和我说过，处内没经费，平时招待、加班及外出考察没有钱，收点钱可以为处内创一些福利。具体收多少、怎么收我就不清楚了。在综合处临解散的时候，唐有为处长说处内共收五十万元钱，都用于各种费用支出了，有单据的费用是四十万元，还有十万元的费用没有单据，比如唱歌、洗浴之类的没法弄单据。"

（2015 年 3 月 23 日常立志询问笔录，P2 页第 15 行至 P2 页第 22

行）："这个情况唐有为处长曾经和我说过，处内没经费，平时招待、加班及外出考察没有钱，收点钱可以为处内创一些福利。具体收多少、怎么收我就不清楚了。在综合处临解散的时候，唐有为处长说处内共收五十万元钱，都用于各种费用支出了，有单据的费用是四十万元，还有十万元的费用没有单据，比如唱歌、洗浴之类的没法弄单据。"

证实综合管理处收取过五十万元会费及全部支出的事实。

3. 书证

（1）江南省外贸厅江外发字〔2005〕1号文件

证实江南省外贸厅综合管理处职能是江南省外资企业进口自用汽车许可证的审批，处长唐有为负责处里全面工作。

（2）祁连山、赵一水于2014年9月17日从郑有财处提取的"交款记录"复印件一张

证实郑有财从2008年至2009年分十次向唐有为交会费一百万元。

4. 电子证据

江南省检察院司法鉴定中心电子物证检验报告，（江）检（技）鉴字〔2015〕第9号，文件"郑有财交款记录．doc"的内容为2008年4月13日至2009年4月21日期间的记录。共10条记录。合计金额为100万元。

证实2008年4月至2009年4月间，综合管理处共收取郑有财一百万元"会费"。

综合证据分析：江南省外贸厅综合管理处利用审批进口汽车许可证工作的职权，唐有为决定并经手收取郑有财会费一百万元，为郑有财谋取利益，涉嫌单位受贿犯罪。江南省外贸厅综合管理处于2012年3月撤销，不追究其刑事责任。唐有为系综合管理处的直接负责人和直接责任人，应以单位受贿犯罪追究刑事责任。

（四）涉嫌巨额财产来源不明犯罪和认定的主要证据

经依法侦查查明：经过检察机关调取证据证明，唐有为家庭现有财产（房产两处，购房款共计二百三十一万元，汽车一辆，购车款共计三十五万元，银行存款六百万元），唐有为家庭支出五十万

元，为明春晓宝马车维护、保险支出二十万元，合计金额为九百三十六万元。唐有为及妻子许一丹合法收入共计二百一十五万元，贪污五十万元，合计二百六十五万元。差额部分六百七十一万元，唐有为不能说明合法来源。犯罪嫌疑人唐有为身为国家机关工作人员，其财产明显超过合法收入，差额巨大。根据《中华人民共和国刑法》第三百九十五条之规定，涉嫌巨额财产来源不明犯罪。

认定上述事实的证据：

1. 犯罪嫌疑人唐有为供述

（2015年3月24日第一次讯问笔录，P15页第7行至P18页第1行）："问：（出示唐有为家庭600万元银行存款书证、两套房产信息、一辆汽车落户登记证明、唐有为及其许一丹单位出具的收入证明、家庭支出五十万元证明）你仔细看一下，以上信息属实吗？答：（经辨认）属实。问：（现在咱们计算一下资产差额部分）银行存款六百万元；房产共计二百三十一万元；一辆帕萨特车三十五万元购买。你的合法收入合计金额二百一十五万元，宝马车维护费用、装饰费用一十五万元，宝马车保险费用五万元，扣除贪污单位公款五十万元，你的非法收入为六百七十一万元。你的资产和收入差额部分能说清楚合法来源吗？答：现在我想不清楚了，以后我补充到。"

证实：犯罪嫌疑人唐有为无法说明家庭财产六百七十一万元巨大差额的来源。

2. 许一丹证人证言

（2015年3月23日第一次询问笔录，P2页第3行至P2页第14行）："我们家现有两套住房，一套是我们现在所住的城置国际，另一套是在星源北路的房子，具体手续都是我丈夫唐有为办理的，听他讲两套房子花了二百多万元；另外，我们家还有一辆帕萨特车在唐有为的名下，是我丈夫经手买的，具体花了多钱我不太清楚，此外，我家还有多少存款我就不清楚了，因为平常都是我丈夫唐有为理财，我们两人的收入都放在一起；问：你们家的收入有哪些？答：主要是我们的工资收入，我现在既是学报的总编，也在学校代课，收入多一些，但具体多少，也没算过；至于唐有为的收入，我从没问过他，不太清楚；"

证实：唐有为家庭财产有两套房子、一辆车，存款由唐有为掌握，收入来源是工资。

3. 书证

（1）中国农业银行江南省分行协助查询（回执），江检反贪查询［1］号，唐有为、许一丹、唐果存款总额为六百万人民币

证实唐有为家庭存款数额为六百万元。

（2）沿江市车辆管理所调取证据通知书（回执），销售不动产统一发票

证实唐有为有住房两套，交易金额分别为九十六万元和一百三十五万元，合计金额为二百三十一万元。

（3）沿江市房管局调取证据通知书（回执），机动车注册登记表

证实唐有为名下有一辆帕萨特汽车，销售价格为三十五万元。

（4）沿江市宝马车4S店调取证据通知书（回执）

证实李冬明于2010年2月为明春晓购宝马车付款五十万元，从2010年到现在，该车保养、装饰等花费一十五万元。

（5）中国人民财产保险股份有限公司沿江市支公司调取证据通知书（回执）

证实2010年至今，宝马车交纳保险费为五万元。

（6）唐有为和许一丹二人所在单位出具的《收入证明》

证实唐有为的家庭合法收入总计为二百一十五万元。

（7）《关于唐有为家庭支出的情况说明》

证实唐有为家庭支出为五十万元。

综合证据分析：唐有为身为国家机关工作人员，资产明显超出其合法收入，且不能说明来源，差额巨大，涉嫌巨额财产来源不明犯罪。

（五）涉嫌滥用职权犯罪和认定的主要证据

经依法侦查查明：2005年3月至2010年3月，唐有为任江南省外贸厅综合管理处处长，负责外商投资企业自用汽车进口许可证的审批工作，2008年至2009年，违反江南省对外贸易经济合作厅、江南省海关制定的《江南省外商投资企业投资自用汽车管理办法》

和对外贸易经济合作部、海关总署制定的《外商投资企业自用进口汽车管理办法》规定，在明知郑有财和李冬明违法倒卖外资企业自用汽车进口许可证的情况下，仍为郑有财、李冬明违反规定办理二百七十辆进口汽车许可证，共造成关税损失两千二百六十万元，致使国家利益遭受重大损失，情节特别严重。根据《中华人民共和国刑法》第三百九十七条之规定和最高人民法院、最高人民检察院《关于办理渎职刑事案件适用法律若干问题的解释（一）》第三条的司法解释，涉嫌滥用职权犯罪。

认定上述事实的证据：

1. 犯罪嫌疑人唐有为供述

（2015年3月24日第一次讯问笔录，P15页第7行至P18页第1行）："问：你的部门职责？答：审批企业进口自用汽车许可证。问：审批企业进口自用汽车许可证有相关的法律法规规定吗？答：国家有规定，外贸部、外贸厅都有相应的文件，主要是为了鼓励外商投资，按照外商投资数额的大小给予一定的指标，可以免除关税的优惠，必须企业自用。问：你给郑有财和李冬明两家公司审批企业进口自用汽车许可证违反规定吗？答：违反规定，他俩是倒卖，不是企业自用。问：给国家造成多少损失，你清楚吗？答：不清楚，肯定有，给国家肯定造成了损失。问：审批的时候你清楚吗？答：是的。问：给李冬明和郑有财是你亲自审批的吗？答：是的。问：造成国家损失结果由谁承担？答：我有私心在里面，由我承担。"

证实：唐有为负责外资企业进口自用车许可证审批，明知违反规定，为郑有财、李冬明审批二百七十台进口车辆许可证，给国家造成损失。

2. 证人证言

（1）郑有财证人证言

（2015年9月17日公安局第6次讯问笔录，P2页第16行至P2页第22行）："问：唐有为知道你办理进口汽车许可证进行倒卖的事吗？答：知道，正因为这样，他才收的钱，我们也不敢说，如果真是给外企自用他就不敢收了。问：他是怎么知道你办证倒卖的？答：我是冒充给外企办证的，他要是去外企一核实就露馅了，咱们这里倒卖外企自用进口汽车许可证都是公开的秘密，经常请他吃饭娱乐，心照不宣而已。"

证实：唐有为明知郑有财违法倒卖外资企业自用汽车进口许可证的事情。

（2）李冬明证人证言

（2015年3月23日第二次询问笔录，P2页第1行至P2页第3行）："问：沿江市豪野汽车贸易公司经营范围、性质是什么？答：公司营业执照的经营范围是国产汽车及零配件销售，这个公司是我个人独资的有限责任公司。"（郑有财2015年3月23日第一次讯问笔录，P3页第4行至第7行）："问：沿江市路歌汽车贸易公司经营范围有哪些、公司是什么性质的？答：这个公司是我个人的独资公司，营业执照的经营范围是国产汽车及零配件经销。"

证实：李冬明的豪野汽车贸易有限公司和郑有财的路歌汽车贸易有限公司是个人独资企业，不是外资企业，不具备申请外资企业自用汽车许可证条件。

3. 书证

（1）江南省对外贸易经济合作厅、江南省海关制定的《江南省外商投资企业投资自用汽车管理办法》；对外贸易经济合作部、海关总署制定的《外商投资企业自用进口汽车管理办法》

证明江南省外商投资企业自用进口汽车实行免税制度，只可自用，不可买卖，和按标准配备，不得超标准审批。

（2）江南省海关出具的《涉嫌走私的货物、物品偷逃税款海关核定证明书》江关（2014）256号和江南省海关出具的《涉嫌走私的货物、物品偷逃税款海关核定证明书》江关（2014）258号

证实唐有为违反规定为郑有财、李冬明审批二百七十辆进口汽车许可证，造成关税损失两千二百六十万元。

综合证据分析：唐有为身为国家机关工作人员，明知违反规定，审批进口汽车许可证，造成关税损失两千二百六十万元，致使国家利益遭受重大损失，情节特别严重。涉嫌滥用职权犯罪。

（六）认定犯罪嫌疑人唐有为主体身份证据

1. 犯罪嫌疑人唐有为常住人口登记卡、许一丹、唐果的常住人

口登记卡

证明犯罪嫌疑人唐有为具备刑事责任能力，唐有为的妻子许一丹，唐有为女儿为唐果。

2. 江南省外贸厅《关于黄海等同志的任职决定》，江外党字(2005) 1 号；江南省外贸厅职能配置、内设机构和人员编制方案，江外通字 (2005) 1 号文件；江南省外贸厅江外通字 (2012) 3 号通知文件；综合管理处的岗位职责

证实 2005 年 3 月 1 日至 2012 年 3 月 1 日，唐有为任江南省外贸厅综合管理处处长。负责江南省外资企业进口自用汽车许可证的审批工作。

综合证据分析：唐有为具有国家机关工作人员身份，2005 年至 2012 年任江南省外贸厅综合管理处处长，负责江南省外资企业进口自用汽车许可证的审批工作。

（七）对本案证据进行审查的情况

李冬明第一次询问笔录（2015 年 3 月 23 日 15 时 00 分至 23 日 15 时 50 分）（P2 页第 18 行）："这些问题你要是说不清，把你的孩子老婆都抓起来。"（P2 页第 20 行至 P3 页第 4 行）"你要是想不起来，我们找明春晓与你对质一下你敢吗？答：我敢。问：明春晓、李冬明你俩到一起来，刚才李冬明说她买辆车因不是本地户口借你的身份证给车落的户，这辆车一直由李冬明使用，明春晓这个情况属实吗？答：李冬明买车用我身份证给车落户情况属实，因为他没有本地户口，这个车一直由李冬明使用不对，偶尔我也借来用一用。问：李冬明，明春晓说她偶尔也借用一下你的车情况属实吗？答：对，明春晓偶尔借用一下我的车。"

根据《中华人民共和国刑事诉讼法》第五十条和《人民检察院刑事诉讼规则（试行)》第一百八十七条之规定，严禁刑讯逼供和以威胁、引诱、欺骗以及其他非法方法收集证据，不得强迫任何人证实自己有罪。根据《中华人民共和国刑事诉讼法》第一百二十二条、《人民检察院刑事诉讼规则（试行)》第二百零五条之规定，询问证人应当个别进行。

根据《中华人民共和国刑事诉讼法》第五十四条之规定，采用

威胁、非法方法收集的证人证言，应当予以排除。李冬明第一次询问笔录（2015年3月23日15时00分至23日15时50分）采用了威胁和询问证人李冬明、明春晓同时进行，属非法证据予以排除。

四、需要说明的问题

（一）查封、扣押犯罪嫌疑人财产情况

1. 对唐有为在中国农业银行江南省分行存款六百万元予以冻结，冻结日期为2015年3月25日至2015年9月25日。

2. 扣押明春晓宝马汽车一辆，车牌号为 M－WG3936。

（二）郑有财是否涉嫌单位行贿犯罪或行贿犯罪的问题

郑有财为倒卖外资企业进口自用汽车配额许可证，为谋取不正当利益，向综合管理处交纳一百万元会费，其行为是否涉嫌对单位行贿犯罪，拟在后期侦查工作中进行重点核实。

（三）李冬明是否涉嫌行贿犯罪的问题

李冬明按照犯罪嫌疑人唐有为编造的借口，给予其情人明春晓购买价值五十万元宝马车一辆，其行为是否涉嫌行贿犯罪，拟在后期侦查工作中进行重点核实。

（四）明春晓是否涉嫌共同受贿犯罪的问题

犯罪嫌疑人唐有为在2005年3月至2012年3月任江南省外贸厅综合管理处处长职务期间，利用负责审批外资企业进口自用汽车许可证的职务便利，为李冬明（江南省沿江市豪野汽车贸易有限公司经理）在进口自用汽车许可证的审批上给予关照。2010年3月，唐有为以被情人纠缠为由，收受李冬明给予的价值五十万元宝马汽车一辆，该车登记在明春晓名下使用。

根据最高人民法院、最高人民检察院《关于办理受贿刑事案件适用法律若干问题的意见》第七条规定，犯罪嫌疑人唐有为利用担任外贸厅综合管理处处长的职务便利，为李冬明在进口自用汽车许可证审批上给予照顾，为其谋取利益。授意收受李冬明为其情人明春晓购买的宝马车一辆，应以受贿论处。其情人明春晓明知李冬明为感谢唐有为在进口汽车许可证上的照顾，仍参与购买和收受，应以受贿罪共犯论处。根据《中华人民共和国刑法》第五十六条、第五十七条之规定，犯罪嫌疑人唐有为系主犯，情人明春晓系从犯。

拟另案处理。

律师对于本案的意见：伊敏律师事务所高尚、刘里律师对认定犯罪证据没有异议，但考虑犯罪嫌疑人唐有为认罪态度和积极退赃，建议从宽处理。

上述犯罪事实清楚，证据确实、充分，足以认定。

犯罪嫌疑人唐有为如实交待涉嫌单位受贿犯罪和滥用职权犯罪，无自首、立功等情节。

五、定性、处理意见和法律依据

综上所述，犯罪嫌疑人唐有为在担任综合管理处处长职务期间，利用负责保管其收取会费的便利，以隐匿手段非法将江南省外贸厅综合管理处公共财产五十万元据为己有，其行为已触犯《中华人民共和国刑法》第三百八十二条第一款之规定，涉嫌贪污犯罪。

犯罪嫌疑人唐有为在 2005 年 3 月至 2012 年 3 月任江南省外贸厅综合管理处处长职务期间，利用负责审批发放外资企业进口自用汽车许可证的职务便利，为李冬明谋取利益，收受价值五十万元宝马车一辆，其行为触犯《中华人民共和国刑法》第三百八十五条第一款的规定，涉嫌受贿犯罪。

江南省外贸厅综合管理处作为国家行政机关的内设机构，利用其行使审批权的便利，向郑有财索取一百万元财物归该内设机构占有、支配，并为郑有财谋取利益，情节严重，其行为触犯了《中华人民共和国刑法》第三百八十七条之规定，涉嫌单位受贿罪，应依照单位受贿罪追究相应的刑事责任，但江南省外贸厅综合管理处已被撤销，不再承担相应的刑事责任，江南省外贸厅综合管理处原处长唐有为作为承担行政审批职能的国家机关部门负责人，应依照单位受贿罪追究相应的刑事责任，犯罪嫌疑人唐有为的行为已触犯《中华人民共和国刑法》第三百八十七条第一款之规定，涉嫌单位受贿犯罪。

犯罪嫌疑人唐有为身为国家机关工作人员，个人财产与合法收入差额合计为六百七十一万元，明显超过其合法收入，差额巨大，且不能说明合法来源，其行为触犯《中华人民共和国刑法》第三百九十五条第一款规定，涉嫌巨额财产来源不明犯罪。

犯罪嫌疑人唐有为任江南省外贸厅综合管理处处长，负责外商投资企业自用汽车进口许可证的审批工作期间，2008年至2009年，违反规定，明知郑有财和李冬明违法倒卖外资企业自用汽车进口许可证的，仍为其办理二百七十辆进口汽车许可证，共造成关税损失两千二百六十万元，致使国家利益遭受重大损失，情节特别严重。其行为触犯《中华人民共和国刑法》第三百九十七条之规定，涉嫌滥用职权犯罪。

依照《中华人民共和国刑事诉讼法》第一百六十六条和《人民检察院刑事诉讼规则（试行）》第二百八十六条第一款之规定，拟将犯罪嫌疑人唐有为涉嫌贪污、受贿、单位受贿、巨额财产来源不明、滥用职权犯罪一案移送本院公诉处审查起诉。

江南省人民检察院反贪污贿赂局
主任检察官：王风范
检　察　官：赵光明
检　察　官：袁　方
2015 年 4 月 25 日

附：1. 犯罪嫌疑人唐有为现羁押于江南省沿江市看守所（略）；
　　2. 随案移送卷宗二册，共一百一十七页（略）；
　　3. 讯问犯罪嫌疑人唐有为全程同步录音录像光盘三张（略）；
　　4. 扣押支出单据420张；扣押宝马汽车一辆（车牌号 M－WG 3936）（略）；
　　5. 冻结犯罪嫌疑人唐有为银行存款六百万元（略）。

以上这三个实战示范样板就是来自于实战，鲜活真实，针对性强，因为是实战样板，其也一定存在某些瑕疵，存在可以商榷、探讨的地方，这样再次调动起学员的积极性、主动性、求知欲，实战样板的展示，学员根据自己的答题可以找到存在的差距，解决不规范的困惑，这种实训的讲课效果好、受到广泛欢迎也就是顺理成章的了！

5. 播放实战视频，让大家评头论足

这是一种直观性非常突出的讲课方法，比如先播放一段侦查人员讯问犯罪嫌疑人的录像片段（几分钟即可），然后随机指定三至五名学员回答：视频中哪些地方符合规范，分别列举；哪些地方存在问题，分别列举。然后教员对回答正确的进行鼓励，对没有发现的问题进行提示，阐明道理、依据，最后进行总结，这种实训教学难以忘怀。

我在《镜头下的笔录制作规范》课程中，针对大家对播放视频的评头论足进行了归纳总结：

（1）视频中符合规范的地方：

衣着规范、神情严肃、注意力集中、不卑不亢

整个讯问没有干扰

自始至终保持侦查人员二人

笔录格式、字体符合要求

终审讯问告知明确

讯问人员发问规范到位

同步标注到位

录音录像工作人员回避告知的内容明确

讯问结束有征求意见的内容

（2）视频中不符合规范的地方：

笔录中检察院没有写全称

缺乏第几次讯问的标明

缺乏讯问结束的时间

填空项目有空缺，且误写

讯问地点不具体

缺少"涉嫌"字样

缺少对象身份证号

缺少权利义务告知情况（终审或应重申）

缺少何时立案、何时被羁押（拘捕）的内容

缺乏首问是否有罪等的内容

关键及细节内容对象的回答记录不够全面、具体

然后我展示讯问笔录标准格式样板，讲课贴近实战的效果立即体现出来了。以下是讯问笔录实训样板。

上海市某某区人民检察院
讯问笔录 （第一次）

时间： 年 月 日 时 分开始至 月 日 时 分结束
地点：本院办案工作区第三讯问室（或某看守所某讯问室）
检察员：姓名（打印）……………………
记录人：姓名（打印）……………………
犯罪嫌疑人：……………………
案由：涉嫌某某罪……………………
移送案件单位：建议改为（案件来源）……………………
诉讼程序：侦查阶段……………………

问：（第一次讯问必须问清犯罪嫌疑人的姓名、曾用名、化名、出生年月日、民族、籍贯、文化程度、现住址、工作单位、职务或职业、家庭情况、主要经历、有无前科等情况）

建议增加：身份证号码、其他住址、政治面貌（或者信仰）、（人大代表、政协委员或者其他社会身份）、通讯方式、电子邮箱、身体状况

问：我们是上海市某某区人民检察院反贪局工作人员（姓名、职称），你因涉嫌某某罪，我院于××年×月×日依法对你立案侦查，今天对你进行传唤并讯问，请在《传唤通知书》上写明到案时间并签名。根据《刑事诉讼法》第一百一十八条的规定，对于我们的提问，你应当如实回答，能够如实供述自己的罪行，依法可以从宽处理。

听清楚了吗？
答：听清楚了。
问：出示《犯罪嫌疑人权利义务告知书》，你有依法享有的权利和必须履行的义务，你阅读了解一下，并签字确认。（有关录音录像的规定）（有关可以聘请律师的权利）
答：我知道了。
问：你的基本情况？

答：……（身份证号码、手机号、座机号、电子通讯方式）

问：你的简历？

答：……（穷尽到目前）

问：家庭情况？

答：……（根据案情考虑问：家庭财产情况、其他住房、产权房、商铺）

问：是否有过前科？

答：……

问：你是否有犯罪行为？

答：……

（讯问内容按案情进行：可以按照时间顺序、金额大小顺序、罪种不同顺序，也可以按照犯罪嫌疑人记忆情况，便于讯问的方式进行，总之讯问程序没有一成不变的一定之规，怎么有利于讯问、怎么突出讯问效果就可以怎么讯问。）

讯问的尾部：

问：你还有什么补充？

答：……

问：你对自己的犯罪行为有什么认识？

答：……

问：你对我们今天的讯问有什么意见？

答：……

问：还有什么要求？

答：……

问：阅读一遍，确认后签名。

答：……

（对象确认，签名，日期）

（侦查人员分别签名，日期）

（领导或参与讯问的时间并签名）

我特别提出侦查人员制作讯问笔录要注意笔录内容的"狮头、猪肚、豹尾"，千万不能虎头蛇尾、前紧后松、词不达意、瑕疵遍布、错误百出。

如此这般的针对性讲课，效果是不言而喻的，大家纷纷表示回去立即按照法律规范制定规范的笔录制作标准，河南省、陕西省、海南省等侦查部门的领导表示，张老师的课给我们的侦查能力水平提高了一个档次。

（三）讲课的形式要多

讲课的形式是教员人格魅力的展示，是教员能力水平的体现，是使人留下记忆印象的有效手段，我根据不同的对象、内容、环境采取不同的讲课形式。

1. 站立着讲课

站着讲课的好处是令人耳目一新，是对学员格外尊重的表示，因为一般教员都是坐在台上讲，突然看见一个教员走下讲台，站在大家前面讲，大家马上感到这个教员不同寻常，不拘一格。站着讲是不能看讲稿的，对讲课内容必须驾轻就熟，学员与教员的距离感被拉近了，相互交流方便了，注意力更加集中了，动感大大增强了，这不失为一种比较有特色的讲课形式。

2. 游走式讲课

一边走动一边讲课，这种讲课方式具有亲和力、亲近感，使学员注视力随着教员身体的移动而不断移动，教员把学员的注意力全部集中了起来，教员可以随意走到任何一个学员面前提问，与学员互动，当场分析学员的回答，这种情况下，学员的兴奋点被激发了，哪个学员还会看手机、思想不集中而干其他事？这是提高课堂教学质量的一种好方式。

3. 讲评式讲课

教员先作开场白，阐明讲课的主题，然后请学员一至三个人分别上台来对某一个话题进行阐述，当然，这上台的学员是课前事先安排准备好的，然后，由教员启发动员台下的学员对刚才上台阐述的学员的观点和认识提出自己的见解和评价，特别是让有不同意见、有新观点、新见解的学员充分发表意见，最后由教员进行评定、总结，这种将知识进行渗透性教学的效果特别好。

4. 讨论式讲课

这是一种目前比较流行的案例教学方式，适合于人数不太多的场合，一般宜在五十人以下。就是将学员按小组围坐在一起，根据教员提供的案例，以小组为单位进行讨论，要求每个人发表见解，然后推举一个人在课题上进行介绍。那么这几个组很可能具有不同的见解，教员再引导各个小组进行相互间的辩论，最后由教员进行综合讲评，进行总结。

要诀九：做充分准备

　　检察官教员讲课前认真备课是不可疏忽的一个基本要求，因为检察官学员听课的要求不是普法、不是入门、不是应试，而是能力的进一步提升，教员授课过程中，学员提出咨询、疑问、意见是不足为奇的，有准备，就能够应对自如，没有准备，就可能张口结舌、自乱阵脚，因此讲课前充分做准备是非常重要的。

一、讲课前要认真备课

　　教员讲课要认真准备是必然的，其包括：确定主题，准备资料，列出提纲，选择案例，撰写讲稿，制作 PPT，复核检查等。这些准备工作是大量的、具体的、准确无误的，如讲课内容的法律依据、实践中存在哪些问题、如何解决这些问题、相关的案例、数据、照片、录像的来源、选择、剪辑、制作等，准备越充分讲课效果越好，这是成正比的。

　　在每一次讲课前一定还要进行备课是必不可少的，即使是讲了多次的课程，也需要重新备课，检察官讲课一般不可能天天讲，那么存在时间的间隔，就会有陌生感，再熟悉一下内容没有坏处；其次，新的情况出现，要对内容进行增加、删减；最后，根据听课对象作必要的内容调整。

　　我讲课已经达 2600 多场，直接听我课的已经超过 120 万人次，但每次讲课前，即使是非常熟悉的课程、已经被评为精品课程的，都不例外，一定再备课，这是对自己负责、对学员负责、对培训的组织者负责，是师德的体现。

　　我讲课非常多，有的课程难免一些同仁已经听过多次，如参加国家检察官学院培训时听过，参加所在省市检察机关培训班时听过，参加条线培训班时听过，怎么办？认真备课，常讲常新，有质量的精彩课程永远有听众。

新疆维吾尔自治区伊犁哈萨克自治州反贪局长李鳌（现任特克斯县检察院党组书记），2013年4月参加华东政法大学在上海组织的培训班时听过我的课；6月，在乌鲁木齐国家检察官学院新疆分院组织的培训班上又听了我的课；8月，在新疆自治区检察机关组织的高检院巡讲团在自治区院的视频讲课中还听了我的课程，然后在伊犁州再次听了高检院巡讲团我的课程，但即使是讲同一个课题，李鳌和大家普遍反映，即使听了两次、三次，每次听的感觉都有所不同，每次都有新的信息和新的内容，这就是认真备好课的效果。

我对自己的要求是，只要第二天有课，我一定在前一天对要讲的课程再认真备一次课，白天没有时间我就在晚上进行，对我来讲备课到凌晨两三点钟是经常性的，否则我睡觉不踏实，讲课缺乏足够的底气。

二、讲课前要进行试讲

对初讲者而言，试讲是不可缺失的一个重要环节，其中要检验的是：讲课内容是否已经熟悉、语言表达是否能够保持自然、整个时间掌控是否合适。目的是要防止课堂上内容颠倒、疏忽遗漏、词不达意、张口结舌、时间失控等影响讲课效果的现象出现。

试讲一般是自己一个人先讲，对着镜子讲，看看自己的自信程度如何，多练几次，可以熟能生巧；

再在两三个人的小范围里讲，听听这些人的评价，进行调整完善提高；

最后要在大一些范围内、按照讲课的场景进行正规的讲课，根据大家的意见建议再一次修正，如此这般就可以将失误降到最低程度。

上海市检察机关每年对检察官、检察人员进行分条线的全脱产培训，本着"检察官教检察官"解决实践中问题的出发点，选拔一些资深检察官作教员讲课，为了保证讲课质量，组织方对每一个教员从安排课题、提出要求、指导备课、检验内容等都严格把关，最后由市检察院专门安排一定范围内的试讲，然后由大家提出意见，讲课者根据这些意见再修改，再进行第二次试讲，过关了才能上台讲课，个别的因为达不到要求则被淘汰。

三、讲课前要事先沟通

讲课前与培训的组织者进行沟通非常有必要，介绍自己课程的主要内容、大致的结构、解决的问题、具体的方式，以及需要组织方准备的事项等；同时要征求组织方的意见，再次确认讲课的时间地点、往返的方式、听课对象是哪些人、多少人、课题设备条件如何、希望控制的时间、是否课间安排休息、是否录像、是否视频直播等，好心中有数、确保双方配合无误。

我每年要多次到北京给国家检察官学院、中国政法大学、中国人民公安大学等职务犯罪侦查培训班讲课，因为路途不近，所以每去一次都要讲一至三天，两至六个课程，我事先一定与组织方认真沟通，对象来自哪些区域？由哪些人组成？职级、年龄结构如何？最期望学习掌握哪些知识？做到心中有数。

如我经常要去讲课的有：国家检察官学院有基层检察长研讨班、有高级检察官研讨班、有侦查骨干培训班、有初任检察官培训班、有西部地区侦查骨干培训班等。

如中国人民公安大学有某一个区域的侦查机关的侦查指挥班、检察机关侦查骨干班、纪检监察办案技能提高班等，这些不同层次、不同地域、不同结构的对象肯定不能用相同的内容、相同的方法，因为事先进行了沟通，我的课程内容与需求突出了紧密度，也就避免了讲者与听者脱节的弊端。

这里还要注意，这个事先还包括讲课过程中的事先，在连续讲几个课程的过程中，我在每一个课程前再与组织方、听课方进行沟通，根据新的需要进行及时的调整。

如 2015 年给海南省检察机关侦查指挥培训班讲课，三天时间九个课程，每天上午、下午、晚上各 3 个小时。因为我在两年前曾经给海南省检察机关讲过几天课，为了不重复，我选择了最新的课程，但听课方领队提出，这两年我们侦查队伍变动较大，新进人员比较多，希望我曾经讲过的课程再讲一次，这样我立即对课程进行了调整，虽然曾经讲过，因为我对课程是不断修订、完善的，曾经听过的学员反映再听一次仍然有新鲜感、有收益。

如此这般，我的课程就具有了很强的针对性、吸引力，讲课效果也得到了最大的体现。

要诀十：常提升质量

人与人的区别在于八小时之外如何运用。八小时之内决定现在，八小时之外决定未来。有学习才有选择权，没有知识，即没有根基，没有常识，即没有平台，拒绝学习，就是拒绝提升、拒绝成长！

"常讲常新"，检察官教员能够在什么层面上讲课，就要具备在什么层面上知识、能力的领先性。你经常在一个检察院讲课，你在这个院的范围内可能是领先的；你在一个省市院检察机关讲课，你在这个省市检察院范围内是领先的，你能够到全国各地、各级检察机关讲课，毫无疑问，你在全国检察机关是领先的，所以不断学习、不断思考、不断修正、不断提升是检察官教员处于领先地位的重要途径！

一、平时要了解同一课题的先进水平

检察官讲业务专业课，当然要高标准、精益求精，不断完善自己的讲课内容，不断提高自己的讲课水平，这就需要我们讲课者有自知之明，随时了解听众对自己课程的评价程度，对其他教员的评价程度，自己的差距不足在哪些地方，别的教员的长处在哪些地方，哪些可以借鉴、为我所用；同时要了解自己课程质量在全市、全国同一领域中的最高水平，给自己设定一个追赶的目标，永不满足，不断提升。

现在一些培训组织方都有一个对教员讲课质量的无记名测评要求，教员讲完课后，由学员按照：思想性、理论性、实践性、表达方式、课件制作等进行无记名评分，但是一般组织方不向教员反馈，担心评价不高的教员的情绪，只是作为以后选择教员的参考。其实，教员了解学员的评价是对自己的一种促进、鞭策，是一种动力，知不足才能有提高，自我感觉良好是停滞不前的麻醉剂。

这些年来各地检察机关都评选出了一些教育培训的精品课程，高检院经过严格评选也于 2013 年公布了首批全国检察系统精品课程，这就是全国检察机关的最高水平，所以经常对照、学习是促进自己不断进步、提高的有效途径。

二、平时要明白自己课程的价值程度

检察官讲业务专业课程的目的是指导实践，是促进和提升侦查人员的办案能力，那么我们在讲课的实践中，对侦查人员究竟是否起到作用、起到多大作用，自己的这个课程在侦查实践中的价值程度究竟如何要掌握，可以通过下基层走访调研、座谈征求意见、聊天交流等予以实现，倒不一定去刻意所为，在不经意中了解是最真实的、最客观的。

我长期从事职务犯罪侦查工作，我的长项是侦查实践，我就将我的长项发挥到极致，这就是我的课程的价值所在；大学教员的长项是偏重理论的系统化、偏重书本的理想化，这是他们的价值所在。理论和实践是相辅相成的，但是，检察官讲课的对象不是对某一个专业完全无知的学生，而是具有一定检察工作基础的检察官，甚至是具有相当资历的侦查骨干、指挥决策人员，是资深检察官人士，检察官教员讲课的价值就在于大家在实践中有没有用？管不管用？好不好用？

大学教员的课程一般要产生效果，是一个漫长的过程，至少要等学生毕业到了工作岗位上才能逐步体现出来，而我们检察官教员的课程其中有一些可以达到很快见效、立竿见影的实践效果，如我研究提炼的"初查重点 30 条""初查方法和途径 36 条"的内容，北京、河南、陕西等地检察机关侦查部门都印发给每一个侦查人员，作为日常的初查工作中的对照、参考标准。一些侦查人员反映，张老师的课：一听就懂，一学就会，一用就灵，这就是讲课的价值体现出来了。

能够经常注意自己课程的实践应用是提升自己课程质量的重要途径，如大家都明白的理论多了，那就及时减去；大家希望对某一个侦查技能能够讲得再透彻一些，那就增加这方面的内容，不断提升我们检察官教员的课程价值是我们的目标。

三、平时要掌握这一课题的发展变化

与时俱进、适应形势发展是保持课程生命力的基本要求，检察官业务专业课程是通过多年来，甚至是十几年、几十年来的众多的、众人的实践提炼、总结出来的，其生命力当然不可能在短时间里就消失了，因为检察工作实践、包括职务犯罪侦查工作实践的基本规律、基本方法是不会随着时间的推移而发生重大变化的。

　　但是社会是在不断发展变化的，科学技术水平是在不断发展变化的，人对事物的认识也是在不断发展、变化、提升的，我们对检察工作、对职务犯罪侦查工作的认识也必然会不断发展、不断变化，这就是辩证法。所以经常关注自己研究的课题、课程的发展变化是必要的，在具备了比较扎实的基础上，还可以从一个课题发展到几个课题，经过了一定时间的积累，可以形成一个系列，这是促进自己不断学习、不断提高、不断争先的动力，是常讲常新、永远具有生命力的必由之路。

附：授课精髓：初查的谋略与技巧*

一、初查概说

有关职务犯罪侦查活动中的初查问题，我们知道，初查不属于侦查活动，但与侦查活动具有密不可分的联系，是侦查活动的一个前置环节，从广义上说，属于侦查活动的研究范畴。

（一）初查的渊源

初查是一个既陌生又常闻的名词，说它陌生，到目前为止规范的法律条文中没有它的一席之地；说它常闻，反贪部门的侦查人员没有不了解、不熟悉的。

那么，初查究竟是怎么提出和发展完善的呢？

从检察机关的有关档案中可以看到：1985年1月，第二次全国检察机关信访工作会议首次提出"初查"概念；1990年5月，最高人民检察院制定的《关于加强贪污贿赂案件初查工作的意见》中再次提到"初查"；1995年7月，最高人民检察院颁布的《关于要案线索备案初查的规定》中着重强调"初查"；2005年11月1日，最高人民检察院颁布《人民检察院直接受理侦查案件初查工作的规定（试行）》把"初查"作为一种常规的程序；2011年12月29日最高人民检察院检委会通过《人民检察院直接受理侦查案件初查工作的规定（试行）》进一步将"初查"明确化、规范化、标准化。作为反贪侦查人员，对初查的几个观念应当有所了解，并且要力求丰富和提高对其的认识与客观、全面的掌握。

1. 初查是存在着争议的

虽然最高人民检察院早在2005年就已经颁布《人民检察院直接受理侦查案件初查工作的规定（试行）》，但实事求是而言，一些侦查部门及侦查人员仍然在思想上、行动上存在着不同程度的不同看法或抵触情绪。2005年，我参与编写最高人民检察院《反贪侦查培训教材》，受领导的委托带队去西南、

---

* 本课被评为全国检察机关首届精品课程第一名。

华南考察，期间跑了省、地、市、区、县4个省的26个检察院，给我印象最深的是，在一次与某省级检察院的座谈会过程中，该院职务犯罪侦查部门的领导明确表示初查的不可行性，坚决反对立案前进行初查的做法，因而，（当时）该地区在办案工作中也没有关于初查的明确规定与具体要求。

其产生分歧认识的一个重要的原因是，初查有没有法律依据，要不要初查。修订前的《刑事诉讼法》第86条、修订后的《刑事诉讼法》第110条，人民检察院对于报案、控告、举报和自首的材料，应当按照管辖范围，迅速进行审查。是不是依据？有人认为"用法律并没有授权的行为去侵害立案前相关人员的隐私权、名誉权、人身财产权等，构成了非法侵害"。

在业务培训的教学过程中，也有人提出"初查可有可无""没有初查照样办案"的观点。至于在一线侦查人员中，对"初查"表面上认可，实践中否定的可能也不在个别。

所以，迄今为止，有关对初查的认识，还是存在争议的，我们不必回避，应当在学习、思考与实践中逐步予以统一和提高。

当然，争议、争论、讨论、研究都可以，但最高人民检察院已经出台了明确的规定，我们每一个侦查人员在行动上必须认真贯彻执行，不得有二话！

2. 初查并不是新生事物

初查在迄今为止的国家法律规定中没有明确的地位，但这并不是说提出初查是检察机关自己创造的新生事物。

第一，修订前的《刑事诉讼法》第86条规定，"立案前进行必要的调查"；修订后的《刑事诉讼法》第110条规定"人民检察院对于报案、控告、举报和自首的材料，应当按照管辖范围，迅速进行审查"。对这种"调查""审查"所表现出的内涵的分析、理解，我们可以毫无疑问地说，这其实就是初查的法律依据。

第二，职务犯罪不同于普通刑事犯罪，它一般具有案件的缓发性（据统计，当前职务犯罪从作案到案发的时间跨度由10年前的平均6年提升至如今的10年），缺乏犯罪现场，极少是现行作案，所以，进行一定的初步调查，以确认犯罪主体、确定案件管辖、确认犯罪嫌疑行为必不可少。

第三，境外早有先例，我因为工作关系，去过香港廉政公署多次，作为全世界反贪机构典型模式的香港廉政公署其对初查的运用是炉火纯青、得心应手的。只有600多万人口的香港地区，其廉政公署"卧底"就达800多人，这800多人的主要职责，其实就是获取线索、进行初查，所以香港反贪案件立案前都进行过大量的、深入的初查，长一点的可达三五年之久，在这种初查的基础上再请你"喝咖啡"（谈话调查），抵赖、狡辩是徒劳的。

3. 初查是尊重和保障人权的必然要求

检察机关提出案件初查，其一个最主要的目的就是适应"尊重和保障人权"的必然要求。我国已经签署了联合国人权公约，尊重和保障人权也写入了宪法，对侦查机关在侦查活动过程中尊重和保障人权也必然提出了更高的要求。

以我个人的感受，在1997年《刑法》、1996年《刑事诉讼法》修订以前，侦查机关普遍存在的"宁可误伤好人，绝不放过坏人"的陈旧观念如今早已被摒弃，自"两法"修订以来，"宁可放过坏人，绝不误伤好人"的观念逐步成为尊重和保障人权的基本法则，毫无疑问，对职务犯罪立案前进行初查是更加准确惩治犯罪，保护无辜的必然要求。

4. 初查是提高案件质量和效率的必然举措

办理案件的质量和效率是检察机关侦查部门与侦查人员的最基本的要求，"两法"修订以前，一些检察机关侦查部门办理的职务犯罪案件被法院宣告无罪的、发回重审的、检察机关自行撤回的、免予起诉的、撤销案件的占据的比例较大，有的高达30%，个别的甚至达到50%，几乎是立两件撤一件。自最高人民检察院有关初查的规定提出、发展、完善以来，检察机关侦查部门普遍追求并且努力做到了所侦查的案件能够立得住、诉得出、判得了，就上海地区而言，贪污贿赂等罪名的案件其撤案率已不足0.5%。

初查的全面实施、规范进行，大大保证了案件的质量，大大提高了办案的效率，10多年来的侦查实践证明，职务犯罪案件立案前的初查是提高案件质量和效率的必然举措。

5. 初查是职务犯罪侦查体制改革与发展的必然趋势

初查的提出、发展、完善是经过了检察机关职务犯罪侦查28年的实践，其虽然不是一帆风顺的，但它是侦查体制改革与发展的方向和必然趋势。在修订后《刑事诉讼法》经全国人民代表大会通过颁布的背景情况下，2012年9月12日最高人民检察院再次出台《人民检察院直接受理侦查案件初查工作规定（试行）》（2011年12月29日十一届检察委员会第六十九次会议通过）就充分说明了这一点。

（二）初查的特点与本质

我们现在强调的初查，其目的是非常明确的：

1. 初查过程就是发现证据、甄别证据、获取证据的过程

我们强调初查，查什么，简单一句话，就是查证据，拿证据说话。指控犯罪，靠的是证据，所以，初查过程就是发现证据、甄别证据、获取证据的过程。

2. 初查的核心问题就是获取证据

这个证据有两种类型：（1）外围证据；（2）自证证据。

初查过程是为了获取证据，获取什么证据呢？

它包括两个阶段的证据：一是证明涉嫌犯罪的证据或者证明无罪的证据。而这类证据一类是围绕涉嫌犯罪的外围证据，所有外围证据都指向一个目标，证明涉嫌犯罪（反之不能证明涉嫌犯罪），也是初查过程中的第一阶段的证据；另一类是被调查对象自己举证的证据，也是初查过程中的第二阶段的证据（接触被查对象阶段），如果在第一阶段由证据排除了犯罪的嫌疑，那么第二阶段的证据获取就消除了必要。

3. 初查证据的两种主要形式：（1）指向性证据；（2）自证性证据

初查阶段的证据通常具有两种主要形式，指向性证据是来自各个方面的证据均指向一个目标，诸如主体、犯意、行为、结果，促进嫌疑性的增强；自证性证据是被查对象自己对涉嫌犯罪事实的供认或辩解。

4. 初查的非完整性、非强制性特征

初查与侦查是有区别的、性质不同的司法活动。初查其要求：一般情况下要秘密进行、一般不得接触被查对象。初查不得对被查对象采取强制措施，不得查封、扣押、冻结其财产，不得进行搜查。所以说初查是非完整性、非强制性的，其主要是相对侦查而言的。

5. 初查在特定情况下有需要、有必要或者只能公开进行

初查当然不是机械的，一成不变的。虽然初查要求一般情况下要秘密进行，但在特定的情况下，往往需要、必要或只能公开进行。如犯罪后果、结果已经公开化的；案件内容被多方举报已经众所周知的；案发单位已经对有关人员、有关事实先进行了处理的；当事人公开自首的等，要注意的是，凡公开初查要经检察长批准。

6. 初查后认为可能进入立案程序的都需要接触被查对象

初查阶段要求一般不接触对象，其实这是指初查没有获得一定程度证明嫌疑证据的情况下不能轻易接触对象（即指上述初查第一阶段），而凡是初查获取了证明嫌疑的一定程度的证据后，进入立案程序之前，必须接触存在嫌疑的被查对象（畏罪潜逃的除外）。

司法实践中，初查阶段获取了一定的证据，在不接触存在嫌疑的被查对象的情况下直接立案是非常罕见的，因为如果不接触对象就立案其弊端是显而易见的。要注意的是，在初查阶段接触被查对象要经检察长批准。

7. 初查阶段经过批准接触被查对象的，其权利受到一定限制

初查阶段不得限制人身自由和财产权利是一条原则，应当严格遵守。但在

司法实践中，我们应当正确全面来理解和执行。初查中获取的证据证明被查对象嫌疑明显，需要接触其进行当面取证，这必须报请检察长批准后方可进行，这个阶段的接触，是谈话性质，最高人民检察院初查规定把这个过程也称之为"询问"，我理解这个"询问"与立案后对有关人（证人、被害人）的"询问"是具有区别的。

在这个阶段，如果发生当事人拒绝接受"询问"，或者发生欲强行离开"询问"场所的情形，是不是可以默认、允许和听之任之呢？很明显，这是不可以的。

我曾经在初查阶段的第二阶段（接触阶段）分别找过四个涉嫌犯罪的法官、两个涉嫌犯罪的检察官正面接触谈话，他们不约而同都有欲强行离开的举动，我们侦查人员、法警理所当然予以制止，这显然不是强制措施，但经过批准被接触的初查对象其权利是受到一定程度限制的。

目前，上海地区所有检察机关在初查阶段接触被初查对象的，均需要对被查对象进行安全检查（人身检查），其本质上，也具有这样的性质。

8. 初查过程中接触被查对象的，其安全防范是非常重要的

初查过程中接触被查对象的，对该对象的安全防范是第一位的，来不得半点马虎和疏忽。回顾我们在办案过程中曾经发生过的各种安全事故或者事故苗子，90%是发生在初查阶段，可见这个阶段是安全防范的重点和关键。

在我30多年的反贪侦查生涯中，亲历或者所见所闻对象自杀及出现自杀苗子的，也逾几十起，如被查对象有把自己眼镜片踩碎后割脉的；有用写交代的圆珠笔金属笔芯插入血管的；有突然用自己的头猛烈撞击铁质文件柜的；有偷偷解下绳索上吊的；有趁人不备跳楼的；有用一次性筷子插入眼睛直达脑部的；甚至有受不了精神压力跃入高温铁水炉子的，无论最终结果如何，无论发生在办案场合还是其单位或居住处，发生这类情况均会造成侦查工作的被动和不良的社会影响，所以初查阶段接触对象的安全防范必须与对象之间保持零距离，"分秒不脱，寸步不离"，慎之又慎。

（三）初查观念转变的紧迫性

初查的重要性、必要性，其意义的深远性在一些侦查部门及一些侦查人员的头脑中还存在着一定的误区、盲区，应当及时进行转变。其主要表现为：

1. 思想上——没有确立初查是必经程序理念

一些侦查部门和侦查人员认为初查后能够符合立案条件的毕竟是极少数，大部分初查的结果可能是"无功而返"，因此思想上没有确立初查是必经程序的理念，而把它视为可有可无、多此一举，思想上不重视初查，没有真正认清、理解和领会初查的重要意义及必要性。

2. 行为上——处于走形式搞应付走过场状态

一些侦查部门和侦查人员对待初查仅仅是停留在走形式、搞应付、走过场的层面，存在初查不予重视、考虑简单不周、计划粗糙雷同、行为放任自由、没有部署、没有检查、没有监督，听之任之而呈"脚踩西瓜皮，滑到哪里是哪里"的现象。

3. 认识上——存在不初查也照样能破案观念

一些侦查部门和侦查人员固执地存在不初查也照样能破案的观念，不肯扎扎实实地下苦功夫，而且一味找捷径、讲手气、碰运气，把一些个别的、巧合的、意外的办案经验当作普遍规律，以投机取巧、经验主义取代严谨、规范、缜密的初查。

4. 实践上——对初查的研究不够全面与深入

侦查实践中侦查人员认真思考、主动研究初查这个课题，目前还处在比较薄弱的状态，能够主动、自觉、深入研究的还不多见，初查的思路比较狭窄，初查的方法比较单一，初查的手段比较陈旧，初查的措施比较贫乏。

5. 机制上——初查考核机制的不科学不配套

当前各地检察机关的业绩考核比较看重的是办案的结果，"以破案论英雄"，初查得再好，如果无法进入立案程序的，往往不计入考核范围、不算工作业绩。司法实践中，初查率往往不到立案率的1/10，工作量极大的初查不计入考核，显然是不科学、不客观、不合理的。

6. 事实上——凡是案件成功的其初查就是好的

如今侦查部门和侦查人员都习惯了这样一种情况，凡是成功的案件，回过头来进行总结，除了"领导重视"以外，一定是初查怎么怎么好，是一种"倒轧账"的做法，事实上倒真的未必。初查的质量高不高，应当在初查终结阶段就可以反映出来了，以扎实的证据排除了诬告、误告、错告，维护了公民的合法权益，体现了社会效果的初查难道不是成绩吗？

二、初查取证

（一）初查取证定位的把握

初查之前，必须对初查工作有个基本的定位，就是对这个初查线索特点的把握。

1. 总体定位

总体定位主要把握三个重点：重要性、时间性、结果性。

侦查人员着手初查初始，应当对所初查的案件线索如何取证作一个总体的定位，可以从以下三个方面进行把握：

（1）重要性

初查的线索其重要性的程度是各不相同的，一定通过重要性的分析判断，把初查纳入恰如其分的位置。不分青红皂白，胡子眉毛一把抓，什么都重要，其实就是什么都不重要；而不及时把握住初查的特殊性，那么重要的初查就会流于一般而贻误进展，影响大局。

2005年，一起检察人员重大违法犯罪的线索，我作为专案组成员，经历了市院有关领导高度重视的决策过程。专案组的组建、工作方法、办案纪律、加强领导、及时报告等，无不区别于一般初查而体现其重要性，专案组每个成员思想高度集中，都竭尽全力、恪尽职守，确保案件初查取得预期的效果。

（2）时间性

进入初查前，对这次初查需要多少时间一定要有一个基本的预算，千万不能以为初查一般具有2个月的期限，还可以找个理由提请延长期限，慢慢来，而应当充分考虑初查的各个方面的因素，包括有利因素、不利因素，客观具体地把握好时间的要求。

还是上面检察院工作人员违法犯罪案件，当时被查的两个对象被停职，我们专案组绝对不会因为对象被停职就按部就班、优哉游哉，而是刻意计算时间的需求。

我首先与一个被查对象进行面对面的交锋，该对象具有20余年的检察官经历，面临被停职调查，其态度十分嚣张，我也以强势言语对其进行"狂轰滥炸"，力求迅速打消其气焰。

1个小时左右，首轮谈话告一段落，我离开了谈话房间，监察处魏处长对我说："张亮，千万别生气，别同他一般见识，他是个无赖。"我笑着说："这种人我见得多了，我是故意激起他的愤怒情绪，否则慢条斯理谈话，他进不了状态，十天半个月也拿不下来，老魏，你看，要不了一天，他保证向我赔礼道歉。"

老魏将信将疑。几个小时后魏处长同我一起再进去，准备进行第二轮谈话，不曾想该对象突然跪下，拼命强调自己"有眼不识泰山"，要求我"大人不记小人过"。原来该对象不认识我，经向负责安全的法警打听，才知道这个人是张亮，张亮长期担任反贪局长，敢打善打硬仗的故事他是有所耳闻的，他的意志松动了。

老魏出来后对我说："张亮，你有一套，料事如神啊。"其实我并没有神机妙算的本事，而确实是这种外强中干的对象见得多了的缘故。

到第六天，另外一个对象开口交代了，我们这个对象仍然没有进展，一些舆论对我们也不利起来，有说我们方法不对的；有要求调换我们的；等等。领导征求我的意见，我说，换人也许有效果，但有利有弊，如果继续让我们进行下去，我估计在第十天左右可以彻底突破。领导非常信任我们，决定由我们继续进行下去。

按照我们的设计，天天进行不同方式的谈话，进展明显，到第十天晚上，对象彻底交代了，甚至把自己找女人、养情妇的隐秘都交待了，可见他彻底趴下了。

于是我负责询问，魏处长做笔录，等对象把笔录确认签字后，时间正好是零点，魏处长忍不住向对象说："张亮早在几天前就说你大概在第十天开口，你看，现在正好是第十天的最后一分钟。"结果对象极力恭维起我来，与我称兄道弟，要为其"指点迷津"，还索要我写的书。当然，这个案件突破时间上有巧合的因素，但一个成熟的侦查人员应当对自己的工作有时间上的基本估计和判断，及时、合理、科学地控制和运用时间，也需要将时间作为对自己工作的对策、动力和压力。

（3）结果性

初查的结果如何，侦查人员在初查之始、初查之中，也应当有一个基本的估计和判断，可以按照客观事实，设计几种可能：圆满的结果、意料中的结果、出乎意料的结果、令人信服的结果、自己都不服的结果。这样可以克服初查工作的盲目性、被动性和机械性，可以培养自己站在比较高的角度思考、分析问题，掌握初查工作的主动性。

总而言之，初查取证之前，侦查人员一定要充分把握所初查案件线索的四个因素，即地位、影响、进度、后果，一定要做到心中有数，以保证在初查过程中能够稳步推进，游刃有余。

2. 具体定位

具体定位主要把握三个重点：可能性、归罪性、拓展性。

（1）可能性

实施犯罪，从犯罪构成的角度而言，应该有多个方面的条件促使而成，而主观故意是一个非常重要的组成部分，如果不分青红皂白，盲目出击，不但会无功而返，浪费侦查资源，而且易造成不必要的负面影响，甚至危及社会稳定。

我曾经受理过一份举报件，举报时任某区规划局局长的蔡某有收受贿赂犯罪嫌疑，洋洋洒洒、言之凿凿。我一看这个岗位绝对是"易发环节"，大有不获全胜不能收兵的"雄心壮志"。

这时，一个圈内人士悄悄对我讲，蔡某犯罪的可能非常小，因为蔡某正在为谋取副区长的位置而努力，此刻他绝对小心谨慎，连应酬也权衡再三，他不会因小而失大。

我经过简单的了解，果真如此，于是果断决定停止这个线索的初查。不久蔡某当上了副区长，后来又交流到外区当常务副区长，十多年来一直干得很好，也没有廉洁方面的任何反映，实践证明，我们当初对其犯罪不可能性的把握是准确的。

（2）归罪性

所谓归罪性，就是在初查的一开始就要考虑，被初查的线索指向的对象其构成犯罪的基本条件或因素，设想必须具备什么条件才能构成犯罪，或者说什么条件不具备，则不可能构成犯罪。那么，在实施初查的过程中就会思路清晰，进退自如，避免出现错案的可能性。

几年前，著名电影女明星刘某某因为涉嫌偷漏税犯罪被羁押的新闻可谓轰动一时，各大媒体争相报道，结果刘某某被羁押了400多天。但是，请大家注意，刘某某案件后来怎么处理了？竟然是不了了之，更没有一家媒体有过其最终结果的报道。

我可以问心无愧地告诉大家，在刘某某案件被报道的第一时间，我在一定的场合就公开表示，刘某某难以构成犯罪。后来的结果证明了我的判断是正确的。这倒不是我有先见之明，而是我有过刻骨铭心的教训。

我被交流到某区检察院反贪局任职不久，遇到一个国有企业负责人胡某涉嫌贪污3600余万元的案件。情况并不复杂，胡某先虚做利润，再以董事会决议的名义提取给自己的巨额奖励和提成，问题是董事会成员均不是本企业成员，而是政府部门的一些负责人，与胡某拿多少个人利益没有利害关系。因为胡某没有直接指使会计做假账的行为，确实获取了巨额的财产，因此案件的争议很大，分院认为不行，市院认为可以定，中院认为定不了，高院认为可以定，结果一直请示到最高人民法院，他们的意见是不易定罪。

同样，刘某某十来岁参军入文工团，根本没有受过专门的经营管理和财务训练，平时忙于拍片子赚钱，根本无力在公司进行管理，她何来犯罪的故意和能力？

刘某某实际上是比较"老实的"，如果其真有犯罪故意，稍微用点心机，如请一个"垂死老人"或者"社会盲流"来挂个"法人代表""董事长""总经理"，其不出面而在幕后操纵，税照偷、钱照拿，却谁也奈何她不得！所以，最后法院只能对刘某某公司的直接管理人，刘的妹夫进行了有罪判决，判处有期徒刑5年。

最近，媒体报道，河北省邯郸市某区检察院于2003年侦查的一起重大案件被高级法院宣布为无罪。我详细研究了一下这个案件，感到该检察院在归罪性方面是有重大失误的。

当事人在任职期间为分社创利 1000 余万元，上交 340 余万元，按照在上级备案的内部提成规定，提出 16.9 万元与另外一个工作人员进行了分配。结果其数次（一审、二审、再审）被判刑，直到被关押到第 6 年后才被省高级人民法院宣告为无罪。然而，其所在的单位和其主管的编辑部遭到了灭顶之灾。

我们说，在 2000 年以前、改革开放之初，有关体制改革的问题比较难以把握，出现偏差情有可原，但至 2003 年对国有企事业单位的体制还把握不准，不能不认为是能力低下、好大喜功，或者是执法指导思想出现了严重的偏差。

（3）拓展性

被初查的案件线索，我们在初始阶段应当有一个基本的把握，就是看这个线索能不能被拓展，这既包括本线索能不能扩大，还包括能不能形成窝案、串案的可能。

上海长宁区检察院在一起不起眼的线索中（仅一份审计报告）挖出东方贸易集团公司窝串案 11 件，其中处级要案 7 件。

而上海某区检察院查获的旅游局长韩某受贿案，经验介绍的材料上称："韩某贪婪性极大，什么事都要插一手，雁过拔毛。"但实际上对韩某立案时为受贿 10 万元，结案时还是 10 万元，怎么自圆其说呢？按我的说法，应该称韩某"平时非常廉政，三十年的从政生涯中偶尔的一念之差受贿 10 万元"。如果韩某具有很强的贪婪性，其受贿绝对不会就此一笔，案件没有彻底查清无疑。

上海某郊区，一个县检察院查获了该区房管局长、规划局长等 3 起贪污大要案，非常具有震动力和影响性，但是这么几个握有大权的人物，那么喜欢钱，怎么会一点受贿问题都没有呢？他们任职的十几年中没有收过礼？没有收过卡？没有收过钱？该检察院的同志在总结时，也深刻挖掘了这件案件的不足："当时注意力均集中在贪污问题上，对贿赂的问题疏忽了。"

为了防止初查工作的不到位，出现不全面性、不完善性、不彻底性，侦查人员在线索初查中要把握住：甄别、性质、牵连、特性、确保初查工作的彻底、力求穷尽。

3. 分解定位

分解定位主要把握三个重点：分支性、方法性、协调性。

初查在犯罪构成总的分析判断的基础上，必须针对本线索的特征、关键、要点进行深入地把握，研究具体的具有针对性的方法和措施。具体应当考虑以下三个方面：

（1）分支性

反贪部门侦查的职务犯罪主要集中在"贪污罪""贿赂罪""挪用公款罪"等有限的几种罪名上，其中，贪污贿赂犯罪一般占据全部职务犯罪案件的90%，但每件案件的具体作案方法、表现手法是各不相同的。如贪污有截留公款公物、监守自盗、做假账假发票、转制前隐瞒国资、携款潜逃等予以侵吞的不同表现；贿赂有收取回扣、提成、好处费、感谢费以及挂名工资、低价买房、获取干股、期权交易、赌博为名等传统的和新型的不同表现，这些在一种犯罪的总的框架内具有的不同分支应当准确把握和定位。

我曾经有过一些经验，就是根据线索的特点而以反常规的方法进行初查，如在对一国有商业企业负责人贪污线索初查时，利用其声名狼藉、众叛亲离的境地，根据其侵吞实物回扣的手法，不进单位、不先查账，而是秘密约见其的所有对立面（职工群众）到特定的地点谈话，结果，没有费太大的力气便获得有效证据。

（2）方法性

初查开始就具有了比较细化的分析判断，那设计采取何种初查方法就能够做到运筹帷幄，对症下药。

我当侦查人员时，针对一件线索研究初查的方法，那是一家国企的采购员舍近求远去江苏宜兴一个体企业采购了一批质次价高的耐火材料，受贿嫌疑明显。我当时按常规思路提出，去宜兴把个体老板"拉"到上海来"硬敲"。一个50年代就参加公安工作的老同志俞振祥检察员提出，可不可以采取"化装侦查取证"的方法。

这可谓一着妙招。结果我们周密设计了计划，根据分工我迅速学习掌握了必要的有关业务技术知识，冒充一家国有企业的采购员同样去该个体企业谈业务，套出了回扣的比例和有关的细节，并且全部予以了秘密录音，然后提出两天后到上海来签订正式合同，"一手交合同一手交回扣"。

两天后该行贿人高高兴兴来了，在某个咖啡馆正向我递交回扣时，我发出暗号，预先布置的侦查人员一拥而上，以我是"阿诈里"（诈骗犯）为由将我戴上了手铐，该对象正为没有被骗走数万元庆幸呢，大呼"你们是天兵天将啊！"侦查人员抓起钱问："这钱是怎么一回事？跟我们去解释一下！"该行贿嫌疑人就这样顺理成章被我们拉到了检察院，结果可想而知，不出3小时，对象交代了全部行贿事实。这是上海第一起成功的化装侦查案件，惊动小、花费少、周期短、效率高。

（3）协调性

协调性就是研究在实施初查的过程中有没有依靠的因素，也就是"借力"。上海静安区、普陀区等检察院与税务局、工商局有协作配合的工作机制，可以在行动上具有更大的隐蔽性。当然，协调性更体现在检察系统内部的配合协作上，据我了解，目前我们大多数检察机关侦查部门对此没有充分用足用好。

上海一家郊区检察院需要向一个身在境外的行贿人取证（行贿数万美元），迫于压力，该行贿人愿意入境到其认为"合适"的地方——厦门，与侦查人员见面。结果在异地接触过程中该行贿人坚持称钱是"借"的，侦查人员没有充分的准备，只得无功而返。一般而言，污点证人能够入境来与侦查人员"见面"，其心是虚的，但其一定会察言观色，试想，如果事先请示上级检察机关把关参与，与厦门检察机关取得联系，依靠当地检察机关及其他力量的协调配合，其结果可能就大不一样了。

上海静安区检察院侦查人员，我的第一代学生蒲某某去广东某地取证，该行贿人向上海某公务人员行贿数 10 万元，但该对象称自己是"烂仔"，一贯好赌，根本没有钱去行贿，还主动表示可以跟侦查人员去上海，"有人管我吃喝我怕什么"，真是一副"烂仔"的模样。

小蒲了解到其在广东检察机关有几个朋友，于是提出，带你到上海之前，你可以把检察院的朋友叫来，叫你朋友把把关，怎么对你有利。

结果他请来了当地检察院的一个处长，小蒲对其"验明正身"后与其个别进行了沟通，到底是同行，公职身份人士，其深明大义，立即做行贿人的工作，结果取证获得圆满成功。

一起看似难以成功的取证，结果巧以借力，得来全不费功夫。

借力包括上下、左右、内外、明暗（上述案例即为明借，通过非正规渠道达到目的）。就上海地区检察机关而言，侦查人员当中能人高手不乏其人，有的查机场得心应手；有的查铁路手到病除；有的查海运熟能生巧；有的查金融胜人一筹；有的与香港广东联系密切；有的与江浙配合默契；有的与东北互通有无；有的与西南来往频繁，你在初查中遇到难度，也许借借力便迎刃而解了。

上海某区检察院检察长，他在任反贪局长时需要去黑龙江某地取证，得知我在黑龙江北大荒下乡多年，特意请我给其介绍一些关系。结果他回来后对我感激不尽，当地检察院给予了极大的配合，好几起大案的重要证据获取非常顺利。所以，侦查（初查）过程中的"借"是一篇大文章，有头脑的侦查人员可以好好做好这篇大文章，上海铁路检察分院反贪局田建中副局长专门请我指点其写的侦查过程中"借"的论文，其中有"正借""侧借""曲借""逆借"等，对同行们而言应该具有非常好的借鉴作用。

初查过程中侦查人员必须知己知彼，扬长避短，尽可能考虑以最小的代价、最便捷的方法来获取最大的效果，因此要充分研究和思考对应、措施、途径、借力，做好这篇大文章。

4. 单项定位

单项定位主要把握三个重点：单一性、具体性、细节性。

线索初查的单项定位就是更小、更细、更微的把握。大家都知道哲学界有一句至理名言：世界上没有两片完全相同的树叶。就是说任何事物其必定有自己的特定面，我们初查必须要充分研究和掌握并用好这些特定面。可以从以下三个方面来把握：

（1）单一性

单一性就是分析和掌握被初查的人或事具有的不同于普通的、常规的、共性的特征，然后予以"借题发挥""对症下药"。

以检察机关两个违法犯罪对象为例，我们在初查初始研究案情时，把握他们两个的单一性是：涉嫌受贿犯罪就此一笔，因为他们分别长期在反渎职侵权部门的秘书科、政治部教育处任职，行使的权力不但有限而且主要是对内的，与相关案件有关的人员接触的面可能性比较小，活动的圈子也比较有限，因此，他们两个人涉嫌受贿直接进行"权钱交易"的可能性不大，如果案件成立，应当考虑利用间接的职务之便能否定罪的问题。

所以，我们专案组一开始就把握：就此一笔、一对一、检察经历长但不熟悉侦查实务、职务之便具有一定的争议。这些问题及时向上级作了报告，在初查之处就得到了相应的明确指示，大大减少了初查工作的盲目性和不确定性。

（2）具体性

具体性就是考虑涉嫌犯罪的具体情况，上述检察官违法案例尽管是典型的"一对一"受贿模式，但一定不会是铁板一块，一定有其具体的运动轨迹和特点。

如行贿人是检察中专毕业后去当了律师，其配偶是在职检察人员，与其中一受贿嫌疑人系同一部门的同事，往来比较密切；行贿人与另一个受贿人是中专期间的师生关系，也有特定的联系，所以他们之间的行贿、受贿的可能性是比较客观的。

另外，一次分别行贿8万元、10万元不是小数字，有一定的来源出处、体积包装、交接的时间地点过程，而且一个给8万元、一个给10万元有什么内在原因，这些具体的环节和问题均需要有合理的答案予以解决，那么初查的准确性、证据的翔实性就有了相当的把握。

（3）细节性

细节是初查过程不可忽视的重要因素，细节决定成败，细节把握得好往往能够掌握主动，取得意想不到的结果。

上述案例中的两个对象，一个性格外向，好酒，好客，天天晚上必定吃喝玩乐，不到半夜一两点决不回家；一个性格内向，每天就是从家到单位、单位到家，两点一线，没有活动的圈子，甚至没有朋友。

所以，我们专案组根据他们不同的性格细节采取突破方法，基本上都在我们的预料中获得了全面突破。一个要么不讲，一旦醒悟便一次倒了个干净，还主动交代了个人隐私予以佐证来表示自己彻底坦白；另一个犹犹豫豫、吞吞吐吐，一会儿交代 4 万元，一会儿讲 6 万元，一会儿又是 9 万元，最后又讲到 11 万元，就是不提敏感的 "10 万元"，真可谓 "此地无银三百两" 也。这些细节充分说明了对象交代过程患得患失、避重就轻思想斗争的客观性、真实性。根据细节来研究和掌握初查的对策可以取得事半功倍的效果。

初查过程中把握住对象的细节，就把握住了初查工作的主动权，可以从这样几个方面入手：经历、性格、弱点、安全，这些环节掌握得越透彻，那么初查就能尽可能的做到万无一失，成效凸显。

（二）初查取证要素的把握

初查是一个发现证据、采获证据、甄别证据、固定证据、使用证据的过程，初查与证据是双胞胎、连体儿。初查取证应当充分把握以下几个要点：

1. 证据的地位

初查就是取证，首先侦查人员要针对证据来把握：需要获取的证据解决什么问题、证明力程度，这样可以控制轻重缓急，抓住关键，避免 "眉毛胡子一把抓" 的情况出现。

2. 证据的形式

初查的第一阶段主要还是先外围证据、指向性证据，外围证据中涉及是直接证据还是间接证据的问题是侦查人员应当事先考虑的，如果是直接证据，就要及时固定、印证；如果是间接证据就需要尽可能的形成锁链，准备在对象拒不交待的情况下运用，避免出现临时抱佛脚到时才匆忙决定再去补证的被动局面。

3. 证据的种类

证据的种类在修订后《刑事诉讼法》中，已经得到了明确，除了书证、物证、言词证据、音像证据这些老证据形式之外，在日常生活中出现并且被广泛使用的一些新型证据如 MSN、QQ、E－MAIL 等被作为电子证据成为证据的一个新型种类。电子证据包括电子数据交换、网上聊天记录、博客、微博客、手机短信、电子签名、域名等电子数据。作为新型证据侦查人员要注意在侦查实践中科学、规范、有效运用。

电子证据能不能作为刑事犯罪证据，已经不存在争议，关键是获取这些电子证据的程序必须规范合法，因为电子证据具有易增删变化和消失的特点，因此在提取电子证据时必须注意具备"数据恢复"的意识，依靠数据恢复专业人员的技能，获取已经灭失的证据，还要注意确保该证据的"原生态"，如何保证"原生态"呢，那就需要在提取这类证据时充分证明电子证据的客观性、原始性、真实性，如应当有当事人或者"第三人"在场见证，最好请公证机构公证人到场，出具具有法律效力的公证书，否则无法有力排除电子证据在被提取后被修改或提取不全面、不完整的嫌疑。

4. 证据的方位

初查开始之时，必须预测需要获取的证据存在于哪些地方、处于哪个阶段、集中在哪一个人或哪几个人身上。这样，可以有利于取证的针对性、高效性、相对秘密性。

可以经过权衡，先获取惊动面小的、易获取的、容易灭失的、可以借力获取的、一步到位的证据，在各种利弊得失中采取损失最小、得益最大的途径。

如查银行，现在的银行为了拉存款，与存款大户均具有密切的联系，经常有一些联谊活动、旅游活动等，你按部就班拿个委托银行协查书去，回执还没有出来，被查对象已被惊动了。如果通过银行部门的纪委通过内部渠道查，专门安排可靠的人员查，利用下班以后查；或者委托特定人员以经济纠纷、民事纠纷的理由去查，可以有效避免泄密的弊端。

5. 证据的变数

初查过程获取了证据，绝对不能以为大功告成、可以一劳永逸，因为其在正面接触被查对象前还存在极大的变数。因此，每获取一个证据，必须考虑该证据的可行性、牢固性或变化性程度。

《律师法》修订后，明确了律师在侦查阶段具有介入权，如侦查人员先向行贿人取证，获取了行贿的证词，然而，律师后向行贿人取证，获取了否认行贿的证词，那么，侦查人员先获取的证词的效力就明显低于律师后获取的证词效力，这个问题，侦查人员不能不有事先的准备及应对。

6. 证据的反思

证据能不能如侦查人员之愿，在证实犯罪的诉讼活动过程中充分产生证明力的作用，这是侦查人员在初查取证时就一定要予以反复思考、对照、权衡的。诸如获取证据程序的规范性、证据可能存在的先天不足，反思其牢固性程度。讲白了，就是换位思考：

（1）假如我是律师，我怎么来否定你出示的证据。

（2）假如我是犯罪嫌疑人，我怎么来否定你指控的证据。

我认为，现在聪明的律师不直接跟你辩构不构成犯罪，而是千方百计指出你获取证据程序的非法性。

著名的美国辛普森案件，其律师团队就是以警察获取的关键证据程序的违法性，从而使整个证据锁链崩溃，从而出现了法院判辛普森无罪的结果。

所以，初查阶段获取的证据一定要反复考虑取证的程序规范性与合法性。上海地区有检察院将纪委"两规"期间的言词证据作为法庭上的指控证据出示，结果被法庭认定为非法（应当在侦查阶段予以转换而没有转换所致）；取证时侦查人员具有暴力或者威胁的行为，该获取的证据当属非法；侦查人员一个人获取的言词证据也当属非法等。

初查阶段获取的证据同样需要反复考虑证据的唯一性、排他性，要以犯罪嫌疑人的立场角度来看，可能从哪几个方面会提出侦查人员意料以外的辩解和反驳，事先有了准备，就不会在出现被动的局面时惊慌失措或无言以对。

还必须要说的是，有一些侦查人员把12小时称之为"突破"阶段，将初查草草走过场，主要精力和期望放在12小时上，其实，你没有经过扎实的初查，对象能够在12小时如实交代问题的，那这个对象脑子绝对是有问题的，这也绝对成不了侦查的经验。

我以30多年的侦查经历基础得出的结论是："12小时仅仅是核实证据、拓展证据与听取辩解的阶段"，其要害问题还是初查阶段的证据，"手里有粮则心中不慌"。

上海徐汇区检察院发现一个与房产有关的私营企业老板与政府房地产管理部门的负责人关系密切，简单初查后就将老板传来了检察院，指望其一开口就可捞大鱼了，未想老板就是硬顶了12小时，滴水不漏，时间一到只得堆上好话请其回家。

后来他们静下心来认真进行初查，卡住了几个关键的证据，该老板第二次被传了进来。不到10小时，其交代出了7个受贿人来，其中有几个还是重量级的人物，个中道理不言自明。

（三）初查取证方法的把握

初查取证的方法是必须要讲究的，某种意义上讲，其比侦查取证的要求还要高。因为初查取证时其结果是不确定的，其手段是有局限的。因此，可以从这样几个方面初查取证方法的把握：

1. 总体的方法

总体的方法要把握：宏观性、大局性、策略性。

首先应当把需要初查的案件线索进行一个总体的定位，确定其重要性、影响面及利弊得失。从宏观性、大局性、策略性三个角度进行决策，这也是检察工作服务大局、讲究三个效果统一的基本要求。

福建省检察院查办的浙江省宁波市委副书记、宁波大学党委书记徐某某案件，当时，初查阶段获取了行贿人浙江省龙元集团副总经理赖某某交代的向徐巨额行贿的证据，但万一赖是故意倒打一耙、无中生有把水搅浑，那如何向上级党委交待。于是侦查人员权衡再三，决定先不动徐，而先秘密查徐可能受贿的相关证据及交往圈子、活动规律，其次查赖某某行贿其他人的事实，以印证赖某某交代的真实性。结果，调查证明赖某某交代受贿的 11 个对象，其中 10 个是真实的，第 11 个就是徐某某。这样，初查过程获取的证据非常翔实，同时把办案的风险降到了最低。

这种既秘密又公开，既单一又综合的初查方法具有非常好的借鉴意义，我把它称之为策略初查。

2. 具体的方法

具体的方法要把握：选择性、优化性、复合性。

初查过程中会遇到各种各样意想得到或意想不到的障碍，那么在具体初查取证的过程中就必须要研究行之有效的方法，从选择性、优化性、复合性三个方面进行决策，这也是侦查人员坚韧不拔、无坚不摧意志品格的体现。

重庆市检察院查办的山东齐润石化集团总经理王某友及二级经理王某贵两兄弟特大贪污案，侦查人员面对主要账目几乎全部被毁的状况，采取"以银行证书为基础、残存票据为补充、财务人员证言为辅助"的方法来全面恢复财务账目，恢复程度达到 90% 以上，可想而知，侦查人员克服了难以想象的困难终于以翔实的书证证实了"二王"贪污 2000 余万元的涉嫌犯罪事实。

这种唯一或择优、逐步或同步及另辟蹊径使原始和再生证据相结合及遇到困难而不怕困难、想方设法克服困难的初查取证方法具有相当积极的启示作用，对毁弃账目的贪污罪如何初查具有示范的作用。我把它称之为缜密初查。

3. 分解的方法

分解的方法要把握：具体性、严密性、有效性。

初查取证不按部就班，而是根据具体情况研究采取新思路、新方法、新科技，以不同于传统的模式，以更加严密、更加有效的方法达到初查的目的，这种根据案件线索初查中遇到的具体情况，采取针对性分解的方法，从具体性、严密性、有效性进行决策，是侦查人员智慧和谋略的具体体现。

广东省广州市珠海区检察院查办的广东省疾病预防控制中心免疫所所长罗某某特大受贿案，侦查人员一反常态，不进单位、不与案发单位联系、不与圈内相关人员接触，进行纯外围的初查，弹奏了一场非常有效的"三部曲"：

（1）进行网上搜索。把单位性质、职责分工、规章制度、工作流程了解清楚；通过网上发帖掌握了疫苗价格、进货渠道、结算方式。

（2）走访管理部门。到政府管理部门省卫生厅、省药管局等详细了解相关的情况。

（3）对省内已发生的同类案件进行专门的调研，寻找规律。待时机成熟一接触对象便全面突破，犯罪嫌疑人罗某某共收受贿赂1118万余元。

这种辩证处理好重要或一般、直接或间接、内部或外围的关系，充分运用科技手段的思路对我们在初查过程中具有积极的启示作用，我把它称之为创新初查。

4. 可行的方法

可行的方法要把握：多位性、及时性、变化性。

初查中可行的取证方法就是需要在多种方法中选择最佳的方法，充分突出多位性、及时性、变化性，以最适应具体情况的方法获取初查取证工作的最大效果。这也是充分体现检察机关宽严相济、治病救人和给出路的政策。

海南省检察院查办的中国银行海南省分行副行长覃志新特大受贿案，初查之初，因为与该行有关的单位和与覃有牵连的行贿人、被索贿人怕得罪银行而纷纷躲避而不敢作证、举证，侦查部门根据具体情况拟了一份通告，由省检察院报省委批准后公布：

（1）凡是被索取贿赂的，依法不追究刑事责任；

（2）如实讲清问题，认罪态度好，牟取不正当利益不明显的，一般不予追究刑事责任；

（3）拒不配合，不讲清问题，与银行交往中明显牟取不正当利益的依法立案，追究刑事责任。

结果在不长的时间里，获取了覃志新收受贿赂4100余万元的证据。

这种根据初查取证的具体情况，正确把握政策的严肃性和灵活性的辩证关系，及时取得党委的支持，在多头或单头、难辨或易变中谋取最佳的方法，我把它称之为变换初查。

侦查人员与任何行业一样，有一个从"匠"到"家"的提升过程，你只会按葫芦画瓢，你永远是个"匠"，你能够在"画"中体现思想、体现创新，你可能成为"家"。当然，我们侦查人员必须在严格规范的框架内创造性地驰骋与游刃有余，在自然界里找到自由。

（四）初查必须把握的重点

初查取证必然具有重点，从规律角度而言，我把它归纳为八个字，万变不离其宗，把握好这八个字必有收获。

1. 大——（视野大）大处着眼小处入手

上海唯一一个县建制的检察院（2016年9月改为区建制）崇明县检察院拿到外区移来的一个线索，指控一个小小的处级干部受贿5万元，接触对象后其只承认拿到3万元，还称是分给了部下。在上海市区的检察院看，5万元以下的小案一般是不立的，但崇明县案件线索本来就非常少，这个线索虽然金额小，却疑点大，在初查的基础上，该院果断依法立案，并且迅速搜查，结果在对象的保险箱内发现了新的疑点，深查细究下去，最终挖出了政府两个重要岗位的局长，犯罪金额均过百万元，创造了该县历史上最好的破案纪录。

我无意之中创造过一个上海市最高纪录。那时我是虹口区检察院办案组长，一次院领导来听线索汇报，我汇报有30个线索在手（当时我带个书记员每年办案50—60件，大要案在1/3以上），其中10件可以马上上手接触突破；10件需要进一步初查取证；10件可做后续准备。在可以上手的线索中最大的是涉嫌贪污10万元。

结果引起了与会者的哄堂大笑，因为谁也不相信，在虹口区检察院历史上从来就没有出现过10万元的案件，那种被奚落的感觉我至今难以忘怀。

我硬是不信这个邪，带着助手10余次去外地农村调查取证，顶风冒雨、风餐露宿，硬是获取了关键的证据，一举破了这个10万元的贪污大案。领导说你创造虹口（院）历史了，赶紧将案件交预审人员去结（案），你再去破其他的案件。

我思忖，当时大家的工资仅百把元，犯罪嫌疑人一次就贪污10万元，不大合乎规律，一般贪污贿赂犯罪总有个渐进的过程（如贪污往往是先搞个几千元、几万元，然后越闹越大；贿赂往往是先是香烟老酒、金银首饰，再家用电器、礼金礼卡，最后是巨额资金）。于是我抓住案件不放，通过深度挖掘证据，把犯罪金额提高到13万元、18万元、26万元、34万元，一直查到43.5万元！创造了破获新中国成立以来上海市最大贪污案的纪录，这个特大案件被写入上海市检察院工作报告，这个案件的被告人经最高人民法院核准处决了2人。

1993年，我们从一个外贸单位财务人员的案件中发现其收受贿赂的来源有异，我带领侦查人员几十次跑人民银行、外汇管理局，学习研究外汇交易知识，及时向检察长报告，并受命担任破案总指挥，我集中全部侦查人员在6个月的时间里挖出外汇调剂领域从业人员贪污贿赂和挪用公款等案件43件，追缴赃款达2600余万元，向兄弟检察机关移送案件线索21件，这个窝串案最终达64件，可以讲是中国反贪领域最大的一起窝串案，惊动了国务院的主要领导，专门听取了我们的汇报。

我要告诉大家的是，这些创造了纪录的案件，最初都是并不引人关注、夺人眼球的，甚至是可以随意被人奚落、耻笑的，关键看你是否认得准、怎么去坚持、坚持的底气足不足。

2. 多——（信息多）尽可能穷尽多的信息

2008年上海市检察院第二分院查办普陀区副区长张某某案件，这个案件对象级别高，影响大，市委领导十分关注，初查取证容不得有任何差错，结果该检察院侦查人员在初查阶段就获取了3000份证据材料，别的不用说了，你从1数到3000得多少时间！工作做到这个份上，还有不清楚的地方吗？

无独有偶，上海市长宁区检察院查办的东方国际集团窝串案，从一份审计报告入手，初查阶段获取了9大箱证据材料，最终挖出了11个人的窝串案，7人为要案。

3. 深——（渗透深）自如把握案件的底线

河南省开封市检察院在省院的指导下查办的开封市委常委、国有企业负责人郑某某案，在郑不辞而别下落不明5年的情况下，通过秘密手段获悉其大女儿手机中有一个可疑号码，结果发现郑隐居在上海，当侦查人员在上海控制郑时，发现郑的小女儿正面临高考，郑孤身一人且身体也不好，该院综合全面情况，果断决定对郑取保候审，搜查也避开其孩子悄然进行，侦查人员则移师上海办案。

通常情况下，一般检察院能够有这个魄力吗？肯定没有！因为侦查人员普遍担心对象逃跑、串供、自杀，担不起责任。

开封市院为什么不怕呢？因为他们把案件吃得太透彻了！特别是对职工群众的不理解进行了耐心的说明，因为经过初查，没有发现郑有贪污、受贿的问题，他存在的是挪用公款谋取私利的问题，群众也表示了理解。郑在取保候审期间积极配合，最后主动到开封接受法院的审判，被判有期徒刑5年，郑心服口服，不上诉，对检察院人性化办案感激不尽。

我任过局长的虹口区检察院曾经破了一起外贸公司副总经理胡某贪污850万元大案，当时胡某对自己的问题作了彻底的交代，挠头的问题是重要的证人、赃款的实际控制人都是胡某在总参某部军校读书时的同学，尽管如今各有事业，但均非等闲之辈。

我请示分管检察长后坚决果断决策，对胡某暂时不予羁押，给其戴罪立功的机会，并且亲自带胡某去北京等地取证，一些证人听说胡某来北京了，估计没有什么大事了，于是纷纷出来见面，结果我们亮明身份，晓以利害，顺利获取了全部证据。

这些同学借自胡某侵吞的公款虽然大量投资被套，但在我们政策感召下，纷纷割肉抛房产、抛股票，退回了全部应该收缴的赃款，这个办案效果如果是将犯罪嫌疑人简单的一关（押）了之是出不来的，胡某后来也因有重大立功表现被法院从轻判处有期徒刑 15 年。

我在虹口区检察院反贪局任局长时，对一些难以寻找和取证阻力较大的外地证人，经过批准带对象一起去，当证人抵触发难时，对象还积极现身说法，动员证人配合讲清楚，"你实事求是讲清楚了对我处理也有好处"，如此这般证人还有不讲的吗？当然正式对证人询问取证时对象必须予以回避。

如一国有食品公司销售部门负责人沈某，先后在 31 个供应商单位收受贿赂，而这些食品（奶酪、山货等）原料供应商均地处山区、牧场，找人可是个大难题，即使找到了，能不能如实提供证词也是个问题。

我做了沈某工作并且经过领导批准后，决定带其一道去取证。我们开了一辆面包车，每到一地，由沈某打电话把行贿人约出来，听说上海沈经理来了，行贿人来得可快了，一到位，我们说明目的，沈某也现身说法："我都主动交代了，你积极配合，如实提供证词就是真正的对我好。"你本人都这样说了，行贿人还有什么顾虑，一吐为快。一个月，行程数千公里，31 份证据全部到位，取得了积极的效果。

当前，我们反贪侦查过程中无序、滥用羁押措施的现象相当突出，主要原因是将对象放在外面没有把握，怕担风险，一关了之。

我曾经做过一个调查，前年来，我们上海地区反贪部门对立案的犯罪嫌疑人采取羁押强制措施的高达 80%—90%（含拘留措施）；被羁押的犯罪嫌疑人在被羁押后，有 90% 具有翻供的企图或行为；而这些犯罪嫌疑人经法院判决，一度缓刑率高达 80%。

许多羁押措施的采取并不唯一、必需和恰当，羁押措施有促使犯罪嫌疑人增强抗拒情绪、无理翻供的副作用，而相当一部分没有被羁押的犯罪嫌疑人其供述一般比较稳定，翻供的比例相对较低。

4. 实——（证据实）证据牢固性程度

初查取证如何达到实的程度，举个典型案例。上海市唯一一个以农业为主的县建制的崇明县，该县检察院在查一个处级国家工作人员时发现保险箱里有一份写满数字的清单，犯罪嫌疑人也讲不清楚所以然。侦查人员没有掉以轻心，而是仔细研究，不是数学系毕业的侦查人员终于发现该清单上的几乎每一笔数字均可以被 3 除尽！个别除不尽的加上下一笔又能被 3 除尽！

思路清则方向明，经过进一步讯问，终于发现三个国家工作人员利用职务便利勾结起来侵吞巨额公款，每次截取公款后便三人平分，而其中两个是政府

— 387 —

重要部门的局长。这就是前面所说的崇明县检察院破获该县历史上最具有震动和影响案件的起始。

我们说，大家不可能都碰上这样的机会，我们需要他们的这种思路和悟性。如果一组数字放在你的前面，你能考虑到它是被3除尽呢还是被5除尽的问题呢？

5.细——（过程细）不放过可疑的蛛丝马迹

初查取证如何做到细，讲起来容易，做起来可是一门大学问。上海市闸北区检察院侦查人员初查一起国有企业财务人员集体贪污公款的线索。当侦查人员到财务部门时，5个财务人员异口同声称公款从来没有离开过保险箱，不信你们可以打开保险箱当场清点。如果侦查人员就此简单地打开保险箱，那么这个案件就没有了。道理很简单，因为当时保险箱里的钱肯定一分不少。

哪知侦查人员说："如果你们没有动过保险箱里的公款，那保险箱里的钱应当全部是蓝色的票面，如果打开保险箱发现里面有一张红色的票面，你们将罪加一等。"5个财务人员顿时目瞪口呆面如土色，很快5个人如实交待了私分公款并且得到风声后提前将公款退回保险箱以应付调查的情况。

侦查人员以一个社会生活的细节，在私分公款时红色百元人民币还没有发行的细节彻底制服了订立了攻守同盟的犯罪团伙，这种"细"很值得同行们玩味。

上海市闵行区检察院在初查一件金融单位老总线索时，在被查对象的办公室进行非正式初步接触，期间对象接到一个电话，答话时吞吞吐吐，神色慌张。

侦查人员不露声色，秘密安排人员查明这个来电的机主是某保险公司的老总，根据案情，侦查人员决定同步接触这个保险公司的老总，当其获悉对方已在接受检察院调查时，为避免自己受到牵连马上提供了对方挪用公款1000万元谋取个人私利的事实。

侦查人员通过观察一个意外的细节，并且合理加以利用，及时高效地破获了一起特大案件。

6.严——（封锁严）严密和严格控制知情面

初查取证过程要求秘密进行时为了保证初查的顺利进行和避免对无辜的人造成不必要的伤害。但有一些同志总认为初查要彻底则很难秘密进行，特别是地处郊区农村的环境，人脉关系复杂，秘密初查谈何容易。

我要说的同样是一个地处郊区的检察院，他们的经验具有非常好的借鉴意义。上海市奉贤区检察院初查该区建工集团总经理陈某涉嫌巨额贪污受贿犯罪线索，这个人在奉贤担任政府部门的领导长达40年，人脉关系非常广泛，稍有风吹草动必将给办案带来很大困难。

该区检察院分管检察长充分考虑这个因素，在严明纪律的同时也考虑保护检察干部，决定安排不熟悉陈某的侦查人员组成专案组。

结果在整个初查阶段对象毫不知情，当接触陈某时他毫无准备，惊慌失措，当天晚上就交代了收受贿赂200余万元的问题，这个案件初查过程的严格保密无疑是案件顺利突破的关键。

更有典型的案例，广西壮族自治区南宁市检察院初查该市百货大楼总经理黄某某，她的父亲是南宁市委宣传部长，弟弟是区委书记，大妹是政法委领导，小妹是公安学院教授，儿子是公安民警。

问题是初查阶段正遇东盟11国在南宁举行国际博览会，黄某某是东道主代表之一，如果其突然不参加会议必将产生一系列负面影响，该市检察院坚决维护大局，博览会结束已是数月之后，正春风得意的黄某某被控制，很快交代了千余万元的犯罪事实。

一个省会城市的检察院，少说也有百十号人，没有一个人露出风声，这是一种什么样的素质！实践证明，思想重视、措施得力，初查过程的保密工作是可以做得好上加好的。

7. 巧——（思路巧）兵不厌诈出其不意

初查取证少不得悟性、智慧和技巧，因为与职务犯罪对象打交道的过程就是与其斗智斗勇的过程，常言道："打猎需要好猎手"就是这个道理。

上海市杨浦区检察院在以国有企业通过非法渠道购买印花税过程中发现财务人员有收受巨额贿赂的嫌疑。两个财务人员在初查接触过程中拒不交代通谋的过程。侦查人员分析，两个人均为"80后"，分别在不同的办公室，平时办公室人多一般难以商量，会不会通过电脑进行通谋呢？于是侦查人员在单位纪委的配合下果断检查他们电脑的聊天记录，通过MSN、QQ果然发现他们商量共同作案的聊天记录数10次，累计长达10余小时，该证据固定后提交法庭被认为是有效证据采纳。

上海市嘉定区检察院使用测谎仪技术配合初查取证，取得了意想不到的效果，使用4年来，几乎无一失误，有效率达100%。该院在初查一处级领导干部余某时，只掌握其在王某处收受贿赂，而接触余某过程中其坚决否认，为了表示自己心中无鬼，余某愿意接受测谎仪测谎。结果通过测谎发现余某在侦查人员尚没有掌握的李某处收受贿赂的反常迹象更为强烈，经过强化询问，余某终于交待了在李某处收受贿赂40余万元的问题。

上海市普陀区检察院在初查阶段利用被查对象的手机通话记录来分析获取证据，取得了非常好的效果。他们调出对象1年的通话记录，按照电脑特定的程序提取期间通话最频繁的、通话时间最长的、经常在半夜里或节假日前后通话的若干个号码，然后进行筛选，其中必有情妇（夫）、行贿人等特定关系人，再在这些人中找出容易获取证据、易突破的一两个来扩大初查范围，其效果也是非常明显的。

前面已经提到的侦查人员通过化装初查获取行贿人行贿信息的案例，也说明和佐证的是思路巧这个题目。

8. 远——（想得远）具备强烈的侦查意识

初查过程侦查人员必须要比对象想得远，否则你何以能战胜对手。

四川省成都市检察院查办前市委常委宣传部长、成都证券管理办公室主任某某一案，在初查阶段该院以不打招呼，不明确具体任务而通知办案人员到异地集中，同时切断办案人员的通讯设备，所有行动3人掌控，这件高层领导关注的特大案件几乎在没有任何阻力的情况下圆满告破。

上海市嘉定区检察院在初查该区烟草专卖局局长张某一案时，没有简单局限在其收受贿赂的问题上，而是拓展视野、扩大范围力求穷尽所有疑点，如在初查其经常因私出入香港澳门的信息记录的同时，再通过飞机座位号查明与其同行的人员信息，把各种可疑人、事的信息全部集中，最终各个击破。这个案件以4个罪名、4000余万元案值完美结案，其中"隐瞒境外存款罪"创造了上海市首起以此种罪名定罪的纪录。

以上案例大家可以想想，哪些地方和环节他们是考虑得比较远的，是有过人之处的？

（五）当前初查过程中存在的问题

这个问题比较理论了，不提么不完整，提多了又累赘，其实许多案例中都说明了这个内容，这里简单点到为止吧。

1. 思想不够重视

初查究竟合不合法、需要不需要，实际上无需再争论、讨论了，最高人民检察院早在多年前就已经出台了规范性的文件，2012年再次出台了《人民检察院直接受理侦查案件初查工作的规定（试行）》（2011年12月29日高检院检委会通过，2012年9月12日颁布）的文件，对此不得有二话，是纪律、是原则，所以检察机关侦查人员必须重视这个问题，侦查指挥人员更应该对此认真研究，高度重视。

2. 程序不够规范

初查的程序必须严格规范，有些侦查人员以为初查不是正式的立案侦查，粗糙一些无关紧要，无数事实证明，程序的不规范将影响结果的不真实，还会出现因小失大的不良后果。

3. 文书不够配套

初查的规范出台多年了，但与之相配套的初查文书则没有统一规范，各地还是"八仙过海各显神通"，就初查报告看就不一致，如有的称"初查报告"；有的是"初查请示"；有的叫"案件请示"；等等，不一而足，但一个地域相对统一是需要的，严格初查阶段请示报告的统一性、规范化是必不可少的。

4. 监督不够有力

初查过程中侦查人员的自主性是比较大的，如何对初查进行有效的监督，必须进行深入的研究，要坚决避免因为侦查人员的人为因素或能力因素而把具有价值的线索给初查黄了的现象，要有切实有力的监督措施确保初查在合法规范的框架内进行。

5. 考核不够严格

以立案与否论英雄是许多检察机关侦查部门的共性弊端，考核均以成功的案件为主要依据，而对没有立案结果的初查，查得再好也登不上"大雅之堂"，于是初查得过且过、走过场也变成了常态。

6. 方法不够详尽

初查取证往往是考虑查主体、查账、查行贿人，没有扩大范围充分考虑大量的其他信息和众多的方法措施和手段，如跟踪、窃听、卧底、测谎技术、电脑检查、通讯分析等，特别是如何进行网上初查、手机初查（加密程序），许多单位还没有引起重视，诸如此类能够予以开发运用的单位实在是太少了。

7. 联想不够丰富

初查阶段的有效信息必定是有限的，是就事论事还是举一反三，其直接反映侦查人员的侦查意识，侦查人员一定要丰富自己的实践经验和社会经历，具有观察力、洞察力和分析、判断、联想的能力。

8. 报告不够及时

初查之初要请示报告，初查结束要请示报告，初查阶段接触被查对象也必须要请示报告，特别是在初查过程中遇到新的、突发的情况更需要及时请示报告，这方面有些单位还是存在明显不足的。

9. 措施不够有力

初查的措施根据最高人民检察院反贪总局的有关规定（见全国反贪业务培训教材《线索分析与初查》，我参与写了实务部分），一共是9个方面：（1）接谈；（2）询问；（3）调取与查阅账目资料；（4）调查银行账户及存款、汇款；（5）拍照、录像、复印和复制；（6）核实；（7）商请调查与介入调查；（8）协查；（9）防范与控制。这九个方面与高检院反贪总局有关初查规定的六项措施是一脉相承的。

这里强调最重要的是安全防范的措施，根据调查，发生重大事故的几乎都发生在初查阶段，其实措施规定应有尽有，问题是没有真正的落到实处。

10. 复核不够严密

初查究竟到位没到位，特别是初查后不予立案的线索，许多情况下听凭侦查人员的描述，也可谓侦查人员"自由心证"所决定，这在初查阶段是必须避免的。对初查后不予立案的应当经过复核程序的检验，一般应该经过三级复核（科、局、分管检察长），有条件的还可以设立专职复核员，最后要经过控告申诉部门的复核。

（六）当前初查过程中出现的问题

我借用一本世界名著的开卷语，改变一下为：成功的案件其成功的原因是相同的，不成功的案件则各有各的不幸。

我们现在讲案件，不能不讲案件侦查过程中存在的问题，这其实比讲成绩重要得多，因为讲成绩不外乎是"领导重视、组织有力、初查扎实、指挥得当、配合到位"等之类，少了哪条也不行，但将问题、失误、不足摆到讲台上来就不是那么容易的事了。

上海市人民检察院检察长倡导定期进行案件讲评活动，鼓励大家当众讲自己办案中存在的问题、讲不足，特别是在成功案件中找不足，大开风气之先，具有非常好的促进和提高业务能力的作用。

于是，我将在基层调研时掌握的情况，指出目前我们侦查实践中存在的一些具有普遍性的问题。

1. 重大职务犯罪缺乏拓展全部犯罪的问题

要重视和尽可能防止挂一漏万的现象。

我们现在一些案件是破了，对象被判了，但真正查彻底了没有？实际上是个未知数，一定有些对象在监狱里笑我们：我明明拿了 500 万元，他们查了 50 万元就草草了结了，急于去邀功领赏了！

我不是羞辱我们的同志，大家冷静下来想一想，这类现象存在不存在，比例大不大？

当初有关部门查不法商人周某某，两个罪名仅仅被判 3 年有期徒刑，明眼人都看出绝对没有查彻底，果然，几年后，专门力量重新查周某某，结果其被查实 5 个罪名，被判 17 年有期徒刑。

前面说到的某区旅游局长韩某贪婪得很，仅仅 10 万元？就一次？前面说到的崇明县两个基建规划管理部门的局长贪婪得很，仅仅就贪污？没有一丁点贿赂问题？一个大物流公司的总经理贪婪得很，只有截留公款的贪污问题而没有一丁点贿赂的问题？

这不符合贪官们的心理轨迹和作案规律，多是我们的侦查人员由于种种原因而没有进一步彻查，除恶没有务尽。

2. 重要取证缺乏相应的复合型应对措施

要切实解决和避免准备不足的弊端。

我自己有个深刻的教训，我当侦查员时，到辽宁省丹东市取一个重要的证据，一个贪污对象在上海将一批电子元件销到了丹东市的一家单位，货款被其侵吞了。问题是对象为了掩盖罪行把有关发票凭证均销毁了。

我去丹东只能大海捞针，跑遍了丹东市所有可能进这类元件的单位，结果耗费 10 多天无功而返。回来后我无意看到被销毁的发票本残留的空白页有一些书写的压痕，把铅笔芯削成粉，在上面一涂，字迹显现出来了，丹东的这家单位赫然在目，于是我二上丹东，很快取回了证据。我想，当初自己有个复核的思路，怎么会如此费时、费力、费钱呢？

前面讲到的，一家检察院去厦门向境外来的证人取证，对象不如实交代，我们竟然没有其他措施，看着对象小瞧我们，气不气人？事先多想几招嘛，比如动用当地司法机关、有关名望人士、对象的熟人或信任的人士等，准备充分则"天无绝人之路"！

3. 初查过程拖沓过于漫长延误有利时机

要强调办案效率意识，杜绝比较普遍的惰性陋习。

我是上海市检察院审批基层院上报撤销案件的第一道关，发现这些报来撤销的案件大多办案的周期特别长，最长的竟然达 10 年之久！当然是案件搞不定了就往后拖，实在拖不得了再报撤。试想，好好的案件久侦不结也会变质，何况本来质量不高的案件。

一些侦查人员有些不好的习惯，能够 1 个月结案的，非要等到 2 个月侦查期限届满才结，能够 2 个月结案的，非要再延长一次或者二次不可，如果确实具有重大的疑点，应当穷追猛打到底，问题则不是矣。

4. 有关枝节问题没有穷尽简单粗糙

要改变作风粗犷疏忽细节考虑不充分的习气。

初查取证过程中一些侦查人员比较机械，让查房产，就查对象一个人的房产；让查存款，就查对象一个人的存款，随着案情的发展，于是再去查其父母的、兄弟的、情妇的，自己累不说，还耽误办案的效率甚至丧失有利的时机。

特别是初查阶段到外地取证，由于少记一个关键的内容，常常再去跑第二次、第三次，自己给自己背上了沉重的十字架。有时取证是一次性的，过了这个村就没这个店了，出现这种情况那就十分被动了。

取证笔录少记 1 个内容、缺少"一口气"，疏忽一个日期、一个签名，有关立案前的言词证据没有及时转换等，虽然看似均是枝节问题，但往往颠覆的是大事实。

5. 单一抓手匆忙上手急功近利

要培养周密思考科学决策重视心理的能力。

初查不到位急于接触被初查对象也是一些侦查人员的通病，一旦遇到阻力，于是火冒三丈，常常出现粗暴简单的言行举止。有些对象进来了，才知道其是人大代表；有些对象进来了，才知道其身患绝症，特别是对一些对象的性格脾气、经历阅历、背景特点没有充分的了解，如有的对象具有与检察机关打交道的经历，有的对象家庭成员系司法人员或者律师，诸如此类都需要事先了解后做充分的针对性的准备，这样才能对症下药、手到病除。

我建议，凡初查阶段需要接触对象的，力求达到两个抓手以上，确保"东边不亮西边亮"，同时，接触前集体对被查对象作一个心理性格评定，设计针对性的询问预案，这样必将大大提高突破成功率。

6. 忽视高科技手段的初查理念

要重视和适应高科技发展的大环境优化初查。

我们一些侦查人员的初查观念单一陈旧，在初查取证过程中，用得最多的还是"一支笔、一张纸、一张嘴"，如今"两条腿"也不勤了，是"四个轮子"满天飞了，一些年轻侦查人员，今天没有车就不出去了，哪天有车哪天去调查。而不是考虑案情的需要，这种状况在一些侦查部门及侦查人员中几乎30年未变！

现在有多少侦查人员能够在初查阶段充分考虑获取对象电脑数据、聊天记录、博客信息的？又有多少侦查人员能够通过网上信息补充初查取证的？测谎仪、手机定位、通信记录分析等，普及得实在太慢了，太少了。

南京市江宁区房地局局长周久耕涉嫌百万元职务犯罪大案，不是检察院初查出来的，是网民们运用电脑网络"人肉搜查"，而仅仅是用了18天挖出来的！周久耕已被判处有期徒刑11年。一盒天价香烟、4块名贵手表，都是网上的信息资料，侦查人员怎么没有人想到，难道还不如没有专业知识的网民们吗？

陕西省安监局局长杨达才，在延安重大车祸现场面露微笑，我们都没有看出问题，没有引起思考，可网民们却发现问题了，这个一笑，发现了其有数块天价手表，衣服、皮带都是名牌，结果司法机关立案了，查下来确实问题严重，犯罪金额达500余万元。如今这个"表哥"被法院判处有期徒刑14年，追根溯源，这可是网民的胜利哟。

7. 控制与防范被疏忽隐藏潜逃不安全

要确立忧患意识防微杜渐强调责任到位。

安全防范天天讲，但在我们身边时常发现那些不应该发生的不安全的苗子和隐患。上海某区检察院初查区公证处主任蒋某收受贿赂大案线索，初查思路非常好，抓了行贿人，抓了同案人，抓了其情妇，就是不急于动蒋某，逼得他精神几乎崩溃，以至于其主持全市性行业大会语无伦次，上班期间六神无主，最后憋到第 10 天终于到了极限了，主动要求交代问题。

问题是在这个 10 天里，侦查人员没有任何对其的防范与控制。我对办案的侦查人员说，如果我是蒋某，不说死，我也席卷公款远走高飞了，何况护照其手里有好几个，我怎么甘心让自己落了个有期徒刑 12 年的下场。

8. 秘密要求不够重视可能过早暴露意图

要严格掌握内外有别充分保证初查秘密进行的要求。

初查取证过程不讲究尽可能秘密进行，过早暴露侦查意图，人为制造阻力也是一个不能轻视的大问题。上海某区检察院准备初查一个女镇长，根据规定，事先向上级党委报告，不知是地方党委的要求还是我们自作多情，结果向党委、政府、人大、政协、纪委、妇联统统作了报告，当经过上级研究同意接触时，对象已经胸有成竹摆开了迎战的架势，硬是没法攻下来。

9. 第一时间的价值没有充分重视

要积极提升每个侦查人员强烈的侦查意识。

初查取证到位，接触对象取得效果，对象顺利被羁押，侦查人员松了一口气是必然的，大家吃顿饭、洗个澡、睡个觉合情合理。但一些侦查人员往往忽视了对象被羁押以后第一时间的再突破、再固定，常常因此丧失最有利的时机。因为对象在这个特定的时间里落差最大、情绪最不稳、出去的愿望最强烈，而且同监人的负面影响的副作用还没有出现，这个时机扩大案情、固定证据的可能性最大。

上海宝山区检察院立案后向对象做了第一份讯问笔录之后就将对象羁押了，结果第二次讯问时对象进行了全面的翻供，并且一直坚持到审判。万幸的是侦查人员的第一份笔录做得非常到位，后来法院就是靠这一份笔录将对象判了 12 年。如此想要再扩大案情那是没有希望了。

（七）初查取证的内容和重点

我"发明"了一句至理名言：成功的专家学者的生活底蕴和素材一定是丰富的；优秀的建筑大师选择的建材必然是众多的；杰出的厨艺大师离不开丰富的原材料和众多佐料。

我们从事侦查职业的人，必须掌握与侦查有关的丰富的"素材"和"原材料"，初查阶段就需要熟练掌握以下的内容和重点：

1. 有否明确的举报人和单位

应当进行深入先外围调查、后当面接触了解的工作，特别是调查清楚细节特征等，要注意甄别"假借他人名义举报"的新现象。

2. 是否存在明确的犯罪事实和迹象

注意准确界定举报内容是属于笼统的概括还是有具体的事实和迹象，进行可信度的预测评估。

3. 是否国家工作人员

注意国企改制变化过程和非国有企业中的委派、委托等具体的依据。

4. 单位性质及体制变化情况

股份制企业改制前属于国有企业时的职务犯罪行为可以管辖，防止简单从事，线索价值的无端流失。

5. 是否属于检察机关管辖

区分于公安机关经济犯罪侦查部门管辖的界限，强调公权力职务、职权和职能。

6. 是否属于本院管辖

严格把握与本检察机关管辖的依据，坚决杜绝没有法律依据超管辖办理非本院管辖的案件。

7. 是否存在利用职务之便

不能简单以单位出具的职务、职责证明为唯一依据，要注意党委会、董事会、内部规定等的原始记录。

8. 是否存在实施职务犯罪的可能

要对特定线索进行不可行性研究（注意是不可行性），上海某理工大学为了解决经济纠纷而伪造职务证明诱导检察院立案的现象要引起重视。

9. 有无不予刑事追究的可能

要对具有家属精神病史、性格孤僻、偏执的对象先行考虑律师可能提出精神疾病的话题，把特定对象的精神疾病鉴定提到立案前。

10. 有什么背景特点经历隐私

心理因素需把握，诸如对象对法律的了解程度、家庭成员中有司法人员、曾经有过荣誉、劣迹等。

11. 作案动机手法和防范心理程度

心理因素需把握，是蓄谋已久还是一时冲动，是严密思考还是认识上的错误。

12. 有无可依靠的人员和因素

对象的社会关系中比较正直、理性而且对其具有一定影响或制约力的人物。

13. 有无知情人或直接经手人

充分开发及争取可能存在的知情人或经手某个环节的处于中间状态的人。

14. 举报人是局外人还是知情人

以准确排除案件线索中的水分和虚假、误认的成分，严格甄别线索的价值和发展趋向。

15. 举报件是单一举报还是多头举报

以决定是否公开初查或了解其他单位、部门是否也在着手调查，避免调查工作撞车。

16. 举报动机属于哪类情况

要认真剖析举报人是出于公心举报还是出于消灭对手的想法，甄别是矛盾内讧还是帮忙助力。

17. 举报事实的可能性和真实性程度

要理性思考、分析举报内容是客观理性还是夸大其词，评估真实性程度的比例。

18. 举报事实涉嫌何罪或涉嫌几种罪名

预判涉嫌何种罪名，有没有可能出现属于数罪的情况，避免出现人为漏罪的情况。

19. 是否涉及窝案串案

进行举一反三、同类比较的合理想象，分析有没有形成窝案串案的可能。

20. 举报事实的关键症结所在

纵观整个线索材料，分析确定举报内容、列举的事实中最为关键的一点或几点。

21. 事实证据是否客观存在

分析证据客观性存在的程度比例，从思想、意识（犯意）、经历、家庭、习惯、个性、圈子等方面综合研究。

22. 事实证据获取的可能性及途径

是否存在重要、唯一证人不在国内或已经死亡，主要证据在本地还是在外地，获取证据有几种途径。

23. 调查工作的切入点及利弊

着手调查周期需要划分几个阶段，先查什么，后查什么，理由及利弊分别是什么。

24. 举报事实的发展趋势和各种可能

通过分析判断，决定是就事论事调查还是全方位展开调查，即防止线索价值流失也防止过度浪费侦查资源。

25. 调查过程中的有利因素和不利因素

事先把握调查中可以依靠的力量因素和必须避免或防范的不利情况和因素。

26. 调查过程中可能出现阻力的方面

事先预判调查过程中是否可能出现阻力的情况，阻力可能来自于哪些方面、如何化解和应对？

27. 调查工作需要几个阶段

事先计划调查工作的层次、阶段，是分工负责、以点带面，还是集中力量打歼灭战。

28. 调查周期需要多长时间

事先计划调查周期需要多长时间，预判是否需要延长，最快或者最长期限的准备。

29. 侦查人员应该如何最佳组合与有效控制防范

按照侦查人员的特长，优化侦查资源，科学分派谁最合适调查什么，落实可能出现意外的防范措施和责任人。

30. 最终发展结果的预测

从正反两面预测案件成功或案件不成功的条件因素，案件成功必须具备哪些证据要素，哪个证据不到位，案件难以成功等。

特别提示：

可以将以上30个内容和重点制成表格，在初查之初进行选择、初查之中进行丰富、初查之后进行综合，力求最大限度地突出初查的效果。同时可有效避免初查过程中因为考虑不周、挂一漏万、疏忽遗漏、丧失时机的情况发生。还可为有必要接触被查对象进行正面取证时采取具有针对性的方法措施奠定基础。

（八）初查取证的途径与选择

初查取证的途径与选择同样是一个丰富的系统，侦查人员应当熟练地掌握，并且能够做到了如指掌、得心应手。

1. 向署有真实姓名的举报人详细了解各种细节

心理因素把握了，可以充分了解举报动机，加快进入线索的核心部位，缩短外围周旋的时间，但要防止冒充他人名字举报的情况。

2. 调取工商注册登记、组织代码等相关资料

要调取所有与此有关的全面资料，不只局限于登记资料，为了秘密的需要，可以先通过网络调查了解。

3. 调取户籍等相关资料

要详细了解被调查人的细节特征，尽可能获取近期照片，特别是注意提取身份证号码，避免张冠李戴。

4. 调取任职等相关资料

全面调取客观的任职资料，而不是临时书写的职务证明，注意国有企业的变化，如有的先国有、后股份、再国有等。

5. 调取社会身份资料

心理因素把握，掌握被调查人的社会地位，人民代表、政协委员、劳动模范等，还有什么协会、学会的头衔等，了解其活动圈子或虚荣心程度。

6. 了解个人活动规律

心理因素把握，通过居委会、保安（其中的党员、退伍军人）等可靠人员了解被调查人的起居、往来等规律，但司法人员个人以职业、职务实名进行网上发帖通缉、调查是违法的。

7. 了解出入境情况

不但需要了解被调查人出入境的次数、往来地，而且要了解同行人及同行人的身份，要考虑前后错开班次、日期的可能。

8. 了解电信来往记录

心理因素把握，通过电信通话记录可以发现关系特别密切的人，通过特定软件程序效率比较高。

9. 了解金融资金资料

全方位了解被调查人的资金情况，包括其特定关系人的资金情况，国家实行公务人员财产申报制度将为我们开辟广阔的案源渠道。

10. 了解房产登记资料

不局限于房产登记资料，而且掌握"水、电、煤、卫、话"账单也具有特定的作用，可以确定人在否，停留时间长短，是否出借给他人等细节。

11. 了解车辆、房产购置资料

几辆汽车、多少套房产及购买的时间、付款的方式等，注意以家庭其他成员名义购买的情况，如浦东新区副区长康慧君以父母名义买了11套房产，而其父母只是普通退休工人。

12. 了解子女就学资料

被调查人的子女在哪里上学，学校收费的情况，注意特定关系人的子女是否也在同一地点、学校就学的情况，实践中经常可以发现政府官员的子女与老板的子女同一时间、同一地点、同一学校、同一班飞机去国外留学，这其中的疑点是明显的。

13. 了解医疗住院资料

官员住院时收受贿赂是一个腐败犯罪的易发、多发环节，上海市黄浦区检察院就针对一被举报人妻子生产住院期间收受贿赂的信息，通过了解11家具有妇产科的医院的住院信息而获取间接证据，确定举报内容的真实性，从而促进了办案的成功率。

14. 了解保险投保资料

保险投保的情况一般主动去查，这在司法实践中还比较少见，因为各种性质的保险公司太多、太滥，但一旦在其中发现疑点其作用是不可小看的，可以通过邮递环节发现保险公司投寄的对账单，而且不需要拆开就可以了解是哪一家、哪几家保险公司，而后再针对性查。

15. 了解投资办企业的资料

主要通过被调查人的关系密切人、活动范围等了解其投资办企业的情况，具有官位的人一般不会以自己的名义登记开办企业。

16. 了解对象的性格习性嗜好等情况

心理因素把握，这些因素对接触被调查人具有举足轻重的作用。曾经有一个被查对象拒不配合，但侦查人员了解其是个麻将迷，结果先不谈案情，只谈麻将，拉近了距离后，被查对象很快交代了问题。再如：如果发现被查对象把钱看得很重，甚至蝇头小利也斤斤计较，那么他的贪婪性就比较大，只要有机会是绝对不会轻易放弃的。

17. 了解婚外情人、情妇（夫）的情况

心理因素把握，贪官有情妇的占95%以上，大家知道，官员凭自己的工资是养不起情人的，有的还不只一个，显然必须通过贪污受贿才能实现"包养"的可能，因此，由此入手，手到擒来。

18. 了解相关文档账册资料

这系常规调查，但需要扩大视野，上海有一家检察院初查取证时疏忽了一个小文件柜，在庭审时律师拿出了小文件柜内的账册材料，结果导致原来认定的犯罪金额发生重大的变化。

19. 了解租赁金融保险箱、保管箱资料

一些做贼心虚的贪官在自己的家里几乎不放任何贵重的财物，而是租用专门机构的保险箱之类储藏，这个现象比例比较大，要尽可能获取这方面的信息，如具体的存放地点、密码等。

20. 了解境外房产及银行账户情况

经常出入境的官员是否在境外具有财产，需要充分怀疑，上海某检察院在调查兰生集团公司总经理常某时，侦查人员拿出一张其在香港购物的消费单一晃，常某做贼心虚，误以为我们去香港把他的资产调查清楚了，于是交代了其在香港窝藏贪污的公款数百万元的事实。

21. 了解对象身体状况

心理因素把握，这关系到被调查对象的人身安全和人道主义、人文关怀的体现，许多对象就是受到了特别的情感关照而觉悟的。

22. 了解对象及家庭成员间关系程度情况

心理因素把握，被调查对象在家庭中的地位、相互之间的关系等信息非常重要，如有的重孝道、有的怕老婆、有的怜子女，有利于在突破阶段进行有针对性的心理应对。

23. 了解对象奖惩情况

心理因素把握，职务犯罪的对象往往都做过一些有益的事，充分肯定其昔日的努力和贡献，有利于其思想的提高，特别是曾经的先进人物非常看重自己的付出和荣誉，我在接受并突破已经僵持了3天的上海市"三八红旗手"钱某某一案时，刚刚提到其多年来的付出和荣誉，其即刻涕泪俱下，不能自禁，很快交代了全部问题。

24. 了解对象司机秘书助手等密切人员情况

高官的身边人员对官员的了解具有特定性，特别是官员的隐私问题，当然这些人一般有一些愚忠，因为也时常得些小恩小惠的，特定情况下从他们入手，特别是掌握其对官员的不满的信息，可以取得关键的抓手。

25. 了解对象人际关系依靠势力等情况

心理因素把握，知己知彼、扬长避短，充分利用有利我们的因素，避开不利我们的因素。

26. 了解对象真实文化程度、法律知识及专业技术水平情况

不要简单看形式上的学历文凭，因为有的是买来的，有的是送上门的，有的是秘书去代读来的，跟其讲几句外语，可以看出其是真博士还是"真不是"，真正地具有知识、学问的可以对其进行推心置腹、入情入理的引导，实际无知者则没那个必要了。

27. 了解对象电脑置有运用及熟练程度情况

对电脑精通者而言，其许多资料必然离不开电脑，特别是"80后"的被调查对象，离开电脑无法生存，所以，想方设法获取这些人的电脑信息至关重要。

28. 了解对象收藏文物古董等情况

收受贿赂的一个重要表现就是收藏文物古董等，官员在为官后开始爱好收藏了，值得深入调查。

29. 了解对象境外赌博嫖娼等情况

官员凡是近年多次反复因私去境外的，99%存在巨大的嫌疑，澳门等地对意志不坚定的人来说，是极易上"隐"的。据我的经验，凡有数次以上往返港澳记录的官员，认真彻查，成功率起码99%，沈阳市副市长马向东等4官员就是屡屡去澳门而导致案发的，最后落马被处决。

30. 了解对象宗教信仰及程度的情况

心理因素把握，大家可以发现，近年来官员信佛的多了起来，腰间佩辟邪物、脖子挂观世音、弥勒佛、手腕戴名贵的佛珠，但大都是假信徒而已。根本不懂佛教，然而侦查人员应当懂得一点佛教、宗教知识，就是为了对付这类假教徒。

我曾经6次对这类假教徒谈佛教，甚至当场给他们背《大悲神咒》，结果没有不获被突破效果的，可道是"苦海无边、回头是岸"。当然对真正的教徒更好办，因为正宗的教徒是排斥偷盗、淫乱、杀生、妄语、酗酒的，是讲奉献、讲觉悟、讲宽容的，更讲因果报应，我们临时当一回普度众生的菩萨，救人出"苦海"，对象是容易接受的。

31. 了解对象涉黑及往来情况

官员与大老板、土豪交往过密大都是存在不可告人的秘密的，如果侦查人员能够下决心跟踪被查对象一段时间，即可以掌握个大概规律。

32. 了解对象记日记记账等情况

心理因素把握，如果被查对象具有记日记、记账习惯的，应当注意及时控制这些资料，这对调查取证具有举足轻重的作用。

33. 了解被查对象借债贷款占有公款的情况

村官侵占公款的情况比较多见，上海某区一村官侵占公款980余万元，去澳门豪赌93次，此类情况可以作为抓手。

34. 了解被查对象在城镇购置房产店铺的情况

上海周边的一些村官现在都喜欢在上海市区购买房产，宁可每天把车开来开去上百公里，有的购买房产店铺出租牟利，对于其可疑资金的来源值得调查。

35. 了解被查对象出借个人资金放高利贷的情况

官员如果具有巨额的资金外借，甚至放高利贷，诸如此类值得深入一查。

36. 了解被查对象参加农村宗派组织并在其中地位作用的情况

心理因素把握，一些村官表面上是共产党干部，实际上是一个派别的头目，具有地方恶势力的地位和影响，这些人经济上绝对不会干净，值得一查。

特别提示：

按照以上36条途径进行选择，对其中可能存在的因素进行初查取证，一般情况下，个案应该在12条左右具有实施的可能性和必要性；通过12条途径获取的证据材料基础上进行研判，基本上可以判断做出初查线索的价值程度；有12条以上外围证据或信息为基础，可以大大提高正面取证的针对性、准确性。

三、初查措施

（一）初查措施的内容

初查措施是有一定之规的，但在实践中要正确、科学运用是有讲究的。

1. 高检院反贪总局对初查措施专门作了界定，具体如下：

（1）接谈；

（2）询问；

（3）调取与查阅账目资料；

（4）调查银行账户及存款、汇款；

（5）拍照、录像、复印和复制；

（6）核实；

（7）商请调查与介入调查；

（8）协查；

（9）防范与控制。

2. 在《刑事诉讼法》修订的背景下，初查可以用哪些特殊的措施呢，我经过认真调查研究和长期司法实践提出以下11个具体措施，特别需要指出，这些措施不属于技术侦查范畴：

（1）化装调查（隐蔽身份获取信息或证据）；

（2）静态窃听（包括控制下交付获取信息或证据）；

（3）跟踪贴靠（含GPS、北斗卫星掌控被查对象动向）；

（4）手机信息调查分析（了解被查对象相关关系人范围、程度）；

（5）计算机网络信息调查（人肉搜查，掌握有关信息或证据）；

（6）财产调查（与财产有关的所有方面的信息或证据）；

（7）出境调查（出入境管理信息获取，掌握对象动向）；

（8）测谎仪使用；

（9）隐私嗜好调查（掌握被查对象接触人员圈子信息或证据方位）；

（10）其他各种必要的调查（证据存在的所有部位和环节）；

（11）审计、鉴定、价格价值审核等。

只要注意把握一个原则：初查阶段的各种措施不得限制人身自由和财产

权利。

（二）初查措施运用上存在的问题

初查方面存在的问题具有一定的共性，我归纳的这些问题在许多单位和一些侦查人员（包括指挥决策人员）身上或多或少都存在。

1. 计划笼统简单

初查计划总是三部曲：一查单位，二查职务，三查账册，没有真正的根据线索特征来制订有针对性的、抓住症结且具有指导作用的计划，甚至将以前的初查计划通过电脑粘贴或复制来应付领导。

2. 思路狭窄僵化

初查思路机械死板，缺乏灵活的思路和悟性，不善于思考，缺乏敏锐性、洞察力，没有合理想象的空间技能，于是手段则局限于三个方面：一传唤，二硬敲，三拖时。

3. 手段平庸粗放

初查手段简单、贫乏，不善于研究与探索利用科技手段（如网络信息调查）来促进和辅助初查，于是只会一味"李云龙式的草莽英雄"而"决斗"，有气势、没谋略：一急于找人，二设法抓人，三刻意关人。

4. 措施原始传统

初查的手段传统不变：一嘴巴，二纸张，三笔杆，不善于研究心理、谈话技巧，不会运用暗示、隐喻等询问技巧。

5. 行为机械被动

初查行为以个人为中心：一忙出去，二赶午饭，三急下班，初查工作不是以案件为中心，而是以个人需求为中心。

6. 责任针对不强

初查用人忽视特长：一差新人，二唤憨人，三使闲人，缺乏用人之长的意识，赶鸭子上架的现象时有发生。

7. 目标不清肤浅

初查过程机械应付：一开张，二过堂，三打烊（结存），思想深处没有准备将线索当案子办。

8. 询问仓促盲目

初查接触对象方法僵化：一乱哄，二瞎骗，三恐吓，缺乏理性、平和、文明、规范的执法理念和高超的询问技能。

四、初查措施运用的谋略要点

水流无常势，谋略无常形。我是 1977 年恢复高考的首批大学生，至今我记得大学里的第一堂课，一位老先生的第一句话："国无法国亡，文有法文亡。"我说："侦查有法侦查亡。"就是说我们的侦查如果被格式化、公式化了，千篇一律、一成不变，那它的生命也就到尽头了。

1. 特——与众不同、突出个性

我曾经办的一个案件。当时这个交通部上海物资管理处的业务员姜某利用分配汽车配额收受贿赂，初查阶段我获取了其收受3.9万余元的证据，按理把他传来检察院进一步询问就可以了。但我采取动员其自首的方法，把他"引"到检察院，而后不急于询问，让其慢慢思考，我说："自首必须彻底，我只要你一句话，你总共拿了多少？"询问只要对象一句话，是我的创造。

2个小时后，其交代："总共是7.9万余元。""有诚意！"我充分肯定了他，毕竟翻了我掌握证据的1倍。当晚10点笔录完成，我经过领导同意，由其家属领回去。他还不敢相信，我说："检察院说话算数，你有诚意我们就兑现政策。"

第二天一早，夫妻俩就在检察院门口等我了，第一句话："我们夫妻俩一夜未眠，仔细回忆，总共是11.9万余元。"

这可是当时上海第一起金额最大的自首案件，上了上海市反贪展览会案件展示第一版，其实我就是用了这个巧劲而已。

2. 奇——奇思怪想、独辟蹊径

动迁是关系到国计民生的大事，利用动迁的权力谋取私利是常见的不法现象，但常规取证比较难，因为涉及双方的共同利益。我组织侦查人员化装成被动迁者，混在动迁户中一起发牢骚、骂娘以取得共同语言，从而在人们的不经意中获取了6家动迁户被动迁工作人员索贿或主动行贿的信息，结果案件破得非常顺利。

动迁户因为期望行贿能够换取优惠条件，一般不可能主动提供线索，如此这般也保护了动迁户们的心理感受。

3. 谋——意料之外、情理之中

上海宝山区检察院、金山区检察院都采取过一种"围而不攻"的谋略，把被查对象周围的嫌疑人全面控制起来，就是迟迟不动主要目标，"慢火炖牛肉"地把对象逼得精神接近崩溃，从而"一鼓作气聚而歼之"，在突破对象的第一时间就获取全部犯罪事实的交代。

有时候等一等、慢半拍反而是提速，关键是"围而不攻"期间要注意防范和控制，绝对不能放任自流。

4. 逆——换位思考、逆向思维

我曾经指挥侦破过一起非常特别的"骨头"案件，普通刑事犯罪和职务犯罪相交织，警察和土匪相勾结，亲情和请托相交融。简单地说，5 个恶势力人员把一个仅仅与他们发生几句口角而素不相识的人杀了。司法鉴定意见是"全身尸表完整，系脑膜炎正常病亡"。

由此 5 个杀人者个个逍遥法外，为所欲为。被害人家属及其有关群众 100 多人鸣冤叫屈举报 1 年多，甚至媒体也予以了报道，但均不见下文。当案件层层批转到我手里，我先提请最高人民法院首席法医重新再作鉴定，意见是："锐器致死痕迹清晰，他杀无疑。"

有了"尚方宝剑"，我立即组织全面初查，原来匪首李某某开了一个废品回收站，所在地派出所所长徐某的老婆、小舅子在该企业任职，李某某带属下把人杀死后即求助于该派出所所长徐某，并且分别通过徐某的老婆、小舅子给徐某数万元"打点费"。

徐某想方设法打通关系，获取了被害人"病亡"的刑事司法鉴定。我们先后把 5 个土匪全部抓获，再抓了徐某的老婆、小舅子，最后把徐某也抓了起来。经过非常艰难的审讯，全面突破。大家想想，这就是叫：落难者出卖"恩人"，老婆倒戈丈夫、小舅子检举姐夫。作为侦查人员谈何容易！

我们主要采取换位思考、逆向思维的方法予以各个击破，如匪首力求保命；帮凶希望减轻；老婆想保住丈夫、拦下罪责；小舅子担心姐夫不保老娘没人供养；徐某则避重就轻、死要面子。

我们分别针对性地给凶犯以保命的途径；给老婆渲染被害人家破人亡的悲惨结果；给小舅子承诺其老娘的供养保障我们予以负责；给徐某在羁押场所"吃蛋糕过 50 大寿"及渲染你"敢作敢为，不要人为把全家带入犯罪的深渊"的提示，最终在侦查期限 2 个月的时间内，所有口供全部到位，杀人案、受贿案、滥用职权案、伪证案全面告破。

5. 料——心理评定、对症下药

上海崇明县检察院在接触房地局局长陆某过程中，讯问陆某 20 多次不见效果，经过心理分析评定，陆某对其女儿牵挂不下，"哪壶不开提哪壶"，就是采取这种针对性谋略，很快，陆某和盘托出、彻底缴械。

上海浦东新区检察院通过网上追逃把一个巨额受贿的对象抓了回来。但其在外数年，有了充分的准备，4 个月的羁押期间拒不交代。侦查人员静下心来分析，再把抓获时其随身物品作个检查，发现一个旧的钥匙圈，钥匙哪里去了呢？

他们"死马当活马医"，立即到 4 个月前抓获他的浙江省萧山市的一家招待所去查，结果真的在大衣柜底下的一团卫生纸里发现了四把钥匙。

通过侦查实验，证实是其姐姐、岳母、小舅子及朋友家的。了解到其家庭观念很重，于是明确告诉他，不要为了自己而把整个家族给连累了，他顶不住了，要求得到宽大处理并要求善待其家属、朋友。

侦查人员当即承诺，于是顶了4个月的对象将犯罪事实和盘托出。

6. 悟——目标清晰、责任到人

侦查人员具有悟性是非常重要的，悟性其实就是责任心、感悟力，对事业不投入、不认真、不钻研是无法谈悟性的。

我在当侦查员时，一次普通的初查取证，没打算有大的收获。天色已晚，我便准备回家，但刚才看到的一组数据令人费解，于是我再来了个回马枪，到证人的家里，他正欲销毁有关的证据，被我及时制止，经过发问，掌握了其在集装箱运输过程中必须给货运公司的有关管理人员每只箱子200元的好处费，我立即向领导报告，当晚采取行动，天亮即破获了上海首起集装箱物流领域的贿赂窝案。

一次和助手外出回单位，路过一个食品供应站，那个站长是我们前不久立案的取保候审对象，我提出去看看。闲聊中，我问："你的赃款全部退清了吗？""退了，全部退清了，我直接交给了法院的刘庭长。"

也许是职业病，我无意地又问了一句："给你收据了吗？"没有料到他说："没有。"我为之一振，案件来了！

经过进一步初查取证，我和助手就这样破了改革开放以后上海法院系统的首起职务犯罪贪污大案。随后又乘胜追击，连破法院系统4件大案，牵连司法系统各类人员50多人，在上海引起了极大的震动，检察机关威风大振。

（一）初查取证侦查主体的谋略

初查取证侦查主体的谋略有以下八点：

1. 缓——语言技巧

侦查人员应当根据不同情况、不同对象采取不同的方式，切忌千篇一律、盛气凌人、居高临下、以势压人。要注意把握：

一迷惑，不直接暴露自己的意图，以平常谈话的方式探底，如以了解情况、请教指导、释疑解惑等方法；

二随势，入乡随俗，心平气静，不要摆一本正经公事公办的架势，充分尊重他人，体现理性、平和的形象；

三缓和，注意语气的人情味、感染力、入理性，突出亲和力，让人有信任感；

四应变，根据情况，适时变化自己的策略和方法，可进可退，以确保达到取证的目的。

2. 究——拓展技巧

侦查人员初查取证要注意循序渐进，不要简单粗暴，要注意做到：

一逐步，让证人有个慢慢适应的过程，先无关，后紧要；先表象，后关键；先零星，后完整；

二乘势，抓住有利的一刹那和一瞬间的机会，逐步深入、乘势而进；

三威慑，对拒不配合的、故意胡编乱造的要给予法律的威慑力；

四解惑，解决或消除证人的顾虑、担心和自我良心上的谴责。

举一反三、同类比较。如从一起图书采购案、一起医疗器械采购案、一起印花税贿赂案分别发展到全市数十起同类大案。

3. 纵——诱使技巧

侦查人员要充分控制初查取证的主动权，要注意掌握：

一故纵，故意纵容他人的一些反常的行为或信息的产生发出，如调动对象秘密串供、调动对象涂改账册等；

二调动，使用某种方法把处于静态的人或事调动起来，如调动对象转移赃款、调动对象暗中退回赃款；

三诱惑，以设计周密的假象迷惑诱导对方某些错误判断或者行为的发生，如暗示对象有关人员已经暴露、交代了问题，动摇对象的侥幸心理；

四触动，以主动的行为信息影响对象的防线，如规定一定的期限，限期对象坦白自首。

引虎下山、促使调动。如我侦破的上海首起法官案，我利用争取过来的行贿人由其与对象"串供"，秘密录音获取证据，突破毫不费力。

4. 惑——密获技巧

侦查人员在初查取证过程中要大胆运用特殊的秘密调查手段，要注意掌握：

一跟踪，真正有问题的贪官是禁不起跟踪的，通过跟踪可以发现其傍大款、包二奶等不正常现象；

二窃听，经过批准使用特定的关系去套取某些信息或证据，如通过争取过来的行贿人去与受贿人"串供"，套取受贿犯罪信息或证据；

三贴靠，以特定的人利用特定的关系去套取某些信息或证据，如以圈内人的身份不经意间获取某些犯罪信息或证据；

四化装，假借冒充特定身份的人掩盖调查意图而获取信息或证据，如以采购员、推销商等身份获取受贿信息或证据。

明修栈道、暗渡陈仓。如北京东城区检察院秘密跟踪国家食品药品监督管理局厅局级嫌疑人曹文庄整整3个月，功夫之深令人钦佩。

5. 择——筛选技巧

侦查人员初查取证必须周全策划，绝对不能蜻蜓点水、走过场，要考虑：

一量大，原材料越多选择的余地越大，尽一切可能穷尽相关信息，千万不能偷工减料；

二齐全，各种门类、各种角度、各种可能出现的问题均要考虑周全，避免准备不足、挂一漏万；

三甄别，要有分析、判断，在错综复杂的信息、证据面前，要理性思考、分析，科学判断；

四选择，要粗中取精，多中取好，相互印证，强调证据的内在联系，形成锁链。

6. 诱——时差技巧

侦查人员初查取证要注意技巧的融入，思考问题必须全面，及时弥补各种漏洞。要注意达到：

一复合，所有证据力求呈复合状态，避免孤证无力；

二严密，不能有任何的矛盾和漏洞，程序不能有错误；

三错觉，充分利用时间、空间、地域的差异获取证据；

四及时，取证不能按部就班、优哉游哉，往往是过了这个村就没这个店了。

出其不意、攻其不备。如我侦破的上海市陆管处党委书记、副处长刘某受贿案，鉴于客观证据比较翔实，在刘某不知道行贿人是否全部交代的情况下，把刘某请来谈话，结果刘某不知底细，很快作了交代。

7. 迷——虚纵技巧

侦查人员初查取证要掌握进退自如、能屈能伸的技能，保持良好的心态，要学会：

一假象，以虚假的信息影响对方的判断；

二主动，不被对方的假象迷惑、牵着鼻子走；

三调整，发现情况对我不利，及时进行调整，或者撤退，以退为进；

四适度，科学决策，坚决防止出现过头话、过头事，有理、有利、有节。

以退为进、虚晃一枪。我在杨浦时，属下一侦查人员破的一起国有企业负责人职务犯罪嫌疑案，几经周折耗时半年就是拿不下来，只好发出不予立案决定书，但就在发出决定书的当天晚上，侦查人员获取到了一个没有争议的证据，于是把嫌疑人叫来，结果该对象涉嫌贪污、受贿、挪用公款的事实俱铁板钉钉。

8. 借——促动技巧

侦查人员初查取证尽量避免单枪匹马，要学会借力，充分发挥相关单位部门的职能和作用。要把握：

一直借，纪委、公安、税务、工商等都是经常联系的职能部门，争取合力；

二曲借，对一些特定的力量要充分信任和依靠，可以通过熟人、关系进行疏通，以求得配合；

三递借，对来说情、打招呼的，可以逆向运作，反过来动员他们为我们做工作；

四衔接，确保借力过程中的衔接环节，分清职责、分工合作，如与纪委、税务、工商、海关、审计等协作过程中，齐心协力、内外有别，责任明确。

欲擒故纵，调虎离山，声东击西，利用其他机关或者其他身份出面获取证据成功的案例比比皆是。

（二）初查取证外围调查谋略

初查取证外围调查取证谋略有以下五点：

1. 隐——以虚隐实，以小见大

我在主持调查国有企业上海胶带厂进行筹备上市的过程中，副总经理祝某利用发行原始法人股的职务之便，收受巨额贿赂。当时我们对股票都不懂，如果这种行为构成犯罪的话，那绝对是特别巨大的案件，所以在没有确定之前，不敢轻举妄动。于是我们隐秘真正的调查意图，以调查一般的人员违法购买法人股的名义调动有关资料，待有关证据全部到位，直接接触祝某时，才话锋一转直捣其收受贿赂的主题，祝某没有思想准备，语无伦次，被我们出示的证据逼得无言以对，只得低头认罪。这是上海地区第一起利用国有企业改制上市公司过程中的职务犯罪案件，祝某被判处死刑，缓期2年执行。

2. 控——统一部署，分头出击

我在指挥侦破上海水上公安局一刑事警察受贿大案的取证过程中，针对行贿人多，又系流动性非常强的安徽船民的具体情况，通过情报掌握某天他们同时停泊在上海的5个不同的港口，第二天一早就要起锚离开的信息，立即部署全体侦查人员统一行动，兵分五路在夜里零点同时出击一举控制5个重要的行贿人，连夜进行询问，很快获取了行贿40万元的证据，不久涉案的警察被顺利归案。

3. 制——敲山震虎，锁定破绽

公开初查的一种方法，先大造声势，大张旗鼓，围绕对象不急于接触，而在其周围紧锣密鼓层层推进，然后"缩小包围圈"，逼迫对象沉不住气，自乱阵脚。

4. 引——威慑感化，宽严相济

上海一大型国有企业纪委书记兼武装部长、保卫处长徐某，涉嫌侵吞公款被取保候审，但其第二天来进一步接受讯问时便全面翻供。侦查人员提请拘留，我意见允许他回去再想想清楚，尽量再做做工作看一看。徐某离开反贪局办公室时，正逢外面倾盆大雨，其进退两难，出去，雨实在太大；进来，没有面子（其曾经长期配合检察院办案）。我发现这一细节情况，即递给他一把雨伞，其一愣，眼里出现了泪水，转身冲了出去。第二天侦查人员来报告，说徐某来还雨伞时，全面交代了问题，态度非常好。大家可以想一想，我没有参与讯问徐某，徐某也不知道我是谁，在一句话没有说的情况下对象转变了态度，真可谓："此举无声胜有声。"

5. 待——依法运作，长期经营

其房地局官员唐某，在一次被调查过程中，因为种种原因被其蒙混过关，具体办案的侦查人员不服气。我告诉大家，反贪侦查是长久之计，我们是职业反贪侦查人员，不必计较一城一池的得失。当时被调查对象洋洋得意，我们一些侦查人员则垂头丧气。3 年后，该对象再次被调查，过程我不展开了，最终唐某被判有期徒刑 12 年。真可谓，躲得了初一，躲不了十五。

（三）初查取证询问的谋略

初查取证询问谋略有以下十一点：

1. 同——整体连贯：一鼓作气、一脉相承

询问、讯问可以一档侦查人员一竿子到底，也可以分为几个阶段几档侦查人员依次进行。但一定要注意：一鼓作气、一脉相承。

我属下有个侦查人员，特意关照他，你不了解情况，就负责对象的安全，不要与对象搭话。前面讯问的侦查人员曾经向对象说："你的问题我们全部掌握了，你自己要把握机会。"但这个侦查人员就是憋不住："你的问题虽然我们没有掌握，但你要争取主动。"我知道他不是故意的，但缺乏悟性，搅了大局。

2. 稳——熟悉案情：庖丁解牛、游刃有余

我在讯问突破上海市公安局交警总队车管所所长徐某巨额贿赂案时，明确告诉他："你交代第一句，我讲第二句，如果我接不下去，你就不要交代，就是我在骗你。"

徐试探地说了一句："我有一包东西，但不在我这里。"我说："全部家当（隐喻赃款），在外地！"

徐大惊失色，言不由衷："我第一次到陆某公司里。"我接口讲："你是开警车去的！"

徐说："有一天晚上某某约我到咖啡馆。"我马上说："红宝石（咖啡馆），那天下雨！"

徐某的意志彻底垮了，3 小时交代了全部涉嫌犯罪的问题。这是当时上海最大的一起公安警察收受贿赂案。

3. 导——知己知彼：趋利避害、把握主动

对具有强烈抵触情绪的对象，可以就其感兴趣的问题进行铺垫，如谈股票、谈麻将、谈佛教、谈偶像、谈收藏，这些话题对痴迷的人而言可以激起情绪、兴趣而令其忘乎所以，这样以化解其的防范心理，拉近彼此的距离，再乘势转移到正题上来。

2010年，一个1983年出生的海关关员因涉嫌受贿被找来谈话，几个小时下来，就是不肯交代任何问题，无奈之下，我们派同样是"八零后"的侦查员上阵，不料两个小时，对象彻底交代了。

用的什么方法？说出来令人笑话：他们谈了两个小时网络上"偷菜、种菜"的话题，结果取得了共同语言，赢得了对象的信任，就是这么简单。

4. 诚——合理听取：冷静独立、仔细甄别

讯问过程充分体现侦查人员的诚意是非常重要的，对象感觉你在坑他、骗他、侮辱他、诋毁他，他怎么可以相信你、配合你呢？

所以侦查人员一定要选择一些为对象考虑、从对象考虑的角度出发的话题，如："你这样的行为确实有些不懂法，主观恶意倒不太强。""你这种态度可以考虑是自首、立功。""你积极配合，早点回去，对你的负面影响小，否则你几天不出现，在单位、居住地舆论就起来了。"

反之，对象的解释、辩解也要注意耐心听，仔细甄别。实事求是是非常重要的。

5. 适——把握时机：恰到好处、适当火候

初查询问过程时机的把握是侦查人员悟性和经验的反映，何时需要"缓"，何时需要"逼"，何时出示证据，何时采取何种措施、方法、手段等，绝对不是随心所欲的，而颇具有讲究，需要科学决策。

6. 略——引起讲透：不急究细、乘势穷尽

初查询问过程中，当对象开始露口的时候，千万不要打断对象的思路，而只能要求其"继续，接着讲"，如果你过早地急于了解细节，不但打断了对象的既定思路，而且暴露了自己没有掌握更多具体情况的不足和漏洞。

7. 逼——紧扣矛盾：把握主线、不让喘息

初查询问过程中侦查人员必须始终把握主要和重要的方向，不要被对象牵着鼻子走，不要出现侦查人员人为的停顿，让对象得到稳定情绪、调整思路的喘息机会，如忙于接听电话、忙于去吃饭、忙于下班等。询问必须强调一鼓作气、乘胜追击。

8. 势——剖析揭露：营造气氛、给予压力

在初查询问过程中侦查人员要会运用"造势"，如将有关羁押的法律文书

"若隐若现"，出现送别同案人员的告别声，故意安排特定人员接听电话、议论案情而让对象听到，使对象产生心理波动和思想斗争。

针对什么情况营造什么气氛是一种心理战策略，是科学有效的谋略。

9. 激——兼听反驳：假大获真、后发制人

初查询问过程中，在特定的时刻侦查人员故意突然把有关的事实"夸大其词"，对象通常的第一反应是立即进行反驳和更正。如："你拿到50万元怎么处理的？"对象："哪里有50万元，明明只有35万元。"

发现对象讲假话，有时不要急于制止、揭露，反而引导对象继续编下去，到不能自圆其说了再戳穿不迟。

10. 理——证据完善：逐步理顺、完整全面

初查询问过程进入结束阶段，尽可能根据对象的交代，按照侦查人员的思路总结对象的交代，以弥补对象交代前后不一、凌乱无序的状况。只要把握不违背对象的本意，经过对象的阅读、确认并且进行录音录像后就是对象的客观交代。

11. 融——重点突出，要害明确，张弛有度

不要一成不变：凶就凶过头，软就软到底是不行的。有时可以软硬结合，对象被激怒以后，他要找个台阶，要释放内心的不满和压力。

要对应，询问主体与对象要适当。不要派过于年轻的、初出茅庐的侦查人员去询问年长的经验丰富的嫌疑人，要区别对待，有的让年轻人先上去询问调查，有的让级别高的人先去询问调查，以解决嫌疑人在心理上、面子上的顾虑。

（四）初查询问四要素

初查阶段的询问有四个要素是需要认真把握的。

1. 了解被查对象的优点长处

侦查人员一定要了解对象的优点长处，以避免出现先入为主、片面的、武断的、不客观的意思。

2. 掌握被查对象的弱点软档

侦查人员一定要掌握对象的"死穴"，要知道，没有一个职务犯罪的对象能够达到头脑的"花岗岩"、"铁板一块"的境地。

3. 明白侦查人员的死角局限

侦查人员一定要明白自己的局限性，在侦查领域内，古今中外能够先知先觉、料事如神的"神探"是不存在的。

4. 认知侦结案件的瑕疵不足

侦查人员一定要知道，侦查破案是一项"遗憾的工程"，任何成功的案件

回过头来看，没有瑕疵和不足是不可能的。

五、初查相关内容

（一）初查的任务

这个题目也是比较理论化的，作为侦查人员一看题目就明白内容，而且具体的内容可散见于本堂课各章及我所著的《反贪侦查岗位必备素能全书》，所以在这里我点到为止，不做大的展开，如果需要研讨或写论文则可作参考。

1. 探究对象的动静

对象是否已经被惊动，是否已有防范案发的准备，是否有出境、出国的可能。

2. 辨析事实的真伪

客观事实的真实性程度，根据对象的心理、经历、环境、交往、性格等判断对象犯罪可能性程度。

3. 获取犯罪的证据

初查的主要目的是发现证据、获取证据、固定证据，证据是决定能否进入立案环节的唯一依据。

4. 寻找突破的缺口

通过线索、证据、对象心理等各种因素的分析，研究正面接触对象的切入点、对象心理上的薄弱环节。

5. 梳理涉及的关系

针对性地将对象的各种社会关系进行清晰的梳理，哪些人对其涉嫌犯罪具有影响和提供帮助。

6. 储存关联的信息

以不惊动为底线，尽可能穷尽与对象个人有关的、与线索有关的所有信息，有备无患。

7. 堵塞规避的漏洞

调换角度、换位思考，在对象的立场上模拟、研究其可能以哪些理由、哪几个方面进行狡辩、抵赖。

8. 分析无罪的构成

客观地进行"不可行性"分析研究，预测哪些因素出现便不能构成犯罪，确保准确性。

9. 选择合适的时机

接触被查对象最佳时机的选择，个人利益要让位于有利案件的突破，聚精会神、集中力量打歼灭战。

10. 确定对应的措施

对可能出现的意外情况制定周密的预案,包括安全意外、突发疾病、紧急找人、紧急搜查、家属上门等的应对。

(二)初查的重点部位与环节

这个题目主要讲的是针对性,把握时机和机会,也点到为止不作大的展开。

1. 涉嫌犯罪证据易获取的。通常情况下,初查取证应当先易后难。

2. 举报人、证人、知情人愿意配合、易争取的。充分优先依靠能够积极配合的力量和因素。

3. 初查对象疏忽的、防范不充分的、容易出现再生证据的。出其不意、打其不备、趁虚而入是侦查谋略的常用方法。

4. 出现矛盾内讧的。利用矛盾、分化瓦解、各个击破是侦查谋略的常用方法。

5. 容易变化灭失的。抢救性取证的意识非常重要,防止人为丧失一去不复返的有利时机。

6. 有其他力量创造机会条件的。有各种旁系力量、有利侦查的因素创造便捷途径的。

7. 作案人多、环节多的。利用人与人之间的差异和必然存在的矛盾分化瓦解,各个击破。

8. 多次作案中关键的。在各种证据头绪纷杂时,先获取最为关键的。

9. 有意外机会巧合的。当事先没有预料的有利取证的条件突然出现时,抓住第一时间。

10. 便于运用特殊手段的。适合采取网络、跟踪、窃听、化装、耳目、控制下交付等特殊调查手段的。(注意,这不属于技术侦查范畴。)

(三)初查的监督

要确保初查的质量和效率,对初查的监督不可缺忽:

1. 决定权与实施权相分离。决定初查的是检察长,实施初查的是侦查人员。

2. 复议权与运作权相分离。运作初查的是侦查部门,有权复议的是控告申诉部门。

3. 接触权与审批权相分离。接触对象的是侦查人员,批准接触的是检察长。

4. 监督权与办案权相分离。办案权是侦查部门,监督权是上级检察机关侦查部门。

（四）初查计划（方案）的内容

初查计划的制订是侦查人员的一项基本功，其要求在线索研判、评估的基础上，依据线索反映的信息和特征，按照专门的格式和要求，制订指导和规范初查的计划，初查计划质量的优劣，反映侦查人员的综合素质能力。

初查计划的内容为以下几个方面：

1. 初查的目的、方向、范围和调查的问题。

2. 初查的人员配备、分工及组织领导。

3. 初查的时间、步骤、方法和措施。

4. 初查的安全防范预案。

5. 对初查目的方向范围重点的确定。

6. 办案风险评估及应对措施。

（五）初查的对象心理评定环节

我建议职务犯罪侦查部门能够在初查接触对象之前，设立一个特定的环节：对象心理评定环节。进行一次集体的心理评估，作为初查接触对象的必经程序，这样可以大大提高突破的针对性、准确性，获取更好的询问效果和办案效果。

参与评定的人员可多可少，进行评定的时间可有长有短，是一项事半功倍的侦查谋略。

1. 心理评定的内容

诱导犯罪心理，有侥幸、自信、从众、吃亏、居功、畏惧、机遇、自欺、误认、妄为等20余种。

面对讯问心理，有感悟坦白、被迫交代、丢车保帅、犹豫摇摆、顽固抵抗、顺杆上树等20余种。

2. 心理评定的方法

行为观察评定法，包括从感情、动作、人际、心态、应对、隐私、嗜好、个性等20余种。

结果分析评定法，包括冲动型、盲目型、思考型、权衡型、充分型、机遇型、新颖型等20余种。

（此节具体内容可参见我有关侦查心理课程的内容）

大美新疆巡讲记（代后记）

2014 年 7 月底至 8 月中旬，我参加高检院教育培训讲师团赴新疆进行了半个多月的巡讲讲课，新疆广袤大地之风土人情、新疆人民奋发向上、民族团结的精神、新疆检察官无私奉献、求知若渴的点点滴滴给我以深刻的教育、心灵的洗涤、观念的撞击、感情的融入、精神的振奋，在我的头脑中魂牵梦绕，刻下了永远抹不去的印记。

离别时分

巡讲结束，我在新疆又多待了两天，是应邀给乌鲁木齐市院加讲了四场课，因此我成为巡讲组里最后离疆的。我要走了，谢绝了官方送行的安排，而来自自治区院、乌鲁木齐市院、乌鲁木齐铁检分院的检察官徐艳玲、王新、童燕、辛影、马蕾等不约而同来相送。2014 年以来，他们几乎没有双休日，不是加班就是"一级响应"（防暴恐），徐艳玲、辛影正在准备几件全国闻名的暴恐大案的起诉，每夜零点还在办公室，王新是反贪局的处长，带领侦查人员连续通宵达旦办案，可对于我这个老师要走，他们却甘愿拿出宝贵的时间送行，为什么呢？因为我们之间的感情太深了。

这事有来头，2014 年 4 月，新疆自治区检察机关骨干培训班在上海的华东政法大学进行，我作为华东政法大学的客座教授给他们讲过两次课，第一次讲课，同行相遇，大家特别亲切，一见如故、相见恨晚；第二次讲完课已经天黑，同学们送我至校园，利用手机的亮光让我在我著的书籍上签名；2014 年 6 月，经高检院反贪总局推荐，我到乌鲁木齐的国家检察官学院新疆分院给全疆反贪侦查骨干讲了三天课，其间的一个晚上十点许，（别奇怪，在新疆，这个点不算晚，下班都晚上八点了），同学们带我去著名的大巴扎品尝少数民族的冰激凌、登南山眺望夜景、到量贩式歌厅K歌到凌晨，和同学们一起载歌载舞疯了半夜仍然意犹未尽，大家期望再有机会见面。不想机会很快来了，这次参加高检院巡讲团到新疆巡讲半个月……得知消息，南疆北疆的同学们纷纷给我发信息，盼望着这一天早点到来。

如此这般的师生情、战友情、检察情，高兴、亢奋、欣喜，交织着激动、感慨、期盼，短短百日之内三次见面，这是老天的旨意，运气来了躲也躲不开啊！

帅哥美女检察官们开了两辆私家车把我送到了乌鲁木齐机场，大家依依不舍，难舍难分，一会儿热烈握手，一会儿合影留念，手是握了一次又一次，照片是拍了一张又一张，我的耳边听得最多的是："张老师，一定要再来新疆！""张老师，不要忘了我们检察长邀请你专门来我院讲课！""我们一起去南疆！"

自治区院的美女检察官辛影早早准备了葡萄、蟠桃、白杏一定要送给我，我再三说明拿不了，她杏眼一瞪：本姑娘发起火来是很厉害的啊！

分别的时刻终于到了，我高举双手向大家挥别，进入了安检通道安检完毕，我忍不住回头再望了一眼，哪知他们还在一步三回头，挥手、挥手，我眼睛模糊了，检察情、战友情、师生情可以如此浓烈、炽热，不是老师，何来这份感受！

整装待发

仲夏7月，北京赤日炎炎，来自全国检察机关的16位检察教员受到了曹建明检察长亲切接见；时任高检院党组成员、政治部王少峰主任部署巡讲要求、颁发证书；大家按支教地域分组集体备课后，于30日离开北京开始了高检院组织的2014年赴西部巡讲活动。16位老师分别赴内蒙古、宁夏、新疆、赣南（高检院2014年把赣南列为西部支教范围）。我们一行6人飞赴新疆，负责新疆自治区和新疆建设兵团两个省级检察机关及所属各级院的检察业务培训。

我已经多次参加高检院西部巡讲活动，深感西部地区检察官渴望学习、渴望培训，他们求知若渴，迫切希望能够面对面地聆听老师们的讲课，因为远离内地，他们离疆外出的培训机会非常少，正因如此，我深感这次赴疆巡讲责任重大、意义深远，下定决心一定把课讲好，尽量满足新疆自治区和新疆兵团各级检察机关检察官们的需要。

巡讲老师一般都准备一两门课程，我因为有过巡讲的经历，知道巡讲老师的课程准备得越多越好，西部地区的检察官需求非常迫切和广泛，于是我带齐了我平时准备的全部25门课程，以应付各种需求，我自喻可以让大家在职务犯罪侦查领域"点菜式"选择，需求什么、缺少什么、急用什么，我就讲什么，来自天津市的李瑞钧老师看到我这么多课程，谦虚地说：这次巡讲我最大的收获就是认识了你张老师，我明白了怎么做好检察教育培训老师的真谛。来自河南省的田凯老师、广东省的任永鸿老师、天津市的祁云顺老师都复制了我的课件，各位老师想把课讲好的愿望溢于言表。

西部培训，高质量、接地气、有针对性的课程多多益善！

突发事件

我们在北京集中期间，新疆发生了"9·27"暴恐事件，南疆的莎车县发生了歹徒拦截、爆燃长途汽车杀害无辜群众的事件；我们在到达乌鲁木齐的当天，新疆又发生了"9·30"暴恐事件，歹徒杀害了宗教领袖大毛拉。新疆的安全形势一度再次严峻起来，我们巡讲老师的所在单位、家人、亲朋好友纷纷来电询问情况，让我们注意安全，个别家属十分担心，似乎也有让我们撤回的意思。

我倒是非常镇定，我有20世纪70年代在中苏边境长期生活的经历，那时战争一触即发，打仗在即，我们下乡知识青年没有害怕过，现在新疆的检察官处在维护稳定、防止暴恐的第一线，我们送课上门，是对他们的支持、支援，只有前进没有退缩的道理，巡讲老师都表示了这个决心，大家说，越是这种时候，我们越是需要勇往直前，新疆的检察官天天战斗在维稳第一线，与他们并肩战斗是我们的光荣。

但组织上出于全盘考虑，调整改变了我们赴南疆的日程，南疆的检察官们遗憾万分，认识我的纷纷给我发微信："张老师，你们真的不来南疆了？""南疆的检察官渴望培训！""有我们在，你们绝对安全！"捧着短信我热泪盈眶。

于是，我在全疆视频课一开始讲了一段话："这次根据组织统一安排，我们来不了南疆，你们南疆的同志们在干好检察工作的同时，还承担着维稳、防恐的重任，你们辛苦了，我们的心是和你们在一起的，一旦条件成熟，南疆什么时候需要我来，我就什么时候来，随叫随到！"

我在多种场合表示，南疆，我是一定要来的！

视频大课

抵达乌鲁木齐的第二天，按照预定的计划，先在自治区检察院大礼堂进行全自治区视频讲课，我负责讲第一课，我的课题是《修订后刑诉法对检察机关侦查工作的影响和对策》，自治区院的两百多名检察官着装整齐坐满了礼堂，各个州院、分院、基层院、派出院则通过视频集体收看。

我从端正执法指导思想、证据规则（非法证据排除和合理怀疑）、强制措施、辩护制度、技术侦查等方面以大量的立法依据、实施规范、相关信息、正反案例来诠释修订后刑诉法的主要精神和各种知识点，突出实践性、操作性，特别是我通过具体案例剖析了"钓鱼执法"造成的恶劣影响、"刑讯逼供"导致的严重后果，深刻揭示了规范执法的重要性；在强化证据意识方面，我从自己的侦查实践中提出了证据形态的把握要点；在指定监视居住、技术侦查等新的规定方面，我详细介绍了实施的要求、标准和方法。

整个礼堂无人走动，没有杂音，我从台上望下去，全部是全神贯注的眼神，全部是手在不停记录的动作。4 个小时，一气呵成，课后许多检察官上前来把我围得水泄不通，大有欲罢不能的架势，大家谈课后感想、请教问题，一打听，其中有公诉的、侦监的、监所的、控申的、预防的，各个部门都有，看来我的课大家都感到有用，我的一颗心也放下了。

十几天后，自治区院举行的告别会上政治部韩伟主任告诉我，这几天他到巴音郭楞蒙古族自治州去调研，大家普遍反映我的课联系实际，能够解决问题，希望我多讲这种实战技能方面的课。韩伟主任还说，基层院的同志建议，让张老师讲个五天才过瘾，否则大家感到不解渴！我想，这是新疆基层检察官的需求，也是对我的鞭策，我只有更好地当好老师、更好地为西部检察教育添砖加瓦才行。

说个笑话，在新疆的最后一天，自治区院几个检察官陪我去乌鲁木齐县院，接待我们的是该县院的法警队张队长，他只知道我是客人而不知道我的身份，在交流时张队长随意地说道，那天视频课，上海的那个老师讲得好，我们县院没有一个人离开会场早退的，要不我早走了……大家哄堂大笑，纷纷指向我说，他就是那个上海老师啊！他端详了好半天，晃了几次脑袋才恍然大悟，赶紧上来抓住我的手满是歉意地说：哦，就是您，张老师，不好意思，老师今天没有穿制服，我没认出来。

我抑制不住内心的兴奋，脱口而出：你讲的是真话，在知道我是谁的情况下，说我好，那是恭维我，是假话，今天你在不知情的情况下说我课上得好，我接受了，谢谢你，我要加倍努力，不断提高讲课水平。

第一次全疆视频课的次日，根据巡讲安排，我到新疆建设兵团检察院机关讲课，全疆兵团系统除兵团院机关以外，所有检察院都通过视频收看，因为自治区院与建设兵团院的视频是两个系统，因此我们开班仪式分别搞两次，视频课程也进行两次，而下基层后，地方基层检察机关和兵团基层检察机关集中在一起听课。

我在一整天的时间里向兵团检察官们讲了《职务犯罪讯问心理》《镜头下的笔录制作》《证据的意识和固定》，鉴于兵团检察官们的迫切要求，我比原定的时间延长了一个半小时，但大家还是意犹未尽，令我欲罢不能！最后不得已，我公布了自己的手机号、邮箱号、微信号，告诉大家以后可以通过网络交流，当天晚上，我手机中的微信朋友陡然增加了百十号人，惊得我一哆嗦！

兵团检察官们渴望学习、渴望知识、渴望培训给我留下了难以忘怀的记忆。

开讲新课

时任高检院党组成员、政治部王少峰主任在部署西部巡讲工作要求时指出，要让讲师团支教西部检察教育培训"输血变成造血"，高检院已将帮助西部地区检察机关培植、造就一批自己的师资队伍提上了培训工作的议事日程。因此，高检院政治部教育培训部事先要求我在准备专业课程的同时，再准备一个培训检察业务师资的课程，并且把师资培训这项工作作为这次赴新疆巡讲的重要内容之一。

我具有在全国各地检察机关讲课的经历，也早就开设了《如何讲好检察业务课》、《如何当好检察业务教官》和《如何讲好廉政教育课》等课程，并且在上海市检察机关、辽宁省大连市检察机关等讲授过，接到这项任务后，我用了几个通宵，把这几个课程的内容融合在一起，形成了一个比较完整的、贴近实践的示范课程，力争全面系统地向新疆检察业务师资队伍进行传授、交流。

到新疆的第四天，我向来自自治区院、兵团院的百余位检察兼职教师开讲了这门课程。这个课程我采取了一种新的讲授形式，首先提出几个问题，比如"被告与被告人有什么区别"、"伏法与服法有什么不同"、"侦查与侦察是否一回事"、"营利为目的"应该是哪个"营（赢、盈）"、"讯问录音录像是否证据"等，引起大家的思考，这些普通的问题一般司法人员还真的难以说明白，我借题发挥，说明了检察教育培训的重要性，抓基础、抓基本、抓基层的必要性；接着播放了一段我讲课的全国检察教育精品课程视频，让大家感受我的讲课特点和形式，让大家有一个感性认识；然后我从讲课的基础、方法、技巧、忌讳等诸多环节进行讲授，其间我展示了一些讲课现场的照片，说明表情、手势、PPT制作对辅助讲课的重要作用和积极意义，课上大家时而哄堂大笑、时而凝神深思，整个课堂气氛非常热烈，3个多小时的课程大家意犹未尽，我也倾其所有，课后还有许多同仁上来认真请教，其实通过讲课、交流，我从这些边疆的检察业务兼职教师身上学到了执着、敬业、谦虚、好学的职业精神，我静下来想想，他们才是我的老师，是我上好课的动力。

点评互动

我们巡讲组下基层巡讲的第一站是距离乌鲁木齐 600 多公里的伊犁哈萨克自治州，它是北疆最靠南的地方，与南疆就是一山之隔，下了飞机已临近傍晚，我们随便走走，那清澈的伊犁河、那变化多端的火烧云、远处宽阔的绿色草原上星星点点的白色毡房，美不胜收，令人陶醉，应验了我们到新疆后听到的一句谚语：不到新疆不知道中国之大，不到伊犁不知道新疆之美！

在伊犁州院的会场，我又看到了坐在第一排的该州院反贪局李鳌副局长，他连续出差办案十余天，为了听课才刚刚赶回来，他是我的老熟人了，这是他第三次听我讲课，而且老规矩，凡听我的课他总是坐在第一排。说起李鳌，这个生在伊犁长在伊犁的汉子还真有些传奇色彩呢！

这个曾经在新疆基层院担任过党组成员、副检察长的反贪精英，两年前被江南沿海某开发区检察院作为人才引进，收入提高了 10 倍不止，还安排了重要的职位，但他丢不下新疆的情结，坚持了一年最终还是回到了新疆伊犁这片美丽的土地。

我喜欢伊犁，当然也有这个方面的影响，在伊犁州院我向 100 多位来自侦查岗位的检察官讲了初查、心理、证据、笔录等课程，还重点进行了互动和点评。

基层院的同志将正在办理的一件案件中的疑难问题向我请教：某政府机关工作人员不负责任，擅自出具不符合事实的有关证明。导致国家损失数百万元……我一个环节、一个环节帮助剖析，提出自己的见解，他们豁然开朗，非常满意。

还有基层院的同志对一具体案件中犯罪嫌疑人面对证据就是拒不交代，请教该如何解决。我根据自己的侦查实践，介绍了多从心理活动方面入手，把握住对象的心门，这类对象最终被突破是完全可能的，他们感到很有启发，更加坚定了信心。

一些基层院还就村官涉嫌职务犯罪的案件提出请教，我介绍了上海检察机关办理村官案件的情况，并且提醒要掌握村官构成职务犯罪的条件……其他如测谎手段使用的问题、指定监视居住执行的问题、如何把握技术侦查的问题等我都一一进行了讲解，回答了十几个问题，大家感到拓宽了视野，颇有收获。

我还要求有关同志随机抽取了不同检察院的讯问笔录，当场对每一份笔录进行点评，为什么要写明讯问的起止时间、为什么每一份笔录都要注明第几次、为什么对犯罪嫌疑人的基本情况要详尽讯问；讯问的第一句发问应该是什么……讯问中什么是规定动作、什么是自选动作、什么是高难度动作等，我从法律依据、实践意义、规范标准诸方面进行剖析、阐述、示范。这种点评具有客观真实性、鲜活性、针对性，效果非常突出，在场的检察长、反贪局长表示，回去后立即把讯问笔录规范起来，业务建设首先抓提升言词证据的质量。

伊犁州院反贪局余凯局长说，真没想到笔录制作有这么多讲究，我们一定认真研究对照，找出存在的问题，全面提高笔录证据的制作水平。

感悟英模

我们巡讲组专门去了一趟石河子，这是我们来新疆前的愿望，到了新疆了解到，这也是新疆自治区检察院领导的安排。

新疆石河子检察院是多年的全国先进检察院，近年该检察院又出了个全国优秀共产党员、全国模范检察官、全国最美检察官张飚，他是退休以后被高检院授予全国模范检察官称号的。

张飚从部队退伍到检察机关工作了30多年，在平凡的岗位上干出了惊天的业绩，成为全国的楷模，我们实地接触了解以后深刻感到，张飚这个英模事迹没有丝毫拔高的成分，没有任何属于领导塑造的成分，张飚精神就是一种信念、一种执着、一种责任、一种奉献，果不其然、名不虚传！

震惊全国的浙江省"叔侄冤案"就是靠张飚数年如一日锲而不舍、据理力争、拨开迷雾见真相的！被一审判处死刑、死缓的张高平、张辉在新疆石河子监狱服刑10年，终于被无罪释放，其中张飚以一个检察官的使命感、责任心、良知揭开了事实的真相、还原了当事人的清白，体现了检察官的责任和法律的公正、促进了整个司法系统尊重和保障人权意识的强化。

在石河子院门前，杨将检察长和张飚等一行早已在迎候，我们像久别的兄弟热烈拥抱、紧紧地握手，尽管我在媒体上已经了解了许多，我的课程中也专门有"叔侄冤案"的内容、张飚精神的诠释，但这次是看到仰慕已久的活生生的人了，谁说不激动呢！

张飚就是个普通的检察官，在30多年的检察生涯中几乎就没有当过"长"，以正科级职级退休，真可谓平平常常、默默无闻，但他认真、执着，只要是认准的理死也不回头。

英模出现在石河子检察院一点也不奇怪，因为张飚的出现绝对不是孤立的，张飚诚恳地告诉我，没有院领导的重视、支持、没有驻所检察室其他同志的理解、配合及长期的默默奉献，我一个人是不可能搞成功的。

张飚对已决案件的质疑、纠错的行为延续了好多年，最终结果在当时难以预测，但检察院领导始终给予了极大的重视和支持，张飚因为工作需要需与浙江的、安徽的司法机关联系，长途电话一打就是好几个小时，杨将检察长当时刚调来，感到奇怪，什么事电话一打几个小时，让政治部去了解一下，当知道是为了纠正一起可能是错案的案件时，检察长给予了极大的支持，整个过程需要发许多函件、公文，均需要检察长审批、加盖院章，张飚告诉我，对此从来没有遇到困难。

张飚所在的驻所检察室还有两位同志在"叔侄冤案"纠错过程中一直协助其做了大量的幕后工作，一个叫毛笃生的老同志在退休前还把相关的材料整理好，把自己的工作日记留给后面的同志，鼓励大家把"叔侄冤案"的纠错工作坚持到底；一个年轻的同志叫魏刚，自到检察院开始就拜张飚为师傅，几年来跟着张飚做了大量的工作，如今，张飚成了耀眼的明星，他们仍然默默无闻，甘作小草、甘当绿叶，我深深地领悟，这就是张飚精神，是一种只讲责任、只讲奉献、不图得失、不图私利的当代检察官精神！

形式多样

这次巡讲，我们巡讲组在自治区院有关部门的大力支持配合下，创造了多种讲课方式，灵活多样，受到了新疆检察官们的欢迎，取得了意想不到的效果。

一种是上大课，全疆视频直播，这适用于一些大课题、受众面比较宽泛的课程，这次我们视频讲课主要是"检察制度的历史与改革""修订后刑诉法对检察机关的影响和对策""端正执法指导思想的思考"等，视频这种形式影响大、震动大、人气足，气氛热烈、感染力强。

另一种是专业针对性比较强的课程，适用于对口的业务部门，如反贪反渎侦查部门、监所检察部门、民事行政检察部门、案件管理部门、控告申诉部门，对这类课程我们采取分班讲课、同步进行。在阿勒泰地区院，上午由三个老师在不同的场合同时讲三门课程，下午也有三个老师同时讲三门课程，体现了近距离、易互动、高效率的特点，由于专业对口，接地气，效果非常好。

还有一种是采取案例教学，采取小班的形式，如民事行政检察课程，一般听课人数在20人左右，我们采取分四个讨论小组的形式进行讲课，老师先展示案例，小组进行讨论，然后按照老师的要求发表意见，老师进行具体讲评，上下交流、互相争论、气氛活跃、人人都可以成为主角，也有相当好的效果。

再一种是咨询式讲课，如监所检察，一般听课人在15人左右，于是先由老师介绍当前监所检察工作的相关要求（如试行逮捕必要性审查由监所检察统一归口办理）、相关理论成果与实践做法，然后由听课人员结合自己的工作、根据需要提出问题，老师或组织讨论或进行讲解，听课者普遍反映，能够解决实际问题，受益匪浅。

还有一种就是当场点评，职务犯罪侦查课程上，老师根据言词证据的规范化要求，根据事先调取听课人所在检察院的讯问笔录逐项进行点评，指出好在哪里，存在的问题在哪里，一一予以剖析，阐述法律依据、介绍规范做法，大家感到，这种讲课形式体现的是立竿见影的效果，听明白这堂课，笔录制作能力立即上一个台阶。

我们巡讲组六个老师，使出浑身解数先后开讲了：检察制度历史与改革，刑事诉讼法修订后对检察机关的影响和对策，职务犯罪侦查线索、初查、讯问、证据、心理、细节、谋略、文书、讯问录音录像问题，民事行政检察关键，行政检察的发展趋势，监所检察中的羁押必要性审查制度，羁押人员死亡的监督检察，案管工作中的要点，控告申诉工作中的群众工作，检察师资培训，检察机关司法警察职能等20门课程，根据新疆自治区院和新疆兵团院的反馈看，这种多形式的讲课大家是非常满意的，是非常受欢迎的。

临时加课

在新疆巡讲过程中，恰逢自治区院和兵团院联合组织全疆检察机关司法警察在国家检察官学院新疆分院进行全员培训，那天我们正在阿勒泰巡讲，我们巡讲组的领队、自治区院教育处高亚辉处长问我，张老师，你能不能给全疆司法警察培训班讲一课？我想，我曾经给上海市院法警总队全员培训授过课，这个课题我熟悉，而且课件也在我的电脑里，没有问题。于是我毫不犹豫、满口答应，高处长千恩万谢，立即打电话到自治区院有关部门部署和落实。

虽然我话是说出去了，准备是少不了的，因为这个课程上一次讲毕竟是几年前的事了。

当天晚上，我在原先课程的基础上，结合新的形势、法律规范、任务要求、经验教训、相关案例等备课了一个通宵，我知道，第二天早上我们从阿勒泰飞乌鲁木齐，飞机上可以补睡一个多小时，无所谓啦。

回到乌鲁木齐的当天下午，我到国家检察官学院新疆分院向两百名司法警察开讲了《检察机关司法警察在职务犯罪侦查中的职能》。

我一进学院的大礼堂，只听到一声大吼"起立"，两百名着装整齐统一的法警刷刷地站了起来，我赶紧回了鞠躬礼。"报告教官，法警培训班实有210人，实到210人，请指示。"

我也算是上课无数、久经沙场的老师，但这种架势可是第一次经历，好在我反应灵敏，我也大吼一声："按既定方案进行"，只听到班主任"是！"举手敬礼，然后一个转身"坐！"紧接着"刷"的一声，两百余人一个动作全部落座。

这堂课程我足足讲了4个小时，除了中间休息15分钟外，整个会场未见一个人走动，整个礼堂除了我的讲课声音外，只听到的是学员"唰、唰"的记录声。

要命的是这个大礼堂空调制冷不足，室内气温很高，我和大家一样汗流浃背，我从讲台上看下去同志们的衬衣均被汗水浸湿，可是丝毫没有影响大家集中注意力听课。

如果人们问，什么令老师最感动、最动容，毫无疑问，面对这样的场景、这样的学员、这样一种精神，老师最感动！

课毕，学员们再次起立，我深深地向大家鞠躬，我真想大吼一声：新疆的司法警察同志们，我这个来自上海的老师向你们致敬！

特别需求

乌鲁木齐市院领导非常重视业务培训，他们积极组织全体检察人员收看巡讲组的视频直播讲课，但他们还希望借巡讲组在乌鲁木齐的机会，直接给他们市院及下属的九个基层院侦查部门的检察官面对面讲课。市院反贪局许宏伟局长与我商量，提出了这个要求。

我看了一下日程表，哎，我们飞塔城的当天上午有半天空闲，于是我当场决定这天上午加讲半天课。于是我到了乌鲁木齐市院，面对100多个侦查人员讲了《职务犯罪侦查谋略的设计与运用》的课程，午饭时间到了，可大家欲罢不能，不愿下课，于是在得到大家许可的情况下，我一气讲到下午两点半，结果我由课堂直接奔机场。

累，是肯定的，用句时髦的话：累，并快乐着！

我在阿勒泰讲课期间，许局长又几次来电征求我的意见，希望在巡讲日程结束后，能不能再留个两天，继续给市院讲几门侦查课程，并且表示每一门课程给我支付课酬费。

好不容易来新疆一次，他们机会难得，我也是机会难得啊，征得巡讲组领队高亚辉处长的首肯，我决定在新疆再多停留两天，但我表示，加讲四门课程没问题，但分文不取。

于是在这两天中，我讲了《初查的谋略与技巧》《职务犯罪讯问心理》《讯问同步录音录像问题》《镜头下的笔录制作规范》。市院下属的一些基层院的同志每天来回百把公里，无一缺课，特别令我感动的是，昌吉市检察院党组成员、副检察长张玉祥，正赶上这几天上案件，天天晚上加班大半夜，但第二天一早带领部下赶到市院认真听课，整整两天始终如一，什么叫求知若渴，这就是最真实的演绎！

水磨沟区检察院反贪局长陈玉华，是该市检察系统唯一的一个女反贪局长，每次听课她总是坐在第一排，认真记录，课后请教，积极提问交流，给部下作出了良好的榜样。

由于我讲课的内容多，因此常常语速较快，一些少数民族同志来不及记录，他们就先用自己民族语言记录，然后再翻译成汉语，其中不明白的地方向汉族同志请教，当我听到这些信息后激动的心情溢于言表，这是一种精神，一种积极向上、不敢落后的奋发精神，新疆检察机关有这样的检察官，真是我们的事业后继有人、国家及新疆之大幸啊！

遇景不入

进入新疆的第九天，我们按照既定日程前往塔城地区检察机关巡讲，这是一个地处中哈边境的少数民族地区，距离中国与哈萨克斯坦国边境线仅几公里。

讲课间隙，地区院领导带我们去了中哈边境——巴克图口岸。站在镌刻着中华人民共和国国徽的界碑前面，我们的自豪感油然而升，大家举起照相机、手机留下了这难忘的一刻。

"你们知道吧，那首脍炙人口的《小白杨》就是出自这里的边防战士的手笔。"地区院政治部王主任向我们介绍，大家情绪顿时高涨了起来，原来这首歌的发源地就在这里，不是虚构的，这真出乎我们的意料："一棵呀小白杨，长在哨所旁……"我们情不自禁地唱起了这首非常熟悉的军歌。

我没有想到，这首歌的歌词是一个普通的边防战士写的，原来是一首诗，发表后被一军旅作曲家发现了，于是到现场体验生活后谱上了曲子，经军旅歌唱家阎维文一唱，很快传遍祖国大地、大江南北。此时此刻我们的心都飞向了有那棵小白杨的边境线。

但当我们知道，那棵小白杨还在一百公里之外，要不要去？我们犹豫了。

我们是来巡讲的，不是来旅游的，如果是路过，我们去看一看也可以理解，但专门驱车百余公里，这不符合"八项规定"和巡讲纪律，不去了吧！对，不去了！巡讲组六位老师取得了一致的意见，大家觉得还是集中精力把课讲好是主要的。

虽然没有看到"小白杨"，但大家心里比看到"小白杨"还要高兴，我们没有愧对"检察官教师"这个身份。

进入新疆的第十二天，我们到达了阿勒泰地区，这是新疆最北的一个地区，闻名世界的喀纳斯风景区就在这里。

阿勒泰的同志们也喜欢说：不到新疆，不知道中国之大；不到喀纳斯，不知道新疆之美！这是对自己家乡的自豪和热爱。到新疆一定要去喀纳斯，几乎是所有到新疆的内地客的愿望，我们也不例外，大家都希望能够到喀纳斯一睹那大自然恩赐的奇异美景。

我们巡讲组的老师，大多是第一次来新疆，所有人都没有去过喀纳斯，来自广东的任老师迫切想去一次喀纳斯，他把喀纳斯的情况早了解了个透，甚至准备利用没有课的日子自费去，于是巡讲组第一次出现了意见分歧。

午间休息时，巡讲组开会，大家讨论究竟该怎么办。毕竟还有两百公里路程，毕竟需要两天的时间，我是全组年龄最大的，大家希望我先发表意见，我一锤定音：旅游观景与我们巡讲的目的不相符，不去为好！最终大家统一了意见，还是以巡讲为主，还是集体统一行动为好，喀纳斯就不去了。尽管大家感到很遗憾，我也没有到过喀纳斯，也感到遗憾，任老师显得更遗憾，但大家自觉遵守巡讲纪律，没有人再提个"不"字。

如此这般，我们这次巡讲过程行程四千多公里，多次遇景点而不入、近景区而不去，严格遵守"八项规定"，严格遵守巡讲纪律，我们的言谈举止给新疆自治区院负责接洽的同志留下了良好的印象。

就是嘛，谁让我们是检察官老师呢，为人师表是我们的职业道德和行为准则。

民族融洽

在塔城地区检察机关上课，连续几堂课地区院哈萨克族检察长买吐送·吐地买买提都坐在第一排认真听讲，不时地记录。我对买检说，您怎么还亲自到场听课？他非常谦虚地说，我刚刚从别的单位交流到检察机关来，我是个新兵，更需要学习。一席话让我的心温暖了好半天，他是对知识的尊重、对老师的尊重啊！

在离开阿勒泰地区的前一天的晚上，地区院专门安排我们到哈萨克族的毡房举行送别晚宴，大箱的酒、大盘的肉，我们正在犹豫是否符合"八项规定"和巡讲纪律，地区院雷检察长看出了我们的疑虑，他说，今天是私人宴请，你们尽管喝酒、吃肉，所有费用有我们七个基层检察长分摊，私人掏腰包，以表达我们民族同胞对老师的感谢和友情。

原来，这七个基层院的检察长均是哈萨克族同胞，他们热情、淳朴、好客、幽默、海量给我们留下了深刻的印象。

那个叫叶克本的检察长几番拉住我的手，一再邀请我下次到他们的检察院去讲课、做客，并且表示，喀纳斯就在我的辖区，这次你们没有去，下次我作向导，到了新疆不去喀纳斯是个遗憾。我说，今天我认识了你这个叶克本，我还担心这辈子去不了喀纳斯吗？

为什么我在七个哈萨克族检察长中唯一记住了叶克本检察长的名字？因为他介绍自己时是这样表达的：我，叶利钦的叶、马克思的克、本（奔）驰汽车的本。边上的另一个检察长插上来说，他是本·拉登的本……大家哄堂大笑，气氛热烈非凡。

所以，我如今真不知道这个叶克本的本，究竟是本还是奔，无所谓啦，记住叶检察长总错不了，喀纳斯所在地那个检察院的嘛！

我悄悄问汉族的检察同仁，你们这里存在民族矛盾吗？得到的回答是：我们各民族非常融洽哦，多少年了，像一家人一样！旁边的一个哈萨克族的检察长听到了，用特有的语气说：我们的关系"浩逮横"（好得很）！嘛达子（没有）任何矛盾！一个家一样的！

此刻，我想起来白天在路边看到的一条标语：汉族离不开少数民族，少数民族离不开汉族。此言千真万确，新疆就是个民族大家庭！

喝酒不醉

到了新疆，令我们长期生活在内地的同志大开眼界，那里天空特别蓝、云朵特别白、草原特别绿、油菜特别黄，在我们长途跋涉的路途中，看到大片的薰衣草特别紫、伊犁州伊宁市的市花特别红，福海县的乌伦古湖的湖水特别的清澈，手持镜头对着任何一个角度"咔嚓"一下就是一个景，即使在乌鲁木齐市内，眺望远处，看到的是天山主峰、长年积雪的博格达峰，挺拔险峻、令人震撼！

当然，最令人难忘的是新疆的人特别的淳朴，如果没有一小撮恐怖分子制造不稳定，新疆简直就是世外桃源，在新疆各地不止一个人这样说！

从塔城到阿勒泰我们全部是走公路，先到额敏县、察布查尔锡伯族自治县，再到和布克塞尔蒙古族自治县，那里的检察长早就在途中蒙古族的"敖包"处等着了，见到我们二话不说，先上一碗酒，称之为"上马酒"，男女老少均不能幸免，这是少数民族的真情实意，我这个滴酒不沾者也不能例外，于是我有生以来第一次把一碗酒一饮而尽；来自天津的李瑞钧老师是个年过半百的女同志，平时也是滴酒不沾，一样，也一饮而尽！这是新疆当地的"伊力特"，真白酒啊！

继续上路，酒上了头，我红脖子红脸，像个老酒鬼，但非常奇怪，平时我喝酒必吐，现在在汽车上颠着倒没咋地。

— 429 —

到了阿勒泰，我才揭开了心中的这个疑虑，阿勒泰地区院雷检对我说，我们这个地方是全中国含氧量最高的地区，是"天然氧吧"，喝酒一般都不会醉，酒精在人体里氧化得快、蒸发得快，一开始我还将信将疑。

　　离开阿勒泰的前一个晚上，七个哈萨克族的基层院检察长自费给我们送行，那酒敬起来一杯又一杯，对少数民族的情意我不能怠慢、更不能作弊，全真喝下去了，我感到快不行了，摇摇晃晃走出了毡房，外面繁星满天，空气非常清新，我大口大口呼吸着新鲜的空气，哎，人开始轻松起来，不多久被他们"抓"进去后，又是一巡敬酒，我只能再对付喝，找机会再"溜出去"，如此这般，倒也无事，嗨，"天然氧吧"真的有道理！

　　那个女李老师，竟然拿着酒瓶一杯一杯向在场的所有人敬酒，她真的豁出去了，我难以想象她平时滴酒不沾，我想起了哲人的一句话，人在环境的影响下会改变性格！

　　这个难忘的夜晚，喝了无数酒，但没有一个人醉倒，个个头脑清醒、举止得体！

　　新疆，是个奇妙的地方，有人如果对你说："我爱新疆"，你绝对不要怀疑，这话一定是真的！不管你信不信，我反正信了！

　　大美新疆！大爱新疆！